Knowledge Management und Business Intelligence

Springer
*Berlin
Heidelberg
New York
Barcelona
Hongkong
London
Mailand
Paris
Tokio*

Uwe Hannig

Herausgeber

Knowledge Management und Business Intelligence

Mit 177 Abbildungen
und 20 Tabellen

Springer

Prof. Dr. Uwe Hannig
Zwickauer Straße 64
08134 Wildenfels
hannig@imis.de

ISBN 3-540-42804-6 Springer-Verlag Berlin Heidelberg New York

Die Deutsche Bibliothek – CIP-Einheitsaufnahme
Knowledge management and business intelligence / Hrsg.: Uwe Hannig. – Berlin; Heidelberg; New York; Barcelona; Hongkong; London; Mailand; Paris; Tokio: Springer, 2002
ISBN 3-540-42804-6

Dieses Werk ist urheberrechtlich geschützt. Die dadurch begründeten Rechte, insbesondere die der Übersetzung, des Nachdrucks, des Vortrags, der Entnahme von Abbildungen und Tabellen, der Funksendung, der Mikroverfilmung oder der Vervielfältigung auf anderen Wegen und der Speicherung in Datenverarbeitungsanlagen, bleiben, auch bei nur auszugsweiser Verwertung, vorbehalten. Eine Vervielfältigung dieses Werkes oder von Teilen dieses Werkes ist auch im Einzelfall nur in den Grenzen der gesetzlichen Bestimmungen des Urheberrechtsgesetzes der Bundesrepublik Deutschland vom 9. September 1965 in der jeweils geltenden Fassung zulässig. Sie ist grundsätzlich vergütungspflichtig. Zuwiderhandlungen unterliegen den Strafbestimmungen des Urheberrechtsgesetzes.

Springer-Verlag Berlin Heidelberg New York
ein Unternehmen der BertelsmannSpringer Science+Business Media GmbH

http://www.springer.de

© Springer-Verlag Berlin Heidelberg 2002
Printed in Germany

Die Wiedergabe von Gebrauchsnamen, Handelsnamen, Warenbezeichnungen usw. in diesem Werk berechtigt auch ohne besondere Kennzeichnung nicht zu der Annahme, dass solche Namen im Sinne der Warenzeichen- und Markenschutz-Gesetzgebung als frei zu betrachten wären und daher von jedermann benutzt werden dürften.

SPIN 10856437   42/2202-5 4 3 2 1 0 – Gedruckt auf säurefreiem Papier

Vorwort

Ein Buch zu schreiben oder herauszugeben, ist eine spannende, im Nachhinein befriedigende aber oftmals auch mühevolle und zeitraubende Aufgabe. Es bedarf deshalb eines wesentlichen Impulses, um mit der Arbeit zu beginnen. Im vorliegenden Falle war dies die Erkenntnis, dass die Zeit für das Zusammenwachsen der beiden Welten Knowledge Management und Business Intelligence gekommen ist.

Ein ähnliches Gefühl führte 1995 zur Gründung des gemeinnützigen Instituts für Managementinformationssysteme e. V. (www.imis.de) und 1999 zur Errichtung des Instituts für Knowledge Management e. V. (www.ikm-ev.de). Beide Institute richten jeweils in ihrem Bereich einen der führenden Branchenkongresse aus und vergeben den Best Practice Award für die beste produktiv arbeitende Lösung. Während sich Managementinformationsysteme bzw. Business Intelligence-Systeme mittlerweile in allen größeren Unternehmen durchgesetzt haben, zweifeln mittlerweile viele Anbieterunternehmen im Bereich Wissensmanagement, ob der erwartete Return on Investment noch eintritt. Das vorliegende Buch soll vor diesem Hintergrund für Transparenz im Markt sorgen und zeigen, wie Knowledge Management und Business Intelligence helfen, Wettbewerbsvorteile zu erlangen.

Ohne die Bereitschaft der vielen hochkarätigen Autoren, ihr Wissen mit anderen am Thema Interessierten zu teilen, hätte dieses Buch nicht realisiert werden können. Für die meisten von ihnen bedeutete das Schreiben der Aufsätze eine zusätzliche Belastung zum beruflichen Engagement, das sie aufgrund der großen Nachfrage nach Experten für Knowledge Management und Business Intelligence fast rund um die Uhr leisten. Dafür gebührt ihnen mein herzlicher Dank.

Danken möchte ich meinen Mitarbeitern Ulrick v. Boetticher, Jürgen Bretz, Andreas Hahn und Karsten Knecht, die mich bei der Anfertigung des Buches monatelang unterstützten. Mein besonderer Dank gilt dem Projektleiter Gerald Zwerger, der die Artikel in eine für den Druck geeignete Qualität transformierte und alle administrativen Aufgaben im Zusammenhang mit der Herausgabe des Buches sorgsam erledigte.

Mit Freude und Stolz habe ich weiterhin miterlebt, wie sich mein Sohn Michael im Rahmen seines Praktikums am Institut für Managementinformationssysteme e. V. abmühte, die Grafiken zu optimieren. Das Erlebnis war allerdings so beeindruckend für ihn, dass er nun Schönheitschirurg werden möchte.

Danken möchte ich abschließend Herrn Dr. Mueller vom Springer Verlag für seine Geduld.

Prof. Dr. Uwe Hannig

Inhaltsverzeichnis

Vorwort V
Inhaltsverzeichnis VII

Teil 1   Zwei Welten wachsen zusammen

Knowledge Management + Business Intelligence = Decision Intelligence
    Uwe Hannig 3

Synergiepotenziale und Herausforderungen von Knowledge Management und Business Intelligence
    Carsten Dittmar, Peter Gluchowski 27

Multidimensionales Knowledge Management
    Stefan Gregorzik 43

Teil 2   Knowledge Management

Kritischer Erfolgsfaktor Wissensmanagement
    Matthias Hendrichs 55

Der Nutzen von Knowledge Management
    Uwe Hannig, Gerald Zwerger 63

Knowledge Management in Deutschland
    Peter Ohlhausen, Marc Rüger, Martin Müller, Michael Bucher 77

Nachfrageorientierte Informationsversorgung als Basis eines effizienten
Wissensmanagements
    Thomas Gerick 89

Wissensextraktion aus betriebswirtschaftlichen Daten
    Johann-A. Müller 99

Intranetbasiertes Knowledge Management
    Nils Landmann, Ralf Wiehl 111

Knowledge Integration Server
    Hayno Rustige 123

Wissensmanagement im Support
    Tilmann Fingerle, Carsten Tautz, Martina Tomaschowski 137

Implementierung eines kollaborativen Unternehmensgedächtnisses via Text
Mining
    Andreas Dengel, Markus Junker 149

Kennzahlenbasiertes Knowledge Management
    Christian Aichele 161

Kollaborative Wissensmanagementsysteme
    Nicole Dietrich, Marcus Ehrenwirth 171

Virtual Team Collaboration
    Andre Vogt, Ulrich Wiesner 181

Wissensmanagement in der SW-Entwicklung
    Wolfgang Müller 191

E-Learning und Business TV
    Michael Gehle, Wilhelm Mülder 203

Viel Wissen - Wenig Management
Johanna Joppe 213

Teil 3   Business Intelligence

Der deutsche Markt für Data Warehousing und Business Intelligence
Uwe Hannig, Andreas Hahn 219

Stand und Weiterentwicklung softwaregestützter Datenanalysen im betriebswirtschaftlichen Umfeld
Nicolas Bissantz 229

Data Marts als Basis des Wissensmanagements
Michael P. Schmidt, Monika Grimm 247

IT-gestützte strategische Unternehmensführung
Oliver Dross 257

Veredelung von Daten zu Informationen
Joachim Sasse 265

Einsatz von Business Intelligence in KMU
Gerhard Brosius, Tatjana Tegel 279

Ein Kennzahlensystem für einen Filialisten
Marcel Bhend 291

Planung und Controlling im Automobilhandel
Jochen Benz, Klaus Eppele 303

Simulative dynamische Rechnungslegung
Wilhelm Dauner, Barbara Dauner-Lieb 319

Corporate Intelligence und Balanced Scorecard
Rainer Michaeli, Thorsten Bill 335

BI-Einsatz bei Krankenversicherern
Stephan Schilling 347

BI als Vertriebscontrolling-Instrument für Versicherungsunternehmen
Dirk U. Proff 355

Die redaktionelle Komponente als kritischer Erfolgsfaktor eines MIS
Bernd Fröhlich 367

Kundenbeziehungsmanagement via Internet
Werner Huehnken, Bodo Herlyn, Dirk Fleischhauer 381

BI + CRM = Emotionale Intelligenz
Uwe Kalyta 393

Literaturverzeichnis 405
Glossar 427
Anbieterverzeichnis 449

Teil 1

Zwei Welten wachsen zusammen

Knowledge Management + Business Intelligence = Decision Intelligence

Uwe Hannig, Hochschule für Wirtschaft, Ludwigshafen

Nicht erst seit dem Siegeszug des Internets nehmen die Datenmengen in den Unternehmen sprunghaft zu. Viele Manager kapitulieren vor der kaum mehr zu bewältigenden Datenflut und nehmen das für die Unternehmenssteuerung relevante Geschehen nur noch äußerst selektiv wahr. Es kommt gar zu der paradoxen Situation, dass mit der Zunahme des Informationsangebots die Wahrscheinlichkeit für ein gefühlsbetontes Entscheidungsverhalten mit all seinen Risiken steigt. Aus diesem Grund beschäftigt man sich seit Jahren insbesondere in den Controllingabteilungen damit, mit Hilfe der Informationstechnologie aus Daten Informationen zu gewinnen. Wettbewerbsvorteile werden aber in Zukunft nur noch die Unternehmen erlangen, denen es gelingt, diese Informationen in Wissen zu verwandeln. Die zwei Welten Business Intelligence (BI) und Knowledge Management (KM) müssen zur Decision Intelligence (DI) zusammenwachsen, um dem Management entscheidungsrelevantes Wissen bieten zu können.

1 Von der Datenbank zur Decision Intelligence

Schon bald nach dem Einsatz von Datenbanken in den Unternehmen entstand der Wunsch nach Software, die dem Management die für dessen Analyse- und Planungstätigkeiten benötigten Informationen zur Verfügung stellt. Ein Managementinformationssystem (MIS) im weiteren Sinne ist ein DV-gestütztes analytisches Informationssystem, das dem Management betriebswirtschaftlich relevante Daten und Informationen zur richtigen Zeit in der gewünschten Form zur Verfügung stellt.[1]

Die Versuche zur Entwicklung von Managementinformationssystemen in den sechziger und siebziger Jahren scheiterten jedoch schon im Ansatz aus technischen Gründen. Die Speicher- und Verarbeitungskapazitäten der Hardware reichten nicht aus und die damals eingesetzten Programmiersprachen erwiesen sich als ungeeignet für die Entwicklung der gewünschten Lösungen.[2]

In noch stärkerem Maße traf dies auf die im Rahmen des Durchbruchs des Operation Research in den 70er Jahren entwickelten Decision Support Systeme (DSS)

---

[1] Vgl. Hannig (1996), S. 1 und Chamoni (1998), S. 11.
[2] Vgl. zur Historie von MIS Hannig/Schwab/Findeisen (1998), S. 1ff.

bzw. Entscheidungsunterstützungssysteme (EUS) zu (siehe Abbildung 1). Ziel war nun nicht mehr die reine Datenversorgung, sondern die Unterstützung der Entscheider durch sinnvolle Informationen. Unabhängig von den technischen Mängeln der damaligen Entscheidungsunterstützungssysteme war kein Entscheider davon zu überzeugen, dass ihn ein Computer beim „kreativen Prozess" des Lösens von Managementaufgaben entlasten könnte. Der Phase der Euphorie mit unrealistischen Erwartungen in die Leistungsfähigkeit der Systeme auf der einen Seite und mangelnder Akzeptanzbereitschaft der Anwender auf der anderen Seite folgte der Sturz in tiefste Depressionen bei den Anbietern. Diese wenden sich in der Regel

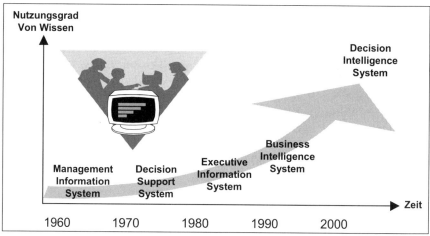

Abb. 1: Vom Management Information System zum Decision Intelligence System

wieder der Entwicklung konventioneller IT-Systeme zu.

Die Begriffe MIS und DSS waren nun negativ besetzt. Als in den achtziger Jahren der zweite Anlauf zur Implementierung von MIS gestartet wurde, bevorzugten die Anbieter die Bezeichnungen Führungsinformationssystem oder Executive Information System (EIS). Adressaten waren nun das Topmanagement und die Controller. Letztere hatten mittlerweile erste Erfahrungen mit Planungswerkzeugen und nach dem Beginn des Siegeszugs des PCs Gefallen an Tabellenkalkulationsprogrammen gefunden. Trotz dieser Voraussetzungen und der zunehmenden Verbreitung des Controlling-Gedankens in den Unternehmen konnten sich Managementinformationssysteme auch dieses Mal nicht in dem von ihren Protagonisten erwarteten Maß am Markt durchsetzen. Eine der Hauptursachen für das Scheitern dieser Systeme war das Bestreben, die einzelnen Endanwender mit individuellen Lösungen zu unterstützen. Diese waren aber speziell für Teilprobleme konzipiert und blieben der Nutzung der Anwender in den Fachabteilungen vorbehalten.[1] Ne-

---

[1] Vgl. Gluchowski/Gabriel/Chamoni (1997), S. 198f.

ben ebenfalls noch vorhandenen Schwächen der MIS-Tools, insbesondere im Hinblick auf die Einbindung externer Daten, mangelte es auch nach wie vor an der Akzeptanz von MIS durch die Topentscheider.

Erst die Konjunkturschwäche zu Beginn der neunziger Jahre und eine zunehmend dynamischere Unternehmensumwelt sensibilisierten die Entscheider für die Notwendigkeit, aus der Fülle der zur Verfügung stehenden Daten automatisch die richtigen zu extrahieren. Denn Stabsabteilungen und Assistenten, die bisher das benötigte Datenmaterial zusammentrugen und auswerteten, fielen Lean Management-Konzepten zum Opfer. Das allein hätte aber nicht genügt, um rund 30 Jahre nach den ersten Ansätzen den endgültigen Durchbruch der MIS sicherzustellen.

Ausschlaggebend für das gestiegene Interesse an Managementinformationssystemen war der Trend zur Dezentralisierung und zur Internationalisierung. Entscheidungen müssen heute vor Ort und können nicht Tausende von Kilometern entfernt in der Zentrale getroffen werden. Gleichzeitig sind die Aktivitäten der Teileinheiten zu konsolidieren. Das Topmanagement benötigt unternehmensweite Daten in aggregierter Form mit der Möglichkeit eines Drill Downs bis hin zur Information über beispielsweise die Absatzentwicklung eines speziellen Produkts in einem bestimmten Vertriebsgebiet.

Die bis Mitte der neunziger Jahre angebotenen Managementinformationssysteme boten zwar leistungsstarke Visualisierungs- und Analysetools, lieferten attraktive Grafiken und Planungshilfen, doch das zugrundeliegende Datenmaterial konnte mit diesen Systemen weder von Fehlern bereinigt noch konsolidiert werden. Fehlerhafte, unvollständige und inkonsistente Datenbestände sind jedoch der Normalfall in größeren Systemen.

In den meisten Unternehmen herrschten heterogene Systemlandschaften vor. Entscheidungsrelevante Daten waren über das gesamte Unternehmen verstreut und wurden in für die unterschiedlichsten Aufgaben entwickelten Datenbanken gehalten, die untereinander nicht verknüpft waren. So wussten die Mitarbeiter einer Abteilung nicht, über welche auch für sie wichtigen Daten eine andere Workgroup verfügte. Beispielsweise können Daten zu ein und derselben Person sowohl in der Datenbank der Marketingabteilung als auch in der Kundendatenbank abgelegt sein. Als Folge eines solchen Zustands bleiben viele theoretisch zur Verfügung stehende Daten ungenutzt.

In jedem Unternehmen gibt es zwar eine Fülle von Daten, aber es ist problematisch, dieses Rohmaterial ungeprüft zur Grundlage von Entscheidungen heranzuziehen. Zu Fehlern und Inkonsistenzen im Datenbestand führt insbesondere auch die manuelle Dateneingabe. So lässt es sich kaum vermeiden, dass ein gewisser Prozentsatz des Datenmaterials falsch oder nicht vorhanden ist. Die für Entscheidungsträger wesentlichen Informationen sind also nicht ohne weiteres verfügbar, sondern müssen erst aus den Rohdaten sinnvoll zusammengestellt und von Fehlern bereinigt werden.

Die Erkenntnis, dass ein MIS einzig dann sinnvolle und zuverlässige Ergebnisse liefert, wenn eine vollständige und konsistente Datenbasis vorhanden ist, führte zum Data Warehousing. Der Aufbau eines zentralen Datenlagers stand nun sehr schnell im Mittelpunkt des Interesses bei strategischen IT-Projekten. DV-Abteilungen in der Holding, die im Zuge der Dezentralisierung geschrumpft und vom Outsourcing bedroht waren, erkannten die Chance zur Festigung ihrer Existenzberechtigung und unterstützten Data Warehouse-Projekte ebenso wie die Controller und Marketingverantwortlichen, die sich endlich den Zugriff auf alle für ihre Arbeiten notwendigen Daten versprachen. Zum ersten Mal hatte das Thema Datenanalyse, wenn auch aus unterschiedlicher Motivation heraus, eine breite Lobby und konnte nach mehr als zwei Jahrzehnten den zuvor bereits vielfach angekündigten Siegeszug antreten.

Kurz danach verbreitete sich der bereits 1993 von der Gartner Group geprägte Begriff Business Intelligence (BI), der oftmals synonym zu MIS verwendet wird. Unter Business Intelligence fasst man jedoch Softwarewerkzeuge zur Extraktion und Auswertung der unternehmensweit vorhandenen Daten und deren Umwandlung in für die Entscheider relevante Informationen zusammen.

Im nächsten, nun bevorstehenden Schritt geht es darum, neben das Data Warehouse (DW) ein Knowledge Warehouse (KW) zu stellen und die extrahierten Informationen mit Expertenwissen anzureichern. Denn in einer immer dynamischer werdenden Welt mit sich stetig verkürzenden Reaktionszeiten reicht es nicht mehr aus, eine Entscheidungsgrundlage allgemeiner Form zu bieten. Benötigt werden ganz konkrete Handlungsempfehlungen mit einer Abschätzung ihrer Erfolgswahrscheinlichkeiten. Dann können auch weniger qualifizierte Mitarbeiter an jedem Ort der Welt unter Zeitdruck die richtigen Entscheidungen treffen. Die zwei Welten Business Intelligence und Knowledge Management müssen hierzu zur sogenannten Decision Intelligence (DI) zusammenwachsen. Darunter ist im weitesten Sinne der Einsatz von Softwaretools zur Transformation der aus unternehmensinternen und -externen Daten gewonnenen Informationen in handlungsgerichtetes Wissen zur Unterstützung von Managemententscheidungen zu verstehen.

Decision Intelligence-Systeme stellen die konsequente Fortentwicklung der Decision Support Systeme dar. So wie mit Hilfe des Data Warehousing die erweiterten Managementinformationssysteme unter dem Label Business Intelligence Systeme (BIS) ihren Durchbruch schafften, läuten mit Wissen angereicherte BI-Systeme die Renaissance der DSS unter dem Begriff Decision Intelligence System (DIS) ein.

Der Entscheidungsprozess wird in Zukunft von intelligenten Agenten und Expertensystemen, die seit Jahren in der Qualitätskontrolle bei Fertigungsprozessen, in der Mustererkennung im Rahmen der Robotik oder bei der Steuerung von Kernkraftwerken selbstverständlich eingesetzt werden, aktiv mitgestaltet. Es bleibt dem Menschen zwar nach wie vor überlassen, für welche Alternative er sich entscheidet. Das DIS wird ihm allerdings unter Rückgriff auf das ihm zugängliche Spezialistenwissen die Optionen mit der größten Aussicht auf Erfolg vorschlagen.

2 Das Data Warehouse als zentrales Datenlager

Nur wenn den Entscheidern alle relevanten Daten zur Verfügung stehen, haben sie eine korrekte Grundlage für Analysen, Bewertungen und Entscheidungen. Ein Informationssystem kann somit einzig dann sinnvolle und zuverlässige Entscheidungsgrundlagen liefern, wenn eine vollständige und konsistente Datenbasis vorhanden ist. Das kann ein zentrales Datenlager in Form eines unternehmensweiten Data Warehouses ebenso wie ein Data Mart, d. h. eine auf bestimmte Unternehmensbereiche beschränkte Datenbasis, sein (siehe Abbildung 2).

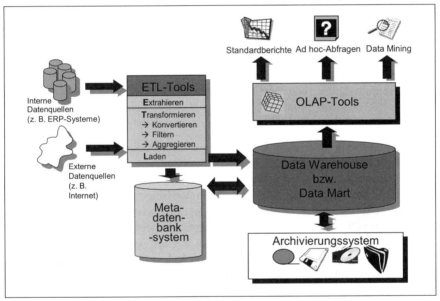

Abb. 2: Business Intelligence-Architektur

Nach Inmon (1992) handelt es sich bei einem Data Warehouse um eine Sammlung subjekt-orientierter, integrierter, nicht-volatiler und zeitbasierter Daten zur Befriedigung der Informationsbedürfnisse eines Managers.[1] Als unternehmensweiter Datenpool stellt es das Bindeglied zwischen den operativen Systemen und den Ana-

---

[1] Vgl. Inmon (1992), S. 25.

lyse- und Informationssystemen dar.[1] Ziel des Data Warehouse-Konzeptes ist die Vereinheitlichung der Unternehmensdaten. Gleiche Informationen müssen in demselben Datenformat gespeichert sein. Im Gegensatz zu relationalen Datenbankmanagementsystemen (DBMS) werden Daten in einem DW in einer an den Subjekten des Unternehmens ausgerichteten Form gehalten.

Das Data Warehouse ist strikt von den für das Tagesgeschäft notwendigen operativen Systemen zu trennen, die primär für die Verwaltung von Massendaten entwickelt wurden und auf diese Weise bei Analysen entlastet werden. Den Kern des Data Warehouse bildet der zeitraumbezogene Daten enthaltende Datenpool. Aufgrund der Zeitbasierung lassen sich Zeitreihenanalysen durchführen und Prognosen erstellen. Das war bei einem traditionellen MIS, das direkt auf OLTP-Systeme (Online Transaction Processing) zugreift, in denen aus Performancegründen neben den Ist- und Plandaten üblicherweise nur die Vorjahreswerte gehalten werden, nicht möglich. Mittels der Vergabe eines Zeitstempels wird auch sichergestellt, dass Analysen reproduzierbar sind.

Bei der Übernahme der Daten aus internen Quellen bzw. aus den operativen Systemen und aus externen Quellen, beispielsweise von Marktforschungsinstituten, ins Data Warehouse werden ETL-Werkzeugen (Extraction, Transaction, Loading) zur Schaffung der Konsistenz der Datengrundlage und zur Bereinigung derselben von Unstimmigkeiten, wie zum Beispiel eventuelle Fehler in der Datenstruktur oder unterschiedliche Schlüssel für gleiche Kundeneigenschaften, wie z. B. „m" und „w" oder „0" und „1" für „männlich" und „weiblich", eingesetzt.

In der Metadatenbank findet man die Daten über die Daten des Data Warehouses. Sie enthält im Gegensatz zu den unabhängigen Repository-Werkzeugen oder dem Data Dictionary von Datenbanken oder SAP R/3 aber nicht nur Informationen über die verschiedenen Tabellen und deren Variablen, sondern zusätzlich noch sogenannte technische Metadaten. Das sind beispielsweise Informationen darüber, aus welchem OLTP-System (OnLine Transaction Processing) und welchen Tabellen die Daten im Data Warehouse abgeleitet werden, welche Regeln angewendet werden, um sie zu transformieren (Business Rules), oder auch wie häufig und wann sie erneuert bzw. erweitert werden.

Metadaten, welche für die Fachabteilung interessant sind, wie z. B. die Dimensionen und Hierarchien zur Beschreibung eines Geschäftsbereichs, nennt man Business Metadaten. Sie werden ebenfalls in der Metadatenbank des Data Warehouses gespeichert.

Die in ein Data Warehouse übernommenen Daten werden nicht mehr geändert. Es werden lediglich neue Daten hinzugefügt. Die Aktualisierungsfrequenz der Datenbasis hängt von der Art des Unternehmens ab und reicht von tage- über wochen-

---

[1] Vgl. Hichert (1990), S. 8.

bis monatsweise. Für laufende Analysen nicht mehr benötigte Daten werden in Archivierungssystemen gespeichert.

Die Entwicklung eines Data Warehouse und eines darauf basierenden MIS bzw. BIS ist ein evolutionärer Prozess. Es gibt deshalb kein Standarddesign, sondern Grösse und Aussehen eines MIS und des darunterliegenden Data Warehouse variieren gemäss der Unternehmensstruktur und der Anforderungen der Benutzer.

In der Praxis hat sich die „think big - start small"-Philosophie bewährt.[1] So beginnt man häufig mit einem Data Mart für eine Abteilung oder eine Geschäftsstelle. Dieser erste Schritt ist relativ schnell und einfach durchzuführen, kostet nicht viel Geld und erlaubt es den Projektverantwortlichen, Erfahrungen zu sammeln.

Zuvor gilt es aber, einen Machtpromotor zu finden. Als am erfolgsversprechendsten hat sich erwiesen, wenn ein Mitglied der Unternehmensleitung das Projekt zu „seiner Sache" macht und damit dessen Bedeutung für die gesamte Organisation unterstreicht. Dann gelingt es in der Regel auch, die potenziellen Nutzer bereits in der Entwicklungsphase einzubinden.

Obwohl aus rein pragmatischen Gründen und, um den Enthusiasmus nicht aus einem Projekt herauszunehmen, in der Praxis oftmals darauf verzichtet wird, empfiehlt es sich doch, ein Pflichtenheft zu erstellen. Dadurch lassen sich später auch etwaige Gewährleistungsansprüche leichter durchsetzen.

Fragt man die künftigen Anwender danach, welche Daten aus den operativen Systemen in welchem Aggregationsgrad in das Data Warehouse übernommen, wie lange sie dort gespeichert und welche Auswertungen durchgeführt werden sollen, wird man in der Regel feststellen, dass die Nutzer Zugriff auf alles haben möchten. Es ist deshalb kritisch zu hinterfragen, für welchen Zweck die Daten konkret gebraucht werden, beziehungsweise welche Hypothesen den Forderungen zugrundeliegen.

Selbst bei seit vielen Jahren benutzten Reports fallen den Anwendern die Antworten diesbezüglich nicht leicht. Andererseits fehlt es in den DV/Organisationsebenso wie in den Fachabteilungen oftmals an Vorstellungsvermögen im Hinblick darauf, was man alles aus den vorhandenen Daten herausdestillieren kann.

Der Vergleich von MIS-Tools gestaltet sich ebenso schwierig wie der von Versicherungen. Ist das Pflichtenheft sorgsam erstellt, lässt sich zumindest eine Checkliste mit individuellen Gewichtungsfaktoren erarbeiten. Diese erlaubt eine Grobselektion. Von den verbleibenden Anbietern sollte man sich nicht nur Anwendungen vorführen, sondern auch Referenzkunden - am besten aus der eigenen Branche - nennen lassen. Bei den Gesprächen mit diesen ist darauf zu achten, dass

---

[1] Vgl. Hannig (2001), S. 275 und Hannig/Schwab/Findeisen (1998), S. 14.

neben Informationen über die technische Qualität der Lösung auch Hinweise auf deren Akzeptanz bei den Nutzern gewonnen werden.

Der Toolhersteller muss nicht unbedingt der Lieferant sein. Am Markt findet man neben dem Direktverkauf immer häufiger den Vertrieb über Partner. Da für die Qualität der Lösung Branchenwissen und betriebswirtschaftliches Know-how eine ebenso große Rolle spielen wie die Produktkenntnis und die Projekterfahrung, sollte man sich nicht davor scheuen, mit mehreren Lieferanten desselben Tools Kontakt aufzunehmen.

Ist die Entscheidung für einen Lieferanten gefallen, sollte so schnell wie möglich ein kleiner Prototyp entwickelt werden. Da diese Pilotanwendung wichtig für die Akzeptanz des Gesamtprojekts im Unternehmen ist, sollte kein Risiko durch eine komplexe Problemstellung heraufbeschworen werden.

Eine Data Warehouse- oder eine Business Intelligence-Lösung sind niemals fertig. Was heute alle Wünsche erfüllen würde, ist morgen aufgrund der rasanten technischen Entwicklung und des Zugriffs auf bisher verschlossene Datenbestände nicht mehr ausreichend. Deshalb macht es auch keinen Sinn, gleich die 100-Prozent-Lösung entwickeln zu wollen.

3 Multidimensionale Datenanalyse mit Hilfe von OLAP-Tools

Der Begriff Online Analytical Processing (OLAP) bezeichnet die Analyse multidimensional aufbereiteter Daten zur Gewinnung von entscheidungsrelevanten Informationen für das Management. OLAP-basierte BI-Tools eignen sich speziell für komplexe Ad hoc-Auswertungen. Online impliziert dabei kurze Antwortzeiten.[1] Die Durchführung von multidimensionalen Datenanalysen sind im Gegensatz zum Abruf eines Standardreports als kreativer Prozess zu betrachten, in dem Hypothesen erst entwickelt und nicht wie üblich nur überprüft werden können. Notwendig hierzu ist die Sicht auf die Daten aus den unterschiedlichsten Blickwinkeln.

Der Spiritus Rector der relationalen Datenbanken, E. F. Codd, welcher 1993 erstmals in einem Aufsatz den Begriff OLAP prägte,[2] versuchte durch die Schaffung eines zwölf Punkte umfassenden Regelwerks zur Beschreibung der Systemanforderungen, wie zum Beispiel multidimensionale Datensichten, Transparenz oder Client/Server-Architektur, die OLAP- von der althergebrachten OLTP-Technologie abzugrenzen.

Mit Hilfe von OLAP-basierten BI-Werkzeugen lassen sich komplexe Beziehungen, wie z. B. Ursache- und Wirkungszusammenhänge, entdecken, Trends ermit-

---

[1] Vgl. Totok (1999), S. 55.
[2] Vgl. Codd (1993), S. 97.

teln sowie Simulationen durchführen. Typische Operationen des Online Analytical Processing sind das Navigieren über die Hierarchieebenen durch Drill Everywhere (Änderung des Aggregationsgrads der Daten, d. h. Detaillieren oder Verdichten), Slice (einzelne Schichten können isoliert betrachtet werden, siehe auch Abb. 3) und Dice (Schichten lassen sich zur Betrachtung rotieren) sowie das Traffic Lightning zur automatischen Identifikation von signifikanten Abweichungen zwischen Datenobjekten. Diese auch als Ampelfunktion bekannte OLAP-Funktion bezeichnet eine regelgebundene Formatierung definierter Datenbereiche.

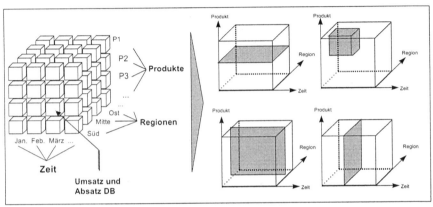

Abb. 3: Sichten auf einen multidimensionalen Datenwürfel

Multidimensionale OLAP-Datenbanken arbeiten im Gegensatz zu relationalen Datenbanken nicht satzorientiert, sondern zellorientiert. Eine Zelle mit einem Wert wird in einer OLAP-Architektur als Schnittpunkt von Elementen der Dimensionen definiert.[1]

Kernstück aller OLAP-Evaluationskonzepte ist die Bereitstellung umfangreicher Analysemethoden[2]. Dies wird durch moderne Client/Server-Architekturen ermöglicht, die sich hinsichtlich der Art (relational oder physisch multidimensional) und dem Ort der Datenspeicherung (auf dem Desktop oder auf dem Server) unterscheiden. Eine multidimensionale Sicht auf die Daten erfordert nicht automatisch eine multidimensionale Datenhaltung. So nutzt relationales OLAP (ROLAP) relationale Datenbankmanagementsysteme zur Abspeicherung der Daten in multidimensionaler Form. Diese Technik hat den Vorteil, dass alle bekannten, positiven Eigenschaften relationaler Systeme genutzt werden können, wie z. B. Partitionierung, Multithreading, Parallelverarbeitung. Oftmals wird diese Variante auch als virtuelles OLAP bezeichnet.[3] Zur Darstellung des virtuellen, mehrdimensionalen Wür-

---

[1] Vgl. Grotheer/Hebben (1999), S. 232.
[2] Vgl. Pendse/Creeth (1995).
[3] Vgl. Schinzer/Bange (1999), S. 57.

fels werden die Daten aus den operativen Systemen in eine denormalisierte Form und durch eine OLAP Engine in eine mehrdimensionale Struktur gebracht.

ROLAP-Systeme sind beinahe beliebig nach oben skalierbar und werden vorwiegend dort eingesetzt, wo große Datenmengen zu analysieren sind. Grundsätzlich existieren zwei Möglichkeiten einer ROLAP-Architektur. Die erste Variante hält die OLAP Engine im Arbeitsspeicher des Client, was schnellere Zugriffszeiten erlaubt, bei der zweiten Option liegt sie auf dem Server, der ein größeres Datenvolumen bewältigen kann, als bei einer clientbasierten Lösung gegeben sind.

Beim Einsatz der ROLAP-Architektur formuliert der Endanwender seine Anfrage mit Hilfe eines Frontend Tools. Diese wird durch die OLAP-Engine in SQL (Structured Query Language) umgewandelt und an die relationale Datenbank weitergeleitet. Dort wird die Anfrage bearbeitet und ausgewertet und an die OLAP Engine zurückgesendet, wo sie in eine mehrdimensionale Form transformiert und an das Frontend Tool zur Auswertung durch den Anwender geleitet wird.[1]

Zur Datenmodellierung können beim ROLAP das Star-, das Snowflake- oder das Galaxy-Schema genutzt werden. Der Name Star-Schema rührt von der sternförmigen Anordnung der Tabellen her (siehe Abbildung 4). Im Mittelpunkt eines Star

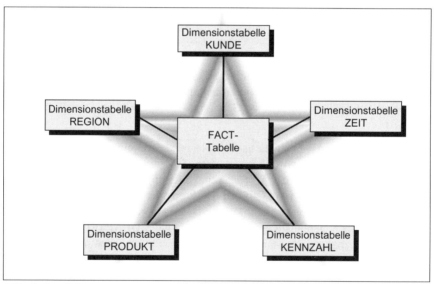

Abb. 4: Star-Schema
Quelle: Engels (1998)

---

[1] Vgl. Schinzer/Bange/Wehner (1997), S. 47 - 48.

Schemas steht die Fact-Tabelle, welche jede Transaktion in einer eigenen Zeile erfasst. Ihre Spalten bestehen aus mehreren numerischen Kennzahlen und einem Merkmal jeder Dimension. In den Dimensionstabellen sind die Aggregationsregeln definiert. Grundlage eines sauberen Datendesigns sind viele kleine Tabellen mit einer geringen Anzahl von Attributen. Die große Anzahl an Tabellen führt zwangsläufig zu einer hohen Zahl von Verknüpfungen, sogenannten Joins. Durch das Star-Schema wird versucht, die Anzahl dieser Joins zu minimieren. Nachteilig ist die geringere Performance, die sich aus der Komplexität der umfangreichen Fact-Tabellen ergibt.

Beim Snowflake-Schema erinnert die Anordnung der verschiedenen Tabellen an eine Schneeflocke (siehe Abbildung 5). Während die Fact-Tabelle unverändert bleibt, werden die Dimensionen um die Attribute erweitert, d. h. jede Ausprägung einer Dimension wird in einer Tabelle dargestellt. Dadurch verringert sich der Speicherbedarf und damit die Systembelastung pro Anfrage erheblich.

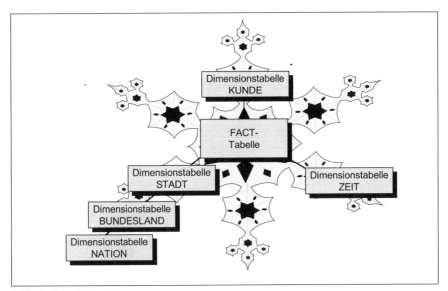

Abb. 5: Snowflake-Schema
Quelle: Engels (1998)

Beim Galaxy-Schema handelt es sich um ein logisches Datenmodell, in welchem mehrere Fakt-Tabellen über gemeinsame Dimensionstabellen miteinander verknüpft sind. Die Notwendigkeit hierfür ergibt sich aus der Tatsache, dass eine große Anzahl von Fakten bedingt, dass einzelne Fakten durch verschiedene Dimensionen beschrieben werden.[1] Dies führt bei der Snowflake-Variante zu dem

---

[1] Vgl. Schinzer/Bange/Mertens (1999), S. 51.

Vorhandensein von leeren Zellen innerhalb der Schlüsselfelder. Zur Vermeidung dieser Leerfelder wird von Hahne das Galaxy-Schema zur Datenmodellierung vorgeschlagen.[1]

Bei kleineren Datenmengen weist multidimensionales OLAP (MOLAP) Performancevorteile auf. Mit MOLAP bezeichnet man die Datenhaltung in einer multidimensionalen Datenbank. Diese ist darauf ausgelegt, Daten in allen Aggregationsstufen zu speichern und mit kürzestmöglichen Antwortzeiten anzuzeigen. Dabei werden die Daten aus einer relationalen Datenbank geladen und nach vordefinierten Regeln durch ein ETL-Tool (Extract, Transform, Load) ausgewählt, umgewandelt und geladen. Anschließend werden diese Daten in einer mehrdimensionalen Zellstruktur auf einem OLAP-Server abgelegt und in Form von Kreuztabellen gespeichert, d. h. die Daten werden schon vor der Abfrageerstellung in eine multidimensionale Form gebracht.[1]

MOLAP-Tools lassen sich in zwei Gruppen einteilen. Beim Batch-OLAP werden beispielsweise Kennzahlen direkt beim Aufbau und beim Refreshen des Modells errechnet. Dadurch nimmt das Modell an Volumen zu, die Antwortzeiten bei Analysen sind hingegen sehr kurz. Die Real Time-Methode kalkuliert erst bei Bedarf. Dies ermöglicht eine höhere Flexibilität bei dennoch kurzen Antwortzeiten.

Mit hybridem OLAP (HOLAP) versucht man, die Vorteile von MOLAP und ROLAP zu kombinieren. Alle Daten werden in einer relationalen Datenbank gehalten und zusätzlich bildet man multidimensionale Datenwürfel zur Verkürzung der Antwortzeiten bei häufig benutzten Analysen (siehe Abbildung 6).

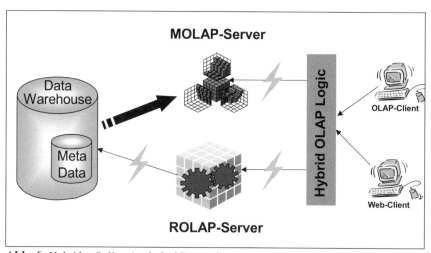

Abb. 6: Hybrides Online Analytical Processing

---

[1] Vgl. Hahne (1998), S. 115.

Bei der Java-basierten OLAP-Variante Java-Olap (JOLAP) erfolgt die Verwaltung der Metadaten und der OLAP-Daten in einem herstellerunabhängigen Format. JOLAP wird als Schnittstelle für die Java 2 Enterprise Edition beschrieben.

Bei vielen OLAP-Produkten ist die Anzahl der Dimensionen in einem Würfel auf 16 limitiert, was in den meisten Fällen für betriebswirtschaftliche Analysen ausreicht. In Großunternehmen, wie Bayer, Daimler-Chrysler, Quelle und der Deutschen Bundesbank, werden aber durchaus komplexe Modelle mit über 50 miteinander verknüpften Würfeln produktiv eingesetzt. Damit läßt sich ein wesentliches Ziel des Einsatzes von OLAP-Werkzeugen, den Nutzern die Möglichkeit zu bieten, nach bisher unbekannten, zwischen den einzelnen Daten bestehenden Beziehungen zu suchen, erreichen. Dieses sogenannte Data Mining kann gerade Marketingspezialisten jene Informationen liefern, die den Kampf um Marktanteile entscheiden.

4 Der Knowledge Management-Prozess

Daten sind alle in gedruckter, gespeicherter, visueller, akustischer oder sonstiger Form verwertbaren Angaben über die verschiedensten Dinge und Sachverhalte.[2] Durch Kombination, Analyse und Strukturierung werden sie zu für das Individuum subjektiv verwertbaren Informationen. Wissen entsteht immer dann aus Informationen, wenn diese in einem bestimmten Kontext nutzbar gemacht werden.

Wissen bezeichnet die Gesamtheit der Kenntnisse und Fähigkeiten, die Individuen zur Lösung von Problemen einsetzen. Dies umfasst sowohl theoretische Erkenntnisse als auch praktische Alltagsregeln und Handlungsanweisungen.[3] Informationen und somit auch Wissen kommen eine Reihe von Charakteristika zu, die klassische Produktionsfaktoren nicht aufweisen. Hierzu zählt in erster Linie, dass Wissen eine unerschöpfliche Ressource darstellt und physisch nicht abgenutzt werden kann.[4] Es wird sogar durch Nutzung und die daraus gewonnenen Erfahrungen immer grösser.[5]

Wissen ist im Gegensatz zu Daten immer an Personen gebunden. Nonaka und Takeuchi differenzieren das in einem Unternehmen vorhandene Wissen in implizites und explizites. Implizites Wissen, z. B. auch Einfälle und Ahnungen, lässt sich anderen nur schwer vermitteln, da es einen subjektiven und intuitiven Charakter besitzt und somit einer systematischen und logischen Bearbeitung und Weitergabe

---

[1] Vgl. Wieken (1999), S. 83.
[2] Güldenberg (1998), S. 155.
[3] Probst/Raub/Romhardt (1998), S. 44.
[4] Vgl. Schätzler/Eilingsfeld (1997), S. 2.
[5] Vgl. Pfiffner (1999), S. 153.

im Wege steht.[1] Explizites Wissen hingegen ist beschreibbar und lagert z. B. in Datenbanken oder Dokumenten.[2] Ist Wissen an eine bestimmte Person gebunden, spricht man von individuellem Wissen. Kollektives Wissen, z. B. der ungeschriebene Verhaltenskodex eines Unternehmens, wird dagegen von mehreren Menschen geteilt (siehe Abbildung 7).

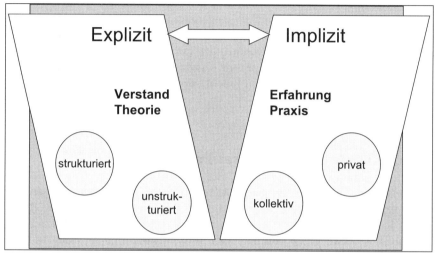

Abb. 7: Arten von Wissen

Wissensmanagement ist ein System von Aktivitäten zur Nutzung des einer Organisation zugänglichen Wissens durch deren Mitglieder.[3] Der produktive Einsatz organisationalen Wissens zum Nutzen des Unternehmens ist somit Ziel und Zweck des Wissensmanagements.[4] Zentrale Aufgaben des Knowledge Managements sind:

- die Gewinnung von Wissen aus allen verfügbaren Quellen,
- die Strukturierung, Aufbereitung und Speicherung des generierten Wissens und
- die bedarfsgerechte Zurverfügungstellung des Wissens.

Nach einer Untersuchung des Fraunhofer-Instituts für Arbeitswirtschaft und Organisation möchte die Mehrheit der Unternehmen durch ein besseres Wissensmanagement vor allem die Qualität ihrer Produkte erhöhen, die Nähe zum Kunden

---

[1] Vgl. Nonaka/Takeuchi (1997), S. 18f.
[2] Vgl. Zucker/Schmitz (2000), S. 45.
[3] Vgl. Hannig/Hahn/Humm (2001), S. 69.
[4] Bullinger/Prieto (1998), S. 113.

verbessern und die Innovationsfähigkeit steigern.[1] Eine im Auftrag des Bundesministeriums für Wirtschaft und Technologie bei mittelständischen Unternehmen durchgeführte Studie der KPMG Consulting AG zeigte ebenfalls, dass sich die Befragten vor allem eine bessere Produktqualität und eine größere Kundennähe erhoffen.[2] In den Unternehmen setzt sich offensichtlich die Erkenntnis durch, dass nur diejenigen Anbieter komparative Vorteile erzielen können, die einen Vorsprung bei der Wissensgenerierung, -verarbeitung und -nutzung besitzen.[1]

Am Beginn des Wissensmanagementprozesses stehen die Identifikation und Beschreibung der vorhandenen Wissensbasis (siehe Abbildung 8). Das meiste Wissen im Unternehmen befindet sich als implizites Wissen in den Köpfen der Mitarbeiter. Die IT-Unterstützung beschränkt sich in diesem Zusammenhang auf Wissenslandkarten (Knowledge Maps), die einen Überblick über das im Unternehmen verfügbare Wissen geben. Weiteres Wissen liegt in Dokumenten, Datenbanken und Dateien verborgen, deren Verwaltung die Aufgabe von Dokumentenmanagementsystemen ist. Ist Wissen nach einem stark formalisierten Schema aus Fakten und Regeln abgelegt, kann es von Expertensystemen bearbeitet werden. Unternehmensexterne Wissensquellen sind z. B. Kunden, Lieferanten, Berater oder sonstige Experten sowie Fachzeitschriften, Datenbanken etc.

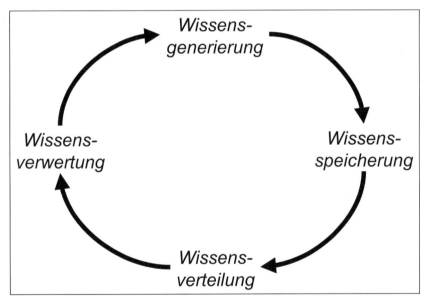

Abb. 8: Der Wissensmanagementprozess
Quelle: Mertins/Heisig/Vorbeck (2001), S. 28

---

[1] Vgl. Bullinger/Prieto (1998), S. 95.
[2] O. V. (2001), S. 5.

Neues Wissen entsteht vor allem aus der Nutzung der vorhandenen Wissensbestände, der Kombination von externem und internem Wissen und aus der Transformation von implizitem Wissen in explizites. Neues organisationales Wissen lässt sich aus vorhandenem individuellen Wissen durch den ständigen Zuwachs an Erfahrungen gewinnen.[2]

Beim Erwerb von Wissen aus externen Quellen muss darauf geachtet werden, dass es nicht zu Abwehrreaktionen aufgrund des Not-invented-here-Syndroms kommt. Externes Wissen lässt sich am einfachsten durch die Einstellung von Wissensträgern, die Kooperation mit anderen Unternehmen sowie dem Unternehmen nahestehenden Organisationen, z. B. durch gezieltes Engagement in Verbänden, und Personen, z. B. durch gemeinsame Forschungsprojekte mit ausgewiesenen Experten, erlangen. Wird auf der anderen Seite beim Outsourcing internes Know-how durch externes substituiert, ist darauf zu achten, dass keine Kernkompetenzen des Unternehmens betroffen sind.

Auch bei der Wissensentwicklung wird zwischen der individuellen und der kollektiven Ebene unterschieden. Der bzw. die Einzelne entwickelt Wissen durch Kreativität und systematisches Lösen von Problemen. Das Ergebnis wird dann beispielsweise als Verbesserungsvorschlag dem Unternehmen zur Verfügung gestellt. Wesentlich für die Wissensentwicklung in der Gruppe ist eine Atmosphäre der Offenheit und des Vertrauens. Mit Hilfe von sogenannten Lessons learned, d. h. der Aufarbeitung und Bereitstellung von im Projektverlauf gemachten Erfahrungen, lassen sich bei nachfolgenden ähnlichen Aufgabenstellungen schneller erfolgreiche Wege zum Ziel finden und das Ansteuern von Sackgassen vermeiden.[3] Da Lessons Learned auch die gemachten Fehler aufzeigen sind sie zumeist wertvoller als Best Practice-Ansätze.

Ein beträchtlicher Teil des Wissens der Eltern wird im Rahmen der Sozialisation non-verbal an die Kinder weitergegeben (siehe Abbildung 9). Auch in Unternehmen wird durch Beobachten implizites Wissen transportiert. Eine weitere Möglichkeit, geschäftsrelevantes Wissen aufzudecken, ist das Story Telling. Dabei erzählen erfahrene Mitarbeiter innerhalb eines Workshops Anekdoten und kleine Geschichten aus der Historie des Unternehmens.

Unter der Externalisierung von Wissen versteht man den Prozess der Artikulation von implizitem Wissen in explizite Konzepte.[4] Implizites Wissen nimmt während dieser Transformation die Form von Metaphern, Analogien, Modellen oder Hypothesen an.[5]

---

[1] Vgl. Felbert (1998), S. 121.
[2] Vgl. Pawlowsky (1998), S. 25 und Schiava/Rees (1999), S. 128.
[3] Vgl. Bullinger/Prieto (1998), S. 104f.
[4] Zucker/Schmitz (2000), S. 77.
[5] Nonaka/Takeuchi (1997), S. 77.

Bei der Kombination von Wissen werden verschiedene Bereiche von explizitem Wissen miteinander verbunden. Dies erfolgt via Dokumente, Besprechungen, Computernetze etc. Neues Wissen entsteht mit Hilfe von Data Mining-Methoden, bei denen bisher nicht bekannte Beziehungen, beispielsweise zwischen einzelnen in einem Data Warehouse gespeicherten Daten, identifiziert werden, die dem Menschen nie aufgefallen wären.

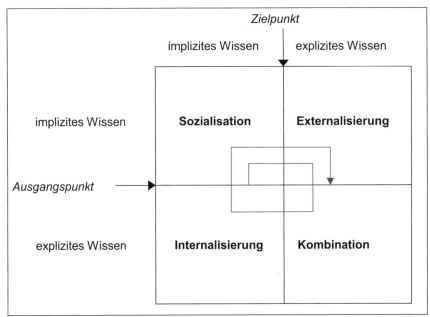

Abb. 9: Formen der Wissensumwandlung
Quelle: Zucker/Schmitz (2000), S. 48

Das Lesen von Dokumenten verwandelt explizites noch nicht in implizites Wissen. Erst durch das Verstehen, Anwenden und Erfahren erfolgt die gewünschte Internalisierung.[1]

Zusammenfassend lässt sich sagen, dass sich die Wissensschaffung im Unternehmen in einem evolutionären Prozess durch die Interdependenz von implizitem und explizitem Wissen vollzieht. Dabei wird das Know-how des Einzelnen durch die enge Zusammenarbeit mit anderen Mitarbeitern, durch persönliche Kommunikation und Dokumentation immer mehr zu kollektivem Wissen. Zum anderen wird das in der Organisation vorhandene Wissen deren Mitgliedern mit IT-Unterstützung zugänglich gemacht, z. B. indem Wissen über Prozesse elektronisch gespeichert und Erfahrungen aus Projekten via Lessons learned dokumentiert werden.

---

[1] Vgl. Heller (2001), S. 25.

Bei der Speicherung und Verteilung ist darauf zu achten, dass das Wissen nicht verändert wird. Diese Gefahr besteht vor allem bei der persönlichen Übermittlung komplexer Sachverhalte.[1] Weiterhin ist darauf zu achten, dass das Wissen aktuell bleibt. Haben die Mitarbeiter das Gefühl, dass das ihnen zur Verfügung stehende Wissen veraltet ist, verlieren sie das Vertrauen und klinken sich aus dem Wissensmanagementprozess aus.

5 Knowledge Management Tools

Die Informationstechnologie bietet neben dem Data Warehousing und Business Intelligence-Systemen eine Vielzahl von Werkzeugen zur Unterstützung des Wissensmanagements im Unternehmen.[2] Am weitesten verbreitet sind Retrievalsysteme zum schnellen Auffinden einzelner Dokumente. Ein vollständiges Retrievalsystem besitzt hierzu Komponenten zur Dokumentenerfassung, Indexierung des Dokumenteninhaltes, zum gezielten Suchen und Wiederauffinden von Dokumenten und ein Speichermodul zur Ablage von Dokumenten, Deskriptoren und Verweisen.[3]

Bei einer Suche werden normalerweise viele auf die Suchanforderung passende Dokumente gefunden, da Suchsysteme in der Regel auch Synonyme und Homonyme einbeziehen. Selbstlernende Systeme, die zum Teil Fuzzy Logic-Technologien einsetzen, verbessern die Treffsicherheit erheblich und erhöhen dadurch die Nutzerakzeptanz.[4]

Das Fahnden nach interessanten Dokumenten kann konventionell via Volltextsuche, bzw. mit Hilfe von Topic Maps erfolgen. In einem Volltextsuchsystem werden die Begriffe in einem neu aufgenommenen Dokument automatisch indiziert. Die Indizes werden ebenfalls in der Volltextdatenbank abgelegt. Beim Start einer Suchanforderung wird zunächst in der Textdatenbank und nicht in den Dokumenten gesucht. Die Suchergebnisse werden in der Regel nach dem Grad der Übereinstimmung mit der Suchanfrage sortiert ausgegeben. Zur zeitsparenden, erfolgreichen Suche in Volltextsuchsystemen bedarf es in der Regel einiger Erfahrung und Recherchekompetenz bei den Nutzern.

Topic Maps haben gegenüber der Volltextsuche den Vorteil, dass sie auch Metastrukturen über die eigentlichen Inhalte auswerten. Eine Topic Map besteht aus den Topics bzw. Knoten (Themen), Topic Occurences (Angaben über den Ursprung der Themen) und Kanten (Beziehungen zwischen Themen). Die Grundlage

---

[1] Vgl. Herbst (2000), S. 125.
[2] Vgl. Bach/Vogler/Österle (1999), S. 91 - 107 und Mertins/Heisig/Vorbeck (2001), S. 78f.
[3] Vgl. Riggert (2000), S. 76.
[4] Vgl. Merforth (2001), S. 60.

von Topic Maps bilden semantische Netze. Semantische Retrievalsysteme beziehen nicht nur einzelne Worte, sondern auch Satzstrukturen in die Recherche ein und erlauben damit wesentlich treffsicherere Abfragen.[1] Volltext-Suchstrings, die wertvolles konzeptionelles Wissen darstellen, werden wiederverwendbar gespeichert und bilden in Form von semantischen Abfragenetzen das strukturierte Recherche-Know-how eines Unternehmens ab. Für den Suchenden werden so sämtliche Querverbindungen eines Themas sichtbar.

Ausgewählt werden nur Dokumente, in denen mindestens noch einer der Begriffe auftaucht, die zu dem Suchbegriff in einer Beziehung stehen. Zur Identifikation der wichtigsten Dokumente wird automatisch eine Inhaltsangabe generiert. Dazu wird zu jedem Dokument eine spezifische Stichwort- und Themenliste erstellt, aus welcher der Suchende die für ihn wichtigsten Begriffe auswählt. Mit Hilfe der Hinterlegung eines persönlichen Interessenprofils können Aktualisierungen und Neuigkeiten per E-Mail an den Nutzer gemeldet werden.[2]

Hochentwickelte Retrievalsysteme können als einfachste Form von agentenbasierten Systemen angesehen werden. Ein Agentensystem filtert unter Einsatz von Methoden der künstlichen Intelligenz die für den Nutzer wichtigen Informationen aus Datenbeständen. Durch ihre Adaptions- und Lernfähigkeit passen sich Agentensysteme selbständig den Wünschen des Anwenders an.[3] Die Software muss in diesem Zusammenhang in der Lage sein, Schlussfolgerungen zu ziehen und darauf basierend Maßnahmen einzuleiten. Agentensysteme unterstützen die Prozessintelligenz eines Unternehmens. Sie versuchen dazu intelligentes Organisationsverhalten, das auch Lernen impliziert, nachzuempfinden.[4]

Informationsagenten spüren Informationsquellen in Netzwerken auf, filtern gemäß dem Interessenprofil des Nutzers die wesentlichen Informationen heraus und präsentieren diese in aufbereiteter Form.[5] Kooperationsagenten arbeiten zur Problemlösung entweder in der Form der Arbeitsteilung, d. h. der gegenseitigen Abnahme von Teilproblemen, oder der Ergebnispartizipation, d. h. dem Austausch von partiellen Lösungen, zusammen. Grundlage für die Kooperation und die dafür notwendige Koordination von Agenten ist, dass sie über einen gemeinsamen Speicherbereich oder Message passing miteinander kommunizieren können.[6] Transaktionsagenten hingegen überwachen Transaktionen und führen diese aus.

Agenten- und Retrievalsysteme werden vor allem im Inter-, Intra- oder Extranet eingesetzt. Das Internet dient im Rahmen des Wissensmanagements neben der Informationsbeschaffung der Außendarstellung, das Intranet der Distribution inter-

---

[1] Vgl. Ryll (2001), S. 65.
[2] Vgl. Gerick (2000), S. 9ff.
[3] Vgl. Mainzer (1999), S. 180.
[4] Vgl. Krallmann/Boekhoff/Bogdany (1996), S. 189.
[5] Vgl. Brenner/Zarnekow/Wittig (1998), S. 23.
[6] Vgl. Krallmann/Boekhoff/Bogdany (1996), S. 187.

ner Informationen und das Extranet der Vertiefung der Beziehungen zu Partnerunternehmen, indem es Unternehmensinformationen externalisiert.[1] Insbesondere das Intranet ist eine wichtige Plattform für das Knowledge Management. Es bietet beispielsweise jedem Mitarbeiter die Möglichkeit, sein Wissen den anderen Organisationsmitgliedern zur Verfügung zu stellen. Informationen, wie z. B. Statusberichte, stehen zentral zur Verfügung. Verbesserungsvorschläge können in einem Online-Forum diskutiert werden. Produktpräsentationen lassen sich direkt am Bildschirm verfolgen. Ein Verzeichnis mit den Experten bzw. Wissensträgern im Unternehmen steht ohne Aufwand allen Interessierten zur Verfügung. News Groups können ohne Rücksicht auf die Hierarchie eingerichtet werden. Projektberichte, Bestellungen und Anträge können verschickt, Ressourcen geplant und ausgetauscht, Termine für Sitzungen online abgestimmt und die entsprechenden Räume reserviert werden. Schließlich erlaubt Computer Based Training (CBT) das kostengünstige Lernen via Intra- oder Extranet.

Portale erschließen auf bequeme Art und Weise den Zugang zu einem Thema und präsentieren Inhalte aus unterschiedlichen Quellen in übersichtlicher Form. Mit Hilfe von grafischen Navigationsmöglichkeiten (Knowledge Maps) kann auf die automatisch kategorisierten dahinter liegenden Dokumente zugegriffen werden.[2] Des weiteren findet der Mitarbeiter hier auch den Kontakt zu Experten. Durch den Wissenstransfer ergibt sich eine Verringerung von Fehlentscheidungen und die Qualität der Produkte und Dienstleistungen steigt. Ebenso erfolgt eine Beschleunigung von arbeitsteiligen Prozessen.[3]

Das Extranet ist derjenige Teil des Intranets, der ausgewählten unternehmensexternen Gruppen zugänglich ist oder mit dem Intranet eines externen Partners gekoppelt ist.[4] Hier können beispielsweise leicht Dokumente ausgetauscht oder zusammen mit einem Lieferanten über Zeitzonen hinweg an einem gemeinsamen F&E-Projekt gearbeitet werden. Durch die Bündelung der Kräfte steigt die Effizienz der unterstützten Geschäftsprozesse. Ferner werden Markteintrittsbarrieren gegenüber Wettbewerbern aufgebaut.[5]

Dokumente sind alle Arten von strukturierten oder unstrukturierten Informationen. Ein Dokumentenmanagementsystem (DMS) automatisiert zumindest teilweise die Erfassung, Bearbeitung und Archivierung von Dokumenten. Es dient dazu, alle mit Hilfe des Computers erstellten aber auch durch Imaging erzeugten Dokumente systematisch abzulegen und die unternehmensweiten Datenbestände zentral zu

---

[1] Vgl. Mangold (1999), S. 92.
[2] Vgl. Mangold (1999), S. 129ff.
[3] Vgl. Schmidt (2001), S. 33.
[4] Vgl. Block (1999), S. 265.
[5] Vgl. Bogaschewsky/Kracke (1999), S. 166f.

verwalten und bildet dadurch eine wesentliche Grundlage des Wissensmanagements.[1]

Zu einem DMS gehören das Autoren- und das Lesersystem. Die Autoren benötigen aufeinander abgestimmte Werkzeuge zur möglichst einfachen Erstellung von Texten, Tabellen, Grafiken und Bildern, damit sie sich auf die Inhalte konzentrieren können.[2] Bei der Speicherung eines Dokuments wird der Autor deshalb aufgefordert, den Ersteller, die Dokumentenart, die Zugriffsberechtigungen und Kommentare einzutragen. Mit Hilfe dieser Kriterien wird später die Suche erleichtert und ein unberechtigter Zugriff vermieden. Die Dokumente werden in einem Volltext-Index aufgenommen und können so nach einem bestimmten Begriff durchsucht werden.[3]

Die Leser stellen dagegen ganz andere Anforderungen an ein DMS. Sie möchten die Informationen einfach und schnell in einer ihnen vertrauten Softwareumgebung finden und erwarten deshalb eine einfache, personalisierbare Einstiegsmaske, Querverweise (Hyperlinks) zu anderen Dokumenten und vor allem kurze Antwortzeiten.[4]

Content Management Systeme (CMS) sind Anwendungen, welche die Erstellung, Kontrolle, Freigabe, Publikation und Archivierung von Inhalten im Inter-, Intra- oder Extranet ermöglichen. Sie sind darauf ausgelegt, auch dem Anwender ohne Programmierkenntnisse einen einfachen Zugang zum Publishingprozess zu verschaffen und damit die Motivation zur Wissensweitergabe zu erhöhen. Technologisch basieren CMS auf dem Client/Server-Modell oder stützen sich auf einen Web-Server.

Das Assetmanagement ist die zentrale Komponente eines CMS und umfasst alle Funktionen, um den auf einer Website zu publizierenden Inhalt zu verwalten, zu strukturieren und zu präsentieren. Zur Entkopplung einzelner Prozesse speichert das Assetmanagement Inhalt (Asset) und Layout (Template) getrennt voneinander. Erst die Verbindung eines oder mehrerer Assets mit einem Template generiert eine Webseite und mehrere dieser Webseiten bilden eine Website. Dieser Vorgang wird durch das Aufrufen einer Seite aus dem CMS in Gang gesetzt.[5]

Die Workflowkomponente ist für die Definition und Automatisierung der Arbeitsschritte im Publishingprozess verantwortlich und überwacht diese gleichzeitig. Sie greift auf die einzelnen Assets, die im sogenannten Content Repository gespeichert sind, zu. Damit wird eine dezentrale und aufgabenbezogene Arbeit an einer

---

[1] Vgl. Wagner (1995), S. 95.
[2] Vgl. Schütt (2000), S. 57.
[3] Vgl. Koch/Zielke (1996), S. 27.
[4] Vgl. Schütt (2000), S. 57.
[5] Vgl. Kampffmeyer (2001), S. 107.

Website möglich.¹ Um zu vermeiden, dass mehrere Mitarbeiter gleichzeitig auf einen Inhalt zugreifen, beinhaltet die Workflow-Komponente eines CMS Check in/Check out-Mechanismen.²

Ein Workflow ist ein geregelter und formalisierter Prozess.³ Nach Vossen und Becker kann man unter Workflows allgemein „Aktivitäten, welche die koordinierte Ausführung einer Reihe von Aufgaben (Tasks) durch unterschiedliche Verarbeitungseinheiten umfassen"⁴, verstehen. Workflow Management unterstützt und steuert den Arbeitsfluss während eines Geschäftsprozesses.⁵ Workflow Management-Systeme (WFMS) als Werkzeuge des Wissensmanagements dienen vor allem der DV-technischen Unterstützung strukturierter Prozesse.⁶

Im Rahmen der Workflow-Analyse und -recherche lässt sich beispielsweise ein Informationsarchiv aufbauen. In ihm können sowohl die Inhalte eines Vorgangs als auch seine zeitliche Entwicklung festgehalten werden. Darüber hinaus muss ein WFMS den Fortschritt der Vorgangsbearbeitung mit jederzeitiger Statusangabe protokollieren und eine Terminüberwachung ermöglichen. Idealerweise besitzt ein WFMS eigene Analyse- und Recherche-Tools, mit denen die vorhandene Datenbasis durchsucht werden kann.

Wesentlich für die Wissensentwicklung und Weitergabe sind die Interaktion und Kommunikation zwischen den Mitarbeitern. Groupware-Systeme sollen die Arbeit von Gruppen bzw. Teams softwareseitig unterstützen.⁷ Von einer Gruppe spricht man, wenn zwei oder mehrere Personen zusammenarbeiten und sich dabei gegenseitig beeinflussen. Eine Arbeitsgruppe zeichnet sich darüber hinaus durch eine gemeinsame Aufgabe aus. Besteht dann auch noch ein gemeinsames Ziel, bezeichnet man die Gruppe als Team.⁸ Ziel der Gruppenarbeit ist es, Synergieeffekte zu erzielen.⁹

Basis jeder erfolgreichen Gruppenarbeit ist die Kommunikation der Gruppenmitglieder untereinander, da nur so Informationen und Wissen geteilt werden können. Der Kommunikation dienen Groupware-Systeme, die den expliziten Informationsaustausch zwischen verschiedenen Kommunikationspartnern fördern und dabei räumliche und zeitliche Differenzen überbrücken, wie z. B. E-Mail-, Videokonferenz- und Bulletin Board-Systeme für geschlossene Benutzergruppen. Informationen können des weiteren über längere Zeit in sogenannten Informationsräumen, z.

---

[1] Vgl. Kampffmeyer (2001), S. 129f.
[2] Vgl. Zschau (2001), S. 228f.
[3] Vgl. Becker (1999), S. 34.
[4] Vossen/Becker (1996), S. 20
[5] Vgl. Koch/Zielke (1996), S. 28f.
[6] Vgl. Thiesse/Bach (1999), S. 97.
[7] Vgl. Koch/Zielke (1996), S. 67.
[8] Vgl. Teufel et al. (1995), S. 9f.
[9] Vgl. Wagner (1995), S. 22.

B. verteilte Hypertext-Systeme und Datenbanken, gespeichert werden, die den Gruppenmitgliedern gemeinsam zur Verfügung stehen.

Workgroup Computing-Systeme unterstützen die Kooperation von Personen, die in Gruppen oder Teams arbeiten und Aufgaben mit mittleren bis geringen Strukturierungsgraden und Wiederholungsfrequenzen zu lösen haben.[1] Beispiele für Workgroup Computing-Systeme sind Termin- und Kalenderverwaltungssysteme, Gruppeneditoren und Entscheidungs- und Sitzungsunterstützungssysteme.

Als Fazit der vorstehenden Betrachtungen kann festgehalten werden, dass es nicht an Werkzeugen und Technologien mangelt, um Wissensmanagement erfolgreich zu praktizieren. Was heute noch fehlt sind produktiv arbeitende DV-gestützte Gesamtsysteme, die auf einem Data Warehouse basierend dispositives Wissen für Entscheider aller Hierarchieebenen bereitstellen. Es kann jedoch gar kein Zweifel daran bestehen, dass diese Systeme in wenigen Jahren maßgeblich über Erfolg oder Scheitern von Unternehmen am Markt mitbestimmen.

---

[1] Vgl. Teufel et al. (1995), S. 28.

Synergiepotenziale und Herausforderungen von Knowledge Management und Business Intelligence

Carsten Dittmar, Ruhr-Universität, Bochum und Peter Gluchowski, Heinrich-Heine-Universität, Düsseldorf

Der IT-Bereich wird immer wieder von neuen, werbeträchtigen Schlagworten und Begriffsgebilden heimgesucht. Im Umfeld der analyseorientierten Informationssysteme sind es derzeit vor allem „Knowledge Management (KM)" und „Business Intelligence (BI)", die in keiner Marketingbroschüre oder Veranstaltungsankündigung fehlen dürfen. Zu beklagen bleibt, dass derartige Wortgebilde häufig vollkommen unreflektiert verwendet und mit ihnen sehr heterogene Inhalte verknüpft werden. Aus diesem Grunde erscheint es angebracht, die beiden Themen sorgfältig einzuordnen und voneinander abzugrenzen. Dabei sind sowohl betriebswirtschaftliche Managementkonzepte als auch technologische Aspekte in eine ganzheitliche Betrachtung einzubeziehen. Hierauf aufbauend lassen sich dann die Schnittstellen und Überschneidungen zwischen KM und BI identifizieren, um daraus Schussfolgerungen für ein erfolgreiches Zusammenspiel der Ansätze ziehen zu können.

1 Knowledge Management als neues Managementparadigma

In einer ressourcenorientierten Sichtweise kann unter Knowledge Management der bewusste Umgang mit dem Rohstoff Wissen und dessen zielgerechter Einsatz im Unternehmen verstanden werden.[1] Wissen wird häufig als entscheidender Wettbewerbsfaktor in einer globalen Wirtschaft angesehen, auch wenn diese These sicherlich keine revolutionäre Neuigkeit darstellt.[2] So basiert z. B. der Erfolg vieler Unternehmungen auf Geheimrezepturen und Patenten.

Die Diskussion um Knowledge Management erfordert die Schaffung von Klarheit über die Begriffe Daten, Informationen und Wissen. Aus den einzelnen Elementen des Zeichenvorrats werden Daten, indem sie in einer bestimmten Syntax zueinander angeordnet werden. Aus Daten entstehen Informationen, indem eine Beziehung zur Realität hergestellt wird und die Daten somit in einen Kontext einge-

---

[1] Vgl. Bea (2000), S. 362, Hasenkamp/Rossbach (1998), S. 958 und Schüppel (1996), S. 187.
[2] Vgl. Davenport/Prusak (1998), S. 4.

ordnet werden. Informationen sind demnach Kenntnisse über Sachverhalte, die ein Akteur benötigt, um eine zielorientierte Entscheidung zu treffen. So entsteht beispielsweise aus einer Dezimalzahl durch Hinzufügen einer sachlichen Beschreibung eine Kennzahl.

Die Information allein befähigt den Menschen aber noch nicht zu handeln. Dazu bedarf es der Vernetzung unterschiedlicher Informationen vor dem Hintergrund des eigenen Verständnisses des Sachverhaltes. Wissen entwickelt sich somit aus einer Vielzahl von verarbeiteten Informationen, die zu einem 'Wissensnetz' zusammengefügt werden.[1]

Wissen ist danach immer subjekt-relativ und perspektivisch, zweckbezogen und kontextabhängig.[2] So kann ein deutscher Controller vor dem Hintergrund einer historisch bedingten unterschiedlichen Einstellung zum „optimalen" Verschuldungsgrad von Unternehmungen bei der Analyse dieser Kennzahl zu anderen Handlungsempfehlungen kommen als sein amerikanischer Kollege. Darüber hinaus ist Wissen durch einen hohen Vernetzungsgrad und eine hohe Komplexität charakterisiert, da es nicht nur Faktenwissen umfasst, sondern, z. B. auch in Form von schwer beschreibbarem Erfahrungswissen, an einzelne Individuen gebunden ist. Jedes Wissen ist zunächst als subjektives Wissen eine Mischung aus Intuition, Erfahrung, Informiertheit, Bildung und Urteilskraft. Gibt eine Person Wissen weiter oder speichert dieses auf einem Medium, so entstehen für den Rezipienten nur Bausteine in Form von Informationen, die er in einen vorhandenen Kontext wiederum sinnvoll einbinden und vernetzen muss, um sich dieses Wissen anzueignen bzw. neues Wissen daraus abzuleiten.

Anhand des Explikationsgrades unterscheidet man in implizites und explizites Wissen. Implizites Wissen ist dadurch gekennzeichnet, dass es unbewusst verinnerlicht und nur bedingt formalisierbar und dokumentierbar ist. Solches Wissen ist personengebunden (embodied knowledge). Demgegenüber steht das explizite Wissen als beschreibbares, formalisierbares Wissen. Es kann standardisiert, strukturiert und methodisch, z. B. in sprachlicher Form, abgelegt werden und ist somit „außerhalb" des Wissensträgers verfügbar (disembodied knowledge).[3]

Eine allgemeine Definition zum Knowledge Management hat sich bisher noch nicht durchgesetzt. Hier wird darunter ein systematischer Ansatz verstanden, der die Gesamtheit der Managementaufgaben zur Gestaltung eines effizienten und ef-

---

[1] Vgl. Eulgem (1998), S. 21f.
[2] Vgl. Rehäuser/Krcmar (1996), S. 5.
[3] Vgl. Rehäuser/Krcmar (1996), S. 6f., Lehner (2000), S. 236, Nonaka/Takeuchi (1997), S. 71ff. und Hasenkamp/Roßbach (1998), S. 957. Fraglich ist in diesem Zusammenhang, ob Wissen nach der oben aufgeführten Abgrenzung außerhalb von Wissensträgern existieren kann. Deshalb wird im Folgenden von explizierbarem Wissen gesprochen.

fektiven Wissensflusses umfasst. Dies beinhaltet die Planung, Steuerung und Kontrolle der Prozesse zur

- Generierung der Ressource Wissen als Ergebnis der Transformation von Daten über Informationen aus unternehmensinternen und -externen Quellen,
- zielgerechten Nutzung der Ressource Wissen im Rahmen der Geschäftsabläufe und
- Diffusion der Ressource Wissen inner- und außerhalb der Unternehmung.

2 Gestaltungsdimensionen und Instrumente des Knowledge Managements

Eine erste Orientierung bietet die Unterscheidung in eine human- und eine technikorientierte Perspektive. Im Mittelpunkt der humanorientierten Sichtweise des Knowledge Management stehen das Individuum als Wissensträger sowie die Kommunikation zwischen Organisationsmitgliedern und die Gestaltung und Nutzung der Interaktionsprozesse in einer Organisation. Im Gegensatz dazu fasst der technikorientierte Ansatz Wissen als teilbares Objekt auf. Dieser Ansicht nach kann Wissen auf einer instrumentell-technischen Ebene als Abbildung der Realität personen- und kontextunabhängig verarbeitet werden. Damit stehen insbesondere Informations- und Kommunikationssysteme zur Identifikation, Bearbeitung, Erweiterung, Speicherung, Bewertung und Verteilung von Wissen im Mittelpunkt von KM-Initiativen.[1] Daraus lassen sich drei Gestaltungsdimensionen für Maßnahmen zur Einführung von Knowledge Management in Unternehmungen ableiten, die in einer ganzheitlichen Sichtweise integriert werden müssen:[2]

- Human Resource Management (Interventionsbereich Mensch),
- Organisation (Interventionsbereich Aufbau- und Ablauforganisation),
- IuK-Technologien (Interventionsbereich Technik).

Der Mensch ist der zentrale Faktor, wenn es um die Generierung, die Verarbeitung und die Diffusion von Wissen geht. Das individuelle stellt somit die Voraussetzung für ein unternehmensweites Knowledge Management dar. Ein erster Schritt zum individuellen Knowledge Management im Sinne einer strategischen Aufgabe stellt die Auseinandersetzung mit dem eigenen Wissensprofil dar. Das individuelle Potenzial, das sich zwischen den Extrempositionen Spezialisten- und Genera-

---

[1] Vgl. Schüppel (1996), S. 187f. und Lehner (2000), S. 232f.
[2] Vgl. Bullinger et al. (1998), S. 8.

listenwissen bewegt, muss auf persönlicher Ebene identifiziert und als Basis einer gezielten Weiterentwicklung der eigenen Fähigkeiten verstanden werden.[1]

Ein Instrument, das die Kodifizierung von individuellem (Spezialisten-)Wissen erleichtert und den persönlichen Lernprozess positiv beeinflusst, stellt z. B. die Verwendung von Standards dar. Die Berücksichtigung gewisser Standards im Umgang mit Informationen hilft dem Menschen bei der Strukturierung und Sichtung der auf ihn einwirkenden Informationsflut.[2] In einem engen Zusammenhang dazu stehen Visualisierungstechniken, wie z. B. Mind Mapping, die helfen, individuelles Wissen zu strukturieren.

Im Rahmen der Gestaltungsdimension Organisation beginnen viele Unternehmungen zur Umsetzung von Knowledge Management mit der Realisation von Wissenslandkarten bzw. Wissensbranchenbüchern (Knowledge Maps). Derartige Abbildungen des Wissens samt der entsprechenden Beziehungen in textueller oder in grafisch strukturierter Form bieten eine enorme Hilfestellung bei der Identifikation von unternehmensinternem Wissen und verbessern somit die betriebliche Wissenstransparenz.

Papiergebundene oder elektronische Dokumente stellen eine wichtige Informationsquelle dar. Um die Gefahr der Wiederholung von Fehlern zu reduzieren und um Doppelentwicklungen zu vermeiden, wird die Einführung von sog. Lessons Learned- bzw. Best Practice-Berichten vorgeschlagen. Während erstere positive aber auch negative Aspekte durchgeführter Projekte beinhalten, stellen Best Practices ausschließlich besonders erfolgreiche Vorgehensweisen zusammen.

Zur Verdeutlichung der Relevanz von Knowledge Management für das Unternehmen eignen sich Anreizsysteme. Auch nicht-monetäre Anreize können mittels Institutionalisierung von unternehmensinternen Auszeichnungen gesetzt werden, z. B. durch die Vergabe von „Awards" für wertvolle Fachbeiträge.[3]

Ein erheblicher Einfluss für die erfolgreiche Umsetzung der Konzeption wird der Einrichtung von konkreten Wissensrollen bzw. -funktionen in der Aufbauorganisation einer Unternehmung zugerechnet. Dazu zählt zunächst die Etablierung eines Verantwortungsbereichs für die Aspekte des Knowledge Management in der Geschäftsleitung. Der entsprechende Bereich wird häufig durch den Chief Know-

---

[1] A. d. V.: Aus dieser Analyse kann man auf die eigenen vordringlichsten Probleme, die mit dem individuellen Umgang der Ressource Wissen in Verbindung stehen, schließen. Spezialisten müssen ihr Fachwissen dekodieren (Repräsentationsproblem), während hingegen Generalisten notwendiges Wissen lokalisieren, verstehen und anwenden müssen (Koordinationsproblem). Vgl. Probst/Eppler (1998), S. 149f.
[2] Vgl. Probst/Eppler (1998), S. 150.
[3] Vgl. Blessing/Bach (2000), S. 273.

ledge Officer (CKO), Wissensdirektor oder Global Director of Knowledge Management repräsentiert, der die Aufgabe hat, die Gestaltung, Lenkung und Entwicklung der organisationalen Wissensbasis zu übernehmen. Zur Vermittlung zwischen Wissensnachfrage und Wissensangebot wird die Institutionalisierung der Rolle des Wissens-Brokers, Knowledge Stewards oder schlicht Wissensmanagers empfohlen.

Verbesserte Möglichkeiten zur Kommunikation innerhalb der Organisation fördern natürlich ebenfalls den Wissensaustausch. Durch die Einrichtung von entsprechenden Kommunikationsforen werden Mitarbeiter über funktionale und hierarchische Grenzen hinweg in die Lage versetzt, ihr Wissen mitzuteilen und unternehmensweit zu verbreiten. Entsprechende Interventionen reichen von architektonischen Maßnahmen (z. B. Vergrößerung der Kaffeeküchen) bis hin zur Förderung von sog. Communities of Practice, um insbesondere den informellen Wissensaustausch anzuregen.[1]

Als dritte Gestaltungsdimension des Knowledge Management können moderne IuK-Technologien vor diesem Hintergrund nur als technische Enabler angesehen werden. Knowledge Management-Systeme (KMS) ermöglichen eine Sammlung, Organisation, Nutzung und Diffusion von Wissen zwischen Mitarbeitern. Sie dienen als Organisator von explizierbarem Wissen, so dass den Mitarbeitern dieses knappe Gut in der für den Wertschöpfungsprozess benötigten Menge zur richtigen Zeit am richtigen Ort in der erforderlichen Qualität zur Verfügung steht. Weiterhin unterstützen KMS als Katalysatoren diejenigen Prozesse, in denen implizites Wissen erzeugt und weitergegeben wird.

Zu den Basissystemen des Knowledge Management zählen Internet- und Intranettechnologien, Computer Supported Cooperative Work (CSCW)-Lösungen sowie Dokumentenmanagementsysteme. Darauf aufbauend werden bestehende Systemkategorien durch die Integration von innovativen Ansätzen erweitert und ausgebaut. Dazu zählen u. a. Information Retrieval-Verfahren, Push- und Pull-Technologien, Intelligente Agenten, Data/Text Mining-Systeme sowie Ansätze aus dem Bereich der künstlichen Intelligenz.[2]

Eine Strukturierung der verwendeten Software-Systeme entlang des Wissensprozesses ergibt, dass eine Vielzahl von Werkzeugen zum Einsatz kommt. Diese Tools werden meist nicht primär für das Knowledge Management angeboten, aber sind im Hinblick auf die Ansprüche des Knowledge Management geeignet, den bewussten Umgang mit der Ressource Wissen zu ermöglichen.[3] So finden in der Phase der Wissensgenerierung z. B. Meeting- bzw. Group Decision Support-

---

[1] Vgl. Lehner (2000), S. 307f.
[2] Vgl. Dittmar (2000), S. 15ff.
[3] Vgl. Frank/Schauer (2001), S. 721.

Werkzeuge, On-Line Analytical Processing (OLAP)-Systeme und Data/Text Mining-Systeme Verwendung.

Zur Wissenskodifizierung werden Speichersysteme, wie klassische Datenbank- und Dokumentenmanagementsysteme aber auch Data Warehouse-Lösungen eingesetzt. Bei der Wissenssuche unterstützen den Anwender Indexing-Engines, Information Retrieval-Systeme oder IT-gestützte Knowledge Maps. Die Wissensdiffusion innerhalb der Unternehmungen wird insbesondere durch CSCW-Systeme und Internet- und Intranet-Technologien ermöglicht.

3 Business Intelligence

Obwohl zum Begriffsgebilde Business Intelligence (BI) keine allgemein anerkannnte Definition existiert, besteht Einigkeit darüber, dass es sich bei BI um eine begriffliche Klammer handelt, die eine Vielzahl unterschiedlicher Ansätze zur Analyse von Geschäftsprozessen und von relevanten Wirkungszusammenhängen zu bündeln versucht. Unter technologischen Gesichtspunkten lassen sich zum Business Intelligence alle Werkzeuge und Anwendungen mit entscheidungsunterstützendem Charakter zählen, die zur besseren Einsicht in das eigene Geschäft und damit zum besseren Verständnis in die Mechanismen der relevanten Wirkungsketten führen.

Eine weite Auslegung der Begriffsannäherung führt dazu, dass alle Systemkomponenten zu BI gehören, die operatives Datenmaterial zur Informations- und letztlich Wissensgenerierung aufbereiten und speichern sowie Auswertungs- und Präsentationsfunktionalität anbieten. Übersetzt in die heutige System- und Konzeptlandschaft werden demnach sowohl die benötigten ETL-Werkzeuge, Data Warehouses als auch die analytischen Applikationen abgedeckt.[1]

Ein eher analyseorientiertes BI-Begriffsverständnis dagegen konzentriert sich auf die Tools und Anwendungen, die auf vorhandenem Datenmaterial aufsetzen und sich vor allem durch ausgefeilte Analysemethoden und Algorithmen auszeichnen (siehe Abbildung 1). Neben den Werkzeugen für das Ad hoc-Reporting lassen sich dann insbesondere On-Line Analytical Processing (OLAP)-Tools und Data Mining-Produkte sowie die darauf aufbauenden Anwendungen dem Business Intelligence zuordnen.[2] Aber auch die Werkzeuge zur Analyse unstrukturierter Daten

---

[1] Vgl. Krahl/Windheuser/Zick (1998), S. 11. Von Whithorn und Whitehorn werden OLAP und Data Warehousing als Kernkomponenten von Business Intelligence identifiziert. Vgl. Whitehorn/Whitehorn (1999), S. 2. Auch Hannig versteht die Bereitstellung geschäftsrelevanter Daten mit eigener Datenhaltung als kennzeichnend für Business Intelligence. Vgl. Hannig (2000), S. 9.

[2] Vgl. Jung/Winter (2000), S. 11.

wie auch die Lösungen des analytischen Customer Relationship Management sind zum analyseorientierten Business Intelligence zu zählen. Zudem gehören auch die Systeme zur Planung und Budgetierung, Konzernkonsolidierung sowie Balanced Scorecard- und Kennzahlensysteme oder zumindest Teile davon zu Business Intelligence, sofern sie den analytisch arbeitenden Anwender bei seinen Aufgaben unterstützen.

Teilweise wird Business Intelligence in einer engen Begriffsauslegung nur auf den Bereich analytischer Produkte und Anwendungen bezogen, der eine Aufbereitung und Präsentation von multidimensional organisiertem Datenmaterial mit den gängigen Techniken wie Slice and Dice oder Color Coding ermöglicht. Als BI-Tools kommen dann herstellerspezifische Client-Lösungen, Briefing-Books, Excel Add-Ins oder Browser-Erweiterungen in Betracht.[1] Kennzeichnend für diese Art von Werkzeugen ist, dass sie oftmals sehr eng mit der zugrundeliegenden Datenhaltungskomponente verknüpft sind. Explizit ausgeklammert werden dagegen die Front-End-Produkte, die zur Generierung von Reporting-Anwendungen genutzt werden oder Data Mining ermöglichen.[2]

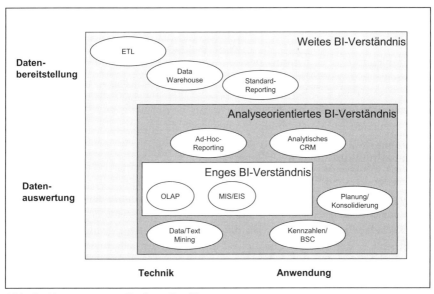

Abb. 1: Abgrenzung von Business Intelligence

---

[1] Vgl. Schinzer/Bange (1999), S. 59.
[2] Vgl. ebenda, S. 47.

Bereits das analyseorientierte Begriffsverständnis von BI umfasst unter technologischen Gesichtspunkten eine Vielzahl unterschiedlicher Werkzeuge und Konzepte. Allen ist gemein, dass der Schwerpunkt auf dem meist interaktiven und explorativen Umgang mit bereits vorhandenen Datenbeständen liegt und ausgereifte Methoden zur Analyse zum Einsatz gelangen. Die folgenden Ausführungen greifen einzelne zentrale technische Aspekte und Themen des Business Intelligence nochmals vertiefend auf, indem sie das analyseorientierte Begriffsverständnis zugrunde legen.

Seit Mitte des abgelaufenen Jahrzehnts ist die OLAP-Philosophie fest in den Anwendungsarchitekturen entscheidungsunterstützender Systeme verankert. On-Line Analytical Processing repräsentiert eine Software-Technologie, die Managern wie auch qualifizierten Mitarbeitern aus den Fachabteilungen schnelle, interaktive und vielfältige Zugriffe auf relevante und konsistente Informationen ermöglichen soll.[2] Im Vordergrund stehen dabei dynamische und multidimensionale Analysen auf internen und externen, konsolidierten Datenbeständen. Durch die gewählte Begrifflichkeit werden OLAP-Systeme bewusst von OLTP-Systemen abgegrenzt, die transaktionsorientiert die Abwicklung der operativen Geschäftstätigkeit unterstützen.

Als zentrales Charakteristikum von OLAP wird zumeist die Multidimensionalität gewertet. Diese zielt auf eine Anordnung betriebswirtschaftlicher Variablen bzw. Kennzahlen (wie z. B. Umsatz- oder Kostengrößen) entlang unterschiedlicher Dimensionen (wie z. B. Kunden, Artikel, Niederlassungen oder Regionen), wie sie spätestens seit der Etablierung von Executive Information Systems (EIS) als geeignete Sichtweise für das Management auf betriebswirtschaftliches Zahlenmaterial akzeptiert ist. Versinnbildlicht erscheinen die quantitativen Größen dann als Sammlung von Würfeln, wobei die einzelnen Dimensionen durch entsprechend textindizierte Würfelkanten verkörpert werden.

Der Anwender, der mit einem System interagiert, das entsprechend der OLAP-Gestaltungskriterien aufgebaut wurde, kann beliebige Schnitte durch den multidimensionalen Datenbestand legen und bekommt die ausgewählten Sichten in Form von Kreuztabellen präsentiert. Da die Dimensionen jeweils hierarchisch strukturiert sind, lassen sich die benötigten Sichtweisen auf detailliertes oder verdichtetes betriebswirtschaftliches Zahlenmaterial durch wenige Mausklicks einstellen. Spezifische Applikationen erweitern die Funktionalität im Bedarfsfall um Color Coding zur raschen Identifikation besonders auffälliger oder interessanter Datenkonstellationen und können das Datenmaterial als Geschäftsgrafik präsentieren.

Die traditionellen Reporting-Ansätze greifen hingegen direkt auf die Speicherkomponenten der operativen Anwendungssysteme zu und bereiten das Datenmaterial auf Belegebene meist für eine spätere Druckausgabe seitenorientiert auf.

---

[1] Vgl. Grothe/Gentsch (2000), S. 11.
[2] Vgl. Gluchowski/Gabriel/Chamoni (1997), S. 282.

Eine Vielzahl unterschiedlicher Auswertungen, die in den Unternehmen periodisch erstellt und über lange Zeiträume in identischer Form genutzt werden, bilden in ihrer Gesamtheit das betriebliche Standardberichtswesen. Als aktueller Trend kann beobachtet werden, dass die Reportingfunktionalität in immer stärkerem Umfang von den operativen Anwendungssystemen gelöst und im Umfeld eines vorhandenen Data Warehouses angesiedelt wird. Dies gilt um so mehr, wenn einzelnen Mitarbeitern auch ein direkter Zugriff auf Datenbanksysteme eröffnet wird, um sie in die Lage zu versetzen, eigene Ad hoc-Berichte durch interaktive Zusammenstellung relevanter Datenfelder zu generieren.

Auch die Suche nach Auffälligkeiten und Mustern innerhalb strukturierter Datenbestände erfährt durch die Existenz eines konsistenten Datenpools eine erhebliche Erleichterung. Die zugehörigen Techniken werden unter dem Stichwort Data Mining diskutiert. Data Mining-Ansätze, die auch als Datenmustererkennungs-Verfahren bezeichnet werden, bieten leistungsfähige Techniken zur Auswertung umfangreicher Informationsbestände aus Daten- bzw. Wissensbanken. Der Begriff Data Mining beschreibt „die Extraktion implizit vorhandenen, nicht trivialen und nützlichen Wissens aus großen, dynamischen, relativ komplex strukturierten Datenbeständen."[1] Das Data Mining erweist sich bei näherer Betrachtung allerdings lediglich als ein Schritt im Rahmen des gesamten Prozesses der Wissensentdeckung, der häufig als Knowledge Discovery in Databases bezeichnet wird.[2]

Als eng verwandt mit dem Data Mining erweist sich das Text Mining[3], das häufig der technischen Gestaltungsdimension des Knowledge Managements zugerechnet wird. Hierbei wird als Datengrundlage keine vorstrukturierte Menge attributiv beschriebener Datenobjekte genutzt, sondern eine Sammlung von Textdokumenten, die mit speziellen Methoden untersucht werden. Das Ziel der Analyse besteht hier in der Klassifikation oder Segmentierung des vorgegebenen Textdatenbestandes sowie im Aufzeigen von Beziehungen zwischen Dokumenten. Zur Strukturierung und Visualisierung gefundener Zusammenhänge werden dann häufig Topic Maps als spezielle Ausprägung von Knowledge Maps aufgebaut (siehe Abbildung 2).

Zum analytischen BI-Verständnis zählen auch diejenigen IT-Werkzeuge, die ein geeignetes Customer Relationship Management ermöglichen sollen. Die ursprünglichen CRM-Systeme konzentrierten sich auf die Ablage und Verwaltung aller Daten, die beim Kundenkontakt anfallen. Erst allmählich setzt sich die Erkenntnis durch, dass ein Mehrwert durch weitergehende Analysen zu erlangen ist. Als klassischer Anwendungsbereich für die Analyse von historischen Kundeninteraktionsdaten gilt das Kampagnenmanagement. Hierbei wird untersucht, welche Kunden mit hoher Wahrscheinlichkeit positiv auf eine Aktion reagieren.

---

[1] Bissantz/Hagedorn (1993), S. 481
[2] Vgl. Düsing (1999), S. 345.
[3] Vgl. Grothe/Gensch (2000), S. 212-234. Falls sich die Analyse auf Dokumente im World Wide Web konzentriert, wird hier auch von Web-Content-Mining gesprochen.

An der Schnittstelle zwischen analytischem CRM und Data Mining sind die Versuche einzuordnen, aus den beim Zugriff auf Web-Angebote anfallenden Kunden- bzw. Interessenteninteraktionsdaten neues Wissen zu generieren. Bei jedem Zugriff auf eine Web-Site hinterlässt der oft ahnungslose Internet-Surfer Spuren, die in sogenannten Log-Dateien dauerhaft gespeichert werden. Die Ansätze zum Web Log-Mining bzw. Web Usage-Mining analysieren die Datenbestände, um das eigene Internet-Angebot zu verbessern oder sogar neue geschäftliche Kundenbeziehungen über das Netz aufzubauen. Im Rahmen von Clickstream-Untersuchungen werden beispielsweise die Wege der Benutzer durch das Angebot verfolgt, um ein besseres Verständnis des Navigationsverhaltens zu erlangen. Bei personalisier-

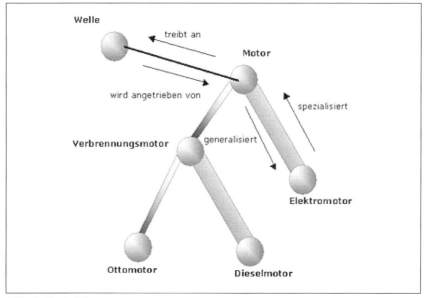

Abb. 2: Topic Map
Quelle: USU (2001)

ten Zugriffen dagegen lassen sich klare Kundenpräferenzmuster aufbauen, die für Cross Selling-Angebote nutzbar sind.[1]

Als weiterer Bereich des Business Intelligence sollen auch die analytischen Module der Planungs- und Konsolidierungssysteme verstanden werden. Aufwendige Prognoseverfahren können eingesetzt werden, um planungsrelevante Entwicklungen frühzeitig zu antizipieren oder anhand von Signalen Umweltdiskontinuitäten vorherzusagen. Auch die Konsolidierung lässt sich als Anwendungsbereich für Business Intelligence verstehen. Hier ist dann nicht nur die reine

---

[1] Vgl. Gluchowski (2000), S. 13.
[2] Vgl. Gluchowski (2000), S. 13.

Aggregation von quantitativen Größen der Einzelunternehmen zu beachten, sondern ebenfalls die Aufgabe, den eigenen Konzern derart zu strukturieren, dass Risiken möglichst klein und der Konzernerfolg möglichst groß gestaltet wird. Helfen können hierbei BI-Tools, die es gestatten, unterschiedliche Konzernstrukturen beispielsweise mit Szenario-Techniken durchzurechnen.

4 Interdependenzen von Knowledge Management und Business Intelligence

In vielen Beiträgen zum Thema Knowledge Management wird nur sehr allgemein auf konkrete Ansatzpunkte für entsprechende Umsetzungsinitiativen in Unternehmungen eingegangen. Business Intelligence liefert hier eine Konkretisierung und berührt die Gestaltungsdimensionen Organisation und IuK-Technologie des Knowledge Management. An dieser Stelle ist somit eine Überschneidung beider Themenbereiche gegeben.

Business Intelligence stellt nach dem analyseorientierten Verständnis insbesondere die technischen Werkzeuge zur Datenauswertung sowie den Rahmen zur Anwendung moderner betriebswirtschaftlicher Methoden. Aus theoretischer Sicht wird mit derartigen Analyseprozessen das Ziel verfolgt, relevantes Wissen zu generieren. Die Nutzung und Diffusion der gewonnnen Erkenntnisse steht hingegen im Mittelpunkt der Konzeption des Knowledge Management. Es geht dabei zum einen um notwendige Veränderungen an der Aufbau- und Ablauforganisation einer Unternehmung, um einen effizienten Wissensfluss zu gewährleisten. Zum anderen werden aus technischer Sicht entsprechende BI-Systeme durch innovative Technologien hinsichtlich der Anforderungen des KM erweitert.

Synergiepotenziale, die im Überschneidungsbereich der Themenstellungen liegen, sind zum einen im Zusammenhang mit der Gestaltung und zum anderen beim betrieblichen Einsatz von BI-Systemen zu identifizieren. Bei der Gestaltung von Systemen zum Business Intelligence geht es um die Implementierung von betriebswirtschaftlichen Anwendungen, die eine Auswertung quantitativer und qualitativer, strukturierter und unstrukturierter Basisdaten ermöglichen. Im Sinne des Knowledge Management wird ein transparenter Marktplatz des Wissens bereitgestellt, auf dem sich Anbieter und Nachfrager in einem Austauschprozess organisieren. Somit steht bei der Entwicklung der Systeme die Gestaltung eines betriebswirtschaftlichen Modells mit den notwendigen Daten-, Funktions- und Prozessstrukturen im Mittelpunkt des Interesses. Die Wissensgenerierung, die durch die Entdeckung und Analyse dieser Strukturen und relevanten Zusammenhänge des betrachteten Ausschnitts aus der Realität entsteht, stellt für die Unternehmungen ein enormes Potenzial dar, das weit mehr bieten kann als nur als Grundlage des Fachkonzepts des geplanten Systems zu dienen.

Mit der Festlegung einer unternehmens- bzw. abteilungsweit geltenden Begriffsdefinition, z. B. zu Strukturen und Kennzahlenberechnungen, wird ein „Single point of truth" definiert. Die Analyse der Reporting- bzw. Planungsprozesse hinsichtlich des Wissensflusses und der Wissenstransparenz liefert ebenfalls interessante Erkenntnisse zum vorhandenen Wissensangebot und zur gestellten Wissensnachfrage von den verschiedenen Bereichen innerhalb der Unternehmung. Um von den Erfahrungen beim Aufbau und der Gestaltung von BI-Systemen zu profitieren, sollte darüber hinaus als weiteres Instrument des Knowledge Management die Institutionalisierung des Dokumentationsprozesses im Projektablauf, z. B. in Form von Lessons Learned- und Best Practice-Berichten gewährleistet werden.

Aus organisatorischer Sicht ist zu beachten, dass die Gestaltung eines BI-Systems nicht ausschließlich ein IT-Thema darstellt. Durch eine hohe Partizipation der Fachabteilungen bei den Entwicklungsprozessen wird das entsprechende IT-Wissen der Entwickler im Sinne der „Spirale des Wissens"[1] weitergegeben, so dass eine verbesserte Definition der Anforderungen zukünftiger Lösungen bzw. gar die Selbstentwicklung durch die Fachabteilung möglich ist. Durch die Zuordnung spezieller Wissensmanager können darüber hinaus Verantwortlichkeiten geschaffen werden, um z. B. bei Strukturänderungen rasch mit Hilfe der Kenntnisse der zentralen Instanz Anpassungen vorzunehmen.

Im Rahmen des Einsatzes von BI-Systemen ist hinsichtlich der Anforderungen des Knowledge Management ein effizienter und effektiver Prozess zur Wissensgenerierung, -verteilung und -nutzung im Sinne einer Führungsaufgabe zu gestalten und zu steuern. Dieser Prozess kann als Knowledge Supply Chain (siehe Abbildung 3) definiert werden und startet mit dem Zugriff auf diejenigen Daten, die bei der Durchführung der operativen Geschäftsprozesse in ERP-Systemen bzw. verschiedenen Legacy-Systemen anfallen und für analyseorientierte Anwendungen relevant sind.

Diese werden gesammelt und aufbereitet und z. B. durch die Ablage in den Strukturen des Datenmodells eines Data Warehouse zu relevanten Informationen. Auf Basis dieser konsistenten Datenbasis werden mit den oben beschriebenen Systemen anschließend entsprechende Analysen durchgeführt. Das daraus resultierende Wissen ist in einem nächsten Schritt an die betroffenen Stellen im Unternehmen weiterzuleiten und führt letztendlich auf Basis von schon vorhandenem Wissen zu zielorientierten Entscheidungen bzw. Aktionen. Im Sinne eines Regelkreislaufes erfolgt anschließend eine Evaluierung des erzielten Erfolgs bzw. Misserfolgs und die Kette wird erneut angestoßen. Wesentlicher Bestandteil ist dabei das Teilen der gewonnen Erkenntnisse zur Stützung von zukünftigen Entscheidungen und Aktionen.

Im Sinne des Knowledge Management ist das Wissen über Abläufe bzw. Methoden bei Analyseprozessen zu dokumentieren. Optimale Vorgehensweisen, z. B.

---

[1] Vgl. Nonaka/Takeuchi (1997), S. 68ff.

zur Analyse von Daten, die im Zusammenhang mit Mailing-Aktionen erhoben werden, können in Form von Best Practices allen Mitarbeitern zur Verfügung gestellt werden. Um die zielorientierte Nutzung von Analyseergebnissen zu gewährleisten, ist es im Sinne des Knowledge Management entscheidend, einen entsprechenden Kontextbezug der Ergebnisse herzustellen. Damit wird der Gefahr des Not invented here-Syndroms[1] vorgebeugt. Die Realisation der bidirektionalen Versorgung mit Wissen erfordert darüber hinaus entsprechende Organisationsstrukturen und Anreizsysteme.

Das BI-System der Zukunft, das auch den Anforderungen der KM-Konzeption gerecht wird, ist dadurch gekennzeichnet, dass es innovative wie konventionelle Technologien unter einer einheitlichen Oberfläche integriert. Eine wesentliche Anforderung an zukünftige BI-Systeme ist die Zusammenführung sowohl strukturierter als auch unstrukturierter Daten ohne Rücksicht auf die Datenherkunft. Eine gute Entscheidungsunterstützung erfordert nicht nur die Integration interner und externer quantitativer Daten, sondern auch qualitativer Daten in einem ein-

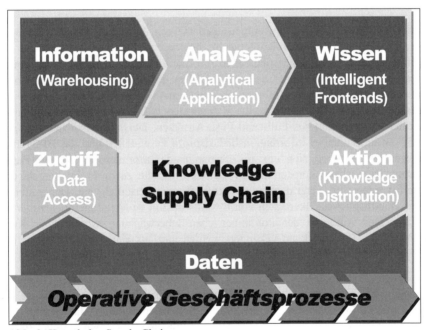

Abb. 3: Knowledge Supply Chain

zigen System. Durch die technische Integration von BI-Systemen zur Analyse von

---

[1] A. d. V.: Unter dem Not invented here-Syndrom wird eine grundsätzliche Einstellung von Individuen oder Gruppen bezeichnet, die das Wissen aus fremden Quellen ablehnt, weil man an dem externen Wissensentwicklungsprozess nicht beteiligt war und zu stark in eigenen Routinen verwurzelt ist. Vgl. Probst/Raub/Romhardt (1999), S. 151.

strukturierten und unstrukturierten Daten ist darüber hinaus die Herstellung eines Kontextbezugs von Analyseergebnissen denkbar, indem die textorientierten Analyseergebnisse und die entsprechenden Basisdaten verknüpft werden.

Insbesondere externe Daten rücken dabei stärker in den Vordergrund. Der Prozess der systematischen und kontinuierlichen Extraktion von Informationsquellen aus dem Web mit anschließendem Destillieren von verwertbaren Informationen für analytische Informationssysteme, ist mit dem Begriff Web-Farming belegt und wird in der Zukunft die gezielte Nutzung der Daten aus dem Internet in einem semiautomatischen Prozess ermöglichen.[1]

BI-Lösungen, die eine Erweiterung im Sinne des Knowledge Management erhalten, müssen darüber hinaus Möglichkeiten bereitstellen, die eine gemeinsame Nutzung von Informationen und der daraus resultierenden Generierung neuen Wissens erlauben. Entsprechend wird eine zunehmende Integration von CSCW-Methoden in derartigen Systemen zu erwarten sein, um gemeinsam die Daten zu analysieren und die Ergebnisse entsprechend eines vorgegebenen bzw. ad hoc entstehenden Workflows weiterzuleiten.

Bisherige BI-Lösungen setzen zumeist den aktiven Anwender voraus. Wenn er einen bestimmten Tatbestand untersucht, liegt es an ihm, die Initiative zu ergreifen, und mit Hilfe der vorhandenen Informationen z. B. im Data Warehouse seine Thesen zu verifizieren, was impliziert, dass der Anwender auch einen Überblick über die angebotene Informationsmenge hat. Dieser Pull-Ansatz wird im Rahmen des „Publish and Subscribe"-Paradigmas teilweise umgekehrt und führt zu einer Kombination aus Pull- und Push-Ansätzen. Der Anwender hat nun einmalig ein individuelles Informationsbedarfsprofil zu erstellen und das BI-System der Zukunft kümmert sich um die entsprechende Informationslieferung (Push-Ansatz). Wenn Datenkonstellationen auftreten, für die zuvor Ereignisregeln definiert worden sind, setzt damit eine aktive Wissensverteilung ein. Dabei stehen unterschiedliche Ausgabemedien von E-Mails bis hin zu Mobiltelefonen zur Verfügung. Der Aufwand der kontinuierlichen Überwachung wesentlicher Kennzahlen bzw. Berichte kann verringert werden und aus einem passiven wird ein aktives System. Es findet ein Wandel von der Holschuld zur Bringschuld statt.

In diesem Zusammenhang wird auch der vermehrte Einsatz von intelligenten Agenten zur Wissensverteilung zu erwarten sein. Ein intelligenter Agent ist ein autonomes, selbstlernendes, zielorientiertes Softwareprogramm, das flexibel mit seiner Umgebung kommuniziert. Ein Beispiel für einen information agent liefert die automatische Suche nach allen „roten Ampeln" in einer OLAP-Anwendung.

In letzter Zeit bieten alle Anbieter im BI-Umfeld Lösungen zur Informationsdarstellung in einem Web-Browser an, um die Vorteile der Internettechnologie auch im Bereich analytischer Informationssysteme auszunutzen. Der Weg zu einem

---

[1] Vgl. Hackathorn (1999).

Business Information Portal (BIP)-System ist somit vorgezeichnet. Dieser zentrale Einstiegspunkt in die umfassende Sammlung von unternehmensrelevanten Informationen versteckt komplexe Anwendungslogik hinter einfacher Mausnavigation und liefert eine Vorstrukturierung der heterogenen Informationsvielfalt. Der Anwender kann dabei eine individuelle Gestaltung der Struktur festlegen. Wesentliche Bestandteile solcher Lösungen sind aktive Dienste nach dem oben angeführten „Publish and Subscribe"-Paradigma. Häufig wird durch ein Portal erst eine Integration verschiedener Datenquellen über eine einzige Schnittstelle möglich.

Ein zentrales Anliegen zukünftiger BI-Systeme dürfte damit die Umsetzung des Integrationsgedankens darstellen. Unterschiedliche Technologien müssen derart in ein einheitliches System eingebettet werden, dass ein Benutzerzugriff auf zusammengehörige Informationen ohne Systembruch und mit möglichst gleichförmigem Erscheinungsbild vollzogen werden kann.

Multidimensionales Knowledge Management

Stefan Gregorzik, chorus Gesellschaft für Informations- und Kommunikationstechnologie mbH, Darmstadt

Die Verknüpfung qualitativer und quantitativer Informationen ist die konsequente Folgerung des Einsatzes IT-gestützter Analysesysteme. In diesem Beitrag werden die technischen Charakteristika von Business Intelligence- und Knowledge Management-Systemen im Hinblick auf deren Integration dargestellt. An konkreten Beispielen werden die Anforderungen zur Informationsverknüpfung und deren technische Umsetzung nach dem Konzept „Multidimensional Knowledge Management" beschrieben.

1 Schnittstelle von BI und KM

„Die Menschen brauchen vielleicht keinen Gott mehr, aber eine handliche Zahl unter hundert kann nie verkehrt sein", dachte sich Kultautor Douglas Adams und bezifferte folgerichtig den Sinn des Lebens mit 42. Mit dieser Information wird ein komplexer Sachverhalt auf den Punkt gebracht: eindeutig, präzise und aufgrund fehlender Kommastellen kann man sogar einfach im Kopf damit rechnen. Nur hat diese Information auch einen Haken - wir können nämlich nichts damit anfangen (Ist 42 jetzt gut oder schlecht?).

Quantitative Informationen, kurz: „hard facts", sind Verdichtungen und Abstraktionen auf hohem Niveau. Sie helfen uns zur schnellen Orientierung und schaffen einen Überblick. Für sich allein genommen bieten sie uns aber keinen Anhaltspunkt, um Einschätzungen zu treffen. Sicher kann ein erfahrener Börsenmakler beim Blick auf einen Kursverlauf Schlußfolgerungen ziehen und Entscheidungen treffen. Dies aber auch nur, weil er zusätzliche Informationen im Hinterkopf hat, die ihm den Kontext zu den quantitativen Informationen liefert.

Das notwendige Gegenstück zur Zahlenwelt sind qualitative Informationen, die wir beispielsweise in Form von Fachartikeln, aktuellen Nachrichten oder Gerüchten aus der Teeküche antreffen. Wir bezeichnen sie auch als „soft facts". Rein technisch werden sie „Content Information" genannt. Qualitative Informationen stellen den Hauptbestandteil der Informationsflut dar, unter der wir in Zeiten von eMail, Newstickern und nahezu unendlichen Speichermöglichkeiten in unseren Computersystemen ersticken. Sie sind unstrukturiert, lassen sich also weder einfach untereinander verknüpfen, noch ohne weiteres den Fragestellungen zuordnen, die uns gerade brennend interessieren.

Die Verknüpfung beider Informationswelten kann uns einerseits dabei helfen, den quantitativen Informationen Leben (Kontext) einzuhauchen, andererseits Struktur in die qualitativen Informationen zu bringen. Als technische Werkzeuge dienen uns dabei Business Intelligence- (BI) und Knowledge Management- (KM) Systeme. BI-Systeme sind Analysesysteme für quantitative Informationen. Ihre Grundlage ist die Modellierung der Informationen in multidimensionalen Datenmodellen, also hochstrukturierten und detaillierten Gebilden. Der Begriff der KM-Systeme ist nicht ganz so eindeutig definiert. Man versteht darunter teilweise Dokumentenmanagement- oder Redaktionssysteme, aber auch Suchmaschinen oder Content Mining-Systeme. Allen gemein ist aber, dass sie sich auf den Bereich qualitativer Informationen beziehen. Diese Verbindung der beiden System- und Informationswelten beschreiben wir mit dem Begriff Multidimensional Knowledge Management (MKM).

2 Anwendungsszenario

Als Anwendungsszenario für MKM wird die jährliche Umsatzplanung eines Herstellers von Schweißanlagen herangezogen. Als Grundlage dazu liegen die Zahlen, für z. B. Umsatz und Absatz, des letzten Jahres vor. Verläufe lassen sich ebenso wie saisonale Schwankungen nachvollziehen. Außerdem ist bekannt, mit welchen Kunden mit welchen Produkten welcher Umsatz gemacht wurde. Die Kunden lassen sich nach Industrie- und Dienstleistungsunternehmen, nach Branchen, nach Mitarbeiterzahl etc. unterscheiden. Gleiches gilt auch für die Produkte. Da gibt es z. B. Schutzgas- oder Elektrodenschweißgeräte, Zubehör, wie z. B. Brennerkabelverlängerungen oder zusätzliche Drahtvorschübe. Außerdem liegen Daten über den Servicebereich bzgl. Reparaturen und Beratung vor.

Mit diesen Informationen lässt sich das Zahlenmaterial strukturieren. Umsätze können nicht nur global für ein Quartal, sondern spezifisch auch für ein Kundensegment, eine Vertriebsregion oder eine Produktgruppe bestimmt werden. Der einzelne Vertriebsmitarbeiter benötigt die Zahlen seines Vertriebsgebietes, der Key Accounter jene seiner Kunden, der Produktmanager bezüglich einzelner Produktsegmente usw. Obwohl alle an der gleichen Sache arbeiten, nämlich der Umsatzplanung, schauen sie aus unterschiedlichen Blickwinkeln auf die Daten. Eine ganz wesentliche Anforderung an die Aufbereitung der Informationen lautet, dass verschiedene Sichtweisen unterstützt werden müssen.

Doch es liegen noch weitere Informationen als Planungsgrundlage vor. Beispielsweise die Vertriebsberichte, in welchen Informationen zu den Vertriebsregionen, zu einzelnen Kunden oder Produkten festgehalten werden, wie z. B.: „Werftindustrie im Osten weiterhin im Aufschwung - volle Auftragsbücher", „HAMEX GmbH will im Bereich Anlagenbau expandieren" oder „anhaltende Probleme mit dem Drahtvorschub Typ 3001". So werden Informationen bezüglich ganz spezifischer Produkte oder Kunden erzeugt, aber auch globale Hinweise zu Branchen oder Wettbewerbern gemacht. Mit diesen Angaben ergibt sich ein lebendigeres Bild des Geschäftsverlaufes. Es können nun Einschätzungen getroffen werden, z. B. in welchem Marktsegment man einem Wettbewerber Marktanteile abnehmen kann, welche Kunden in Zukunft einen hohen Bedarf an tragbaren Elektrodenschweißgeräten haben werden und welcher Brennertyp sich nicht zum Einsatz auf Werften eignet.

Über die internen Informationen hinaus lassen sich auch externe Informationsquellen erschließen. Die Newsticker oder Web-Sites von Handelsblatt, VDI-Nachrichten, Reuters oder Bloomberg, diverse Fachmagazine oder Branchenverbände liefern Einschätzungen zu Markttrends, technischen Entwicklungen oder auch gesetzlichen Rahmenbedingungen. Man erhält Kenntnis von den Problemen eines Wettbewerbers in einem bestimmten Produktsegment, der Entscheidung einer Chemiefirma, die Wartung ihrer Anlagen (Stahlröhren!) outzusourcen oder aus Presseverlautbarungen von der Hannover-Messe, dass Chromlegierungen zukünftig verstärkt an Bedeutung gewinnen werden.

Aus der geschilderten Situation ergeben sich zwei Herausforderungen an die Informationsaufbereitung. Zum einen muss gewährleistet sein, dass die verschiedenen von den Anwendern benötigten Sichten auf das Zahlenmaterial dargestellt werden können (BI-Perspektive). Zum anderen ist im Hinblick auf die qualitativen Informationen sicherzustellen, dass handhabbare „Informationsportionen" gebildet werden (KM-Perspektive).

3 Technologien zur Informationsaufbereitung

Zahlen werden in der Regel nur für eine spezifische Sichtweise aufbereitet. Beispielsweise gibt es den Umsatz pro Region oder den Umsatz pro Produktgruppe in Excel-Sheets. Business Intelligence-Tools mit ihrem multidimensionalen Ansatz sind hier wesentlich flexibler.

Zum Aufbau eines multidimensionalen Datenmodells gilt es zunächst, die verschiedenen Dimensionen zu identifizieren, aus denen sich die Sichtweisen zusammensetzen können. Also beispielsweise wird man Dimensionen für Region, Produktgruppe, Zeit usw. bilden. Daraus können dann ganz nach Bedarf Sichtweisen, wie z. B. Umsatz pro Region, oder auch Kombinationen, wie etwa Umsatz pro Region und Produktgruppe, zusammengestellt werden.

Dimensionen werden aus einzelnen Elementen hierarchisch aufgebaut. Beispielsweise können auf der ersten Hierarchieebene der Regionen-Dimension Staaten, auf darunterliegender Ebene Regionen (wie Bundesländer), darunter dann Städte abgebildet sein. Betrachtet man die Umsatzdaten auf Höhe des Elements „Bayern", bekommt man den Umsatz für das gesamte Bundesland ausgegeben. Macht man einen Drill down auf die nächste Ebene, bekommt man z. B. die Umsatzdaten für München oder Augsburg (siehe Abbildung 1).

Durch das Browsen in den Hierarchien bieten BI-Tools hochflexible Analysemöglichkeiten für quantitative Informationen. Die Datenstrukturen, die für diese Analysen gebildet werden, beschreiben die verschiedenen Sichtweisen in beliebigen (hierarchischen) Detaillierungsgraden. Datenbanken, die diese Strukturen abbilden können, werden multidimensionale oder OLAP-Datenbanken (Online Analytical Processing) genannt.

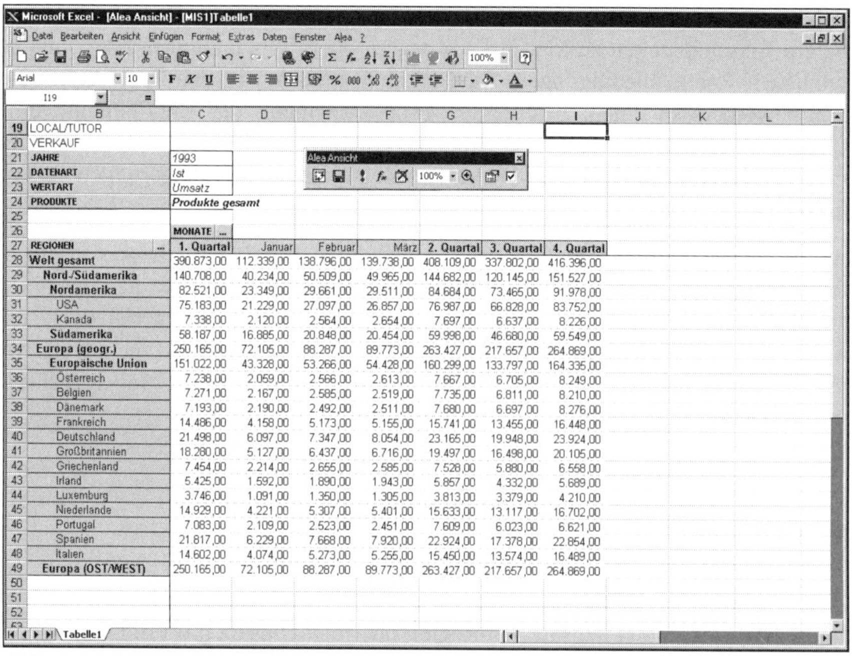

REGIONEN	1. Quartal	Januar	Februar	März	2. Quartal	3. Quartal	4. Quartal
Welt gesamt	390.873,00	112.339,00	138.796,00	139.738,00	408.109,00	337.802,00	416.396,00
Nord-/Südamerika	140.708,00	40.234,00	50.509,00	49.965,00	144.682,00	120.145,00	151.527,00
Nordamerika	82.521,00	23.349,00	29.661,00	29.511,00	84.684,00	73.465,00	91.978,00
USA	75.183,00	21.229,00	27.097,00	26.857,00	76.987,00	66.828,00	83.752,00
Kanada	7.338,00	2.120,00	2.564,00	2.654,00	7.697,00	6.637,00	8.226,00
Südamerika	58.187,00	16.885,00	20.848,00	20.454,00	59.998,00	46.680,00	59.549,00
Europa (geogr.)	250.165,00	72.105,00	88.287,00	89.773,00	263.427,00	217.657,00	264.869,00
Europäische Union	151.022,00	43.328,00	53.266,00	54.428,00	160.299,00	133.797,00	164.335,00
Österreich	7.238,00	2.059,00	2.566,00	2.613,00	7.667,00	6.705,00	8.249,00
Belgien	7.271,00	2.167,00	2.585,00	2.519,00	7.735,00	6.811,00	8.210,00
Dänemark	7.193,00	2.190,00	2.492,00	2.511,00	7.680,00	6.697,00	8.276,00
Frankreich	14.486,00	4.158,00	5.173,00	5.155,00	15.741,00	13.455,00	16.448,00
Deutschland	21.498,00	6.097,00	7.347,00	8.054,00	23.165,00	19.948,00	23.924,00
Großbritannien	18.280,00	5.127,00	6.437,00	6.716,00	19.497,00	16.498,00	20.105,00
Griechenland	7.454,00	2.214,00	2.655,00	2.585,00	7.528,00	5.880,00	6.558,00
Irland	5.425,00	1.592,00	1.890,00	1.943,00	5.857,00	4.332,00	5.689,00
Luxemburg	3.746,00	1.091,00	1.350,00	1.305,00	3.813,00	3.379,00	4.210,00
Niederlande	14.929,00	4.221,00	5.307,00	5.401,00	15.633,00	13.117,00	16.702,00
Portugal	7.083,00	2.109,00	2.523,00	2.451,00	7.609,00	6.023,00	6.621,00
Spanien	21.817,00	6.229,00	7.668,00	7.920,00	22.924,00	17.378,00	22.854,00
Italien	14.602,00	4.074,00	5.273,00	5.255,00	15.450,00	13.574,00	16.489,00
Europa (OST/WEST)	250.165,00	72.105,00	88.287,00	89.773,00	263.427,00	217.657,00	264.869,00

Abb. 1: Multidimensionales Datenmodell
Quelle: MIS AG

Content-Informationen liegen z. B. in Form von Office-Dokumenten und eMails vor. Weiterhin haben natürlich Web-Sites eine große Bedeutung als Informationsträger. Der erste Schritt zur Analyse von Content-Informationen ist, sie in einem „gemeinsamen Topf" abzulegen.

Für Office-Dokumente oder auch eMails werden typischerweise Dokumentenmanagementsysteme (DMS) genutzt. Sie unterstützen die Versionierung von Dokumenten oder sorgen dafür, dass nur eine Person gleichzeitig ein Dokument ändert (Check-In/-Out). Web-Sites wiederum werden mit Contentmanagementsystemen verwaltet, die die redaktionelle Bearbeitung der einzelnen Seiten erlauben (Redaktionssysteme). Der Aufbau von Seiten kann strukturiert (Navigation) und die Bearbeitung der Inhalte in definierten Workflows gesteuert werden.

DMS betrachten Dokumente bzw. Seiten als Ganzes. Diese Auflösungsstufe ist aber oftmals nicht ausreichend. Die Dokumente müssen geöffnet und ihr Inhalt analysiert werden. Zu diesem Zweck enthalten DMS oder Redaktionssysteme Volltextsuchmechanismen. Auch Web-Sites lassen sich mit Suchmaschinen durchforsten.

Suchfunktionen bieten aber nur eine Teillösung zur Analyse von qualitativen Informationen an. Sie gestatten lediglich, Inhalte mehr oder minder treffsicher wiederzufinden. Eine Analyse qualitativer Daten muss jedoch deren Kategorisierung leisten (siehe Abbildung 2), also eine Navigation durch die Informationsbestände und eine Gruppierung zusammengehöriger Informationen erlauben.

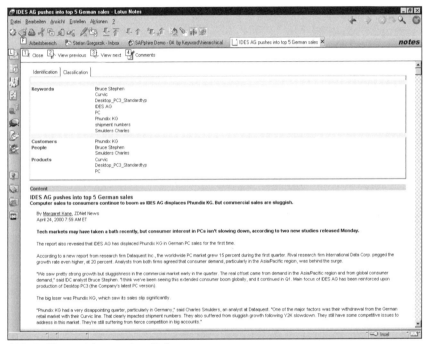

Abb. 2: Kategorisierung eines Dokumentes
Quelle: INFOservice

Zum Aufbau von Kategorien stehen prinzipiell zwei Methoden zur Verfügung:
- Statistische Verfahren, die aus häufig auftretenden Begriffen oder Begriffskombinationen Kategorien bilden, und
- Verfahren, die eine vorgegebene Kategorisierung benutzen (siehe Abbildung 3).

KM-Systeme auf Basis statistischer Verfahren haben den Vorteil, vollautomatisch abzulaufen. Es entsteht also kein Pflegeaufwand. In regelmäßigen Abständen kann eine Engine gestartet werden, die den vorhandenen Datenbestand analysiert und bei eventuellen Veränderungen die Kategorisierung anpasst.

Der Vorteil einer vorgegebenen Kategorisierung liegt darin, daß sie exakt auf die Bedürfnisse der Benutzer abgestimmt werden kann. Die Auftretenshäufigkeit ist schließlich bei Weitem kein Indikator für die Relevanz eines Begriffes. Manchmal sind es gerade die besonders raren Informationen, die wertvoll sind. Zur Vorgabe von Kategorien an ein KM-System entsteht natürlich manueller Aufwand. Den Unterschied zwischen beiden Verfahren kann man also grob mit der Abwägung zwischen Aufwand und Qualität beschreiben.

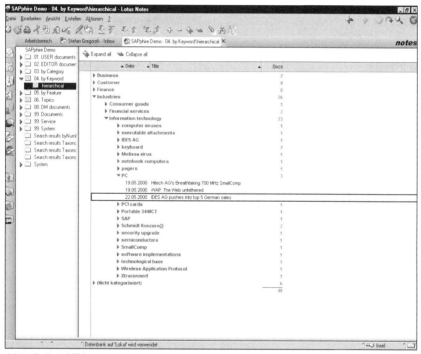

Abb. 3: Begriffshierarchien in einem KM-System
Quelle: INFOservice

Damit die Einordnung von qualitativen Informationen in Kategorien gelingt, müssen KM-Systeme Synonyme für Begriffe erkennen, grammatische Formen wie Plural und Singular verstehen oder gar mehrsprachig arbeiten können. Das wohl berüchtigste Beispiel für Synonyme ist „DaimlerChrysler". In vielen Dokumenten findet man nämlich nach wie vor „Daimler-Benz". Personennamen sind ein weiteres Betätigungsfeld für Synonymlisten („Richard v. Weizsäcker"/„Richard von Weizsäcker"/„Weizsäcker, Richard von" usw.), ebenso Abkürzungen („IBM" oder „VW").

Die Begriffskategorien können aber auch Hierarchien enthalten, die es zu analysieren gilt. Die Marktanalysen für Südamerika betreffen auch Argentinien und Brasilien – aber natürlich nicht umgekehrt. Hier wird also eine Hierarchie aus geographischen Informationen gebildet. Natürlich kann es zwischen den Kategorien und Hierarchien auch Mehrfachzuordnungen geben. Beispielsweise ist IBM sowohl eine Computerfirma als auch ein Unternehmen aus Nordamerika.

KM-Tools bieten uns also die Möglichkeit, qualitative Informationen zu kategorisieren und somit Zusammenhänge transparenter zu machen. Die Analyse bestimmter Themengebiete kann ohne das manuelle Durchforsten großer Informationsmengen erfolgen.

4 Integration der Informationswelten

So unterschiedlich quantitative und qualitative Informationen auch beschaffen sein mögen, einige Gemeinsamkeiten können wir feststellen:

- Die Informationen werden für die Analyse klassifiziert (in Dimensionen oder Begriffskategorien).
- Die Informationen sind hierarchisch strukturiert.

Und natürlich gibt es noch eine ganz wesentliche Gemeinsamkeit. Die Informationsarten beziehen sich auf den gleichen Gegenstand. Im Beispiel der Schweißtechnik-Firma beschreiben die vorliegenden quantitativen und qualitativen Informationen gleichermaßen Geschäftsbetrieb, Markt und Produkte dieses Unternehmens.

Die Ergänzung quantitativer Informationen mit qualitativem Background erlaubt es, Einschätzungen zu treffen und Prognosen abzugeben. Qualitative Informationen vor quantitativem Hintergrund können gewichtet und bewertet werden. Die den quantitativen Informationen hinterlegten BI-Strukturen bilden detailliert den Gegenstand „Schweißtechnik-Unternehmen ab". Sie bieten feine Raster zur Differenzierung von Produkt- oder Kundengruppen, beinhalten die Kunden und Vertriebsregionen.

Hinter dem Konzept des Multidimensional Knowledge Management (MKM) steckt die Idee, die Datenmodelle der BI als strukturführende Basis für ein Informationssystem zu nutzen, das sowohl quantitative als auch qualitative Informationen abbildet. KM-Systemen dienen die BI-Strukturen als Basis-Verschlagwortung, auf deren Basis dann Synonymlisten aufgebaut werden (siehe Abbildung 4).

Der Schlüssel zur Umsetzung einer MKM-Systemlösung ist die Verknüpfung der verschiedenen Quell- und Analysesysteme über ein Enterprise Integration (EI)-Konzept. Mit EI werden sowohl Verknüpfungen auf Datenhaltungsebene wie auch funktionale Verknüpfungen der Systeme realisiert.

Sobald man mehr als ein System nutzt, um Informationen abzulegen, ist man gezwungen, für einen aktuellen Abgleich der Meta-Informationen zwischen den Systemen zu sorgen.

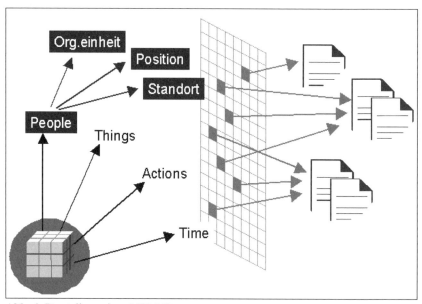

Abb. 4: Darstellung eines MKM-Konzeptes

Meta-Informationen beschreiben die Informationen, die in den Systemen abgelegt werden, also z. B. das Word-Dokument oder das OLAP-Datenmodell. Es gehören die gemeinsamen Datenstrukturen und Synonymlisten von BI- und KM-Tool dazu. Die Meta-Informationen beschreiben aber nicht nur „flache" Listen von Schlagworten, sondern bilden auch deren hierarchische Struktur ab. Was passiert beispielsweise, wenn die Vertriebsniederlassung Darmstadt zu einer Hauptniederlassung wird? Im OLAP-Modell wird dementsprechend das Element „Darmstadt" auf eine höhere Ebene („Hauptniederlassungen") verschoben, dem nunmehr die Vertriebsniederlasungen Aschaffenburg und Gießen untergeordnet sind (vorher waren sie beispielsweise gleichberechtigt). Entsprechend dieser Verschiebung im OLAP-Datenmodell müssen jetzt die Verschlagwortungsstruktur im Dokumentenmanagementsystem angepasst und die Begriffskategorien im KM-Tool umsortiert werden. Bestehende Informationen, die diesen Schlagworten zugeordnet sind, müssen entsprechend in den Begriffskategorien „umgehängt" werden.

Über Meta-Informationen werden aber auch die Ablageorte von Informationen verwaltet. Eine Kundenadresse kann beispielsweise als Datensatz in einer relationalen Datenbank abgelegt sein. Eventuell kann man sie aber auch nur über einen externen Funktionsaufruf aus dem SAP-System erhalten. In einem solchen Fall müssen die Meta-Informationen auch beschreiben, mit welcher Schnittstellentechnologie (Parameter für den Funktionsaufruf etc.) die Kundenadresse im Bedarfsfall zu extrahieren ist.

Wenn das MKM-System mit Informationen aus Vorsystemen arbeitet, muß natürlich auch deren Änderung berücksichtigt werden, also z. B. die Änderung des Kundennamens („Daimler-Benz" in „DaimlerChrysler"). In den Meta-Informationen muss somit auch der umgekehrte Weg des Informationsupdates beschrieben werden. Nämlich wie Änderungen des Vorsystems zu den Analysesystemen durchzureichen sind. Die Systemarchitektur eines MKM-Systems muß also alle Vorsysteme der BI- und KM-Systeme berücksichtigen und in ein Änderungs- und Pflegekonzept beinhalten.

Meist bietet es sich an, ein zentrales Repository für das Meta-Informations-Management aufzubauen. Dabei ist zu berücksichtigen, dass ein MKM-System OLAP-Datenbanken, relationale Datenbanken oder auch die für KM-Lösungen sehr beliebten Lotus Notes-Datenbanken beinhalten kann. Allein diese drei Systeme sind technisch vollkommen unterschiedlich aufgebaut und benötigen jeweils eine individuelle Adressierungsart für ihre Datenbestände. Das MKM-Repository muss in der Lage sein, die Integration aller herzustellen (siehe auch Abbildung 5).

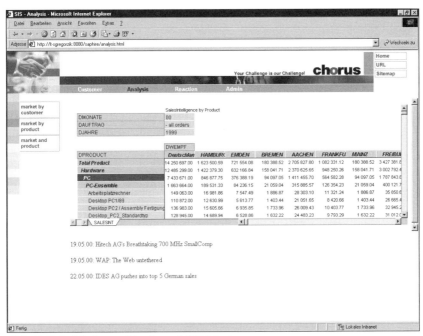

Abb. 5: Beispiel eines webbasierten MKM-Systems

Teil 2:

Knowledge Management

Kritischer Erfolgsfaktor Wissensmanagement

Matthias Hendrichs, Intraflux AG, Bayreuth

Wissensmanagement ist das Thema der Stunde. In den Wirtschaftsmagazinen wird darüber geschrieben, auf den Managerkongressen darüber philosophiert. Handelt es sich um einen gigantischen Marketinggag der Consulting-Branche? Oder ist Wissensmanagement tatsächlich der Erfolgsschlüssel in der globalen Informationsgesellschaft? Zweifellos basiert der persönliche wie der unternehmerische Erfolg auf der zielgerichteten Anwendung von Wissen und Know-how. Wissen, das implizieren Lebensweisheiten wie „Wissen ist Macht", ist ein persönlicher Machtfaktor, den man hüten muss. Hier genau setzt die Strategie des Wissensmanagements an, indem sie dieser Ansicht eine radikale Abfuhr verpasst. Der Grundtenor der Wissensmanager lautet: „Nicht das Wissen einzelner, sondern das gemeinsame Wissen bedeutet Macht." Dahinter steht die Erkenntnis, dass Wissen die einzige Ressource ist, die sich durch die Nutzung nicht verknappt, sondern stetig vermehrt.

1 Wissen ist mehr als organisierte Information

Knowledge Management hat zum Ziel, das gesamte Wissen einer Gruppe, einer Organisation oder eines Unternehmens zu mobilisieren und aufbereitet zur Verfügung zu stellen. Daten sind die Basis von Wissen. Das können durch Beobachtungen, Befragungen und Messungen erhobene Werte oder Größen sein, die in ihrer Kombination in Form von Texten, Bildern oder auch Zahlen wiedergefunden werden können. Wenn nun diese Daten nach einem definierten System strukturiert und ausgewertet werden, liefern sie Informationen. Aus diesen Informationen lässt sich wiederum Wissen generieren, indem die Informationen in einen bestimmten Kontext gestellt und zur Bewältigung von konkreten Aufgaben und Problemen eingesetzt werden.

Das Wissen kann nun nach verschiedenen Kriterien untergliedert werden. Es gibt das dokumentierte, explizite Wissen, das in standardisierter Form etwa in Datenbanken, Büchern oder anderen Schriftstücken zu finden ist und das sogenannte implizite Wissen, das die Kognitionen, Einstellungen und Emotionen der Mitarbeiter beinhaltet.

Das explizite Wissen ist heute relativ schnell erfassbar und gut nutzbar. Intelligente Suchmaschinen und Navigatoren erleichtern den Zugriff auf dieses Wissen zunehmend. Doch das allein ist zu wenig. Denn das implizite Wissen im Kopf des Wissensträgers bleibt zunächst verborgen.

Dieses implizite Wissen zugänglich zu machen, ist ein wichtiger Baustein einer erfolgreichen Wissensmanagementlösung. Der Informationstechnologie kommt innerhalb des gesamten Prozesses lediglich die Rolle eines Werkzeuges zu. Der Mensch, also jeder einzelne Mitarbeiter, ist derjenige, der Wissensmanagement täglich leben muss. Das setzt einen Kulturwandel im Unternehmen, hin zu flachen Hierarchien und dynamischen Infrastrukturen voraus, die eigenverantwortliches Handeln in einem Klima der Offenheit und des Vertrauens fördern und die Kreativität der Mitarbeiter herausfordern. Wissensmanagement kann nur dann gelingen, wenn eine Unternehmenskultur entsteht, die Wissensteilung zur „win-win"- Situation macht, d. h. sowohl zeitlich, im Hinblick auf die persönliche Entwicklung und Karriere, als auch monetär.

2 Die Wissenserfassung

Die Hauptaufgabe der Wissenserfassung ist, das verteilte Wissen der Einzelnen zusammenzutragen und für die Gemeinschaft nutzbar zu machen. Generell bezieht sich diese Gemeinschaft auf ein einzelnes Unternehmen oder einen Unternehmensverbund. Die Ausnahme bilden hier sogenannte Lernallianzen, z. B. zwischen Industriebetrieben und ihren Zulieferern, zur Erzielung einer besseren Zusammenarbeit.

In der Praxis hat das implizite Wissen, das u. a. aus den Erfahrungen der Mitarbeiter besteht, insbesondere für Beratungsunternehmen, eine spezielle Bedeutung. Gerade diese Art der Dienstleistung zeichnet sich durch die Kompetenz und das Wissen der einzelnen Berater aus. Sollten nun Berater das Unternehmen verlassen, so stellt das für das Unternehmen einen großen Wissensabfluss dar. Aus diesem Grund ist die Umwandlung von implizitem Wissen in explizites Wissen eine geradezu strategische Aufgabe, die das Überleben bzw. den Erfolg einer Unternehmensberatung stark beeinflussen kann.

Es muss versucht werden, die feste Gebundenheit des Wissens an die Person zu lockern, um auf diese Weise das Wissen übertragbar zu machen. Damit die Mitarbeiter zu einer solchen Teilung des Wissens überhaupt bereit sind, müssen einerseits Anreize geschaffen und andererseits die Unternehmenskultur dementsprechend angepasst werden.

Dennoch fokussiert man in der Praxis zunächst die Erfassung des expliziten Wissens, da dieser Vorgang schneller und somit kostengünstiger zu realisieren ist. In einer Unternehmensberatung handelt es sich bei explizitem Wissen zumeist um Publikationen, Reden, Presseclippings oder makroökonomische Informationen. Dieses Wissen liegt in der Regel auch in elektronischer Form vor, so dass es nun durch unterschiedliche Informationssysteme, wie Datenbanken, Portale oder Push-Dienste, für die Mitarbeiter zugänglich gemacht werden kann.

Neben motivationalen Aspekten, die den Mitarbeiter zur Teilung seines Wissens bewegen, sind vor allem auch methodische Probleme in der Vorgehensweise der Erfassung von implizitem Wissen zu beobachten. Aus diesem Grund soll an dieser Stelle eine Übersicht über verschiedene praxisrelevante Ansätze, die zur Erfassung von implizitem Wissen dienen können, gegeben werden. Es wird hierbei weniger Wert auf die Vollständigkeit gelegt, sondern vielmehr auf die dahinterliegenden Strukturen abgestellt.

Zunächst ist eine Unterscheidung zwischen informationstechnischen und verhaltenswissenschaftlichen Erfassungsmethoden zweckdienlich. Die informationstechnischen Methoden sind am häufigsten in der Praxis anzutreffen. Ein Grund hierfür ist sicherlich die hohe Standardisierbarkeit sowie die Replizierbarkeit innerhalb des Unternehmens.

Der Nutzen eines Diskussionsforums soll am Beispiel einer Unternehmensberatung erläutert werden. Unternehmensberatungen erleben in den letzten Jahren weltweit ein starkes Wachstum. Die Folge ist, dass viele neue, oft unerfahrene Mitarbeiter eingestellt werden. Ebenfalls ist eine hohe Fluktuation von Mitarbeitern zu beobachten. Diese beiden Aspekte, verbunden mit der hohen Komplexität des Wissens, das für die Beratung zwingend erforderlich ist, machen eine effiziente Erfassung des Wissens unentbehrlich.

Die Kommunikation zwischen den Mitarbeitern einer Unternehmensberatung erfolgt zumeist persönlich, entweder unmittelbar oder mittelbar, z. B. per Telefon. Ist nun der Wissensträger zum Zeitpunkt der Anfrage nicht verfügbar, sei es aus zeitlichen, räumlichen oder anderweitigen Gründen, so kann die Anfrage dennoch mit Hilfe eines elektronischen Diskussionsforums platziert werden. Dieses Diskussionsforum ist an prominenter Stelle im firmeneigenen Intranet zu positionieren, so dass es von allen Mitarbeitern schnell und einfach aufgesucht werden kann. Sollten nun andere Wissensträger, die das Medium Diskussionsforum ebenfalls nutzen, eine Antwort auf die gestellte Anfrage haben, so wird diese elektronisch festgehalten und dem Fragesteller verfügbar gemacht. Stellt sich heraus, dass nur der zuvor nicht erreichbare Mitarbeiter die Antwort auf die Frage kennt, ist dennoch auch in diesem Fall ein Vorteil zu erzielen. Wenn sich dieser wieder an seinem Arbeitsplatz befindet, kann er die gewünschte Antwort in das System eingeben. Auf diese Weise wird nun das ansonsten nur telefonisch weitergegebene Wissen elektronisch gespeichert. Es erfolgt automatisch eine Umwandlung von implizitem Wissen in explizites Wissen.

Dieser Methode liegen jedoch einige Beschränkungen zugrunde. So kann nur das Wissen erfasst und umgewandelt werden, das zuvor per Anfrage im Diskussionsforum nachgefragt wurde. Ebenso findet zu diesem Zeitpunkt keine Auswahl oder Korrektur zwischen richtigen und falschen Antworten statt. Letztlich ist die Qualität der Antworten auch von der Akzeptanz des Diskussionsforums abhängig, so dass sich bei geringer Frequentierung die Wartezeit auf eine Antwort verlängert oder bei fehlenden Experten die Antwortqualität niedrig ausfällt. Es ist also zu beachten, dass auch hier die organisatorische Verankerung des Wissensmanagements in der Unternehmenskultur erfolgskritisch ist.

Sicherlich können z. B. durch das Anfertigen von digitalen Project Reports ebenfalls in den Köpfen verborgene Informationen dokumentiert und somit kodifiziert werden. Dennoch gelten für den Großteil der reinen informationstechnischen Tools die oben genannten Restriktionen, so dass der IT-Einsatz isoliert betrachtet keine befriedigende Lösung erbringen kann.

Ein anderer Ansatzpunkt sind die verhaltenswissenschaftlichen Erfassungsmethoden. Die Nutzung der Erkenntnisse aus der Verhaltensforschung steht noch am Anfang und wird in der Praxis derzeit nur sehr zögerlich angewendet. Dennoch bieten diese Methoden eine ausgezeichnete Möglichkeit, implizites Wissen zu erfassen, zu strukturieren und anschließend in Form von explizitem Wissen elektronisch bereitzustellen.

Die aus der Marktforschung bekannten Methoden lassen sich in Befragungen und Beobachtungen unterteilen. Es handelt sich dabei u. a. um Tiefeninterviews, Delphi-Befragungen, schriftliche Befragungen, Formen des lauten Denkens und andere Kreativitätstechniken, die dazu führen, dass die Experten ihr Wissen preisgeben. Diese Methoden werden in der Regel von Spezialisten angewendet, welche die Wissenserhebung ebenso wie die Protokollierung des Wissens vornehmen. Damit können die gewonnenen Erkenntnisse elektronisch als explizites Wissen zugänglich gemacht werden. Für die Beobachtungen können zusätzlich technische Apparaturen eingesetzt werden, wodurch die Möglichkeit einer Beeinflussung durch den Interviewer verringert wird.

Wie für die informationstechnischen Methoden soll auch hier die Vorgehensweise anhand eines Beispiels aus einer Unternehmensberatung gezeigt werden. So kann nun durch den gezielten Einsatz von Tiefeninterviews mit Wissensträgern aus der Unternehmensberatung eine Art Basiswissen aufgebaut werden, das für die Beratungsneulinge als erster Leitfaden dient. Die Informationen, die die Experten durch verschiedene Befragungstechniken von den Wissensträgern erhalten, können ausgewertet, verdichtet und elektronisch verfügbar gemacht werden. Auf diese Weise wird das implizite Wissen, also die Erfahrungen der langjährigen Berater, für die Einsteiger zugänglich gemacht. Dabei steht nicht nur die Kodifizierung und Speicherung dieses Wissens im Vordergrund, sondern ebenfalls die damit einhergehende Zeitersparnis beim Wissensträger, der weniger durch die Einarbeitung des Berufsanfängers in Anspruch genommen wird.

3 Wissensaufbereitung

Die Wissensaufbereitung befasst sich mit der Strukturierung, Auswahl und Bewertung des internen Wissens sowie der Erweiterung der Wissensbasis durch die

Nutzung externer Informationsquellen. Generell muss geprüft werden, welche Informationen für die Unternehmung relevant erscheinen. Für Unternehmensberatungen sind dies oft Informationen über Problemlösungstools, Kunden sowie Konkurrenten, Projekte oder Trends in der Branchenentwicklung.

Zur zielgerichteten Umsetzung werden in der Praxis, insbesondere bei Unternehmensberatungen zentrale Organisationseinheiten, oftmals auch Infocenter genannt, gebildet. Die Aufgabe dieser Infocenter ist u. a., das aus implizitem Wissen umgewandelte explizite Wissen derart zu strukturieren, klassifizieren und indexieren, dass es in elektronischer Form verbreitet werden kann. Hierzu ist es notwendig, eine genaue Analyse des Unternehmens und seiner Prozesse, sowie der Such- und Denkgewohnheiten der Mitarbeiter vorzunehmen.

Häufig werden die von den Mitarbeitern erstellten elektronischen Dokumente, bevor sie im Intranet publiziert werden, vom Infocenter anhand eines Glossars verschlagwortet. Hierzu kann der Autor bereits Empfehlungen geben, die dann vom Infocenter kontrolliert und gegebenenfalls redigiert werden. Der erhöhte Arbeitsaufwand bei der Einstellung neuer Dokumente schlägt sich in einem deutlich verringerten Suchaufwand nieder. Voraussetzung ist jedoch die allgemeine Bekanntheit und Relevanz der zur Verschlagwortung herangezogenen Schlüsselbegriffe.

Eine weitere wichtige Aufgabe der Infocenter ist die Recherche in externen Informationsquellen, wie z. B. Zeitungen, Zeitschriften und Datenbanken. Hierbei handelt es sich sowohl um elektronische wie auch klassische Medien, so dass neben einer Selektion und Bewertung auch gegebenenfalls eine Digitalisierung vorgenommen werden muss.

Die in einem Infocenter tätigen Mitarbeiter werden oftmals als Informationsbroker bezeichnet. Es bietet sich an, einen solchen Informationsbroker oder Informationscontroller direkt in den einzelnen Kompetenzfeldern des Unternehmens, sozusagen vor Ort, zu positionieren, um eine pro-aktive Steuerung der Wissensmanagementaktivitäten im gesamten Unternehmen zu gewährleisten.

4 Wissensverteilung

Nachdem das Wissen in digitaler Form vorliegt, können nun verschiedene Wege eingeschlagen werden, dieses Wissen zu distribuieren. Wenngleich der Versuch, das Wissensmanagement einzig und allein mittels einer IT-Lösung zu betreiben, zum Scheitern verurteilt ist, bietet die Informationstechnologie zur Speicherung und Verteilung des Wissens hocheffiziente Möglichkeiten.

Die Betrachtung der Leistungsfähigkeit einer Software ist zwar eine hinreichende, jedoch keine ausreichende Bedingung für den Erfolg eines Knowledge Management Systems. Die Abstimmung der Software auf den Benutzer und dessen Bedürfnisse darf nicht vernachlässigt werden. So wird eine noch so leistungsfähige Software ungenutzt bleiben, wenn die Schnittstelle zwischen dem Menschen und dem System nicht ergonomisch gestaltet wurde. Daraus kann abgeleitet werden, dass bei der informationstechnischen Umsetzung eines Knowledge Management Systems zwingend eine Erfassung der Mitarbeiterbedürfnisse und -gewohnheiten vorausgehen muss. Diese Istanalyse kann in der Praxis über Methoden der Marktforschung, sowie über die Mensch-Maschine-Interaktion, erfolgen. Diese Erkenntnisse werden dann der Modellierung, Entwicklung und Umsetzung des einzuführenden Knowledge Management Systems zugrundegelegt.

Als praxisorientiertes Beispiel soll hier wiederum die Unternehmensberatung dienen. Im ersten Schritt wird das Unternehmen anhand von Daten aus Sekundärquellen, z. B. Unternehmensbroschüren oder Organigrammen analysiert. Danach wird eine repräsentative Stichprobe für die weitergehende Untersuchung gebildet. Diese Stichprobe enthält sinnvollerweise Mitarbeiter aus verschiedenen Kompetenzbereichen und Hierarchiestufen.

Mittels einer Reihe von Befragungen und Beobachtungen soll der Umgang der ausgewählten Mitarbeiter mit der Informationstechnologie erfasst werden. Die eingesetzten Methoden zielen insbesondere darauf ab, unterbewusste Denkstrukturen und Gewohnheiten aufzudecken. Im folgenden Schritt werden gewonnene Erkenntnisse zur Entwicklung der Benutzerschnittstelle herangezogen.

Durch eine derartige Einbeziehung der Mitarbeiter wird der Erfolg eines Knowledge Management Systems nachhaltig gesteigert. Es erhöht sich nicht nur die Akzeptanz und Motivation bei der Nutzung des Systems, sondern durch die Berücksichtigung und Ausrichtung des Systems auf den Menschen können bei der Bedienung dieser hochkomplexen Softwareprodukte auch massive Zeitersparnisse erzielt werden.

So sucht in einer Unternehmensberatung ein Berater im firmeninternen Intranet nach den Qualifikationen von Kollegen für die optimale Besetzung eines Projektteams. Dieses ist seit vielen Jahren gewachsen und umfasst verschiedenste Informationssysteme. Deshalb weiß der Berater zunächst nicht, in welchem System er suchen soll. Da die Funktionsweise jedes dieser Systeme auch noch unterschiedlich ist und er einige dieser Systeme nur selten nutzt, dauert es bei der Suche in jedem System geraume Zeit, bis er sich erinnert hat, wie er an die gewünschten Informationen gelangt.

Diese Zeitverluste können mit einer einheitlichen, intuitiven, auf den Nutzer abgestimmten Benutzeroberfläche vermieden werden. In dem oben dargestellten Beispiel könnte der Berater dann, ohne über die Bedienung der Software nachdenken zu müssen, eine einheitliche Suchanfrage für alle Systeme formulieren (siehe Abbildung 1).

Ohne auf die Vor- und Nachteile einer IT-Komplettlösung für das Wissensmanagement eingehen zu wollen, wird nachfolgend ein kurzer Überblick über die in der Praxis am häufigsten eingesetzten Komponenten gegeben:

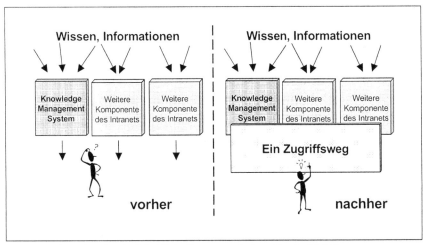

Abb. 1: Zeitgewinn durch einheitliche Benutzerschnittstellen in KM-Systemen

- *Dokumentenmanagement*
  Ein Dokumentenmanagementsystem speichert unternehmensweit alle Dokumente vom Projektbericht bis zum Kantinenplan. Der Vorteil eines solchen Systems ist die Versionskontrolle, die Vergabe von individuellen Zugriffsrechten, eine mögliche Integration in die vorhandene Office-Software sowie die gemeinsame Bearbeitung eines Dokumentes durch mehrere Benutzer.

- *Diskussionsforen*
  Ein Diskussionsforum funktioniert wie ein „schwarzes Brett". Mitarbeiter können hier Fragen zu unterschiedlichsten Themen stellen. Eine besondere Bedeutung bekommt das Diskussionsforum innerhalb geschlossener Gruppen, wie z.B. Projektteams. Zu beachten ist, dass keine Kontrolle über die Richtigkeit der Angaben stattfindet.

- *Gruppenkalender*
  Ein Gruppenkalender ermöglich es einem Team oder einer Abteilung, Termine für Projekte und Meetings zu koordinieren und zu synchronisieren, so dass ein möglichst überschneidungsfreier Arbeitsablauf entstehen kann.

- *Teamrooms*
  Teamrooms sind meist projektbezogene, virtuelle Bereiche innerhalb des Intranets, über die das Projektteam jegliche Kommunikation und Verwaltung von Projektdaten abwickelt.

- *Push-Dienste/Change Agents*
  Durch Push-Dienste bzw. Change Agents werden den Mitarbeitern aktiv Informationen zu zuvor abonnierten Themen zugestellt.

- *Search/Information Retrieval*
  Die Suchfunktion über alle Datenbanken oder Informationsquellen gehört zu einer der wichtigsten Softwarebausteine. Hierbei stellt die Suche oder Search allgemein die Suche nach Informationen innerhalb des Intranets dar, wohingegen das Information Retrieval auch Datenquellen im Internet durchsucht.

- *Workflowmangement*
  Das Workflowmanagement dient vor allem der Steuerung und Überwachung von Arbeitsabläufen. So können auch multipersonale, räumlich verteilte Prozesse koordiniert und schließlich mit Hilfe des Informationssystems optimiert werden.

- *Enterprise Portal*
  Ein Enterprise Portal ist eine einheitliche Zugangsmöglichkeit zu den verschiedenen Ressourcen und Systemen innerhalb des Intranets unter einer Oberfläche. Diese Enterprise Portals verfügen zumeist über eine Personalisierungsmöglichkeit, durch die eine individuelle Anpassung durch die einzelnen Nutzer erfolgen kann.

Die informationstechnische Wissensverteilung ist jedoch nicht der einzige Weg zur Distribution von Wissen ist. Das soll am Beispiel der Corporate University kurz gezeigt werden.

Das Vermitteln von neuen Managementtheorien, Finanzanalysen und der eigenen Unternehmensphilosophie geschieht heute in großen Unternehmen in einer sogenannten Corporate University, die ähnlich wie eine traditionelle Universität aufgebaut ist. Die Mitarbeiter werden an einen zentralen Ort fernab des alltäglichen Geschäftsbetriebs in regelmäßigen Abständen zu Fortbildungen geschickt. Diese aus den USA stammende Bildungsmaßnahme setzt sich in den letzten Jahren auch in Deutschland immer mehr durch.

Zumeist wird hier jedoch nicht das unternehmenseigene Wissen verbreitet, sondern durch die Kooperation mit renommierten Hochschulen auf externes Expertenwissen zugegriffen. Ziel ist es, den Mitarbeitern neue Impulse mitzugeben. Dass dies gerade in Zeiten der voranschreitenden Informationstechnologie auf herkömmliche Art und Weise geschieht, nämlich vor Ort anstelle von virtuellem E-learning, stört derzeit nur wenige Unternehmen. Der Großteil von ihnen setzt weiterhin auf die direkte, persönliche Kommunikation als Gestaltungsmöglichkeit des Wissensmanagements, die gleichzeitig einen sehr hohen Prestigewert für das Unternehmen besitzt.

Der Nutzen von Knowledge Management

Uwe Hannig, Institut für Knowledge Management e. V., Zwickau und Gerald Zwerger, Institut für Managementinformationssysteme e. V., Ludwigshafen

Kaum einem anderen Segment innerhalb des Softwaremarktes wird eine so goldene Zukunft vorausgesagt wie jenem für Knowledge Management (KM). Dennoch gibt es bis heute weder eine weithin akzeptierte Definition des Begriffs Wissensmanagement noch allgemein anerkannte Produkt- bzw. Leistungskategorien. Die hieraus entstehende Intransparenz führt zu einem Gefühl der Unsicherheit bei den Entscheidern in den Anwenderunternehmen. Als Folge des hohen wahrgenommenen Risikos im Hinblick auf die Einführung eines KM-Systems werden Investitionsentscheidungen häufig zurückgestellt. Dieser Umstand ist auch der Hauptgrund dafür, dass die Nachfrage auf dem deutschen KM-Markt hinter den hohen Erwartungen zurückbleibt. Vor diesem Hintergrund führte das Institut für Knowledge Management e. V. (IKM) in Kooperation mit dem Institut für Managementinformationssysteme e. V. (IMIS) zwei Befragungen durch. An der Studie im Sommer 2000 beteiligten sich 110 Anwender- und 49 Anbieterunternehmen.[1] Die genau ein Jahr später, ebenfalls schriftlich, durchgeführte Anbieterbefragung verzeichnete 54 teilnehmende Unternehmen aus allen KM-Bereichen.[2]

1 Wettbewerbsvorteile durch Wissensmanagement

Die vorherrschende Intransparenz spiegelt sich in der Verwendung einer Vielzahl von unterschiedlichen Definitionen des Begriffs „Wissensmanagement" in der Praxis wider. So war das Ergebnis alles andere als eindeutig, als im Jahr 2001 die Anbieterunternehmen gebeten wurden, die von ihnen genutzte Defintion niederzuschreiben oder eine von vier vorgegebenen Begriffsbestimmungen auszuwählen. Abbildung 1 zeigt, dass mit 34,8 Prozent der Nennungen die Definition bevorzugt wurde, nach der Wissensmanagement ein ganzheitliches, integratives Konzept, das psychologische, organisatorische und informationstechnologische Faktoren beinhaltet, um die effektive Erschließung und den Transfer von Wissen zu gewährleisten, ist. Dieses Ergebnis bestätigt die Ansicht von Böhmann und Krcmar, dass der Aufbau eines funktionierenden KM-Systems nicht ausschließlich durch die Verwendung eines KM-Tools garantiert wird. Ebenso notwendig sind Maß-

---

[1] Vgl. Hannig/Lehmann (2000), S. 50.
[2] Vgl. Hannig/Hahn/Humm (2001), S. 9.

nahmen der Personal- und Organisationsentwicklung, die das Interesse aller Beteiligten an KM entwickeln, fördern und langfristig aufrechterhalten.[1]

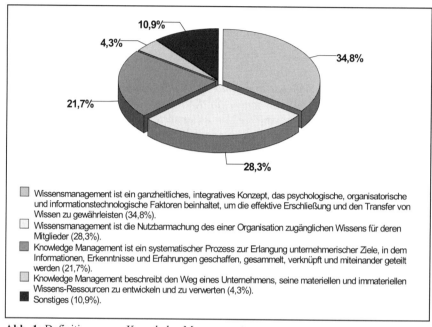

Abb. 1: Definitionen von Knowledge Management
Quelle: Hannig/Hahn/Humm (2001), S. 70

Zieht man in Betracht, dass die beiden in der Rangliste folgenden Definitionen von rund 50 Prozent der Befragten präferiert wurden, spricht vieles dafür, aus den drei am häufigsten gewählten Definitionen eine einfach zu merkende Begriffsbestimmung zu entwickeln. Im Folgenden soll deshalb unter Wissensmanagement ein System von Aktivitäten zur Nutzung des einer Organisation zugänglichen Wissens durch deren Mitglieder verstanden werden.

In über zwei Drittel der Anwenderunternehmen hatte man sich bis zum Jahr 1997 noch überhaupt nicht mit dem Thema „Knowledge Management" auseinandergesetzt. Der Erstkontakt erfolgte in der Regel über einen Artikel in den Printmedien oder im Rahmen von Seminaren. Fast fünf Prozent der Befragten kamen erstmals durch die Untersuchung mit dem Begriff Wissensmanagement in Berührung.

Die überwiegende Zahl der Anwender hofft, mit Hilfe des Wissensmanagements Wettbewerbsvorteile zu erlangen (siehe Abbildung 2). Entsprechend wird Wissen

---

[1] Vgl. Böhmann/Krcmar (1999), S. 82.

ebenfalls häufig als kritischer Erfolgsfaktor und als wichtige Ressource angesehen. Dieses Ergebnis deckt sich mit der Wahrnehmung von Nonaka und Takeuchi.[1] Nur ein Drittel stimmt hingegen der Aussage zu, dass Wissen einen immateriellen Unternehmenswert darstellt.

Das Antwortverhalten wird anscheinend stark von der sich immer stärker durchsetzenden Erkenntnis bestimmt, dass das in einer Unternehmung verankerte Wissen als entscheidende Ressource anzusehen ist. So bezifferten auch 80 Prozent der befragten Unternehmen in einer Studie des Münchener Internationalen Instituts für Lernende Organisation und Innovation den Anteil des Produktionsfaktors Wissen an der gesamten Wertschöpfung der Unternehmung mit bis zu 80 Prozent.[2]

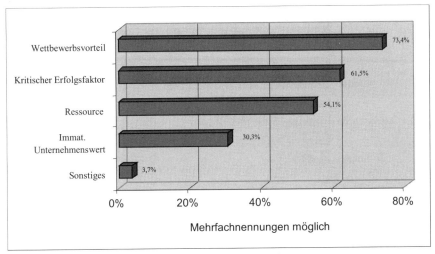

Abb. 2: Bedeutung von Wissen für die Anwenderunternehmen
Quelle: Hannig/Lehmann (2000), S. 51

Am wichtigsten für die Anwenderunternehmen ist Wissen über Methoden. Hier könnte die Domäne von Wissensmanagementsystemen in der Zukunft liegen. Denn nur wenn unabhängig vom Entscheider die in der jeweiligen Situation geeignetesten Methoden zur Problemlösung eingesetzt werden, lässt sich dieselbe Entscheidungsqualität sicherstellen. An nächster Stelle folgt das Wissen über Wettbewerber vor jenem über Prozesse und Produkte. Erst auf dem fünften Platz der Bedeutungsrangliste findet man das Wissen über den Kunden. Hier geht man in den Unternehmen wohl davon aus, dass in den letzten Jahren erhebliche Fortschritte

---

[1] Vgl. Nonaka/Takeuchi (1997), S. 18.
[2] Vgl. Herbst (2000), S. 21.

durch den Einsatz von Business Intelligence- und speziell Customer Relationship-Systemen erreicht werden konnten.

2 Von der Wissensgewinnung zur Wissensverteilung

Auf die Frage, welche Wissensquellen in ihrem Unternehmen systematisch genutzt werden, nannten die Anwender Fachzeitschriften und die Anbieter das Internet am häufigsten (siehe Abbildung 3). Die zweitwichtigste Wissensquelle sind

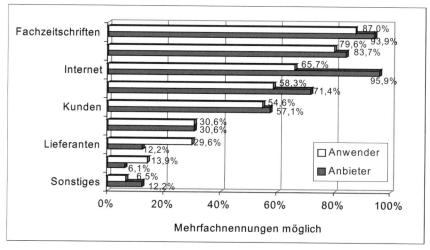

Abb. 3: Systematisch genutzte Wissensquellen
Quelle: Hannig/Lehmann (2000), S. 53

nach Aussage der auskunftgebenden Anwenderunternehmen die eigenen Mitarbeiter. Grundsätzlich ist dies mit Sicherheit richtig. Es darf jedoch bezweifelt werden, ob diese Wissensquelle tatsächlich systematisch genutzt wird. Denn nur in den wenigsten Unternehmen gibt es beispielsweise ein konsequentes Debriefing der Mitarbeiter, welche den Arbeitgeber wechseln oder in den Ruhestand gehen. Und dies obwohl die Mitarbeiter über Jahre hinweg mit großem Aufwand geschult und weitergebildet wurden, weshalb das Abschöpfen des vorhandenen Wissens eines Mitarbeiters beim Verlassen des Unternehmens als völlig legitim angesehen werden kann.

Wissen, das nicht nur in den Köpfen der Mitarbeiter abgelegt ist, wird vor allem in Form von Dokumentationen und Dienstanweisungen, d. h. in der Regel in Schriftform gespeichert (siehe Abbildung 4). Vor diesem Hintergrund verwundert es nicht, dass die wirtschaftlich erfolgreichsten Anbieter von KM-Systemen im Augenblick noch jene aus dem Bereich Dokumentenmanagement sind.

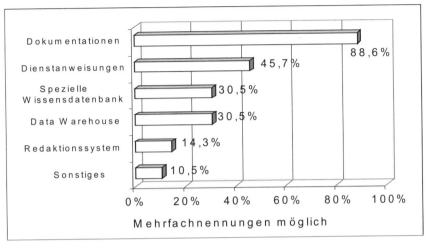

Abb 4: Arten der systematischen Wissensspeicherung
Quelle: Hannig/Lehmann (2000), S. 56

Bei rund 30 Prozent der befragten Anwenderunternehmen arbeitete ein sogenanntes Data Warehouse produktiv. Da eine hohe Korrelation zwischen dem Einsatz eines zentralen Datenlagers und der Nutzung einer speziellen Wissensdatenbank festzustellen ist, liegt der Schluss nahe, dass die Anwender keinen großen Unterschied zwischen der Datenspeicherung und der Wissenshaltung machen.

Weitergegeben wird Wissen in deutschen Unternehmen nach wie vor am häufigsten in Besprechungen (siehe Abbildung 5). Die Bedeutung der persönlichen Kommunikation in diesem Zusammenhang tritt auch in einer Onlineumfrage des Instituts für e-management e. V. zutage. Rund ein Viertel der Teilnehmer wünschen sich eine nachhaltige Verbesserung der Kommunikation der Mitarbeiter untereinander, um auf diesem Wege den Prozess der Wissensteilung zu unterstützen.[1]

An zweiter Stelle folgen Schulungen sowie das Intranet, das bei den im Jahr 2000 befragten Anbietern allerdings bereits auf Platz zwei liegt. Die Bedeutungszunahme des Webs ist zukünftig in allen Unternehmen zu erwarten. Denn nur mit Hilfe

---

[1] Vgl. Döring-Katerkamp/Trojan (2001)

von Intra- sowie auch Extranets lässt sich Wissen kurzfristig und mit vertretbarem Aufwand distribuieren.

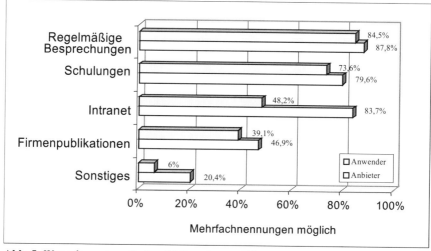

Abb. 5: Wege der systematischen Weitergabe von Wissen
Quelle: Hannig/Lehmann (2000), S. 54

Am wichtigsten ist aus Sicht von über 86 Prozent der Anwender der Wissensaustausch in den kundennahen Funktionsbereichen Marketing und Vertrieb (siehe Abbildung 6). Rund drei Viertel der Befragten schätzen die Wissensverteilung in

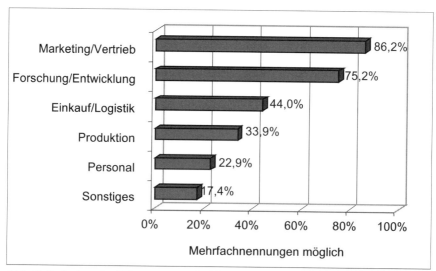

Abb. 6: Bedeutung des Wissensaustausch differenziert nach Funktionsbereichen
Quelle: Hannig/Lehmann (2000), S. 75

Forschung und Entwicklung ebenfalls als ausgesprochen bedeutsam ein. Wissen wird von den Anwenderunternehmen jedoch nicht nur an Mitarbeiter, sondern auch an Kunden und Lieferanten weitergegeben. Fast 70 Prozent der Anwenderunternehmen tauschen Wissen ebenfalls mit ihren wichtigsten Marktpartnern aus.

3 Das Angebot auf dem deutschen KM-Markt

Der Markt für KM-Tools befindet sich nach einer Studie der MetaGroup am Beginn einer sehr dynamischen Entwicklung. Bis zum Jahr 2004 werden hohe zweistellige jährliche Wachstumsraten prognostiziert. Allein der deutsche Markt für KM soll bis dahin ein Volumen von bis zu 750 Millionen Euro erreichen (siehe Abbildung 7).[1]

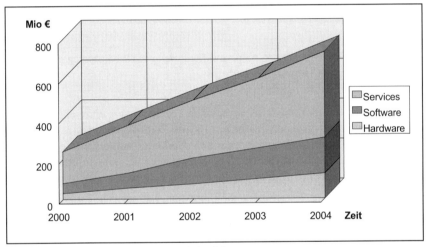

Abb. 7: Der deutsche Markt für Knowledge Management
Quelle: Metagroup (2001)

Mit dem Thema Knowledge Management beschäftigt man sich in rund 40 Prozent der an der Untersuchung von 2001 teilnehmenden Anbieterunternehmen seit maximal drei Jahren. Entsprechend wurden fast 60 Prozent der Produkte bzw. Lösungen erst in den letzten beiden Jahren auf den Markt gebracht. Erkennbar ist ein Zusammenhang zwischen der Dauer der Tätigkeit auf dem Gebiet Wissensmanagement und dem Anteil der KM-Aktivitäten am Gesamtumsatz. Die Unternehmen mit einem KM-Anteil von mehr als 50 Prozent agieren in über 90 Prozent der Fälle bereits mehr als drei Jahre am Markt.

---

[1] Vgl. o. V. (2001).

Am häufigsten bieten die 2001 befragten Anbieter Tools oder Applikationen für das Dokumentenmanagement und das Internet (siehe Abbildung 8) an. Darüber

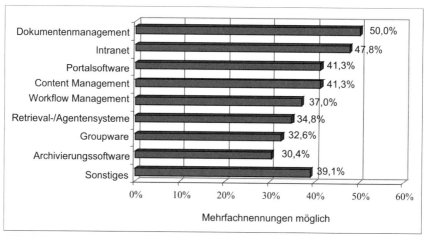

Abb. 8: Das Angebot der befragten Anbieter differenziert nach Produktkategorien
Quelle: Hannig/Hahn/Humm (2001), S. 74

hinaus wird in zwei Fünfteln der Unternehmen Portalsoftware entwickelt sowie an Content Managementsystemen gearbeitet. Dieses Ergebnis belegt, wie wichtig eine mit aktuellen Informationen versehene Webpräsenz mittlerweile eingeschätzt wird. Und gerade hier versprechen Content Managementsysteme erhebliche Erleichterungen im täglichen Kampf mit veralteten Inhalten.

Mit Hilfe von Intranets soll diese Technologie nicht nur zur Darstellung relevanter Informationen nach außen verwendet werden. Gerade durch die interne Nutzung kann die Zugriffszeit auf die Wissensbasis einer Organisation stark verkürzt werden.

Nach Schätzungen der Gartner Group soll der Markt für Portale bis Ende 2002 weltweit ein Volumen von 16 Milliarden Euro aufweisen und somit erstmals jenen für betriebliche Standardsoftware in bezug auf die Wachstumsdynamik auf Rang zwei verweisen. Bis zum Ende des Jahres 2002 wird die Hälfte der Top 500 Anwenderunternehmen Portale eingeführt haben.[1]

---

[1] Vgl. Karagiannis/Telesko (2001), S. 331.

Aufschlussreich erscheint auch die Differenzierung der angebotenen Produkte nach den Phasen Wissensgenerierung, Wissenshaltung und Wissensverteilung des Knowledge Management-Prozesses. Die Wissensverteilung wird von mehr als 90 Prozent der Produkte unterstützt (siehe Abbildung 9). Auf Platz zwei folgt die Wissensspeicherung. In diesem Zusammenhang sind insbesondere Archivierungs-

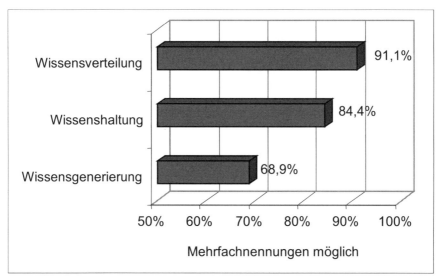

Abb. 9: Durch KM-Tools unterstützte Teilbereiche des Wissensmanagement
Quelle: Hannig/Hahn/Humm (2001), S. 75

software, Content Management- sowie Dokumentenmanagement-Systeme zu nennen, deren Anbieter alle angeben, dass ihre Produkte diesen Teilprozess vollständig unterstützen. Weniger als 70 Prozent der Produkte unterstützen den komplexen Prozess der Wissensgenerierung. Diese vergleichsweise niedrige Prozentzahl weist auf die heute noch vorhandenen technischen Schwierigkeiten hin, neues Wissen mit Hilfe von KM-Tools zu generieren. Am ehesten gelingt dies offensichtlich den Anbietern von Workflow Management-, Content Management- und Retrieval- bzw. Agentensystemen.

Da nur die DV-technische Verbindung der verschiedenen KM-Teilbereiche ein unternehmensweites Knowledge Management ermöglicht, offerieren alle Anbieter die Möglichkeit, andere Applikationen in ihre Produkte zu integrieren. Bei Office-Anwendungen, Groupware- und ERP-Systemen gelingt dies vier Fünftel der antwortenden Anbieter (siehe Abbildung 10).

19 Prozent der Produkte bieten dem Anwender die Möglichkeit der Integration eines Dokumentenmanagementsystems in die KM-Anwendung. Dadurch wird die Nutzung von vorhandenen Informationsträgern und deren Inhalten sichergestellt.

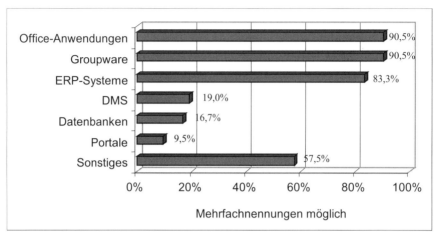

Abb. 10: Integrationsfähigkeit anderer Applikationen in KM-Systeme
Quelle: Hannig/Hahn/Humm (2001), S. 77

Aufgrund des Aufwands in Forschung und Entwicklung sind die meisten Anbieter nicht in der Lage, eine ganzheitliche KM-Lösung zu erstellen. Entweder konzentrieren sich die Anbieter auf die Teilbereiche Wissensgenerierung und -verteilung. Dabei handelt es sich überwiegend um die Hersteller von Groupware-, Intranet- und Portalsoftware sowie von Retrieval- bzw. Agentensystemen. Oder sie verstärken ihr Engagement auf den Bereich Wissenshaltung. Hier sind vor allem Anbieter von Archivierungssoftware, Content Management-, Dokumentenmanagement- und Workflowmanagement-Systemen zu finden.

Um den Anwendern dennoch qualitativ einwandfrei arbeitende Systeme liefern zu können, bilden die Anbieter häufig strategische Allianzen mit anderen Tool-Herstellern und Dienstleistern. Man bezieht Komponenten und technologisches Know-how von den Partnern, um die Leistungsfähigkeit der eigenen Produkte zu erhöhen und dem Wunsch der Anwender nach hochperformanten Gesamtlösungen gerecht zu werden.

Über die Hälfte der Anbieter sucht die Kooperation mit mindestens drei Partnern. Je größer ein Unternehmen ist, desto höher ist die Anzahl der Partnerschaften. Diese betreffen nicht nur die technologische Seite, sondern erstrecken sich häufig auch auf den Vertrieb und den Service.

4 Nutzenzuwächse durch den Einsatz von KM-Lösungen

Eine zentrale Frage, die sich jeder potenzielle Anwender von Knowledge Management-Systemen stellt, ist die nach dem erzielbaren Nutzen solcher Systeme für sein Unternehmen. Von den sich im Jahr 2000 an der Studie beteiligenden Anwenderunternehmen setzten rund 9 Prozent eine wie auch immer geartete KM-Lösung ein. Ein weiteres Drittel beabsichtigte zu diesem Zeitpunkt die Einführung eines KM-Systems. Fast 60 Prozent dachten trotz des auch von ihnen erwarteten großen Nutzens nicht an die Einführung eines DV-gestützten Wissensmanagements.

Die höchsten Nutzenzuwächse erwarten die Anwender in bezug auf die Zeit- und Kostenersparnis (siehe Abbildung 11). Auch bei der Qualität geht man von einem

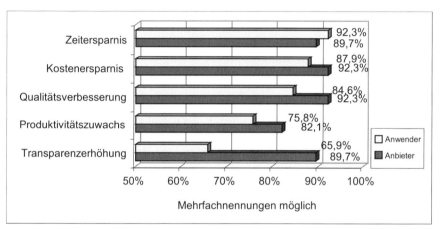

Abb. 11: Erzielbare Nutzenzuwächse durch den Einsatz von KM-Systemen
Quelle: Hannig/Lehmann (2000), S. 55

Steigerungspotenzial von über 80 Prozent aus. Die Produktivität soll sich im Durchschnitt um rund 75 Prozent verbessern und auch die Transparenz liegt mit einer Erhöhung von fast 66 Prozent weit über der 50-Prozentmarke. Die Erwartungen der Anwender sind also hochgesteckt. Die Ursache hierfür liegt wohl auch in den Versprechungen der Hersteller. Mit Ausnahme der Zeitersparnis liegen die von den Anbietern angegebenen Nutzenzuwächse denn auch deutlich über jenen der Anwender.

Die Anbieterbefragung des Jahres 2001 zeichnet ein ähnliches Bild. Am häufigsten wird in 97,4 Prozent der Antwortbögen die Zeitersparnis genannt (siehe Abbildung 12). Ermöglicht wird diese vor allem durch die Verringerung von Suchzeiten nach Dateien und Dokumenten. Des weiteren minimiert der Einsatz eines KM-Tools den Zeitbedarf, um Wissensträger in einer Unternehmung ausfindig zu machen. Mit Hilfe von intelligenten Agenten ist die Suche nach relevanten Informationen in einem Bruchteil der dafür üblichen Zeit möglich. Kostenersparnisse und Produktivitätszuwächse erwarten rund 85 Prozent der Anbieter als Folge des

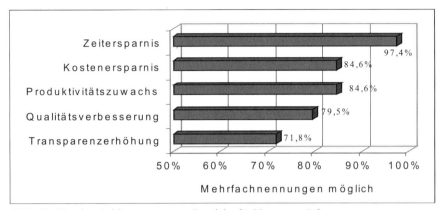

Abb. 12: Von den Anbietern genannte Bereiche für Nutzenzuwächse
Quelle: Hannig/Hahn/Humm (2001), S. 75

Einsatzes von KM-Tools. Eine Qualitätsverbesserung versprechen vier Fünftel der KM-Lieferanten. Und immerhin noch fast 72 Prozent gehen von einer Erhöhung der Transparenz im Hinblick auf die Organisationsstrukturen und die Arbeitsprozesse aus. Als sonstige Nutzenvorteile wurden von den Anbietern die Erhöhung der Entscheidungssicherheit und eine Verkürzung der „Time to market" aufgeführt.

Die Durchführung einer Faktorenanalyse hat zwei dominierende Faktoren zum Ergebnis. Zum einen sind dies die Einsparungspotenziale bei Zeit und Kosten und zum anderen Effektivitätsverbesserungen, die zu höherer Qualität und Produktivität führen.

Im Augenblick richten 65 Prozent der Anbieter von KM-Systemen ihr Angebot branchenunabhängig aus. Es lässt sich aber die Tendenz hin zu einer Branchenorientierung erkennen. Als am interessantesten werden Banken und Versicherungen eingeschätzt (siehe Abbildung 13).

Auf den weiteren Plätzen folgen IT-Anbieter, Chemie- und Pharmaunternehmen sowie Automobilhersteller. Gerade in den wissensintensiven Dienstleistungsbranchen beschäftigt man sich mit Knowledge Management. So gründete beispielsweise das Wirtschaftsprüfungs- und Beratungsunternehmen Ernst & Young bereits 1993 das Center of Business Knowledge, das für die Weiterentwicklung der Wissensmanagementprozesse und -infrastruktur zuständig ist.[1] In Anbetracht der mit Hilfe eines DV-gestützten Wissensmanagements erzielbaren Nutzenzuwächse ist das eine leicht nachvollziehbare Entscheidung.

---

[1] Vgl. Vopel (2001), S. 4.

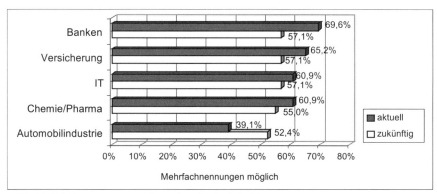

Abb. 13: Die interessantesten Branchen für KM-Anbieter
Quelle: Hannig/Hahn/Humm (2001), S. 80

Knowledge Management in Deutschland

Peter Ohlhausen, Marc Rüger, Martin Müller, Michael Bucher,
Fraunhofer-Institut für Arbeitswirtschaft und Organisation, Stuttgart

Derzeit befindet sich Deutschland mit seinen forschungs- und technologieintensiven Branchen am Übergang von der Informations- zur Wissensgesellschaft. Innovative Informations- und Kommunikationstechnologien und die rasante Verbreitung des Internets ermöglichen eine permanente und schnelle Verfügbarkeit von riesigen Massen von Informationen. Dies führt zum sogenannten Information Overload der Wissensarbeiter, die aus einer Vielzahl von Möglichkeiten auswählen müssen. Entscheidungen werden komplexer und ineffizienter. Viele Unternehmen geben ihren Mitarbeitern deshalb Instrumente und Werkzeuge an die Hand, mit denen sich Informationen strukturieren und bewerten lassen. Nachfolgend wird der Status Quo des Wissensmanagements in Deutschland beschrieben.

1 Historische Entwicklung des Wissensmanagements

Wenn man die Vergangenheit betrachtet, sind erste Ansätze eines Wissensmanagement schon bei den Erbauern der Pyramiden nachweisbar. Durch die Dokumentation des Wissens in der Schrift der damaligen Zeit konnte den »Eingeweihten« entsprechende Kenntnisse transkribiert werden. In ähnlicher Art und Weise lassen sich Vorgehensweisen beim römischen Ingenieur Vitruv feststellen. Zusammenfassend kann von einer Kodifizierung von Wissen gesprochen werden, das nur wenigen, die die Zeichen deuten konnten, zugänglich war. Erst durch den Buchdruck konnte das vorhandene Wissen einer breiteren Masse an Rezensenten mit der Eingangsvoraussetzung »Lesen« zugänglich gemacht werden. Parallel dazu wurde das Wissen nicht nur in expliziter, sondern auch in impliziter Form vermittelt. Hier sind vor allem die Gilden und Zünfte des Mittelalters zu nennen.

Heutzutage haben das Internet und die damit verbundenen Technologien einen immensen Impuls hin zu einem veränderten Umgang mit Wissen gegeben und notwendig gemacht, der sich vor allem durch eine explosionsartige Zunahme und Verfügbarkeit von Informationen ergeben hat. So sprechen verschiedene Autoren von einer Verdopplung des Wissens innerhalb von nur wenigen Jahren.[1]

Wissensmanagement wurde nicht nur in der Wissensschaft diskutiert, sondern auch die Wirtschaft griff dieses Thema in den 90ern auf und entwickelte es zu einem schlagkräftigen Instrumentarium in der Nutzung der organisationalen Wis-

---

[1] Vgl. Nonaka/Takeuchi (1995), Probst (1997) sowie Schütt (2000).

sensbasis. Besonders erwähnenswert für den deutschen Sprachraum ist die Veröffentlichung von Probst[1]. Sie liefert einen entscheidenden Meilenstein in der Beschäftigung mit diesem Thema. Auch Peter Drucker sieht als entscheidende Herausforderung für das 21. Jahrhundert die Steigerung der Produktivität von Wissensarbeitern und Wissensarbeit.[2]

Der Gedanke eines professionell gestalteten Wissensmanagement lag lange Zeit brach. Trotz einiger Publikationen ist die Sensibilität für diese Thematik erst in den letzten Jahren gewachsen. Vorläufer dieser Diskussion waren die Theorien von Senge zum organisationalen Lernen, welches seine Wurzeln in den Publikationen von Agyris und Schön in den 60er Jahren hat. Innerhalb eines funktionsfähigen Wissensmanagements in Unternehmen werden diese Aspekte wieder unter dem Stichwort der Wissensentwicklung betrachtet.

Je nach zugrundeliegender Theorie kann Wissensmanagement unterschiedliche Ausprägungen vorweisen. Bisher wurden zwei Ansätze verfolgt. Zum einen beziehen sich viele Konzepte ausschließlich auf eine technische Auslegung des Wissensmanagements. Im Mittelpunkt steht der Einsatz von Informations- und Kommunikationstechnologien zur Datenverarbeitung, -speicherung, -distribution usw. Zum anderen steht der Mensch als Wissensträger im Mittelpunkt der Betrachtung. Die ausschließliche Festlegung auf nur einen der Ansätze (technikzentriert vs. humanzentriert) vernachlässigt die Wechselwirkungen, die sich im Gesamtbild eines Unternehmens im Zusammenhang mit Wissensmanagement ergeben. Heute werden beide Aspekte im Unternehmen betrachtet und um den zentralen Aspekt der Organisation erweitert.

Die langfristige Sicherung und der Ausbau der Wettbewerbsposition erfordern, dass innovative und kundenorientierte Produkte und Dienstleistungen schnell auf dem Markt angeboten werden. Großkonzerne sowie kleine und mittelständische Unternehmen kämpfen dabei mit zunehmenden Kosten. Insbesondere wachsen die Aufwendungen für den Aufbau von neuem Wissen und übersteigen bereits die Ausgaben für Sachinvestitionen um ein Mehrfaches. Wissen stellt sich zunehmend als strategischer Wettbewerbsfaktor dar, der ebenso wie die Produktionsfaktoren Rohstoff, Kapital und Arbeit zielführend bewirtschaftet werden muss, um Wachstums- und Kostensenkungspotenziale effizient auszuschöpfen.

Im Kontext einer wissensintensiven Wertschöpfung ist es zunehmend wichtiger, Information und Wissen als strategische Ressourcen im Prozess, im Produkt und als Produkt zu nutzen. Wissen wird zum Motor und zur entscheidenden Größe im Wertschöpfungs- und Innovationsprozess. So hat eine Studie des Fraunhofer IAO ergeben, dass bei der Mehrheit der befragten Unternehmen der Anteil des Produktionsfaktors Wissen an der Wertschöpfung mehr als 50 Prozent beträgt und 62 Prozent erwarten, dass durch den Einsatz von Wissensmanagement die Qualität

---

[1] Vgl. Probst (1997).
[2] Vgl. Drucker (1991), S. 69ff.

der Produkte erhöht, die Kundennähe verbessert und die Innovationsfähigkeit gesteigert werden.[1]

Die Betrachtung der Prozesse in Unternehmen wandelt sich derzeit von einer reinen Ressourcenbetrachtung und -optimierung zu einer ganzheitlichen Berücksichtigung aller an der Produktion beteiligten Hard- und Soft-Facts. Vor allem im Bereich der High-Tech-Branchen und insbesondere der Softwareindustrie herrschen wissensintensive Prozesse vor, d. h. das Wissen hat einen höheren Anteil an der Wertschöpfung als die herkömmlichen Produktionsfaktoren. Dieses Verhältnis wird an folgendem Beispiel deutlich. Die Gesamtkosten bei der Entwicklung einer neuen Software entstehen zu über 90 Prozent in der Entwicklungsphase des Produktes und bestehen wiederum zu fast 100 Prozent aus Personalkosten. Die restlichen Kosten entfallen auf die Bereiche Marketing, Werbung und Vertrieb sowie als kleinster Anteil auf die Produktion. Stellt man sich vor, dass in Zukunft Software über das Internet vertrieben und direkt vom Hersteller auf Home PCs überspielt werden kann, verringern sich auch diese Kosten.

Die Bedeutung des Faktors Wissen nimmt auch in normalen Produktionsprozessen zu. Der Meister, der aus jahrelangen Erfahrungen gelernt hat, kann Abläufe schneller und kosteneffizienter gestalten. Konstruktionsmängel können aufgrund der Erfahrungen im Vorfeld beseitigt und Kosten einer eventuellen Nachbesserung eingespart werden. Nicht zuletzt deswegen honorieren Unternehmen solches Erfahrungswissen im Rahmen eines betrieblichen Vorschlagswesens.

Das unternehmensinhärente Wissen kann somit als der entscheidende Erfolgsfaktor eines Unternehmens im Hinblick auf die Ressourcenverwertung bezeichnet werden. Zur optimalen und koordinierten Nutzung dieser Ressource, stellt Wissensmanagement die passenden Techniken, Werkzeuge und Vorgehensweisen bereit.

2 Zielsetzungen und Konzepte des Wissensmanagements

Wissensmanagement muss sich, um erfolgreich zu sein, über das gesamte Unternehmen erstrecken. Innerhalb der Wissensmanagementkonzepte werden Schwerpunkte anhand der jeweiligen Zielsetzungen, die das Unternehmen mit dem Einsatz der Ressource Wissen verfolgt, gesetzt. Zur Vorgehensweise empfehlen sich die sechs Bereiche des Wissensmanagement, die Probst formuliert hat: Wissensidentifikation, Wissensbewahrung, Wissensnutzung, Wissensverteilung, Wissensentwicklung und Wissenserwerb.[2] Durch ein sequenzielles Abarbeiten der einzelnen Schritte können in den entsprechenden Bereichen Maßnahmen definiert wer-

---

[1] Vgl. Bullinger et. al. (2001).
[2] Vgl. Probst et. al. (1997), S. 52ff.

den, die insgesamt zu einer effizienten Steigerung des Umgangs mit der Ressource Wissen führen.

Aufbauend auf der von Probst vorgeschlagenen Vorgehensweise steht die des Fraunhofer Instituts für Arbeitswirtschaft und Organisation, die mittels Interviews konkret vorliegende Wissensmanagementprobleme im Unternehmen aufdeckt und anhand der Zielsetzung und den Gestaltungsdimensionen »Human Ressources«, »Informationstechnologie« und »Organisation« Maßnahmen generiert, die eine bessere Nutzung der organisationalen Wissensbasis ermöglicht. Es lassen sich drei Zielsetzungen im Wissensmanagement formulieren: Wissensnutzung, Wissenskommunikation sowie Wissensentwicklung.

Die Wissensnutzung umfasst Konzepte zur Archivierung, Strukturierung und Aufbereitung von Wissen, zur Nutzung der organisationalen Wissensbasis durch den Mitarbeiter. Die Wissensidentifikation im Unternehmen ist dabei Vorraussetzung. Die Wissensbewahrung wird durch die Systemfunktionalitäten automatisch gewährleistet.

Die Wissenskommunikation richtet den Fokus auf die Kommunikation zwischen den Mitarbeitern. Durch Wissensmanagement sollen Kommunikationsmöglichkeiten und -wege sowohl intern als auch extern geschaffen und organisiert werden.

Die Wissensentwicklung ist darauf ausgerichtet, die organisationale Wissensbasis stetig zu erweitern. Dies umfasst Möglichkeiten, bestehende Kompetenzen der Mitarbeiter zu erhöhen sowie neue Kompetenzen zu gestalten. Bestandteil der Wissensentwicklung ist außerdem die Einbindung Externer. Probst trennt diese beiden Bestandteile, weist aber darauf hin, dass sie sich ergänzen.[1]

In welchem Maße die jeweiligen Zielsetzungen verfolgt werden oder deren Kombination stattfindet, hängt von individuellen Faktoren des Unternehmens ab. Ausgehend von den Zielsetzungen im Wissensmanagement und den unternehmensspezifischen Randbedingungen, wie Unternehmensgröße, Unternehmensstruktur, Branche und Unternehmenskultur, bestehen drei Gestaltungsdimensionen »Human Ressource Management«, »Organisation« und »Informationstechnologie«.

Um Wissensmanagement für das Unternehmen optimal im Sinne von Effektivität und Effizienz auszurichten, ist es notwendig, alle drei Dimensionen in einem ganzheitlichen Ansatz zu berücksichtigen. Anhaltspunkte, welche Ebenen bei welcher Zielsetzung betrachtet werden sollen, gibt Tabelle 1.

---

[1] Vgl. Probst et. al. (1997), S. 52ff.

	Wissens-nutzung	Wissens-kommunikation	Wissens-entwicklung
IT	hoch	niedrig	mittel
Organisation	mittel	hoch	niedrig
Human Resource Management	mittel	hoch	hoch

Tab. 1: Gestaltungsdimensionen und Zielsetzungen des Wissensmanagements

Dreh- und Angelpunkt einer Initiative im Wissensmanagement ist das Human Resource Management. Ohne die notwendige Leistungsfähigkeit und -bereitschaft der Mitarbeiter können die im Unternehmen vorhandenen Wissensressourcen und -potenziale und somit mögliche Wettbewerbsvorteile nicht genutzt werden. Die Leistungsbereitschaft setzt beim Verhalten und der Motivation der Menschen an und stellt die Voraussetzung für die mögliche Nutzung von Wissen dar. Um Mitarbeiter positiv darin zu beeinflussen, ihr Wissen in den Dienst des Unternehmens zu stellen, müssen ihnen geeignete Handlungsmöglichkeiten durch die Unternehmensführung eröffnet werden. Dazu gehört neben einer direkten extrinsischen Motivationssteigerung auch die Schaffung einer adäquaten Unternehmenskultur, die bei der Einführung von Maßnahmen des Wissensmanagement an Bedeutung gewinnen wird. Sie hat Einfluss auf die gelebten Werte des Unternehmens und als solche auch auf das Verhalten der Mitarbeiter.

Gestaltungsmaßnahmen lassen sich zum einen innerhalb der organisatorischen Gegebenheiten durchführen, zum anderen bieten sich auch viele Chancen für Unternehmen und Mitarbeiter durch die Einführung entsprechender Informations- und Kommunikationstechnologien. Damit Wissen ungehindert im Unternehmen fliessen kann, müssen organisatorische Hürden beseitigt und eine Wissenskultur verankert werden. Dazu gehören vor allem die Festlegung von Verantwortlichkeiten über Wissensinhalte sowie deren rechtzeitige Bereitstellung und die Schaffung notwendiger Freiräume zur Kommunikation und Anwendung.

Informations- und Kommunikationstechnologien bieten die Möglichkeit systematischen Wissensaustauschs und schneller Wissensdiffusion im Unternehmen. Ihnen kommt im Zeitalter global operierender Unternehmen, virtueller Unternehmensverbünde und fraktaler Fabriken in „chaotischen" Märkten eine besondere Bedeutung zu. Informationen über Kunden, Produkte, Märkte, Wettbewerber etc. sowie Best Practice Cases und Lessons Learned sind in Echtzeit verfügbar und können ständig aktuell gehalten werden. Gleichzeitig wird die Informationsflut durch geeignete Suchmasken und persönliche Auswahlfilter gebremst, so dass Entscheidungen auf einer besseren Informationsbasis getroffen werden können.[1]

3 Studie zum Stand des Wissensmanagements in Deutschland

Nachfolgend werden die Dimensionen »Human Ressource Management«, »Organisation« und »Informationstechnologie« durch die Ergebnisse einer umfassenden Befragung von über 300 Geschäftsführern aus Deutschland vertieft dargestellt.

Informationstechnologie wird in den meisten Einführungsprozessen des Wissensmanagement diskutiert. Dies erklärt auch, dass knapp 50 Prozent der Antworten-

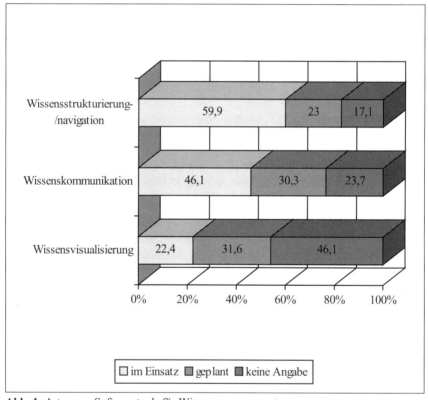

Abb. 1: Arten von Softwaretools für Wissensmanagement

---

[1] Vgl. Bullinger et. al. (2000), S. 20.

den in der oben angeführten Studie Wissensmanagement mit Softwaretools unterstützen und ein Viertel dies in der nächsten Zeit plant. Der Schwerpunkt der eingesetzten Tools liegt im Bereich der Wissensstrukturierung und Navigation. Hier ist eine Durchdringung von knapp 80 Prozent angestrebt. Dagegen wird dem Gebiet der Wissensvisualisierung mit knapp 53 Prozent die geringste Bedeutung zugemessen.

Für die meisten der Antwortpersonen ist es demnach von Wichtigkeit, Transparenz in ihren Wissensbeständen durch Wissensstrukturierung und den Einsatz von Navigationswerkzeugen zu erreichen. Auch der Unterstützung der Wissenskommunikation, d. h. des Austauschs von Wissen zwischen den Unternehmensangehörigen, kommt große Bedeutung zu. Weshalb die Visualisierung zur Zeit noch keine vergleichbare Relevanz erfährt, lässt sich nur spekulativ erfassen. Vielleicht sind die zur Verfügung stehenden Werkzeuge für die meisten Praktiker zu komplex, um mit ihnen rasche Fortschritte zu erzielen. Aus der Projekterfahrung wird auf jeden Fall klar erkennbar, dass die Softwaretools ohne große Schulung bzw. intensives Training bedienbar sein müssen. Weiterhin sollen bestehende Ansätze bzw. Datenbanken ohne größeren Aufwand integriert werden können.

Knapp 55 Prozent der an der Studie teilnehmenden Unternehmen haben bereits Teams über die bestehende Organisation hinweg installiert. Viele Unternehmen scheuen sich offensichtlich, eine weitere Zentralstelle im Unternehmen einzurichten, nachdem man sich in den letzten Jahren auf die Steigerung der Effizienz im Unternehmen konzentriert hat. Nur in einem Viertel der Unternehmen, insbesondere in größeren wurde bewusst eine Stelle für das Knowledge Management eingerichtet. Bei dieser handelt es sich zu über 80 Prozent um eine Stabsstelle (siehe Abbildung 2). An zweiter Stelle wird diese zentrale Stelle mit knapp 50 Prozent bei der Geschäftsführung bzw. dem Vorstand aufgehängt. Hieraus lässt sich schließen, dass eine hohe Sensibilisierung für das Thema Wissensmanagement in den Unternehmen vorherrscht. Mit der Benennung einer verantwortlichen Stelle im Unternehmen ist es in der Praxis aber noch nicht getan. Vielmehr müssen Verhaltensweisen nachhaltig geändert bzw. Maßnahmen zur Ausgestaltung des Wissensmanagements dauerhaft umgesetzt werden.

Bezüglich der organisatorischen Umsetzung von Wissensmanagement gibt es kaum Unterschiede zwischen Groß- und Kleinunternehmen. Wissensmanagement ist bei diesem Aspekt allein von der inhaltlichen Struktur des Unternehmens gestaltbar. Auffallend ist aber, dass bei der Untersuchung nach Branchen, die nichtproduzierenden Unternehmen mit knapp 30 Prozent eher dazu neigen zentrale Stellen einzurichten.

Die Gestaltung der Teamstrukturen über die bestehende Organisation hinweg greift den Gedanken des Wissensaustausch und speziell des impliziten Wissens auf. Gerade durch die Gestaltung der Teams über Bereichsgrenzen hinweg werden die einzelnen Teammitglieder mit dem Wissen und den Erfahrungen der anderen Teammitglieder konfrontiert. Darüber hinaus wirken sie in ihrem ursprünglichen

Bereich als Wissensvermittler bzw. Initial zur Wissensvermittlung bzw. zum Wissenstransfer. Hieraus lässt sich die Bedeutung der Kommunikation ablesen. Das

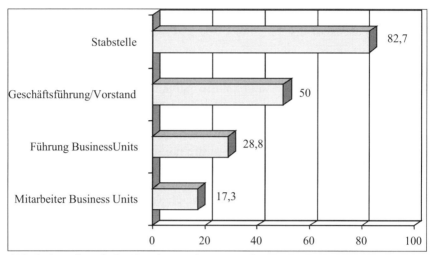

Abb. 2: Organisatorische Verankerung der KM-Stelle

Zusammenbringen von Mitarbeitern und die sich daraus erschließende informelle Kommunikation hat einen höheren Stellenwert als die Codifizierung von Wissen.

Über 40 Prozent der Unternehmen bauen ihre Teams nicht rein projektspezifisch oder themenorientiert auf, sondern es existieren je nach inhaltlicher Anforderung beide Teamstrukturen nebeneinander. Interessant bei der Betrachtung ist, dass im Durchschnitt nur 30 Prozent der Teams über definierte Ressourcen verfügen (siehe Abbildung 3). Die Frage, die sich in diesem Zusammenhang aufdrängt, ist, ob es Wissensmanagement umsonst gibt?

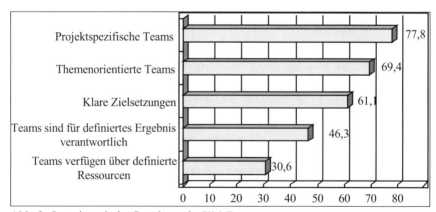

Abb. 3: Organisatorische Gestaltung der KM-Teams

Ein weiterer Aspekt, der in der organisatorischen Verankerung eine Rolle spielt, ist die klare Ausrichtung der Teams auf definierte Ziele. Hier zeigt sich, dass dieser zwar 60 Prozent der Antwortenden eine wesentliche Bedeutung beimessen, dies aber bei den Teamstrukturen nur zu einem Drittel von Bedeutung ist.

Anreizssysteme werden im Zusammenhang mit Wissensmanagement sehr unterschiedlich beurteilt. Über 75 Prozent der Befragten haben in ihren Unternehmen keine Anreizssyteme zur Wissensabgabe installiert. Und dies obwohl in den meisten Untersuchungen Anreizsysteme als ein wesentlicher Erfolgsfaktor im Wissensmanagement angesehen werden.

Die Frage nach einem Anreizsystem für das Wissensmanagement berührt eines der wichtigsten Problemfelder. In nur einem Viertel der antwortenden Unternehmen existieren Incentives für die Wissensabgabe (siehe Abbildung 4). Zur Hälfte sind dies immaterielle Anreizsysteme. In nur 18 Prozent der Fälle werden materielle Anreizsysteme eingesetzt.

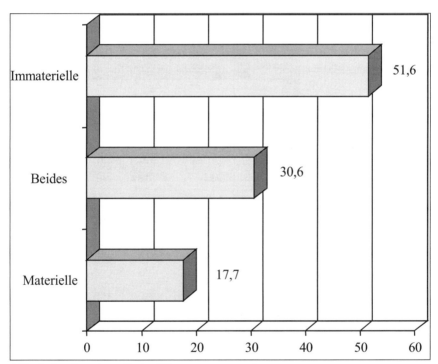

Abb. 4: Anreizsysteme für das Wissensmanagement

Die Eignung der vorhandenen Anreizsysteme wird von den Befragten sehr ambivalent beantwortet (siehe Abbildung 5). So sehen 52 Prozent der Befragten die Eignung der Anreizsysteme für den Aufbau von neuem Wissen als „sehr bis eher geeignet" und 48 Prozent der Antwortpersonen als „eher bzw. völlig ungeeignet" an.

Die Wissensnutzung kann von dem bisher im Unternehmen vorhandenen Portfolio von Anreizssystemen am besten unterstützt werden. Dies sehen immerhin über 63 Prozent der Antwortenden. Als sehr kritisch wird die Unterstützung der Wissensabgabe gesehen. Hier fehlen laut 14 Prozent der Befragten die Werkzeuge, um diesen als besonders kritischen Prozeß der Freigabe und Veröffentlichung des eigenen Wissens im Unternehmen zu unterstützen, völlig. Auch bei der Wissenskommunikation, die durch die bisherigen Anreizsysteme (60 Prozent sehen dies als geeignet an) gut unterstützt wird, ist noch ein Verbesserungspotenzial vorhanden. Ohne eine funktionierende Kommunikation zwischen den Akteuren lässt sich Wissensmanagement aber nur schwer realisieren.

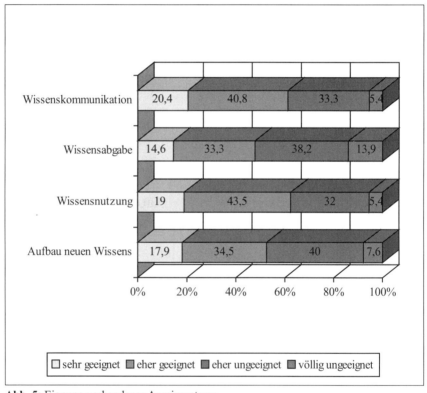

Abb. 5: Eignung vorhandener Anreizsysteme

Interessant ist, dass sich nur 60 Prozent aller Auskunftspersonen mit dieser Frage auseinander setzten. Darüber hinaus muss bei den Anreizsystemen und dies zeigt die Projekterfahrung deutlich zwischen Anreizsystemen zur Unterstützung bei der

Einführung bzw. Initiierung und jenen in der Lebensphase des Wissensmanagements unterschieden werden.

Inwieweit hier die gängigen, auf Belohnung des Einzelnen ausgerichteten Systeme in Systeme zur Unterstützung von Team- bzw. Gruppenleistung erweitert werden müssen, wird zur Zeit in den Unternehmen, die sich intensiv mit dem Wissensmanagement beschäftigen, kontrovers diskutiert.

Nachfrageorientierte Informationsversorgung als Basis eines effizienten Wissensmanagements

Thomas Gerick, USU AG, Möglingen

Im Beitrag werden Methoden und Werkzeuge beschrieben, die eine kontext-sensitive und dynamische Versorgung mit relevanten Informationen sicherstellen. Ein in der Praxis bewährter Kreislauf umfasst die Informationsbedarfsanalyse, die Meta-Modellierung von Dokumenteninhalten, semantische Themennetze, sogenannte Topic Maps, die Navigation und Recherche sowie Wissens-Controllingmechanismen.

1 Informationsfluten managen

Nach einer Studie der University of California in Berkely umfasst das Gesamtvolumen aller derzeit weltweit verfügbaren Informationen 12 Exabyte.[1] Das entspricht dem Inhalt von 120.000.000.000.000 Büchern. Tendenz stark steigend. Dabei liegen nur 0,003 Prozent der Inhalte in gedruckter Form vor. Katalysator dieser Entwicklung sind stetig wachsenden Speichervolumina. Die Entwicklung von effektiven Strategien zur Bewältigung der Informationsflut wird vor diesem Hintergrund zunehmend zum kritischen Erfolgsfaktor für die Unternehmen. Das Ziel muss eine individuelle und zeitnahe Versorgung mit kontextsensitiven Informationen, die wertschöpfend verarbeitet werden können, sein.

Die Problematik lässt sich an einem kurzen Beispiel verdeutlichen: Eine Platine war defekt. Der Kunde ruft beim Kundenservice an und wünscht Abhilfemaßnahmen. Der Servicemitarbeiter sucht in den entsprechenden Dokumentenbanken nach einer Lösung. Die Ursache für den Defekt stellt sich als Überspannung heraus. Aber das ist ein breites Themenfeld und die Lösungsmöglichkeiten hierfür sind vielfältig. Eine Volltextsuche nach „Überspannung" fördert 5.384 Dokumente zutage. Eine Spezifizierung durch die Eingabe von "Platine" reduziert das Ergebnis zwar auf ein Zehntel. 512 Dokumente sind jedoch immer noch zuviel.

Nach einer Studie des Softwarehauses Sqribe Technologies in Zusammenarbeit mit Deloitte Touche verlieren die Top 1.000 der europäischen Unternehmen jährlich mehr als € 26 Milliarden, weil die Informationssuche für die Mitarbeiter zu umständlich ist. Die Umfrage unter den Top Managern ergab auch, dass in jedem

---

[1] Die Zahlen entstammen einer Studie vom Oktober 2000 der Berkeley's School of Information Management and Systems. Vgl. www.sims.berkeley.edu/how-much-info.

Großunternehmen rund 600.000 Arbeitsstunden pro Jahr durch Recherchen verschwendet werden, die bei besserer Dateninfrastruktur eingespart werden könnten.[1]

Dass mangelhafte Zugriffsmöglichkeiten auf benötigte Informationen die Produktivität wesentlich beeinträchtigen, bestätigt auch eine Untersuchung von Reuters mit dem Titel „Out of the Abyss: Surviving the Information Age". Relevante Informationen sind demnach für 76 Prozent der über 1.000 befragten Manager für ihre Arbeit von entscheidender Bedeutung. Zugleich weiß die Mehrzahl von ihnen nicht, wie diese Informationen effizient beschafft werden können.[2]

Über die Hälfte der Unternehmen verbinden wahrscheinlich aus diesem Grund mit dem Begriff Knowledge Management in erster Linie den raschen Zugriff auf relevante Informationen. Das ergab eine Umfrage der MetaGroup unter 297 deutschen Unternehmen.[3] Analog dazu konstatiert auch eine im Juni 2001 erschienene Studie auf Basis von Interviews in 257 deutschen Unternehmen, dass über 70 Prozent der befragten Manager im Zugriff auf relevante Informationsressourcen das mit Abstand wichtigste Ziel bei der Nutzung von Knowledge Management-Lösungen sehen.[4]

Immer mehr Inhalte, z. B. Berichte, Projektdokumentationen, Qualitätsdokumente, Präsentationen, Richtlinien, e-mails etc., werden in heterogenen Informationsquellen abgelegt. Großunternehmen haben durchschnittlich mehr als 100 Systeme im Einsatz. Ganz zu schweigen von rund 4 Milliarden Web-Sites.[5] Auch die leistungsfähigsten Suchmaschinen erfassen nur einen Bruchteil der zu über 80 Prozent unstrukturiert vorliegenden Web-Dokumente.

Immer noch fokussieren Unternehmen trotz dieser Entwicklungen zu selten auf Anwendungen, die die Infrastruktur und die Nachfrage nach Informationen unterstützen. Entscheidend für die Steigerung unternehmerischer Effizienz ist aber eine nachfrageorientierte Informationsversorgung. Nur wenn der Zugriff auf Informationen selektiv und im Kontext möglich ist, kann, durch die Interaktion der Mitarbeiter, Wissen produktiv umgesetzt werden. Methoden und Systeme, die eine personalisierte zeitgerechte Versorgung mit Informationen sicherstellen, können als Werkzeuge für Informationslogistik charakterisiert werden. Sie bilden die Grundlage für erfolgreiches Wissensmanagement.

---

[1] Die Ergebnisse der Ende 1998 veröffentlichten Studie waren ursprünglich unter www.sqribe.com abrufbar. Ende 1999 wurde Sqribe Technologies von der Brio Technology übernommen.
[2] Vgl. Gartner Group (1999).
[3] Vgl. Wiehl (1999), S. 19.
[4] Vgl. NetWorks Technology Marketing (2001), S. 10. Eine Zusammenfassung der Studie findet sich unter www.networks.de.
[5] Vgl. www.sims.berkeley.edu/how-much-info.

2 Wissensangebot versus Wissensnachfrage

In der Praxis überdecken sich Wissensangebot und Wissensnachfrage kaum. Um den Umgang mit Informationen und Wissen in Unternehmen effizienter zu gestalten, müssen deshalb die richtigen Antworten mit den richtigen Fragen zusammengebracht werden. Gerade hier zeigen die meisten Knowledge Managementkonzepte Schwächen.

Die Identifikation relevanter Wissensinhalte, Wissensträger und Wissensbedarfe bildet den ersten wichtigen Schritt auf dem Weg zum erfolgreichen Management von Wissen. Ziel ist es, den Wissensbedarf zu analysieren, vorhandenes Wissen zu lokalisieren, transparent zu gestalten und Wissensinhalte leicht zugänglich zu machen. Nach einem in der Praxis von KM-Projekten vielfach bewährten Vorgehensmodell ist die Erstellung einer sogenannten Wissensmatrix ein wichtiger erster Schritt dieser Analysephase (siehe Abbildung 1).

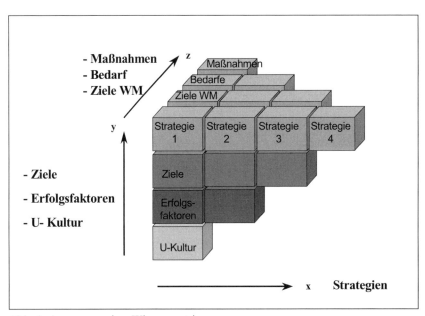

Abb. 1: Auszug aus einer Wissensmatrix

Das Tool Wissensmatrix wird eingesetzt, um die Wissenslandschaft zu skizzieren und die Schnittmenge zwischen Wissensnachfrage und -angebot so groß wie möglich zu gestalten. Die gezielte Wissensanalyse und -identifikation erhöht dabei die Transparenz im Unternehmen. Kernkompetenzen und Expertenwissen werden erkennbar und helfen bei Fragestellungen im Tagesgeschäft.

Die Wissensmatrix stellt überblicksartig die strategischen Wissensziele, aktuelle und zukünftige Wissensbedarfe sowie konkrete Vorschläge zur Deckung dieser Bedarfe dar. Grundlage zur Erstellung einer Wissensmatrix ist ein detaillierter Fragebogen zur Erfassung der notwendigen Ausgangsinformationen sowie ein bzw. mehrere Workshop(s) zur Vertiefung der relevanten Themenstellungen. Der Teilnehmerkreis dieser Workshops sollte sowohl aus Vertretern des Managements, als auch aus erfahrenen und weniger erfahrenen Mitarbeitern bestehen.

Die Wissensbedarfe können sich auf unterschiedliche unternehmerisch relevante Faktoren beziehen, wie beispielsweise Kernkompetenzen, Erfolgsfaktoren oder Kern-Geschäftsprozesse. Fragen zur Erarbeitung dieser Matrix könnten z. B. sein:

- Welches Wissen/Kern-Know-how leitet sich direkt aus der Unternehmensstrategie ab?
- Welches Wissen unterscheidet das Unternehmen vom Markt?
- Welche Geschäftsprozesse werden als unternehmenswichtig angesehen?
- Welches Wissen wird in diesen Prozessen eingesetzt?

Methoden der Top down- und Bottom up-Analyse haben sich in diesem Zusammenhang bewährt. Neben strategischen Initiativen, wie der Erweiterung der Balanced Scorecard zu einer Knowledge Scorecard, leisten auch operative Ansätze wertvolle Dienste. Empfehlenswert ist der kombinierte Einsatz qualitativer und quantitativer Bewertungsmaßstäbe.

Wichtig sind insbesondere regelmäßig durchgeführte Mitarbeiterumfragen. Dabei gestatten A priori-Befragungen Aussagen über die Ist-Situation der Informationsversorgung und über den Umgang mit Wissen. A posteriori-Befragungen ermöglichen die Messung von Veränderungen nach der Einführung von Methoden und Werkzeugen des Knowledge Managements. Speziell für diesen Zweck entwickelte Fragebögen erleichtern es den Unternehmen, bei der Auswertung Konsistenzchecks durchzuführen und Schlussfolgerungen zu ziehen.

3 Die Meta-Modellierung von Dokumenteninhalten

Eine in Unternehmen häufig anzutreffende Situation ist, dass niemand weiß, welche Informationen überhaupt existieren und wer sie ggf. wann und zu welchem Zweck produziert hat. Meist ist nur ein geringer Teil strukturiert in Datenbanken abgelegt und damit relativ leicht im Zugriff. Der überwiegende Teil der Dokumente ist jedoch heterogen verteilt und nicht oder nur schwach strukturiert. Seine Inhalte sind nur schwer zugänglich. Damit ist man vom Anspruch einer bedarfsgerechten Informationsversorgung weit entfernt.

Ziel ist die komfortable Nutzung aller zur Verfügung stehenden Inhalte von Informationsbeständen. Eine praxisnahe Lösung ist die Metadatenmodellierung. Nach der Analyse und Zusammenstellung der erfolgskritischen Wissensthemen bietet sich eine Strukturierung dieser Kernthemen auf Metaebene an. Metainformationen, also Informationen über Dokumente oder andere Objekte, sind zwischenzeitlich ein unverzichtbares Instrument für die transparente Darstellung von unternehmerischen Kernkompetenzen und zur effizienten Recherche im richtigen Kontext geworden. Sie bilden die Basis für eine effiziente Selektion und Filterung von Informationen und damit die Voraussetzung für effektives Information Access Management.

Gängige Strukturierungsformen sind z. B. die Kategorisierung oder Verschlagwortung von Dokumenten. Betrachten wir nochmals unser obiges Beispiel, so werden die Schwierigkeiten in der Praxis deutlich: Der Service-Mitarbeiter bearbeitet den Vorgang zum Thema „Überspannung bei Platinen" und sucht nach Dokumenten über entsprechende Ursachen und Lösungsmöglichkeiten. Im Unternehmen gibt es zentrale Dokumentenbestände, die das ganze Know-how in bezug auf Netzspannungen elektronischer Geräte und Bauteile abbilden, z. B. in Produktbeschreibungen, QS-Handbüchern, FMEA´s, F&E-Berichten, Projektdokumenten oder Lösungsdatenbanken. Im konzernweiten Intranet sucht er nach entsprechenden Kategorien und findet das Stichwort „Überspannung". Es taucht unter zwei übergeordneten Aspekten auf, „Schutzsysteme-Netzschwankungen" und „VDE-DIN-Normen". Da das Thema selbst nicht weiter differenziert wird, erhält der Anwender unter der Kategorie „Überspannung" jeweils mehrere hundert Dokumente, die größtenteils nichts mit den gesuchten „Maßnahmen gegen Überspannung von Platinen" zu tun haben. Auch Dokumente, die unter der Kategorie „unbekannt" abgelegt wurden, beschäftigen sich offensichtlich mit dieser Thematik. Der Knowhow-Pool des Unternehmens war über Jahre organisch gewachsen und so wurde ein großer Teil der Dokumente auf der Grundlage von Kategorien abgelegt, die im Laufe der Zeit veralteten.

Dass Inhalte schneller als Strukturen wachsen ist ein Grundproblem dieser unflexiblen aber immer noch sehr gängigen Ablageform. Eine Alternative wäre die Volltextsuche. Bei spezifischen Themen erfordert diese jedoch mit der Kenntnis von Homonymen und Synonymen ein hohes Maß an Recherche-Kompetenz. So meldet die Maschine nach Eingeben des Begriffes „Überspannung" 5.384 Hits. Natürlich wird niemand diese Dokumente alle durchsehen, sondern seinen Suchstring optimieren, bis die 5 wirklich relevanten Dokumente gefunden werden – eine sehr aufwändige Prozedur. Außerdem werden Worte als Zeichenketten ohne Bezug zu Syntax und Semantik interpretiert, so dass die Ergebnisse nicht kontextsensitiv sind.

Metainformationen, wie z. B. Thesauri, Abstracts oder Hyperlinks, erleichtern zwar das Indizieren von Informationen mit Hilfe von Suchmaschinen und unterstützen die maschinelle Verarbeitung von Informationen. Dennoch können auch diese Formen das Problem, stets exakt und flexibel den aktuellen Wissensstand eines Unternehmens zu repräsentieren, nicht lösen. Zumindest nicht ohne erheblichen Pflegeaufwand. Gesucht wird ein Modell von Metainformationen, welches die Inhalte der vielfältigen Wissensquellen einer Organisation dynamisch und praxisbezogen repräsentiert und Themen in ihrer Beziehung zueinander strukturiert.

4 Intelligente Wissensorganisation

Die Heterogenität der Wissensressourcen macht es schwer, eine einheitliche konsistente Wissensbasis zu schaffen. Im folgenden wird ein Verfahren beschrieben, das auf Basis der Topic Map-Technologie Wissensstrukturen generiert und in Form von Themennetzen visuell abbildet.[1] Topic Maps sind ein von der ISO-Organisation vereinbarter Standard (ISO/IEC 13250, XTM 1.0 Standard) für die effiziente Verwaltung von Wissen. Damit wird es ermöglicht, große unstrukturierte Dokumentenmengen mit Hilfe einer Wissensstruktur zugänglich zu machen und inhaltlich zu erschließen.

Topic Maps definieren ein Modell für ein strukturiertes Netzwerk von Hyperlinks, das mit den entsprechenden Informationsobjekten verknüpft werden kann. Durch das Austauschformat SGML/XML können Texte durch entsprechende Auszeichnungen semantisch qualifiziert werden, so dass sie kontextbezogen ausgewertet werden können. Das Verfahren ermöglicht es, automatisch große Dokumentenbestände zu analysieren und sie nach relevanten Zusammenhängen zu filtern. Dies erfolgt mittels statistischer Methoden über Kollokationen, wobei die Ergebnisse mit einer umfangreichen linguistischen Datenbank abgeglichen und qualifiziert werden. In Sekundenschnelle werden sämtliche linguistischen Daten eines eingegebenen Begriffes bereitgestellt und die sachlichen und inhaltlichen Zusammenhänge aufgezeigt.

Wissensstrukturen lassen sich als Begriffs- bzw. Themennetze entwickeln. Einem Begriff wie „Überspannung" werden, bezogen auf den zugrundeliegenden Dokumentenbestand, automatisch kontextsensitive Begriffe, wie z. B. elektrische Bauteile, Schutzsysteme, Ausgleichsschaltung, Volt etc., zugeordnet. Entwickelt und modelliert wird damit ein semantisch qualifiziertes Themennetz, das als Basis für eine beliebig detaillierte Wissensstruktur dient. Als Metaebene ist diese im Gegensatz zu gängigen Kategorien nicht mit den darunterliegenden Dokumenten verknüpft. Die Trennung zwischen Struktur und Dokumenten führt zu größerer Flexi-

---

[1] Analysen der GartnerGroup bescheinigen der Topic Map-Technologie für die kommenden Jahre großes Potenzial. Vgl. Logan (2000). Zum Standard und zu den Einsatzmöglichkeiten der Topic Maps vgl. Rath (1999), S. 149 ff., Huber (2000) sowie Gerick (2000), S. 124 ff. Umfassende aktuelle Informationen finden sich auch unter www.topicmaps.org.

blität und einem deutlich verringerten Pflegeaufwand im Vergleich zur herkömmlichen Kategorisierung und Verschlagwortung von Dokumenten.

Studien zeigen, dass durch die ständig wachsende Informationsflut die bildliche Wahrnehmung schärfer und die menschliche Intelligenz positiv beeinflusst wird.[1] Jugendliche haben heute eine um ca. 30 Prozent höhere Wahrnehmungsgeschwindigkeit als noch vor 20 Jahren, und zwar sowohl visuell als auch akustisch. Diese Bildhaftigkeit wird systemseitig durch die Visualisierung unternehmensspezifischer Wissensnetze unterstützt. Durch einen "visuellen Zugang" kann sich der Anwender im dreidimensionalen Netz leicht interaktiv durch die gewünschten Themen navigieren und wird auch auf thematische Querbeziehungen aufmerksam gemacht, die durch gängige Strukturierungsmechanismen nicht zugänglich sind, z.B. die Tatsache, dass der bei Gewittern vorkommende elektromagnetische Puls zu Überspannungsschäden bei elektronischen Bauteilen führen kann. Solche automatisch erstellten und manuell fein abgestimmten Wissensnetze bilden die Grundlage für neue Möglichkeiten der Wissensorganisation.

Bisher wird die Strukturierung eines Intranets oder Portals von verschiedenen Systemen durchgeführt und verwaltet, z. B einem Navigator, einer Kategorisierung, einem CMS etc. Mit der XML-basierten Strukturierungsschicht ist es erstmals möglich, die Strukturierung für alle darunterliegenden Datenquellen durch eine einzige Software zu verwalten und zu pflegen (siehe Abbildung 2).

In der Praxis gibt es unterschiedlichste Suchsituationen. Möchte beispielsweise ein neuer Mitarbeiter einen Überblick über die Thematik "Überspannung" und das in der Organisation darüber vorhandene Wissen erhalten, bietet die einfache Eingabe eines Schlagwortes, die Suche in den Metadaten und die interaktive Navigation innerhalb des Themennetzes eine rasche und fundierte Versorgung mit den nötigen Informationen. Dabei gestattet ein sog. Fuzzy-Filter auch Rechtschreibfehler oder Buchstabendreher. Auch der Begriff "Überlast" wird gefunden. Eine hinterlegte dynamische Synonymliste macht dies möglich. Darüber hinaus können fremdsprachliche Pendants integriert werden. Recherchiert man spezielle Themen, zum Beispiel konkrete Maßnahmen, um Überspannungsschäden bei Computerplatinen zu vermeiden, lassen sich die in den Metadaten hinterlegten Kontextinformationen für eine qualitativ hochwertige Suche in den Dokumenten selbst nutzen.

Hinter den Themen im modellierten Netz verbergen sich erprobte Volltext-Suchstrings, die durch einfaches Anklicken aktiviert, ergänzt und kombiniert werden können. Aus der grafischen Darstellung der semantischen Wissenslandkarte heraus können somit komfortabel Suchpfade zusammengestellt werden. Die Suchmechanismen lassen sich dabei flexibel steuern bis die Ergebnisdichte und -menge in der gewünschten Form vorliegt. So findet der Support-Mitarbeiter in der Ergebnisliste auch jenes Dokument mit dem Titel "Schutz vor Überspannung/Überlast bei Bau-

---

[1] Vgl. Gerick (2001), S. 25ff. sowie J.-A. Meyer (1999), S. 24ff.

elementen, komplexen Geräten und Modulen". Eine systemseitig generierte Inhaltsangabe mit den Stichworten „Überspannungsableiter", „klassische Datensicherungen", „Varistoren", „Kaltleiter" zeigt dem Anwender, dass es sich lohnt, das Dokument zu lesen. Auch Dokumente mit nichtssagenden oder zu allgemeinen Titeln werden so qualifiziert.

Und das nächste eingestellte Dokument, welches z. B. hydraulisch-magnetische Schutzsysteme beschreibt, erscheint automatisch. Ein sogenannter Push-Dienst agiert als persönlicher Informationsservice für individuelle Wunschthemen, ohne dass der Benutzer aktiv nach qualifizierten Inhalten suchen muß.

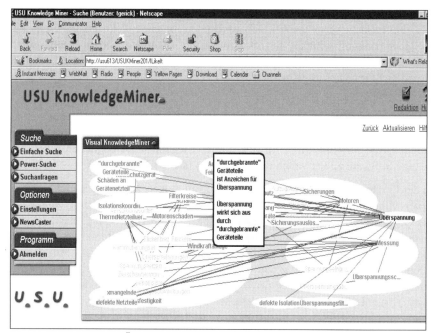

Abb. 2: Themennetz zu Überspannung erstellt mit dem USU KnowledgeMiner

5 Monitoring und Wissenscontrolling

Themen und Begriffe verändern sich ständig. Die Zugangswege zu relevanten Inhalten müssen sich daher flexibel diesem dynamischen Wandel anpassen. In der Praxis zeigen sich klare Zusammenhänge zwischen dem täglichen Rerchercheerfolg der Anwender und der Motivation, Inhalte digital abzulegen. Die Attraktivität eines Systems für Information Access Management hängt von der Qualität des Content ab und fördert diesen zugleich (siehe Abbildung 3).

Im Sinne einer nachfrageorientierten Informationsversorgung ist ein Monitoring, z. B. durch Such- und Lesestatistiken, ein wichtiges Steuerungsinstrument und für die Qualität von Dokumentenbanken von zentraler Bedeutung. Durch statistische und heuristische Auswertungen des Nutzerverhaltens lassen sich Wissenslücken erkennen und thematische Abhängigkeiten bedarfsgerecht aufbereiten. Ein Analysetool protokolliert sämtliche Anfragen anonym, wertet sie aus und generiert ak-

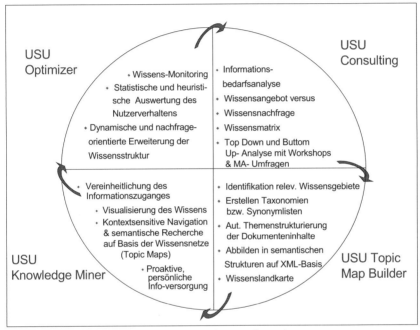

Abb. 3: Lebenszyklus einer nachfrageorientierten Informationsversorgung

tuelle Statistiken von gesuchten und gefundenen Daten. Die Interaktivität der Anwender wird quasi mitgeschrieben, wobei das System vom Anwender lernt. Dadurch werden Vorschläge generiert, wie Topic Maps erweitert werden können und die Wissensstruktur aktuell bleibt.

Wissenscontrollingmechanismen gewährleisten eine dynamische Verbesserung des vorhandenen Wissens. Das Wissensangebot kann so über die Nutzung kooperativer Technologien anwenderzentriert gesteuert werden.

Verantwortlich für die Steuerung von Wissen im Unternehmen ist der Chief Knowledge Officer (CKO), der als „Knowledge Evangelist" das Thema vorantreibt. Durch persönliche Motivation, Überzeugungskraft und die stete Kommunikation der Nutzeffekte ist er in der Lage, den Prozess der Informationsbereitstellung und -versorgung voranzutreiben. Auch dies weist auf die Bedeutung eines permanenten Controllings hin.

Vielfach unterschätzt und vernachlässigt wird die aufgrund der gegebenen Mitbestimmungsrechte notwendige und sinnvolle proaktive Einbindung der Mitarbeiter. Eine frühzeitige Einbeziehung des Betriebsrates schon in der Analyse- und Konzeptionsphase eines Knowledge Management-Projekts hilft, Vorbehalte abzubauen und spätere Verzögerungen zu vermeiden.

Insgesamt führt die Realisierung einer größeren Deckungsgleichheit von Wissensangebot und Wissensnachfrage zu einer besseren Nutzung der in einem Unternehmen vorhandenen Wissensschätze. Dies ist ein wesentlicher Bestandteil eines erfolgreichen Knowledge Managements.

Wissensextraktion aus betriebswirtschaftlichen Daten

Johann-Adolf Müller, Hochschule für Technik und Wirtschaft Dresden

In der betrieblichen Praxis liegen vielfach nur kleine Datenbestände vor. Die entwickelte Herangehensweise beruht auf dem Group Method of Data Handling-Prinzip, das Grundlage der insbesondere auch bei wenigen Datensätzen eine hohe Leistungsfähigkeit beweisenden Self-Organising Data Mining-Algorithmen ist. Diese kombinieren die Vorteile der mathematischen Statistik bzw. nicht-parametrischer Modelle mit dem Konnektionismus und der Selbstorganisation. Der Prozess der Wissensextraktion aus den Daten erfolgt weitgehend automatisch bei minimaler A-priori-Information mit dem Tool KnowledgeMiner.

1 Wissen als Entscheidungsgrundlage

Zunehmend wird die große Bedeutung des Wissens im Leitungshandeln der Unternehmen erkannt. Eine systematische Nutzung des Wissens setzt jedoch dessen Extraktion voraus. Wissensträger sind dabei nicht nur die Menschen. Wissen ist in den Daten enthalten, die in der Regel in Datenbanksystemen bzw. Data Warehouses abgelegt sind. Allein die Bereitstellung von Daten im Data Warehouse führt jedoch noch nicht zu einer Verbesserung in der Qualität der Entscheidungsfindung.

Die Lösung der immer komplexer werdenden Probleme erfordert leistungsfähige Tools, die automatisch aus den im Data Warehouse gehaltenen Daten entscheidungsorientiertes Wissen generieren. Derartige Werkzeuge ordnen sich ein in die Managementanstrengungen zur Wissensentwicklung, "mit denen die Organisation sich bewusst um die Generierung von bisher intern noch nicht bestehendem Wissen oder gar die Kreierung intern und extern noch nicht existierender Fähigkeiten bemüht"[1].

Wissensextraktion aus den Daten des Data Warehouses (knowledge discovery from databases - KDD) stellt einen umfangreichen Prozess dar, der von der Aufgabenformulierung, Datenselektion, -vorverarbeitung und- reduktion über die Auswahl und Anwendung geeigneter Data Mining-Algorithmen bis hin zur Analyse des extrahierten Wissens und seiner Interpretation und Bewertung aus der Sicht der Entscheidungsaufgabe reicht (siehe Abbildung 1).

---

[1] Hippner (2001), S. 985

Data Mining als das Herzstück dieses Prozesses beinhaltet zur Zeit eine Sammlung von Verfahren zur Klassifikation, Modellierung, Clusteranalyse, Vorhersage und Mustererkennung (Patternanalyse), die von der Entscheidungstheorie, Theorie Neuronaler Netze, mathematischen Statistik, Fuzzy Theorie, Theorie der Selbstorganisation u. a. bereitgestellt werden. Allerdings ist der Begriff Data Mining wie auch der KDD-Begriff eng verknüpft mit massenhaften Daten, d. h. mit großen

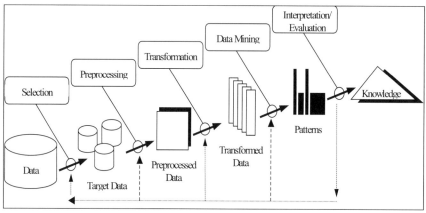

Abb. 1: Knowledge Discovery from Databases
Quelle: Fayyad/Piatetsky-Shapiro/Smyth/Uthurusamy (1996)

Datenbeständen, wobei unter Größe in der Regel die Anzahl der Objekte/Realisierungen verstanden wird.

Nicht berücksichtigt wird, dass in der betrieblichen Praxis vielfach nur kleine Datenbestände vorliegen, wobei sich klein auf das Verhältnis von Objekten/Realisierungen zu den Merkmalen/Variablen bezieht. Eine unzureichende und unvollständige Datenbasis führt zur Unbestimmtheit der Modelle und der von diesen generierten Ergebnissen und somit zu einer geringen Effektivität der abgeleiteten Aussagen.

Self-Organising Data Mining Algorithmen[1], die auf dem GMDH-Prinzip (Group Method of Data Handling-Prinzip) basieren, weisen auch bei kleinen Datensätzen eine hohe Leistungsfähigkeit auf. Sie kombinieren die Vorteile der mathematischen Statistik (explizite lineare/nichtlineare Regressionsmodelle) bzw. nichtparametrischer Modelle (Muster, Fuzzy-Regelsysteme) mit dem Konnektionismus (Neuronale Netze) und der Selbstorganisation (evolutionäre Algorithmen). Auf dieser Grundlage entstanden leistungsfähige, leicht handhabbare Algorithmen und eine entsprechende Software.[2]

---

[1] Vgl. zur Theorie Müller/Lemke (2000).
[2] Vgl ebenda.

2 Datenanalyse

Aufgabe der Datenanalyse ist es, auf der Grundlage von N Realisierungen (Vergangenheitsdaten bzw. Merkmalsausprägungen von Objekten) gegebener M+1 Systemgrößen y_t, x_{it}, i=1,2, ... , M, t=1,2 ... , N eines dynamischen, stochastisch gestörten Systems ohne ausreichende Information über die Systemstruktur und die Natur der Störgrößen, mathematische Modelle F[x] (F-Operator) zu ermitteln, die für die Aufgabenlösung, z. B. Steuerung, Vorhersage, Analyse im Sinne eines Kriteriums zur Bewertung der Modelladäquanz, z. B. $Q = E\{(Y-F[x])^2\}$, geeignet sind. Zu dieser Aufgabenklasse gehören z. B.:

- die Identifikation
  Beispiel: Gegeben sind charakteristische Kenngrößen des betrieblichen Reproduktionsprozesses, gesucht ist der Einfluss der inneren und äußeren Bedingungen auf diese und ihr wechselseitiger Einfluss.[1]

- die Vorhersage
  Beispiel: Gegeben sind Beobachtungen betriebswirtschaftlicher, volkswirtschaftlicher Kenngrößen (z. B. Nachfrage, Angebot, Preise, Aktienkurse), gesucht ist die Entwicklung ausgewählter betrieblicher Leistungskenngrößen in einem vorgegebenen Zeitraum.[2]

- die Klassifikation (Mustererkennung)
  Beispiel: Gegeben sind Kenngrößen zur Vermögenslage (Vermögensstruktur, Kapitalstruktur), Liquidität (aktuelle Liquidität, Finanzplananalyse) und Rentabilität, die von einer Großbank zur Kreditentscheidung zugrundegelegt werden. Für ausgewählte Unternehmen liegt die Entscheidung der Bank über die Kreditwürdigkeit (positiv, negativ) vor, gesucht ist für weitere Unternehmen die Entscheidung.

In der mathematischen Statistik wurde ein umfangreicher Methodenapparat entwickelt, der zur Lösung dieser Aufgaben geeignet ist. Bei seiner Anwendung entsteht eine Vielzahl methodologischer und erkenntnistheoretischer Probleme[3] im Zusammenhang mit der ungenügenden A-priori-Information, der Überprüfbarkeit der diesen Methoden zugrundeliegenden Hypothesen, dem erforderlichen Stichprobenumfang und der unzureichenden mathematisch-statistischen Kenntnisse der Anwender. Versuche, Methoden der Künstlichen Intelligenz zur Auswahlberatung, Nutzerführung und Interpretation der Ergebnisse einzusetzen, brachten auf einem derart subjektiven und kreativen Bereich wie der Modellbildung nur unzureichende Ergebnisse[4] und können darüber hinaus für die inhaltlichen Probleme der Modellierung komplizierter Systeme keine Lösung bringen.

---

[1] Vgl. Müller (1992).
[2] Vgl. Müller/Lemke (1998).
[3] Vgl. Müller/Lemke/Ivachnenko (1998).
[4] Vgl. Müller (1990).

3 Wissensextraktion aus den Daten

Die weiter oben genannten Datenanalyse-Funktionen basieren auf Modellen, zu deren Entwicklung der typische Anwender nur in Ausnahmefällen in der Lage ist. In der Regel ist er ein nicht-programmierender und nicht-modellierender Nutzer, der sich nur für die Aufgabenlösung interessiert und kaum Spezialkenntnisse für eine dialogorientierte Modellerstellung mitbringt. Da er darüber hinaus auch nicht die notwendige Geduld für den Rechnerdialog aufbringen kann, vielfach massenhaft Modellvarianten erstellt werden müssen und generell wenig Zeit für komplexe Entscheidungen bleibt, wird eine weitgehende automatische Modellgenerierung notwendig. Im Rahmen einer selbstorganisierenden Modellbildung werden u. a. folgende mathematische Modellstrukturen generiert:[1]

- lineare/nichtlineare Regressionsmodelle (Neuronale Netze, GMDH-Algorithmen),
- Regelsysteme (logik- bzw. fuzzybasiert),
- nichtparametrische Modelle (Cluster, Muster),
- algebraische Formeln/Modelle.

Zweifellos können mit Neuronalen Netzen einige der Probleme der Anwendung der mathematischen Statistik gelöst werden, insbesondere dann, wenn (was für die Datenanalyse nicht typisch ist) ihre adaptiven Eigenschaften zum Lernen bei ständig neu eintreffender Information gefragt werden. Als universeller Approximator sind sie darüber hinaus insbesondere zur Klassifikation geeignet. Bei ihrer Anwendung zur Modellbildung und Vorhersage bleiben aber verschiedene Probleme offen, wie z. B. erforderlicher Stichprobenumfang, verteilte Modellierung, subjektive Wahl der Netzwerktopologie, Integration der vorhandenen A-priori-Information.

Eine effektive Möglichkeit bietet die in den Self-Organising Data Mining-Algorithmen realisierte unmittelbare Einbeziehung der den evolutionären Algorithmen zugrundeliegenden Prinzipien der Selbstorganisation (ursprüngliche Organisation, Mutationen, Bewertung der Mutationen und Selektion) in die adaptive Generierung einer Netzwerkstruktur. Aus Elementarmodellen wächst adaptiv eine Netzwerkstruktur mit optimaler Kompliziertheit, wobei anstelle zufälliger Mutationen alternative Modellvarianten mit steigender Kompliziertheit generiert werden.

Der Prozess der Wissensextraktion aus den Daten erfolgt weitgehend automatisch bei minimaler A-priori-Information, die umfasst:

- die Auswahl geeignet erscheinender beobachteter, abgeleiteter oder synthetisierter Variablen, relevant zur Beschreibung des Objektes als Eingangs- und/oder Ausgangsgrößen,

---

[1] Vgl. Müller (1998).

- die allgemeine Spezifizierung des Modells als parametrisch bzw. nicht-parametrisch.

Aufgrund der minimalen Erfordernis unsicherer A-priori-Information ist es möglich, auf einfache Weise die aufgeführten Datenanalysefunktionen für komplexe Systeme zu lösen.

4 Automatische Modellgenerierung mit KnowledgeMiner

Der KnowledgeMiner (http://www.scriptsoftware.com/km/index.html) ist ein leistungsfähiges Tool zur automatischen Modellgenerierung. Der Anwendungsbereich von KnowledgeMiner ist die Modellgenerierung für komplexe Systeme auf der Grundlage von Beobachtungen, insbesondere auch von kurzen und „verrauschten" Datensätzen. Erfolgreiche Anwendungen liegen insbesondere in den Bereichen vor, in denen die theoretische Systemanalyse aufgrund der Kompliziertheit der Untersuchungsobjekte, des Entwicklungsstandes der einzelwissenschaftlichen Theorie aber auch der erforderlichen Zeit nur beschränkt Anwendung finden kann.

Eine transparente Dateneingabe und -haltung, eine Modellbank sowie eine grafische und analytische Ausgabe aller generierten Modelle erlauben ein komfortables und flexibles Arbeiten mit den erhaltenen Informationen. Implementiert sind Algorithmen zur Generierung parametrischer und nicht-parametrischer Modelle sowie von Regelsystemen. Automatisch generiert werden lineare bzw. nicht-lineare Zeitreihenmodelle sowie Multi-Input/Multi-Output-Modelle (Systeme interdependenter Gleichungen) mit gegenwärtig ca. 500 Inputvariablen bei minimaler A-priori-Information über das zu modellierende Objekt.

Das durch die erhaltene Netzwerkfunktion repräsentierte Modell steht unmittelbar nach der automatischen Modellgenerierung zur Verfügung und kann somit außer zur Erstellung von Szenarien (Vorhersage von Kennzahlen oder Kennzahlensystemen) auch zur Interpretation und Analysetätigkeit im Rahmen der Modellerstellung herangezogen werden.

Die Analyse und Vorhersage von Bilanzkenngrößen eines Unternehmens hat sowohl externe Bedeutung (z. B. im Zusammenhang mit der Finanzanalyse) als auch interne im Rahmen der Frühwarnsysteme. Problematisch ist, dass in der Regel nur wenige Beobachtungen aufgrund interner und externer starker Veränderungen, Strukturbrüche etc. zur Verfügung stehen. Im Beispiel sind Werte für 1986 bis 1995 von 11 Kenngrößen gegeben (siehe Tabelle 1), aus denen auf Grundlage linearer Differenzengleichungssysteme

$$x_{it} = a_{i0} + \sum_{j=1}^{11}\sum_{k=1}^{\tau} a_{jk}^{i} x_{jt-k} \text{ , i=1 (1) 11}$$

mit Zeitverzögerungen von $\tau = $ 1, 2, 3, 4 Jahre Vorhersagen dieser 11 Kenngrößen für 1996 gewonnen werden sollen. Generiert wurden mit Hilfe von KnowledgeMiner folgende Differenzengleichungen:

$x_8(t) = -907.13 + 0.095x_4(t-1) + 0.142x_9(t-1) + 5.678x_2(t-1) + 0.117x_3(t-1) + 0.801x_9(t)$

$x_9(t) = 4437.34 + 0.192x_8(t-1) + 0.673x_7(t-1) + 0.812x_{11}(t-1)$

$x_{11}(t) = 614.1 - 0.53x_1(t-1) + 0.339x_5(t-1) + 0.265x_7(t-1)$

x_1	Total Fixed Assets
x_2	Capital Investment
x_3	Current Assets
x_4	Equity
x_5	Provisions
x_6	Liabilities
x_7	Balance Sheet Total
x_8	Total Turnover
x_9	Operating Costs
x_{10}	Net Operating Result
x_{11}	Results Ordinary Activities

Tab. 1: Bilanzkenngrößen Deutsche Lufthansa AG

Tabelle 2 enthält den Fehler der Vorhersagen (MAD [%]) dieser Kenngrößen x_8, x_9, x_{11} für die vier gewählten Zeitverzögerungen. Es ist erkennbar, dass zweifellos die Informationsbasis nicht in jedem Fall für eine gewünschte Vorhersagegüte ausreicht, gleichzeitig erbringt eine Synthese der generierten Vorhersagen (Mengenprinzip der Modellierung) eine Verbesserung der Vorhersagegüte.

Kenngröße	$\tau=1$	$\tau=2$	$\tau=3$	$\tau=4$	Synthese
x8	0,03	3,90	2,83	5,16	1,57
x9	6,70	6,44	3,31	7,75	2,18
x11	76,49	6,08	48,92	34,71	0,26

Tab. 2: Fehler der Out-of-sample-Vorhersage (MAD [%])

Um dem "principle of incompatibility" von Zadeh zu genügen, wurde Knowledge Miner um eine regelbasierte Modellierung in Form von Fuzzy-Modellen erweitert. Mit Hilfe der GMDH-Algorithmen wird für jede Fuzzy-Outputkomponente eine Regel erstellt, in die theoretisch alle Komponenten des Fuzzy-Inputvektors statisch oder alle Komponenten mit einer Zeitverzögerung dynamisch eingehen können. Dabei hat das sich ergebende Netzwerk n(L+1)m Inputs und m Outputs. Jedes Neuron hat zwei Inputs und einen Output.

Die besten Modelle werden selektiert und deren Outputs als Inputs der zweiten Generation verwendet. Bei geeignet gewähltem Selektionskriterium ergeben sich Fuzzy-Modelle optimaler Kompliziertheit, die in der letzten Generation noch disjunktiv verknüpft werden können. Die Defuzzification erfolgt durch erneute Generierung parametrischer Modelle ebenfalls automatisch.

Sind die Inputs Boolesche Variable, so ergeben sich entsprechende Logik-basierte Regelsysteme als Modell. Es empfiehlt sich, in die erste Schicht als Inputs zusätzlich zu den Booleschen Variablen deren Negation einzubeziehen, dementsprechend ergeben sich 2n(L+1) Inputs.

Für das bereits betrachtete Lufthansa-Beispiel wurden Fuzzy-Regelsysteme mit einer Zeitverzögerung bis zu 3 Jahren generiert und mit deren Hilfe Vorhersagen für 1996 erzeugt (siehe Tabelle 3). Auch in diesem Fall bringt eine Synthese der für verschiedene Zeitverzögerungen generierten Vorhersagen eine Verbesserung, die sich noch erhöht, wenn in die Synthese auch die Ergebnisse aus Tabelle 2 einbezogen werden (Synthese gesamt).

Kenngröße	$\tau=1$	$\tau=2$	$\tau=3$	Synthese	Synthese gesamt
x_8	2,56	2,03	3,18	2,59	2,08
x_9	9,98	2,63	3,16	1,40	1,79
x_{11}	66,62	51,14	18,25	45,34	3,80

Tab. 3: Fehler Out-of-Sample-Vorhersage (MAD[%])

Nicht-parametrische Modelle, die z. B. in der Chartanalyse Verwendung finden, werden in Form von einem oder mehreren Mustern oder Clustern aus den Daten selektiert. Die Analogie-Methode verwendet die Realisierungen des zu untersuchenden Systems selbst, wodurch die erreichte abgeschwächte Beschreibung mit der Unbestimmtheit des Untersuchungsobjektes identisch ist. Sie geht von folgenden Annahmen aus:[1]

- das betrachtete System lässt sich durch einen mehrdimensionalen Prozess beschreiben,
- der mehrdimensionale Prozess ist ausreichend repräsentativ, d. h. die für das Verhalten des Systems wesentlichen Systemgrößen sind erfasst.

Unter diesen Annahmen kann man davon ausgehen, daß sich Entwicklungsabschnitte der Vergangenheit wiederholen können. Gelingt es, einen solchen zum gegenwärtigen Entwicklungsabschnitt (Referenz-Muster) analogen Abschnitt zu ermitteln, so läßt sich die Vorhersage aus der in der Vergangenheit bereits be-

---

[1] Vgl. Müller (1999A).

kannten Weiterentwicklung des ermittelten Analogs bestimmen (siehe Abbildung 2).

Ausgehend von dem Ausgangsmuster sind ein oder mehrere diesem Muster ähnliche Muster zu suchen, mit deren Hilfe die Entwicklung im Vorhersagezeitraum ermittelt werden kann. Die Auswahlaufgabe ist dabei ein vierdimensionales Problem. Zu bestimmen sind die wesentlichen Systemgrößen, die Breite der Muster und die Anzahl der zur Vorhersage zu verwendenden Analoge, die für die Vorhersage die besten Ergebnisse erbringen sowie eine geeignete Kombination der ausgewählten Vorhersagen zur endgültigen Vorhersage. Verwendung finden Auswahlalgorithmen auf der Grundlage des GMDH-Prinzips.

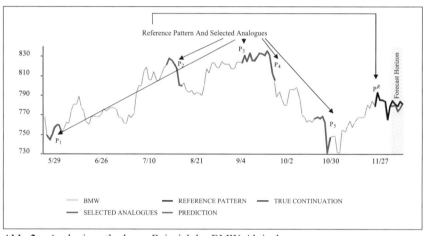

Abb. 2: Analogiemethode am Beispiel des BMW-Aktienkurses

Anwendung findet diese Herangehensweise vor allem in "What-if"-Vorhersagen zur Vorhersage der zukünftigen Entwicklung der externen Größen. Darüber hinaus stellen die Ergebnisse der Analogiemethode eine Alternative unter vielen Modellergebnissen dar.

Zahlreiche Analysemethoden, wie z. B. Fundamental- und Chartanalyse, generieren aus einer Vielzahl markt- und kursbeeinflussender sowie technischer Faktoren eine Handelsstrategie für den Anleger. Die dabei auftretenden Zeitverzögerungen zwischen Trendwenden und Tradingsignalen müssen durch Einbeziehung entsprechender Vorhersagen reduziert werden. Zwingend notwendig wird dabei der Einsatz einer leistungsfähigen, möglichst automatischen Modell- und Vorhersagegenerierung aufgrund des massenhaften Anfalls an Daten sowie einer häufigen Neuberechnung der Modelle und Vorhersagen infolge von Zeitvarianz und Komplexität der Untersuchungsobjekte. KnowledgeMiner ermöglicht hierbei die Realisierung einer Vielzahl von Data Mining-Funktionen, die in Tabelle 4 im Zusammenhang mit der Finanzanalyse im Überblick dargestellt sind.

Data Mining Funktionen	Self-Organising Data Mining Algorithmen	Finanzanalyse
Klassifikation	GMDH, Fuzzy-GMDH, AC	Risikobewertung, Bonitätsanalyse, Trading Systeme
Clusterung	AC	Markt-, Kundensegementierung
Modellierung	GMDH, Fuzzy-GMDH	Fundamental-, Marktanalyse
Vorhersage	AC, GMDH, Fuzzy-GMDH	Technische Analyse, Trading Systeme
Patternanalyse	AC	Technische Analyse, Trading Systeme

Tab. 4: Selbstorganisierende Data Mining-Algorithmen

Die mit den unterschiedlichen Modellen generierten Vorhersagen erbrachten vergleichbare mittlere Fehler (MAD) der Langfristvorhersagen von 1 bis 2 Prozent. Dabei erwies sich die Generierung parametrischer Modelle in Form von Differenzengleichungssystemen als rechenzeitaufwendig, so dass bei Anwendungen in Trading-Systemen die Analogiemethode bzw. Fuzzy-Regelsysteme bevorzugt werden.[1]

Im Fall der Klassifikation liegen Beobachtungen von Merkmalen vieler Objekte vor. Jedes Objekt wird durch ein Muster gekennzeichnet, das sich aus den zugehörigen Merkmalsausprägungen ergibt. Mit Hilfe der Analogiemethode kann die Zugehörigkeit eines neuen Objektes zu den bekannten Klassen auf der Grundlage der ermittelten Ähnlichkeiten der Muster ermittelt und durch Anwendung von Algorithmen der Strukturanalyse bei vorgegebenen Schwellwert auf der Grundlage der Ähnlichkeit aller Muster untereinander eine Einteilung in Klassen ähnlicher Objekte vorgenommen werden.

Gegeben waren 19 Kenngrößen von 81 Unternehmen, die von einer Großbank zur Kreditentscheidung zugrundegelegt wurden. Die Prüfung bezog sich dabei auf die Kriterien Vermögenslage, Liquidität und Rentabilität.[2] Von den 81 Fällen wurden 10 Entscheidungen als Testfälle (5 positive, 3 negative, 1 unentschiedene Entscheidung sowie 1 negative Entscheidung, die von der Bank im Nachhinein als Grenzfall eingeschätzt wurde) vorgegeben. Die übrigen 71 Entscheidungen (36 negativ, 35 positiv) dienten als Lernfälle.

Eine Synthese der verschiedenen erhaltenen Klassifikationen ermöglicht, das breite Spektrum möglicher Entscheidungen besser abzubilden, ohne dass die Erklä-

---

[1] Vgl. Lemke/Müller (1997), S. 12 - 26 und Müller/Lemke (1999), S. 367 - 383.
[2] Vgl. Bischoff/Bleile/Graalfs (1991).

rungskomponente verloren geht. Hierbei können noch zusätzlich einzelne Gewichte eingeführt werden. Tabelle 5 gibt die Synthese nach der Mehrheitsentscheidung an. Übereinstimmend mit den in Bischoff et al.[1] auf der Grundlage Neuronaler Netze erhaltenen Ergebnissen (Treffsicherheit 80 bis 90%), wurden in der Regel die 4 positiven und 4 negativen Entscheidungen bestätigt. Im Unterschied zu Neuronalen Netzen liefert diese Herangehensweise aber unmittelbar die Erklärungskomponente, die in Bischoff als entscheidendes Akzeptanzproblem der Neuronalen Netze für den Kreditsachbearbeiter angesehen wird.

	target	Modell A1	Modell A2	Modell B	Modell C	Synthese
t1	n/p	p	n	n	p	*n/p*
t2	n/p	n	n	n	p	*n*
t3	p	p	p	p	p	*p*
t4	n	p	n	n	n	*n*
t5	p	p	p	p	p	*p*
t6	n	n	n	n	n	*n*
t7	n	n	n	n	n	*n*
t8	p	p	p	p	p	*p*
t9	p	p	p	p	p	*p*
t10	n	n	n	n	n	*n*

Tab. 5: Ergebnisse der Klassifikation

In der Literatur bislang behandelte Data Mining-Verfahren und entsprechende Tools setzen umfangreiche Kenntnisse der zugrundeliegenden Methoden sowie darüber hinaus gute Kenntnisse aus dem Anwendungsbereich voraus. In vielen Fällen werden die einzelnen Techniken sequentiell angewendet, z. B. Fuzzy-Clustering zur Datenreduktion, Neuronale Netze zum Data Mining, Genetische Algorithmen zur Topologie- und Parameterverbesserung, statistische Methoden zur Vermeidung von "overfitted models". Diese Verfahren verlangen im Idealfall eine exakte, unverrauschte Datenbasis, weshalb überwiegend große Datensätze zur Anwendung kommen. Zudem ist in der Praxis gewöhnlich wenig Zeit für die Abarbeitung umfangreicher Rechnerdialoge zur Spezifizierung der Modellbildung vorhanden.

Die Einbeziehung der den evolutionären Algorithmen zugrundeliegenden Prinzipien (Vererbung, Mutation, Selektion) in die adaptive Generierung einer Netzwerkstruktur mit optimaler Kompliziertheit ermöglicht die Nutzung der Vorteile eines Self-Organising Data Mining auch auf extrem kleinen, verrauschten Datenmengen in zahlreichen Problemfeldern (Vorhersage, Modellierung, Klas-

---

[1] Vgl. Bischoff/Bleile/Graalfs (1991).

sifikation, Analyse im Decision Support oder Simulation) unterschiedlichster Anwendungsgebiete (z. B. Ökonomie, Ökologie, Medizin, Soziologie, Technik).

Intranetbasiertes Knowledge Management

Nils Landmann und Ralf Wiehl, HLP Informationsmanagement GmbH, Eschborn

Systeme zum sogenannten Collaborative Filtering erfreuen sich derzeit steigender Beliebtheit im eBusiness. Vor allem im Bereich Business-to-Consumer (B2C) verspricht ihr Einsatz eine Steigerung der Konversionsraten von konsumentenorientierten Web-Sites. Eine wissensorientierte Kategorisierung von Inhalten ermöglicht ihren Einsatz im Intranet und den Aufbau eines intelligenten und proaktiven Wissensmanagements innerhalb des Unternehmens. Das Potenzial für intranetbasiertes Knowledge Management geht weit über den bisher üblichen Ansatz der Verwendung von volltextindizierenden Suchmaschinen hinaus. Am Beispiel von ersten Anwendungen im Bereich Forschung und Entwicklung in der Automobilindustrie sowie im Finanzsektor werden die Möglichkeiten des intranetbasierten Wissensmanagements demonstriert.

1 Generierung von Nutzerprofilen

Unternehmen wie Amazon und CDNow zählen zu den bekanntesten und auch erfolgreichsten Pionieren im Bereich des Collaborative Filtering bzw. von Recommender Systemen.[1] Werden derartige Systeme im Consumerbereich eingesetzt, so erhalten einzelne Personen Empfehlungen für Produkte auf der Basis von aggregierten anonymisierten Kundenprofilen einer dieser Person sehr ähnlichen Gruppe von Kunden.

Die hierfür verwendeten stochastischen Algorithmen des Collaborative Filtering bedingen umfangreiche Kundenprofile, um qualitativ hochwertige Ergebnisse zu liefern. Grundlage für die Generierung dieser Profile sind personalisierte Web-Sites. Diese erlauben es, explizite Daten, wie z. B. Kaufverhaltensdaten aus ERP-Systemen, und implizite Daten, wie z. B. Kundeninteressen dokumentiert als Clickstreams auf der Web-Site, zu einem Profil zusammenzufassen und dieses abzuspeichern.

State of the Art-Intranets arbeiten i. d. R. über Personalisierung, d. h. Mitarbeiter müssen sich vor der Nutzung des unternehmenseigenen Intranet zunächst per Login identifizieren. In einigen Fällen werden bereits sogenannte Single Sign on-Technologien eingesetzt, so dass der Mitarbeiter mit einem einzigen Login auf

---

[1] Die Begriffe Recommender System und Collaborative Filtering werden im folgenden synonym verwendet.

mehrere verschiedene Web-Applikationen und angeschlossene Backend-Systeme, wie z. B. Datenbanken, Mainframe-Applikationen und v. a. ERP-Systeme, zugreifen kann, ohne sich für jedes System einzeln anmelden zu müssen. Die Authentifizierung ermöglicht - analog zu personalisierten Web-Sites - die Generierung von Benutzerprofilen im Intranet. Werden darüber hinaus die sich in einem Intranet befindlichen Dokumente kategorisiert, so sind auf der technischen Ebene bereits alle grundlegenden Voraussetzungen für den Einsatz von Recommender Systems gegeben. Das Potenzial für intranetbasiertes Knowledge Management basierend auf Collaborative Filtering geht dabei weit über die Verwendung von volltextindizierenden Suchmaschinen hinaus und ermöglicht eine proaktive Wissensdistribution.

Das Ziel von Recommender Systems ist es, aus ähnlichen, aggregierten und anonymisierten Profilen Empfehlungen für einen bestimmten Benutzer abzuleiten. Grundvoraussetzung für den Einsatz von Recommender Systems ist eine Kategorisierung des vorhandenen Datenbestandes. Bisher wurden Methoden des Collaborative Filtering überwiegend im Bereich Business-to-Consumer im Internet für homogene Produkte sehr erfolgreich eingesetzt. Dies ist nicht verwunderlich, da sich beispielsweise Bücher, CDs, Filme (Kino, Video und DVD gleichermaßen) und Flugreisen anhand bereits vorhandener Kategorisierungsschemata hervorragend für das Collaborative Filtering eignen.

Anhand eines Beispiels für Empfehlungen im Bereich Film wird im folgenden die Funktionsweise des Collaborative Filtering erläutert. Die Grundlage bildet das Benutzerprofil. Dieses Profil kann sich aus den verschiedensten Daten, wie beispielsweise dem Alter, dem Einkommen, der Kaufhistorie etc., zusammensetzen und durch Daten über das Verhalten des Benutzers auf der Web-Site (Filme suchen, Reviews anschauen, empfehlen, bewerten usw.) angereichert werden. Diese Benutzerprofile können durch Collaborative Filtering-Methoden miteinander verglichen werden, so dass Benutzern mit ähnlichen Profilen, Filme empfohlen werden können, die eine Gruppe ähnlicher Benutzer als gut bewertet hat.

Ein typisches Beispiel hierfür ist Movielens[1]. Hier werden registrierten Benutzern Empfehlungen für Filme gegeben. Ein neuer Benutzer muss sich registrieren lassen und danach direkt eine Anzahl von Filmen bewerten, die er bereits gesehen hat. Anhand dieser Daten wird von dem Benutzer ein Profil aufgebaut. Durch Vergleiche mit anderen Profilen können dann Empfehlungen für Filme ausgesprochen werden. Zu den Empfehlungen selbst können dann wiederum Feedbacks in bezug auf ihre Güte eingegeben werden. Mit steigender Nutzung dieses Systems werden die einzelnen Profile immer detaillierter. Je mehr Filme von einem Benutzer bewertet werden, umso genauer werden die Empfehlungen.

Collaborative Filtering-Systeme unterliegen in hohem Maße Netzeffekten. Diese sind in der Regel positiv, d. h. je mehr Personen einem Netzwerk angehören, desto

---

[1] http://movielens.umn.edu

wertvoller wird es für alle. Der Wert steigt nicht linear sondern nach dem Gesetz von Metcalfe quadratisch an. Die nach Bob Metcalfe, Erfinder des Ethernet, benannte Gesetzmäßigkeit besagt, dass der Nutzen einer an einem Netzwerk beteiligten Person quadratisch mit der Anzahl der Beteiligten steigt. Sind n Personen an einem Netzwerk beteiligt und ist der Nutzen für jeden einzelnen aus diesem Netzwerk proportional zu der Anzahl anderer Personen, dann entspricht der Wert dieses Netzwerks für alle Personen $n * (n - 1) = n^2 - n$ und ist somit von quadratischer Ordnung.

Im Falle der Recommener Systems bedeutet dies, je mehr Benutzer und Profile vorhanden sind, desto höher ist die Qualität der Empfehlungen und damit der Nutzen für alle Benutzer. In Abbildung 1 ist eine typische Empfehlung des Movielens Systems dargestellt. Hier hat sich ein bestimmter Benutzer Empfehlungen für die Kategorie „Sci-Fi" für den Zeitraum 2000 bis 2001 geben lassen.

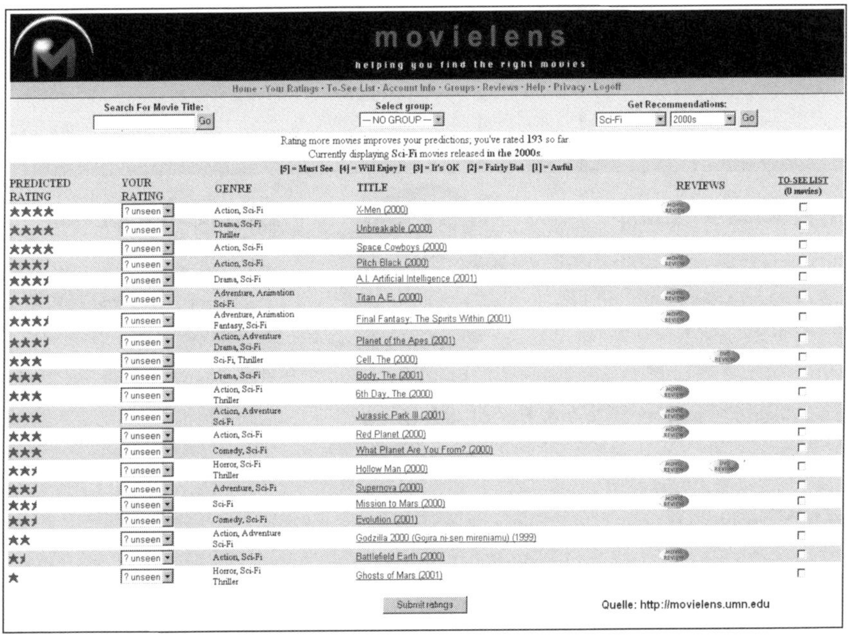

Abb. 1: Empfehlungen für einen Nutzer in der Kategorie Sci-Fi

Collaborative Filtering greift auf eine intuitive Methode zurück, die normalerweise von Personengruppen benutzt wird, deren Mitglieder sich untereinander sehr gut kennen. Wenn eine Person innerhalb dieser Gruppe den „Geschmack" einer anderen genau kennt, so kann diese Person anhand der eigenen Erfahrungen und der Erfahrungen der anderen besipielsweise einen Film empfehlen oder davon abraten, diesen zu sehen.

Das gegenseitige Kennen wird beim Collaborative Filtering durch den Vergleich der Profile ersetzt. Es wird angenommen, dass Personen mit ähnlichen Profilen einen ähnlichen „Geschmack" haben und bei Personen mit unterschiedlichen Profilen ein divergierender „Geschmack" vorhanden ist. Fragt nun ein Benutzer nach einer Empfehlung für einen neuen Film im Bereich Science Fiction, so wird eine Empfehlung ausgesprochen. Diese wurde anhand von Benutzern generiert, die diesen Film schon bewertet haben und ein ähnliches Profil aufweisen.

Die Qualität der Empfehlungen ist sehr stark abhängig von der Anzahl und der Qualität der Profildaten, die für das Collaborative Filtering zur Verfügung stehen. Es empfiehlt sich, die Qualität der Profile über einen direkten Feedback Loop zu steigern. Benutzer erhalten somit nicht nur Empfehlungen, sondern bewerten direkt, wie zutreffend diese Empfehlung des Systems für sie gewesen ist (siehe Abbildung 2).

2. Profilorganisation
- Zuordnung von einzelnen Profilen zu Mustern (Profilcluster)

1. Profilgenerierung
- relevante Daten kategorisieren, sammeln und speichern
- Speicherung impliziter und expliziter Daten

3. Profilinterpretation
- Einsatz von Tools zur Entscheidungsfindung (Collaborative Filtering)
- Darstellung der Ergebnisse

4. Feedback Loop
- Feedbacks / Interaktion
- Erhöhung der Profilgenauigkeit

Abb. 2: Feedback Loop

2 Technologie des Collaborative Filtering

Technisch gesehen werden Profile und Bewertungen als ein Vektor im System abgelegt. Ein Vektor repräsentiert eine Reihe von Zahlen, die über die Position und die Größe der Zahl an einer bestimmten Stelle das Profil beschreibt (siehe Abbildung 3).

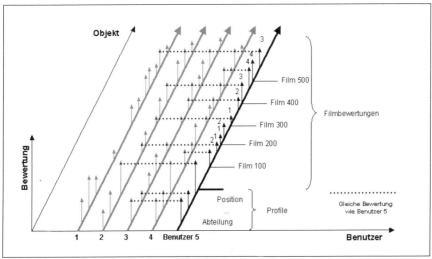

Abb. 3: Vektoren, Profile und Collaborative Filtering

So kann zum Beispiel die 1. Stelle die Abteilungsnummer sein, in der die Person arbeitet, die 2. bis 20. Position weitere personenbezogene Daten, die als Zahlen dargestellt werden, und die Positionen 21 bis 1.021 die Bewertungen der ersten 1.000 Filme. Eine Null könnte für keine Bewertung eine Eins für eine schlechte und eine Fünf für eine gute Bewertung stehen. Zum Vergleich zweier Vektoren bedient man sich eines Verfahrens der Mathematik. Über das Cosinusmaß (siehe Formel 1) kann die Ähnlichkeit von zwei Profilvektoren bestimmt werden. Durch

$$p_{a,i} = \frac{\sum_{Alle\ Nachbarn} b_i * w'_{a,b}}{\sum_{Alle\ Nachbarn} w'_{a,b}}$$

$p_{a,i}$ ist die Voraussage von Benutzer a für das Objekt i

Formel 1: Voraussage

die Profile und ihren Vergleich miteinander kann man nun Tabellen aufbauen, in denen zu jedem Benutzer und allen anderen Benutzern die Ähnlichkeitswerte abgespeichert sind. Anhand dieser Ähnlichkeitswerte kann man Gruppen mit großer Ähnlichkeit zusammenfassen (Clustering). Anhand der Ähnlichkeitstabelle oder der zusammengefassten Gruppen lassen sich nun für einzelne Benutzer Empfehlungen ableiten. Dies erfolgt, indem man anhand der Bewertungen eines einzelnen, einer Gruppe oder aller und den errechneten Ähnlichkeiten die Empfehlungen berechnet (siehe Formel 2). Diese Empfehlungen werden mit der vorher festgelegten Skala (in unserem Beispiel für Filme auf der Skala von 1 bis 5) ausgesprochen.

Die Vorgehensweise beim Collaborative Filtering wird nachfolgend an einem Bei-

$$w_{a,b} = \frac{\sum_{i=1}^{m}(a_i)*(b_i)}{\sqrt{\sum_{i=1}^{m}(a_i)^2} * \sqrt{\sum_{i=1}^{m}(b_i)^2}}$$

Formel 2: Cosinusmaß zwischen den Vektoren a und b

spiel für Filmempfehlungen beschrieben. Bei den Profilen werden nur bewertete Filme beachtet. Collaborative Filtering kann als Darstellung des Problems von fehlenden Werten in einer Benutzer/Gegenstand-Matrix gesehen werden (siehe Tabelle 1)

	Star Wars	Matrix	Titanic	Copycat
Fedor	5	5	2	4
Udo	2	1	5	2
Martin	4	5	1	5
Hans	1	2	3	?

Tab. 1: Darstellung einer Benutzer/Gegenstand-Matrix

In Tabelle 1 werden die Bewertungen der Benutzer über Filme dargestellt und es soll eine Empfehlung für Hans für den Film Copycat ausgesprochen werden. Hierzu werden anhand des Cosinusmaßes die Ähnlichkeiten zwischen Hans, Fedor, Udo und Martin und dann anhand der vorgestellten Formel eine Bewertung für den Film Copycat berechnet. Hans könnte so den Film Copycat mit einer 3 empfohlen bekommen. Die Vorteile beim Einsatz von Methoden des Collaborative Filtering sind:

- Personalisierung des Benutzers und Generierung persönlicher Ergebnisse,

- Berücksichtigung des Benutzerprofils,
- Nutzung der Bewertungen vieler Benutzer
- Erweiterbarkeit vorhandener Suchsysteme und
- Gewinnung sinnvoller Vorschläge, die bei anderen Systemen nicht in der Ergebnismenge lägen.

Die Nachteile bzw. Probleme beim Einsatz von Recommender Systemen lassen sich wie folgt zusammenfassen:

- Probleme der Bewertung von neuen Objekten, dadurch Startprobleme bei neuen Systemen,
- Sabotage der Ergebnisse durch falsche Abstimmungen der Nutzer,
- Personalisierung des Nutzers ist zu Profilabspeicherung notwendig sowie
- keine sinnvollen Empfehlungen bei zu geringer Datendichte.

3 Knowledge Management im Intranet

Im Zentrum der folgenden Betrachtung steht die Frage, wie Mitarbeiter im Intranet auf vorhandenes Wissen zugreifen können und an welchen Stellen dieser Zugriff durch den möglichen Einsatz von Recommender Systems optimiert werden kann. Um ein intelligentes intranetbasiertes und unternehmensübergreifendes Knowledge Management umzusetzen, sind darüber hinaus weitere Ansätze notwendig und denkbar, deren Betrachtung im Rahmen dieses Beitrags ausgeklammert werden soll. In Abbildung 4 ist dargestellt, wie der Zugriff auf Wissen in

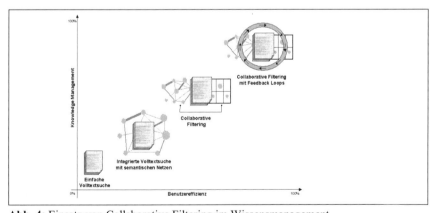

Abb. 4: Einsatz von Collaborative Filtering im Wissensmanagement

Form von überwiegend unstrukturierten Daten im Intranet optimiert werden kann. Bei der einfachen Volltextsuche wird das hinlänglich aus dem Internet bekannte Prinzip mit all seinen Vor- und Nachteilen auf das Intranet übertragen.

Eine Suchmaschine überprüft dabei permanent, ob neue Inhalte in das Intranet eingespielt wurden oder sich bestehende verändert haben und indiziert diese. Der Zugriff auf die indizierten Daten ist über entsprechend gestaltete Browseroberflächen möglich, die neben der Eingabe von einfachen Suchbegriffen weitere Hilfsmöglichkeiten zur Verfügung stellen können (siehe Abbildung 5).

Der Nachteil dieser Lösung ist, dass der Benutzer seine Suchkriterien bei dieser Art des Zugriffs auf Wissen sehr fein spezifizieren muss. Dies bedeutet, dass er zum Zeitpunkt der Suche bereits exakt wissen muss, wonach er sucht. Darüber hinaus muss er die Kompetenz besitzen, die Suchkriterien derart zu spezifizieren, dass die entsprechenden Ergebnisse in der Trefferliste angezeigt werden.

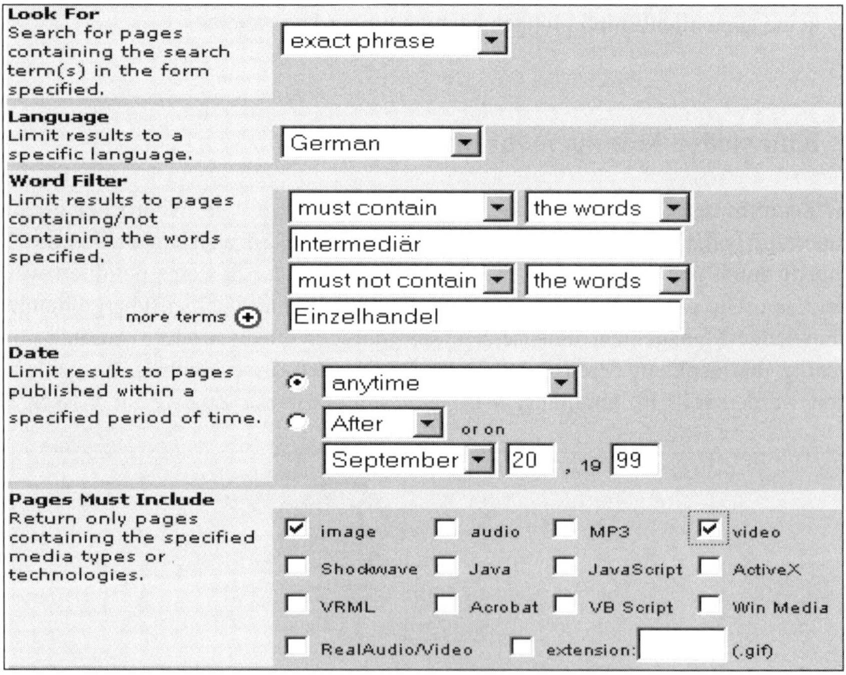

Abb. 5: Ausschnitt aus einer Suchmaske (www.hotbot.com)

Mit steigendem gespeicherten Datenvolumen innerhalb des Intranets wird der Zugriff auf Wissen per Volltextindizierung zunehmend ineffizienter. Die Quantität der Suchergebnisse steigt in gleichem Maße wie die Komplexität der Formulierung von Suchanfragen zunimmt, um eine höhere Qualität der Trefferliste zu erreichen.

Um beispielsweise nach „Ferienwohnungen oder -häusern in der Toskana, die in der Provinz Chianti oder in Livorno (und wenn in Livorno, dann am Meer) gelegen sind und die nicht von deutschen Unternehmen (außer dem Unternehmen dessen Web-Site unter www.schulze-toscana.de zu finden ist) vermittelt werden und die dann keinen Swimming-Pool haben, wenn Haustiere erlaubt sind" zu suchen muss eine hochkomplexe Suchanfrage formuliert werden. Die Suchanfrage sowie die daraus resultierende sehr kleine Trefferliste sind in Abbildung 6 dargestellt.

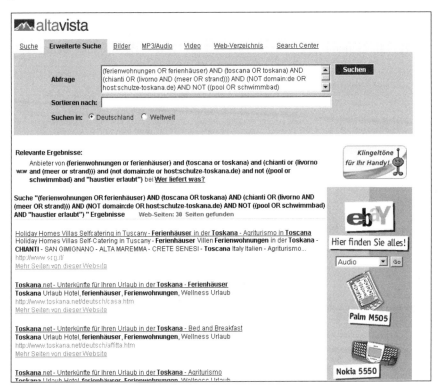

Abb. 6: Komplexe Suchanfrage bei Alta Vista

In der Praxis ist die Mehrzahl der Benutzer hiermit oftmals überfordert, so dass zusätzliche DV-technische Lösungen zur Unterstützung einer effizienten Suche notwendig werden. Erweitert man nun die klassische Volltextsuche zur Visualisierung der Trefferlisten und weiteren Verfeinerung der Formulierung um semantische Netze, so lassen sich effizientere Suchstrategien umsetzen.

Ein semantisches Netz besteht aus Knotenpunkten und sie verbindenden Kanten. Hierüber ist es möglich, automatisch inhaltlich relevante Zusammenhänge in grossen Datenbeständen darzustellen. Knoten entsprechen wichtigen Begriffen. Kanten repräsentieren die relevanten Zusammenhänge zwischen ihnen. Werden die

Zusammenhänge (in Form der Kanten) manuell von entsprechend kompetenten Personen nachbearbeitet, dann entsteht ein qualitativ sehr hochwertiges semantisches Netz, welches zur Unterstützung der einfachen Suche in volltextindizerten Inhalten eingesetzt werden kann.

Benutzer können durch semantische Netze bei der Suche nach Inhalten effizient unterstützt werden, indem diese zur semantischen Verfeinerung der Suchanfragen benutzt werden. So kann im Hintergrund automatisch eine komplexe Suchanfrage an die Suchmaschine aufgebaut werden, während der Benutzer innerhalb des semantischen Netzes navigiert und die für ihn relevanten Themen bzw. Suchbegriffe selektiert oder ausschließt. In Abbildung 7 ist beispielhaft eine Darstellungsvariante eines semantischen Netzes zu dem Suchbegriff „Philosophie" dargestellt.

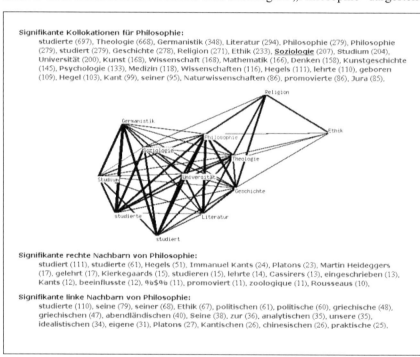

Abb. 7: Beispiel für ein semantisches Netz
Quelle: www.wissen-auf-den-punkt.de

Indem semantische Netze und volltextindizierende Suchmaschinen miteinander verknüpft werden, können Benutzer hochkomplexe und kontextsensitive Suchanfragen ohne die sonst notwendige hohe Suchkompetenz erstellen. Dadurch kann der Suchprozess und damit der Zugriff auf benötigtes Wissen effizient unterstützt werden.

4 Einsatz von Collaborative Filtering

Bisher wurde lediglich der Prozess des aktiven Zugriffs auf Informationen betrachtet. Dieser ist dadurch charakterisiert, dass der Benutzer relativ genau weiß, wonach er sucht, und er hierbei durch geeignete Technologien effizient unterstützt werden muss. Wenn man nun das Konzept des Cross Selling aus dem Bereich Business-to-Consumer auf das Intranet überträgt, dann wird aus einer aktiven Suche nach Informationen ein proaktives Knowledge Management. Aus „Kunden, die dieses Buch gekauft haben, haben auch diese Bücher gekauft"[1], wird dann „Mitarbeiter, die sich mit ähnlichen Problemstellungen befassen, sind in diesen Bereichen des Intranet fündig geworden, und von besonderer Hilfe könnten die folgenden Dokumente und Personen für Sie sein!".

In den meisten Fällen liegt das vorhandene Wissen in Intranets unstrukturiert, in Form von sehr großen „Datenfriedhöfen" vor und kann also nicht direkt durch die Möglichkeiten von Recommender Systemen zugänglich gemacht werden. Um unstrukturiertes Wissen zugänglich zu machen, muss dieses in geeigneter Form kategorisiert werden. Kann im Bereich B2C auf vorhandene Kategorisierungsschemata, wie etwa die Einteilung von Filmen in Genres, zurückgegriffen werden, so gestaltet sich das Auffinden unternehmensweiter Kriterien für eine Kategorisierung von Daten in Intranets äußerst schwierig.

Grundvoraussetzung für den Einsatz des Collaborative Filtering ist die Speicherung von Benutzerprofilen sowie die Kategorisierung des vorhandenen Datenbestandes. Im einfachsten Fall geschieht die Kategorisierung durch die Verfasser der Dokumente oder Daten selbst oder durch einen speziellen Beauftragten des Unternehmens, den Wissensbeauftragten, manuell und in mühsamer Kleinarbeit. Um dies zu vermeiden, bieten sich automatische bzw. semi-automatische algorithmische Verfahren des Information Retrieval an. Diese können bei der Erstellung eines Kategorisierungsschemas wertvolle Dienste leisten.

Hierzu wird über die vorhandenen Datenbestände des Intranets ein semantisches Netz gelegt. Im Idealfall wird dieses dann nochmals von entsprechend kompetenten Mitarbeitern manuell überprüft, so dass das Netz eine hohe semantische Qualität aufweist. Aus den Knoten dieses Netzes lassen sich nun die für das Collaborative Filtering notwendigen Kategorien extrahieren. Technisch erfolgt dies, indem semantische Netze in Form von Topic Maps generiert werden. Unter Topic Maps ist ein standardisiertes in XML definiertes Austauschformat für semantische Netze zu verstehen.[2]

Aufgrund der Trennung von Struktur und Inhalten in XML lassen sich die benötigten Kategorien über Topic Maps semi-automatisiert erstellen. Dies reduziert

---

[1] Vgl. www.amazon.de.
[2] Vgl. http://www.diffuse.org/TopicMaps/schema.html.

den Aufwand für die Erstellung eines Kategorisierungsschemas für ein unternehmensübergreifendes aktives Knowledge Management auf Basis von Recommender Systemen erheblich.

Um die Qualität der Benutzerprofile zu steigern, lassen sich Feedbackmechanismen zu den Empfehlungen einbauen. Benutzer bewerten dementsprechend, wie relevant die generierten Empfehlungen für sie gewesen sind. Diese Feedbacks gehen wiederum in ihre Benutzerprofile ein und erhalten eine höhere Gewichtung innerhalb der Profildaten als beispielsweise Clickstreams. Somit kann ein geschlossener Feedback Loop im Rahmen des intranetbasierten Knowledge Management umgesetzt werden. Dieser erhöht mit steigender Nutzung die Güte der Empfehlungen und damit letzten Endes auch die Benutzerakzeptanz. Erste Projekterfahrungen der HLP Informationsmanagement GmbH mit Pilotkunden haben vielversprechende Ergebnisse dieses neuartigen Ansatzes im Bereich des Knowledge Management erbracht.

Knowledge Integration Server

Hayno Rustige, logic DATA GmbH, Oberrot

Jede im Unternehmen gesammelte Information sollte in einer integrierten und leicht zugänglichen Form zur Verfügung stehen. Unternehmenswissen ist aber historisch bedingt in vielen Anwendungen und Datenbanken unterschiedlich strukturiert abgelegt. Auch ist häufig nur Teilwissen aus Insellösungen und kein integriertes Gesamtwissen verfügbar. Als Knowledge Integration Server ermöglicht das im Aufsatz vorgestellte Tool Logic DATA Base eine Informationsintegration aus vielen vorhandenen Informationsquellen. Betriebliches Wissen lässt sich dadurch einheitlich modellieren, formulieren und in einer geschlossenen Datenbasis zur Verfügung stellen. Die Formalisierung der Kernstruktur natürlicher Sprachgrammatik stand bei der linguistischen Modellierung Pate. Einfach strukturiert, wie wir denken und sprechen, erlaubt der Knowledge Integration Server dem Anwender einen intuitiven Zugang zum Firmenwissen.

1 Vom Zeichen zum Wissen

Wissen bzw. Knowledge ist mehr als Begriffe, Daten oder Information. Wissen beinhaltet zum einen viele Informationen, also einen ganzen „Text", aber darüber hinaus auch die Vernetzung und globale Zuordnung von Informationen.

Wissen ändert sich permanent mit der Zeit (Dynamik), ist hochvernetzt (Komplexität) und soll transparent zugänglich sein (Transparenz). Dieser Sachverhalt kann gut in der allgemein bekannten Wissenspyramide dargestellt werden (siehe Abbildung 1).

Zeichen und Ziffern tragen keine semantische Bedeutung in sich. Sie dienen lediglich als Bausteine zum Aufbau von Worten und Werten. Ganz unten in der Pyramide werden aus mehreren Zeichen Worte gebildet, bzw. aus mehreren Ziffern Zahlen und Werte. Worte und Werte für sich bezeichnen noch nicht konkrete Objekte unserer Welt und haben nur eine allgemeine Bedeutung.

Auf der nächsten Stufe der Pyramide werden aus Worten und Werten Daten gebildet. Dies geschieht durch die Gruppierung von Worten, Werten und Zahlen zu Wortgruppen oder kombinierten Wort-/Zahlengruppen, z. B. „Dr. Hans Müller", „Haltewinkel 241536" oder „21. Februar 2001". Diese Daten haben eine konkrete Bedeutung oder Semantik. In der Informatik werden sie häufig als sogenannte Stammdaten bezeichnet. Stammdaten können in eine Hierarchie orthogonaler Kategorien aufgeteilt werden.

In einem orthogonalen Kategoriensystem kommt jedes Stammdatenelement genau einmal in einer Kategorie vor. Diese Kategorien entsprechen den unterschiedlichen physikalischen Dimensionen unserer Welt. Auch im OLAP-Bereich wird der Begriff Dimension in diesem Sinn verwendet, wobei kein Wert auf Orthogonalität gelegt wird. Die wichtigsten Dimensionen sind:

- die Dimension des Raums mit Adressen und Geografie als Umstandsbestimmung des Raumes,
- die Dimension der Zeit mit Kalender und Terminen als Umstandsbestimmung der Zeit,
- die Dimension der Materie als Liste aller Substantive, d. h. aller Gegenstände, Produkte und Personen und
- die Dimension der Handlung definiert durch Verben, die semantische Interaktionen von Materie, Gegenständen und Stoffen in Raum und Zeit darstellen.

Abb. 1: Die Wissenspyramide

Aus den einzelnen Stammdaten mit konkreter Bedeutung werden nun in Abhängigkeit von der Semantik der betrachteten Handlung oder des betrachteten Zustands Informationen gebildet, z. B. „Dr. Hans Müller entwickelt am 21. Februar 2001 den Haltewinkel 241536". Information vernetzt Stammdaten und charakterisiert semantisch gesehen Handlungen und Zustände.

Die Regeln für die Zusammensetzung von Daten zu Informationen oder von Stammdaten zu Sätzen nennt man in der Sprachlehre Syntax. In der sprachlichen Syntax muß das Verb als Träger der jeweiligen betrachteten Semantik auch die Auswahl der zur Ergänzung der Aussage (Komplement) notwendigen Stammdaten vorgeben. Auch die relationale Abbildung kann sich dieser Tatsache nicht verschließen. So findet man häufig im Tabellennamen das die Semantik tragende Verb. In den Spaltennamen sind dann mehr oder weniger die Ergänzungen oder Komplemente zugeordnet.

Aus vielen Informationen läßt sich Wissen im Sinne eines Textes bestehend aus Sätzen zusammenstellen. Wissen kann semantisch gesehen die Welt beschreiben und unser Handeln, Denken und Planen im betrieblichen Alltag darstellen.

Die in der Wissenspyramide sichtbar gewordenen Zusammenhänge bilden die Semantik unserer Umwelt oder die eines betrieblichen Alltags sehr gut ab. Man kann sie als eine Art von Urstruktur der Semantik ansehen.

Somit entspricht die Struktur der natürlichen Sprache ziemlich genau der Semantikstruktur der Wissenspyramide. Daraus kann man folgern, dass die natürliche Sprache ein optimales Werkzeug zur Abbildung unserer Welt darstellt. Dies belegen auch folgende Fakten:

- Die sprachliche Syntax erlaubt eine umfassende Abbildung aller in der realen Welt vorkommenden Handlungen und Zustände, seien es Geschäftsprozesse oder Abbildungen aus der Forschung und Entwicklung.
- Durch Anwendung der Modi Indikativ und Konjunktiv kann die Sprache sowohl reale als auch eventuelle Vorgänge einheitlich abbilden.
- Gewünschtes, Geplantes und Erlaubtes kann die Sprache unter Anwendung der Modalverben (können, wollen, dürfen etc.) einheitlich unterscheiden.
- Durch die Relativsatzverknüpfung können vernetzte Inhalte detailliert beschrieben werden.

2 Technische Abbildung von Wissen

Im Wissensmanagement und ganz allgemein im IT-Bereich sind nicht allzu viele Abbildungssysteme zu finden. Hier sollen drei Ansätze vorgestellt werden (siehe Abbildung 2).

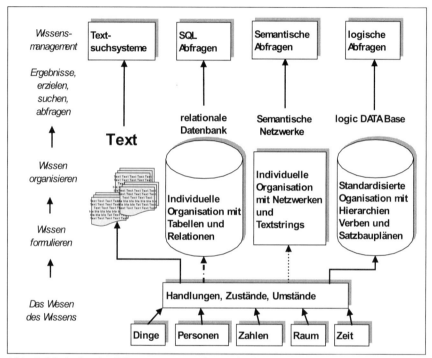

Abb. 2: Methoden der Wissensrepräsentation und Wissensanalyse

1. Die Abbildung durch Text

    Die Abbildung von Inhalten durch die natürliche Sprache findet meist in Web-basierten Textsystemen statt. Abfrage und Suche erfolgen dann mit Volltextsuchen oder weiterentwickelten Textanalysesystemen. Damit wird der Inhalt optimal und nach den Regeln der Sprache gut standardisiert abgebildet. Die Abbildung entspricht vollkommen der Struktur der Wissenspyramide. Eine Maschine kann aber nach dem gegenwärtigen Stand der Technik Texte maschinell nicht verstehen. Oft findet ein Textsuchsystem deshalb zu viele, zum großen Teil unzutreffende Antworten.

2. Die Abbildung in einer relationalen Datenbank

    Eine Abbildung in relationalen Datenbanken durch Tabellen und Relationen erlaubt exakte Abfragen mit der Abfragesprache SQL. Vorraussetzung ist die profunde Kenntnis dieser Technologie und des betreffenden, oft tausende von

Tabellen umfassenden Systems. Für eine Anwendung durch ungeübte Anwender ist dieser Ansatz im Bereich des Wissensmanagements deshalb ungeeignet. Die innere Struktur entspricht auch nicht der Struktur der Wissenspyramide. Sie ist beliebig ausgestaltbar und wird vom jeweiligen Programmierer definiert.

3. Die Abbildung durch semantische Netzwerke
   Der Ansatz der Topic Maps versucht, die Semantik der Wissenspyramide in einem Netzwerk zu vereinfachen. Probleme ergeben sich bei der notwendigen Klassifizierung der Stammdaten und der Integration dieser Stammdaten in Information. Netzwerke und Hierarchien allein können die erforderlichen Strukturen der Wissenspyramide nicht abbilden. Die semantischen Abfragen funktionieren dementsprechend wenig befriedigend und machen nur in kleinen Modellierungen Sinn.

Es besteht also ein Bedarf nach einem allgemeingültigen technischen Abbildungssystem, welches die unterschiedlichsten Informationen eines Unternehmens in einen einzigen allgemeingültigen Bezugsrahmen stellt und integriert. Denn häufig sieht sich der Anwender nicht in der Lage, die ihm technisch zur Verfügung gestellten Datenquellen zu nutzen, da die einzelnen Datenquellen nur Teilaspekte seines Informationsbedarfes betreffen und niemand ohne profunde Systemkenntnisse eine Vielzahl von Oberflächen bedienen kann und will (siehe Abbildung 3). Deshalb muss er die wertvolle Zeit von Mitarbeitern und Kollegen nutzen, um an seine Informationen zu kommen.

Manager brauchen einen ihnen vertrauten Zugang zum Wissen des Betriebs. Deshalb sollte Wissen nicht in komplizierten technischen Abbildungssystemen angeboten werden, sondern in einer der natürlichen Sprache sehr nahestehenden Sprachlogik.

Die Ergebnisse der vorigen Untersuchung der Wissenspyramide legten es nahe, auf den beschriebenen Prinzipien basierend ein technisches Abbildungssystem zu entwickeln, das folgende Vorteile aufweisen sollte:

- Betriebswissen lässt sich durch eine einzige natürliche Abbildungsstruktur einheitlich logisch formulieren und miteinander vernetzen.

- Das System kann mit sprachlicher Logik, die jedermann versteht, leicht bedient werden.

- Die Abbildungsstruktur erlaubt die Integration beliebig strukturierter Information in dasselbe System, was einer Anwendung im Bereich des Wissensmanagements sehr entgegenkommt.

Der Aufbau eines solchen Systems wurde mit der Implementierung von Logic DATA Base durchgeführt. Die technische Umsetzung dieser Software in ein Wissensmanagementsystem wird Knowledge Integration Server genannt.[1] Folgende Bestandteile wurden miteinander integriert:

- die Formulierung oder Strukturierung beliebiger Information mit einer linguistischen Syntax und Logik,
- die Speicherung und logische Ablage von Sprachschatz, Satzbauplänen und Stammdaten,
- die Speicherung und logische Ablage einer unbegrenzten Anzahl von Aussagen,
- Programme zur Suche und Navigation, welche auf linguistisch formulierte Fragen korrekte Antworten bereitstellen können.

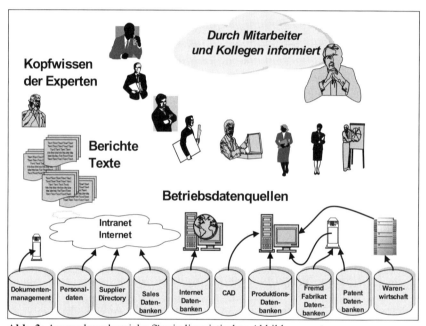

Abb. 3: Anwendungsbereiche für ein linguistisches Abbildungssystem

Jede Information setzt sich in logic DATA Base aus Stammdaten als Wortgruppen zusammen. Diese werden in natürliche orthogonale Dimensionen mit gleichen semantischen Eigenschaften unterteilt. Dies hat Gültigkeit für die gesamte Datenbank als Basis der Wissensformulierung:

- Termine oder Adverbiale der Zeit fallen in die Dimension der Zeit,
- Adressen oder Adverbiale des Raumes fallen in die Dimension des Raums,

---

[1] A. d. V.: In Abb. 2 wird dieser Ansatz rechts außen dargestellt.

- Gegenstände oder Abstrakta fallen in die Dimension der Substantive und
- Zustände oder Handlungen fallen in die Dimension des Verbs. Die Verben benötigen in ihren Satzbauplänen wiederum Stammdaten bzw. Wortgruppen aus anderen Dimensionen zur Bildung eines vollständigen Satzes.

In jeder Dimension befinden sich viele solche Stammdaten oder Wortgruppen. Keine Wortgruppe kann in zwei Dimensionen eingeordnet werden. Die Dimensionen können deshalb mathematisch als orthogonale Dimensionen eines multidimensionalen Raumes (linguistischer Hyperraum) aufgefasst werden. Die Wortgruppen kennzeichnen einen semantisch eindeutigen Stammdatensatz.

Auf der Basis dieses Dimensionenmodells werden die Satzbaupläne für alle Handlungen und Zustände in sogenannten Verbdefinitionen festgelegt. Das Verb hat eine semantische Sonderstellung. Einerseits ist es Wort und bildet mit seinen Flexionen eine Wortgruppe. Darüber hinaus kennzeichnet es eine Handlung oder einen Zustand, welche weitere Wortverbände als sogenannte Ergänzungen (Komplemente) benötigen. Deshalb bestimmt das Verb als Träger der Handlung oder des Zustandes die Syntax des Satzes. Es bringt einen Konstruktionsplan für einen zu ihm passenden Satz, den sogenannten Satzbauplan, mit. Diesen schleppt es als eine Komplementliste quasi wie ein Schneckenhaus mit sich herum.

Auf der Basis des Dimensionenmodells und der Verbdefinitionen lassen sich nun Aussagen editieren. Die Syntax basiert dabei immer auf dem Satzbauplan des augenblicklich gewählten Verbs. Handlungen oder Zustände können dabei semantisch gesehen real oder simuliert sein und als Aussage, Befehl oder Frage abgebildet werden.

In Abbildung 4 wird links der Satzbauplan des Verbs „senden" aufgespannt. Jedes Komplement dieses verbabhängigen Satzbauplans erfordert zur Bildung eines Satzes eine Wortgruppe. Als Komplement bezeichnet man die verbspezifische handlungsnahe Bezeichnung der erforderlichen Wortgruppen. Es werden fünf Komplemente definiert. Davon müssen drei Substantive sein. Sie repräsentieren das Subjekt und das erste und zweite Objekt. Weiterhin werden je ein Adverbial der Zeit und des Raums für die Komplemente Versanddatum und Adresse definiert.

Sprachlich sind die Komplementbezeichnungen als Partizipien, Gerundien usw. aus dem Verb direkt herleitbar, z. B. der Sender, das Gesendete, der Versandtort etc. Praktisch müssen jedoch andere, gebräuchlichere Komplementsbezeichnungen gewählt werden, z. B. statt das „Gesendete", die „Ware". Des weiteren wird bei der Auswahl einer Wortgruppe für ein Komplement im Satz zwingend vorgeschrieben, dass diese Wortgruppe aus der vorgegeben Dimension entstammt. Nur so können semantisch sinnvolle Sätze gebildet werden.

Damit ist eine technische Abbildungssprache gegeben, welche sich von Programmiersprachen unterscheidet. Diese bestehen aus Programmketten von Maschinenbefehlen. Abbildungssprachen bilden Handlungen und Zustände einer realen oder imaginären Welt ab. In aktuellen Anwendungsprogrammen befinden sich diese Abbildungsinformationen in nicht durchgängig modellierbarer Form in einer unter der Anwendung liegenden Datenbank.

Der Sprachschatz an verwendeten Worten und Zahlen ergibt sich aus den Begrifflichkeiten der importierten Stammdaten. So wird ein Lexikon dieser Begriffe gebildet, welches den Sprachschatz der Datenbank darstellt.

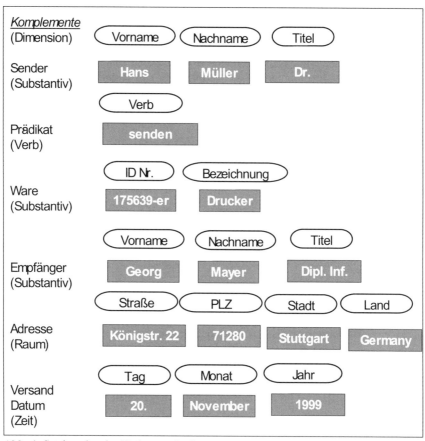

Abb. 4: Satzbauplan des Verbs „senden"

Die Sprachlogik von logic DATA Base ist im Vergleich zur natürlichen Sprache eine einfache Primitiv- oder Kindersprache. Sie ist jedoch im Sinne einer Datenbank exakt:

- Aus Zeichen und Ziffern werden Worte und Werte gebildet,
- aus Worten und Werten werden Stammdaten gebildet,

- aus Stammdaten werden durch den Satzbauplan Sätze als Aussagen zu Zuständen und Handlungen gebildet, also Information gegeben und
- aus Informationen wird Wissen gebildet.

Diese klare Struktur ermöglicht in der Folge eine saubere, durchgängige Datenmodellierung (siehe Abbildung 5). Das linguistische Abbildungssystem zeigt ein breites Spektrum von Anwendungsmöglichkeiten. Diese umfassen sowohl den Bereich der Datenanalyse, der Dokumentenindizierung als auch die Anwendung als gemeinsam genutzte Datenbank zur Integration von Softwareanwendungen.

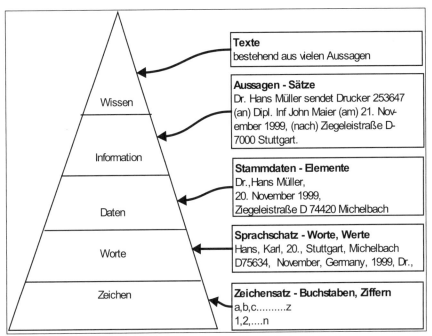

Abb. 5: Die exakte Abbildung der Wissenspyramide mit logic DATA Base

3 Knowledge Integration

Beim Aufbau eines Wissensmanagementssystems kann auf die unterschiedlichsten Wissensquellen, wie z. B. Datenbanken, OLAP-Würfel, Managementinformationssysteme, Entscheidungsunterstützungssysteme, Groupware, Projektmanagementsysteme, Workflowmanagementsysteme, Dokumentenmanagementsysteme, Customer Relationship Management, Repositories, zugegriffen werden. Problematisch im Hinblick auf die Nutzung unterschiedlichster Systeme ist die redundante Datenhaltung. In Abbildung 6 sind einige Anwendungen dargestellt, in welchen dieselben Stammdaten (Personen, Adressen, Termine etc.) immer wieder in Erscheinung treten. Will ein Anwender irgendetwas über diese Stammdaten in Erfahrung bringen, so muss er mehrere Anwendungen öffnen und auch bedienen können, um die gesuchten Informationen zu erhalten.

Abb. 6: Redundante Stammdatenhaltung in vielen Anwendungen

Das ist sicher nicht wünschenswert für Manager, die als Grundlage ihrer Entscheidungen Information rasch benötigen und in einer einzigen leicht bedienbaren Anwendung auf alle Zusammenhänge zugreifen möchten. Auch geht bei der Abbildung von Wissen in unterschiedlichen getrennten Datenbanken Information verloren. Abbildung 7 zeigt die Architektur einer Datenintegration mit logic DATA Base:

- In einem Definitions-Tool erfolgt zuerst die linguistische Modellierung des Dimensionenmodells und der Verbdefinitionen (Modellierung),
- darauf wird die Datenbank initialisiert und es wird automatisch ein relationales Tabellenmodell generiert (Initialisierung),
- die einzulesenden Quelldaten werden in einer einmalig notwendigen Anpassung mit entsprechenden Werkzeugen zugeordnet, so dass sie dann in logic DATA Base importiert werden können (Import). Der Import selbst erfolgt dann regelmäßig als sogenannter „Refresh",
- der PC symbolisiert einen Client, welcher auf logic DATA Base zugreift und auch den verknüpften Aufruf weiterer Visualisierungssoftware ermöglicht. Hier ermöglicht eine Suchoberfläche Abfragen über die gesamte Wissensbasis (Zugriff) und

- die Antwortdatenmengen können per Export weitergegeben werden: als Tabellen, Excel-Tabellen, zur OLAP-Visualisierung, für Zwecke des Data Mining (Export).

Während Informationen aus Metadaten, Anwendungen, Datenbanken und Repositories sich direkt linguistisch formulieren und importieren lassen, verschließen sich andere textbasierte Wissensarten einem direkten Import. Der Stand der Technik erlaubt noch keine korrekte Texterkennung. Ansätze in dieser Richtung führen nicht zu exakten Ergebnissen. Deshalb lassen sich natursprachlich formulierte Aussagen noch nicht automatisch in die einfache Struktur von logic DATA Base konvertieren.

Üblicherweise werden deshalb Dokumente durch geeignete Suchbegriffe oder Klassen indiziert. Da alle Dokumente, wie Korrespondenzen, Emails oder technische Berichte unterschiedliche Charakteristika aufweisen, ergeben sich schnell große Mengen von Indexkriterien. Um hier die Übersicht zu behalten, ist eine in die Tiefe gehende Indizierung wenig sinnvoll. Somit schwindet das Potenzial, dass ein Dokument wiedergefunden werden kann.

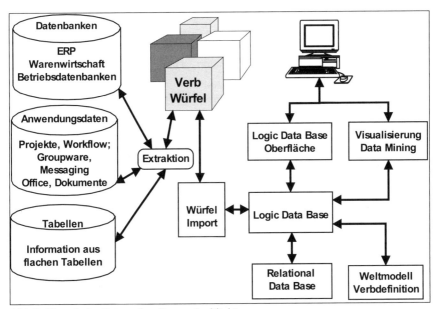

Abb 7: Knowledge Integration Server-Architektur

Mit logic DATA Base kann nun abhängig vom Typ des Dokumentes eine andere Indexstruktur bereitgestellt werden. Diese wird ebenfalls durch sprachliche Sätze dargestellt. Somit kann jede Information wieder in den geschlossenen, mathematisch durchsuchbaren Wissensraum eingefügt werden. Textwissen kann so schon bei der Formulierung in Inhaltsbereiche aufgeteilt werden. Die wesentlichen

Inhalte dieser Bereiche werden als Kernaussagen im Sinne einer Zeitungsüberschrift formuliert und editiert. Die Formulierung kann nachträglich aus den Texten heraus erfolgen, oder schon vom Autor selbst durchgeführt werden.

Schließlich werden die so editierten, die Indexe ersetzenden Kernaussagen dem schon vorhandenen importierten Wissen beigefügt. Dadurch gelingt eine Vernetzung von textbasiertem mit datenbankbasiertem Wissen. So werden effektive und exakte Suchen möglich. Auf die Frage nach einer gewissen Person kann dann das System Textdokumente herausfinden, welche die Person verfaßt hat und gleichzeitig Stammdaten und Bewegungsdaten zu dieser Person aus einer relationalen Datenbank zuordnen.

4 Knowledge Integration Server

Der Knowledge Integration Server ist das technische System des beschriebenen durchgängigen Wissensmodells. In Abbildung 8 wird die Architektur des Know-

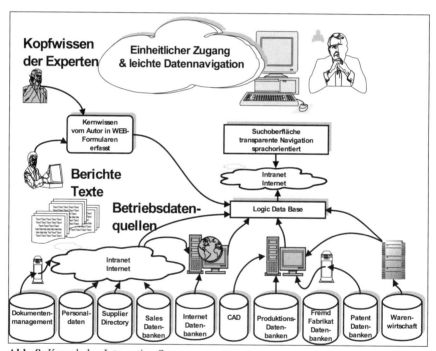

Abb. 8: Knowledge Integration Server

ledge Integration Servers dargestellt. Man erkennt Anwendungen, Datenbanken und textbasierte Systeme. Relevante Informationen aus diesen Anwendungen werden regelmäßig in logic DATA Base importiert und stehen dann als logisch vernetzter Wissensraum zur Datenabfrage, zur Datennavigation und zur Suche bereit. Die Oberfläche von logic DATA Base besteht aus einem einzigen Fenster, welches intuitiv vom Anwender verstanden werden kann. In dieser Oberfläche werden alle Aufgaben nach einer einheitlichen Logik abgearbeitet.

Der Knowledge Integration Server bietet mehrere Suchstrategien an. Dabei können verschiedene Aufgabenbereiche auf einer vollständig ineinander integrierten Datenbasis abgedeckt werden:

- Das System als Wissensexperte

  Auf exakte Fragen erhält man eine oder wenige Antworten. Auf offene Fragen erhält man eine größere Menge von Antworten. In der Praxis beginnt man meist mit der Suche nach einem Produkt, einer Person, einem Prozess, einem Termin, einer Adresse oder einer Kombination dieser Stammdaten.

- Datennavigation im Wissensmodell

  Üblicherweise stellt ein Anwender zuerst eine Frage. Aus der erhaltenen Antwort ergeben sich dann für ihn weitere Fragestellungen. In logic DATA Base kann der Anwender aus einer Antwort des Systems eine neue Frage formulieren und verarbeiten lassen. Ein solches Vorgehen ersetzt viele SQL-Befehle, die ein typischer Anwender im seltensten Fall beherrscht.

- Datenanalyse

  Man kann über eine Fragestellung aus der Gesamtmenge des Wissensmodells eine Anzahl von Rekords vorselektieren, um diese dann nach weiteren Kriterien zu analysieren.

- Suchmaschine

  In logic DATA Base lässt sich über Frageprofile effizient nach Texten suchen. Dabei ist eine volle Integration aller Informationen in einem Modell gegeben. Das bedeutet, dass man z. B. auf die Frage nach einem Produkt sowohl die entsprechenden Daten aus dem Warenwirtschaftssystem als auch Verweise zu Texten über das Produkt aus dem klassischen Wissensmanagementbereich erhält.

Eine Fragestellung beginnt meist mit einem Stammdatensatz, wie z. B. mit einem Produkt, einer Person, einer Adresse oder einem Termin. Man erhält als Antwort vom System dann alle mit diesem Stammdatensatz verknüpften Informationen. Wird die Antwortmenge zu groß, so schränkt man die Frage, z. B. örtlich oder zeitlich, ein. Ausgehend von den Ergebnissen kann weiter navigiert werden. Dabei können verschiedene Verben benutzt und damit verschiedene Wege beschritten werden:

- Verb „liefern": Man findet Firmen, an welche das Produkt geliefert wurde.

- Verb „Adresse haben": Man findet in einem weiteren Schritt die Adressen dieser Firmen

- Verb „produzieren": Man findet die Firma, welche das Produkt zu einer gewissen Zeit produziert hat;
- Verb „bestellen": Man findet Personen, welche das Produkt bestellt haben etc.

Die Wege der Datennavigation kennen in einem solchen System keine Grenzen, wenn die benötigte Information dem System einmalig verfügbar gemacht wurde. Eine andere Fragestrategie beantwortet vernetzte Fragestellungen, welche typischerweise mit Relativsätzen formuliert werden.

Eine Beispielfrage hierfür könnte lauten: „Welche Emailadressen haben Entwicklungsingenieure, welche Bauteile entwickelt haben, welche von Firmen hergestellt werden, welche ihren Sitz in Japan haben?"

Mit logic DATA Base lassen sich solche Relativsätze in kurzer Zeit formulieren und abarbeiten, ohne dass der Anwender Kenntnisse von SQL oder einem dahinterliegenden Datenmodell haben muss.

Wissensmanagement im Support

Tilmann Fingerle, Carsten Tautz, Martina Tomaschowski,
empolis GmbH, Kaiserslautern

Supportangebote gewinnen immer mehr an Bedeutung. Die Kunden sind wesentlich anspruchsvoller wie noch vor wenigen Jahren. Ein Beleg dafür ist der Call Center-Boom in Europa. Auch Supportforen im Internet werden immer häufiger. Es sind vor allem die Kostenvorteile sowie die Verfügbarkeit, die das Internet für den Support so interessant machen. Nachfolgend werden die Vorteile von Wissensmanagementsystemen für den Support aufgezeigt und auf dem Prinzip des fallbasierten Schließens basierende Anwendungen vorgestellt. Den Abschluss bildet ein Ausblick auf künftige Entwicklungen bei Supportsystemen.

1 Beratungskompetenz als Wettbewerbsvorteil

Customer Service (Kundendienst) ist die wichtigste Funktion in den meisten Call Centern. Daneben sind, z. B. im Bereich Finanzdienstleistungen und Versicherungen, etwa die Hälfte der Call Center auch im Telesales, also dem Verkauf von Produkten und Dienstleistungen per Telefon, tätig.

Kundendienst bedeutet in der Regel, dass der Kunde ein ernstes Problem mit einem Produkt oder einer Dienstleistung hat, zu dessen Lösung er Unterstützung benötigt. Subjektiv ist das Problem für den Kunden nicht lösbar, auch wenn bis zu 40 Prozent der Kundenanfragen durch einen Blick ins Handbuch gelöst werden könnten. Der Kunde erwartet daher:

- den Kontakt mit einem „Experten" für sein Problem,
- effektive Unterstützung, sowie die
- möglichst direkte Behebung seines Problems.

Er sucht also kompetente und effiziente Hilfe. Spezialisten sind jedoch in der Regel sehr teuer. Und es wäre eine enorme Verschwendung, sie ständig mit Routineproblemen zu beschäftigen. Die Telefonmitarbeiter im Call Center sind daher häufig fachlich keine routinierten Experten. Sie müssen daher selbst unterstützt werden, z. B. durch eine Liste der zehn häufigsten Problemfälle für jedes Produkt.

Letztlich entscheidet die Kompetenz der Beratung darüber, ob der Kunde mit dem Service zufrieden ist. Wurde sein Problem also in akzeptabler Zeit erkannt und eine Lösungsstrategie gefunden, nimmt er den Gegenüber als „Experten" wahr. Wird er allerdings in seiner Erwartungshaltung enttäuscht, wird das Vertrauen nicht nur in das Produkt und das Call Center, sondern auch in das Unternehmen insgesamt gestört.

Kompetenz erfordert Wissen. In der Regel ist dies Erfahrungswissen. Durch die steigende Variantenvielfalt und immer kürzere Produktzyklen ist es aber kaum mehr möglich, Erfahrung auf traditionelle Weise zu sammeln. Gesucht sind daher Lösungen, die Mitarbeiter ohne teure und langwierige Schulungen mit dem notwendigen Wissen ausstatten.

Fallbasierte Systeme bringen das Supportwissen an jeden Arbeitsplatz und unterstützen die Mitarbeiter bei der Auswahl der passenden Lösung. Ähnliche Probleme haben meistens ähnliche Ursachen und damit auch ähnliche Lösungen. Genau für solche Anwendungsfälle wurde die CBR-Technologie[1] entwickelt.

2 Die Grundidee des fallbasierten Schließens

Fallbasiertes Schließen ist ein Teilbereich der Künstlichen Intelligenz (KI), dessen Wurzeln in der Kognitionspsychologie liegen. In den 80er Jahren wurde CBR von einer Arbeitsgruppe um Schank an der Yale University erdacht. Ziel der ursprünglichen Forschungsarbeiten war es, das menschliche Problemlösungsverhalten maschinell nachzubilden. Fallbasiertes Schließen postuliert, dass sich ein Mensch einem für ihn neuen Problem nähert, indem er sich an Situationen und Schwierigkeiten erinnert, mit denen er sich bereits auseinandergesetzt hat. In diesem Erfahrungswissen sucht er nach ähnlichen Konstellationen zu dem aktuellen Problem und greift zurück auf die in der Vergangenheit erlebten Erfolge und Fehlschläge. Diese Lösungen und gescheiterten Versuche werden an die momentane Problematik angepasst und so frühere Erfahrung wiederverwendet. Die an sich sehr einfache Grundidee formalisiert eine natürliche Vorgehensweise und ist damit für die Automatisierung durch Computer prädestiniert.

Menschen setzen Fallbeispiele beim Problemlösen in den unterschiedlichsten Situationen ein:

- Ein Arzt erinnert sich an die Krankengeschichte eines anderen Patienten,
- ein Jurist argumentiert mit einem Präzedenzfall,
- ein Architekt studiert die Konstruktionszeichnung eines existierenden Gebäudes,
- ein Arbeitsplaner erinnert sich bei der Planung der Fertigung eines Werkstücks an den Fertigungsplan eines vergleichbaren Werkstücks,

---

[1] A. d. V.: CBR = Case-Based Reasoning.

- ein Mathematiker versucht, einen bekannten Beweis auf ein neues Problem zu übertragen,

- ein Verkäufer schildert den erfolgreichen Einsatz des Produkts bei einem anderen Kunden mit ähnlichen Problemen und

- ein Servicetechniker erinnert sich an einen ähnlichen Defekt bei diesem Gerätetyp.

Gerade der letzte Aufzählungspunkt weist darauf hin, dass CBR-Systeme gewinnbringend im Support eingesetzt werden können. Im folgenden werden zwei Anwendungen aus dem Support-Bereich näher erläutert.

3 Siemens Automation and Drives

Der Unternehmensbereich Automation and Drives von Siemens (Siemens A&D) setzt seit geraumer Zeit in hohem Maße auf neue Medien wie Intranet, Internet und E-Mail sowie CD-ROM. Dadurch sollen nicht nur teure Serviceeinsätze reduziert, sondern den Kunden auch aktuell, weltweit und an 7 Tagen in der Woche rund um die Uhr geholfen werden. Die Siemens A&D-Kunden wurden schon seit einigen Jahren über Telefon oder Servicepersonal vor Ort unterstützt, doch im Zuge des steigenden Kostendrucks suchte Siemens kostengünstige Lösungen bei der Kundenunterstützung.

Der Customer Support für die Industriesteuerung SIMATIC sieht in der Nutzung der Online-Dienste die Chance, Kunden weltweit aktuelle Informationen zu bieten. Das Informationsangebot im Internet steht unabhängig von der Zeitverschiebung des Nutzerstandorts zu Deutschland jederzeit zur Verfügung.

Siemens A&D kämpfte vor allem mit steigenden Supportkosten durch:

- Ein komplexes Produktspektrum für die SIMATIC-Reihe,
- den Wandel vom Hardware- zum Software-Hersteller,
- die Abhängigkeit von Spezialisten und damit von verteiltem Know-how und
- die explosionsartige Zunahme von technischen Dokumentationen für den Support.

Nachdem die Anzahl der Informationen auf den Internetseiten sehr stark angestiegen war, wurde beschlossen, die CBR-Technologie zum Aufbau eines intelligenten Agenten zu nutzen, der die richtige Information aus dem Datenbestand heraussuchen hilft.

Der Support Knowledge Manager (SKM) als Lösung der geschilderten Probleme ist ein umfangreiches Self Service-Angebot für Kunden von Siemens A&D. Er ist im Internet, Intranet und auf CD-ROM verfügbar. Die intelligente Online-Suche nach Servicedokumenten ermöglicht den Kunden und Mitarbeitern, sich jederzeit und überall selbst zu helfen. Durch diese Call Avoidance werden erhebliche Kosten eingespart.

Die Highlights der Lösung sind:

- Der intelligente Abruf von relevanten Dokumenten ist auch Laien möglich,
- das Wissen der Spezialisten wird bei der Suche nach geeigneten Dokumenten berücksichtigt,
- die Abrechnung der Dienstleistung über die SIMATIC Card ermöglicht neue Wertschöpfungsquellen und
- das System hat eine sehr hohe Verfügbarkeit. Es kann im Internet, Intranet und auf CD-ROM in Anspruch genommen werden.

Das Informationsangebot des Support Knowledge Managers setzt sich aus mehreren Teilen zusammen. Einen wichtigen Beitrag leisten die Antworten zu Frequently Asked Questions (FAQ). Sie werden aus den Erfahrungen des SIMATIC Customer-Supports dann generiert, wenn Kundenanfragen mehrfach gestellt wurden. Die Antworten zu den FAQs fixieren die Experten im SIMATIC Customer Support und veranlassen, dass sie umgehend auf dem Internet Server zur Verfügung gestellt werden. Es wird dadurch erreicht, dass die Erfahrung der Hotline-Experten und ihr Wissen zur Lösung der aktuellen Fragen ohne größeren Zeitverzug den Kunden zur Verfügung stehen. Derzeit sind ca. 100.000 Dokumente abrufbar. Sie sind nach Produkten geordnet und können über die grafische Oberfläche des Webbrowsers ausgewählt werden (siehe Abbildung 1).

Zusätzlich wird der Zugriff auf die SIMATIC-Anwenderinformationen geboten. Sie informieren über Erweiterungen des Produktspektrums, geben Hinweise für dessen Einsatz und weisen auf neue Ausgabestände hin. Die Anwenderinformationen werden bisher zyklisch in Papierform an die Kunden verteilt. Für die Kunden ergibt sich durch den Zugriff über Internet der Vorteil, erheblich früher diese Informationen nutzen zu können.

Neben dieser Informationspalette gibt es auch die Möglichkeit, über Download direkt Software zur Verfügung zu stellen. Für den Download werden derzeit aktuelle Treiberversionen, Software-Updates und BIOS-Versionen angeboten. Damit kann der Kunde weltweit direkt die Software laden und nutzen, ohne erst auf die Lieferung von Disketten bzw. CDs warten zu müssen.

Der Support Knowledge Manager ist ein Add-On für die bisherigen Medien zur Unterstützung der SIMATIC-Kunden im After-Sales-Bereich (Customer Support). Siemens bietet den Kunden mit dieser Lösung Hilfe zur Selbsthilfe an, was die Durchlaufzeit für den Kunden verkürzt. Zudem erfährt die Siemens AG dadurch auch positive Effekte für die telefonische Hotline, wie z. B. erhöhte Konsistenz der Antworten, kürzere Reaktionszeit und schnellere Einarbeitung neuer Mitarbeiter.

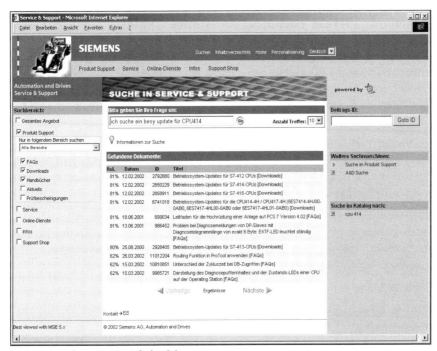

Abb. 1: Der Support Knowledge Manager

Durch die Bereitstellung zusätzlicher Ressourcen für die Erstellung der Dokumente, konnte die Menge an Informationen erhöht und die Zahl der neuen Beiträge pro Monat gesteigert werden. Außerdem wurde durch das Miteinbeziehen eines Redakteurs eine bessere Verständlichkeit der Veröffentlichungen erreicht und die Terminologie in den Dokumenten verbessert.

Während die Kunden vor allem eine verbesserte Verfügbarkeit und Convenience des Supportangebotes wahrnehmen, liegen die Vorteile für Siemens A&D in der Optimierung der Geschäftsabläufe und einer damit erzielbaren Effizienzsteigerung:

- Supportspezialisten werden entlastet,
- ein einfacheres Update von Supportinformationen ist möglich,

- bereits vorhandene Dokumente werden besser genutzt,
- der Kundenservice wird optimiert,
- pro Jahr ergibt sich eine Ersparnis an Supportkosten von über € 3 Mio und
- das Supportwissen stellt eine neue Einnahmequelle dar.

4 Siemens Virtual Technical Assistance Center

Wie beim vorangegangenen Anwendungsbeispiel werden die Mitarbeiter und Partner von Siemens ICM schon seit einigen Jahren über Call Center oder Servicepersonal vor Ort unterstützt. Die dadurch entstandenen Kosten sollten aufgrund des steigenden Kostendrucks im Markt reduziert, gleichzeitig sollte aber auf Qualität bei der Unterstützung nicht verzichtet werden.

Das Virtual Technical Assistant Center (ViTAC) ermöglicht Siemens-Mitarbeitern und -Partnern nun, weltweit technische Probleme durch Online-Zugriff auf eine Vielzahl von Dokumenten zu lösen. ViTAC ist im Intranet und Internet (geschützter Bereich) verfügbar.

Als wesentliches Ziel bei der Einführung von ViTAC wurden vor allem die Kosteneinsparungen bei Service und Support durch Reduktion der Recherchezeiten innerhalb der verschiedenen lokalen Servicestellen definiert. Zudem sollte:

- Das Wissen über die zunehmend komplexen Produkte für den Benutzer auf unkomplizierte Art und Weise verfügbar gemacht werden;
- die Abhängigkeit von Spezialisten bei der Lösung von Problemen reduziert werden und
- die starke Zunahme von technischen Dokumentationen vor dem Benutzer verborgen und stattdessen nur noch eine Auswahl der relevanten Dokumente bereitgestellt werden.

Die intelligente Online-Suche nach technischen Dokumenten aller Art ermöglicht den Benutzern, sich jederzeit und überall selbst zu helfen. ViTAC ist ein fallbasiertes System zum Dokumentenmanagement im Siemens ICM-Support. Die Highlights der Lösung sind:

- Der intelligente Abruf von geeigneten Dokumenten wird auch für Laien möglich,
- das Wissen der Spezialisten der einzelnen Produktbereiche wird bei der Suche nach geeigneten Dokumenten berücksichtigt und
- durch Auswertung des Nutzer-Feedbacks verbessert sich die Suche fortwährend.

Das Informationsangebot von ViTAC setzt sich aus unterschiedlichen Inhalten zusammen und betrifft verschiedene Produktgruppen. Neben Produktspezifikationen, Feature-Beschreibungen und Testprotokollen fließen Dokumentationen für die Kunden und Hotlineanfragen in die Dokumentenbasis ein. Einen wichtigen Beitrag leisten dabei die Antworten zu Frequently Asked Questions (FAQ). Diese werden von Experten der betroffenen Produkte erfasst und anschließend auf dem Webserver zur Verfügung gestellt. Hat ein Experte ein Dokument geschrieben, das eine neue Problemstellung beschreibt, so kann dies direkt von der ViTAC-Oberfläche an die ViTAC-Mitarbeiter zur Prüfung und Veröffentlichung übermittelt werden.

Die aufgeführten Dokumenttypen sind jeweils für die verschiedenen Produktgruppen verfügbar. Zur Zeit wird mit ViTAC Unterstützung bei der Beseitigung von Problemen für die Bereiche GSM-Basisstationen, UMTS-Subsysteme, Switch Commander und Radio Commander gegeben.

Bereitgestellt wird ViTAC vom zentralen Produktservice. Das System steht externen Partnern und den Mitarbeitern der regionalen Siemens Servicezentren für jede Art von technischen Anfragen, vor allem zum Aufbau und zur Betreuung von Siemens-Produkten beim Kunden vor Ort, zur Verfügung.

Die Benutzer stellen ihre Anfragen in englischer Sprache und erhalten als Lösungsvorschläge Dokumente, wie Trouble-Shooting Cases[1] oder Feature-Dokumente. Insgesamt sind seit dem Start von ViTAC im Juli 2000 8.500 Dokumente zusammengetragen worden. Bis zum Ende des Geschäftsjahres 2002 soll die Zahl auf 11.000 erweitert werden.

Hinterlegt und verwaltet wird das Wissen über die Dokumente, auf das bei einer Suche zurückgegriffen wird, auf einer speziellen Wissensdatenbank, in die das Know-how von ca. 40 Produktexperten von Siemens ICM eingeflossen ist. Diese Datenbank enthält explizites Wissen über die einzelnen Produktbereiche in Form von Synonymwörterlisten und modellierten Zusammenhängen zwischen einzelnen Produktkomponenten und -versionen. Zusätzlich ist dort hinterlegt, an welchen Stellen das System den Nutzer durch gezieltes Nachfragen bei der Präzisierung seiner Suchanfrage unterstützen soll.

Ein besonderes Feature von ViTAC ist, dass der Benutzer sein Problem in natürlicher Sprache beschreiben kann (siehe Query in Abbildung 2). Eine mögliche Suchanfrage lautet beispielsweise: "Decreased Immediate Assignment Sucess Rate when Abis is created via satellite link". orenge analysiert dann den eingegebenen Text und erkennt auf Basis der Wissensdatenbank alle relevanten Informationen bzw. entfernt alle nicht relevanten Begriffe aus der Anfrage. Die Suchanfrage mit den relevanten Begriffen lautet dann: "Decreased Immediate Assignment Success Rate Abis created satellite link". Sollte der Benutzer versehentlich ein

---

[1] A. d. V.: Kurzbeschreibungen von bekannten Problemen und deren Lösung.

Wort falsch eingegeben haben, hier "Sucess", wird durch die integrierte Rechtschreibkorrektur eine Liste von möglichen Treffern generiert, aus der der Nutzer seinen ursprünglich beabsichtigten Begriff "Success" wählen und zur Suche an orenge übergeben kann. Schließlich kann der Benutzer über ein Popup-Fenster Feedback geben (s. Abbildung 2). Das Feedback wird dann zur Optimierung des Systems verwendet.

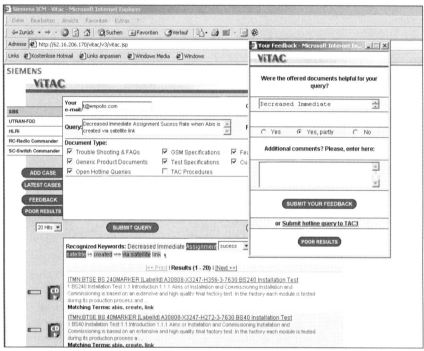

Abb. 2: Siemens Virtual Technical Assistance Center

Möchte der Benutzer sehen, welche Dokumente seit seinem letzten Zugriff auf ViTAC in die Dokumentenbasis hinzugefügt wurden, so steht ihm eine entsprechende Suchfunktionalität zur Verfügung. Natürlich kann der Benutzer über die Oberfläche auch ein beliebiges anderes Datum spezifizieren.

5 Ausblick

In beiden Siemens-Anwendungen sorgt die innovative Findetechnologie für Knowledge Management und Document Management empolis orenge für das schnelle und intelligente Retrieval. Diese greift bei der Suche auf die Wissensdatenbank zurück und ist dadurch in der Lage, neben exakt treffenden Dokumenten auch Alternativvorschläge zu unterbreiten. Das ist insbesondere dann von Vorteil, wenn es kein exakt zur Problembeschreibung passendes Dokument gibt. Wird ein Dokument gefunden, das das gleiche Problem beschreibt, allerdings für ein anderes aber vergleichbares Software-Release, kann dies unter Umständen zur Lösung führen.

Die beiden Anwendungen haben gezeigt, wie mit einer Texteingabe nach relevanten Dokumenten gesucht werden kann. Diese Art von Benutzungsschnittstelle ist besonders für Call Center-Mitarbeiter und technisch vorgebildete Personen interessant. Dieser Personenkreis hat in der Regel eine gute Vorstellung davon, wie man ein Problem formulieren kann. Wird Support über das Internet angeboten, so werden auch Kunden den Service in Anspruch nehmen, die nicht alle Fachtermini genau kennen. Für diesen Personenkreis ist eine explorative Nutzerschnittstelle, mit deren Hilfe Fachtermini identifiziert werden können, oftmals vorteilhafter.

Eine solche explorative Benutzungsschnittstelle kann auf Basis sogenannter Topic Maps realisiert werden. Topic Maps sind vereinfacht ausgedrückt Thesauri. Sie setzen verschiedene Begriffe (Topics) in Beziehung. So können beispielsweise allgemeine Begriffe wie „CPU" mit spezifischen Begriffen, wie z. B. „CPU 314", in Beziehung gesetzt werden. Der Benutzer kann also mit einem allgemeinen Begriff die Exploration beginnen, sieht welche Alternativen angeboten werden und kann so geeignete Begriffe für eine Suche zusammenstellen. Abbildung 3 zeigt eine Topic Map-Darstellung der empolis Knowledge Suite[1]. Mit jedem Klick auf einen Topic wird dieser expandiert. Daraus resultiert eine baumartige Darstellung auf dem Bildschirm. Auf Wunsch wird ein Topic in die Topic-Liste (siehe kleiner Kasten auf der rechten Seite in Abbildung 3) übernommen. Mit dieser Liste kann dann eine textuelle Suche durchgeführt werden.

Topic Maps können auch zur Suche nach Hintergrundinformationen eingesetzt werden. So kann man beispielsweise ausgehend von einem Fachbegriff, der in einem Dokument vorkommt, an die entsprechende Stelle der Topic Map springen. Von dort kann man zu sachverwandten Begriffen navigieren und anschließend zu diesen neu identifizierten Begriffen Dokumente suchen.

Eine enge Verknüpfung beider Arten der Benutzungsführung wird derzeit nur von der empolis Knowledge Suite unterstützt. Sie bietet sowohl das fallbasierte Schließen als auch die explorative Suche mittels auf dem ISO-Standard 13250 bzw. dem W3C-Standard XTM basierenden Topic Maps. Einzigartig ist dabei, dass die Topic Maps für die ähnlichkeitsbasierte Suche interpretiert werden. Die Beziehungstypen (z. B., „ist Spezialisierung von") werden dazu auf Ähnlichkeitswerte abgebildet. Ist z. B. der Begriff „314" als Spezialisierung von „CPU" in der Topic Map

---

[1] Die empolis Knowledge Suite umfasst neben dem CBR-System empolis orenge auch Topic Map Software und ein Content Management System.

verzeichnet und wird dieser Beziehungstyp auf 90 Prozent Ähnlichkeit abgebildet, so findet die ähnlichkeitsbasierte Suche bei Eingabe von „CPU" auch Dokumente, in denen die „314" als genaue CPU-Bezeichnung vorkommt. In der nach Ähnlichkeit sortierten Ergebnisliste würden dann zunächst alle Dokumente aufgelistet werden, in denen „CPU" vorkommt (100 Prozent Ähnlichkeit). Dokumente, in denen „314" vorkommt, würden entsprechend weiter hinten in der Liste stehen.

Müssten alle Dokumente manuell den Topics zugeordnet werden, wäre der Aufwand für die Erfassung neuer Dokumente im Vergleich zum Nutzen zu hoch. Zudem ist die Zuordnung von Topics durch den Menschen sehr fehleranfällig und oftmals nicht konsistent.

Computersysteme sind jedoch für solche mechanischen Tätigkeiten sehr gut geeignet. Sie können Textdokumente nach Schlüsselwörtern durchsuchen und ihnen somit passende Begriffe und Topics automatisch zuordnen. Dabei können jedoch einige Schwierigkeiten auftreten:

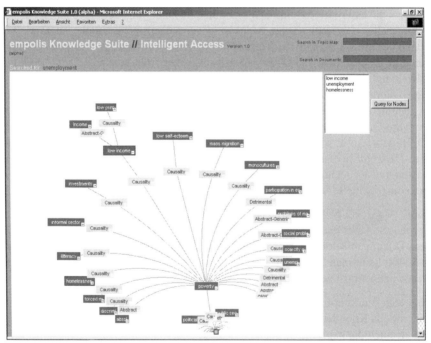

Abb. 3: Exploration mittels einer Topic Map

- Begriffe können in verschiedenen Formen (z. B. Einzahl oder Mehrzahl) auftauchen. Es wäre sehr umständlich, wenn in einer Topic Map alle möglichen Formen und Schreibweisen aufgezählt werden müssten und

- das Textdokument kann Tippfehler enthalten. Falsch geschriebene Wörter werden somit nicht erkannt.

Fortgeschrittene Textanalysekomponenten setzen daher Techniken der linguistischen Analyse ein. Solche linguistischen Analysen können Wörter auf ihre Grundform zurückführen. So würden z. B. die Wörter „blaue", „blaues", „blau", „blauem" usw. auf die Grundform „blau" zurückgeführt werden. Somit muss in der Topic Map der empolis Knowledge Suite nur die Grundform eingetragen werden.

Auch Rechtschreibkorrekturen sind möglich. Dazu wird für jedes Wort aus dem Textdokument ermittelt, welches Wort aus der Topic Map diesem am ähnlichsten ist. Gibt es keine 100 prozentige Übereinstimmung, aber eine hohe Ähnlichkeit (z. B. 95 Prozent), so assoziiert das System diesen ähnlichsten Begriff mit dem vorliegenden Dokument.

Da 100 prozentige Treffer im Support-Bereich eher selten sind, verspricht vor allem der Einsatz von Systemen, die auf dem Prinzip des fallbasierten Schließens aufbauen, das Auffinden von relevanten Dokumenten. „Relevant" bedeutet in diesem Zusammenhang, dass die Lösungen, die in diesen Dokumenten beschrieben sind, mit geringem Aufwand an die aktuelle Problemstellung angepasst werden können.

Implementierung eines kollaborativen Unternehmensgedächtnisses via Text Mining

Andreas Dengel und Markus Junker, Deutsches Forschungszentrum für Künstliche Intelligenz, Kaiserslautern

Aktuelle Umfragen belegen, dass die Suche nach Informationen in elektronischen Dokumenten eine immer wichtigere Rolle in Unternehmensprozessen spielt. Bereits heute werden mit großem Erfolg Systeme eingesetzt, die über spezielle Anfragesprachen das Heraussuchen bestimmter Dokumente erlauben. Aktuelle Text Mining-Technologien zur Unterstützung der Informationsrecherche in elektronischen Dokumenten ermöglichen eine Reihe intelligenter Erweiterungen dieses Grundgedankens, die bisher jedoch noch kaum in Produkte eingeflossen sind. Zu diesen Text Mining-Technologien zählen die automatische Erstellung und Nutzung von Benutzerprofilen, Relevance Feedback bei der Anfrageformulierung, Termähnlichkeitssuche, Dokumentenkategorisierung, -ähnlichkeitssuche, -clustering sowie die Einbindung von Personen als Wissensträger. Wir beschreiben, was diese Technologien leisten und wie sie in neuen Systemen zur Implementierung eines kollaborativen Unternehmensgedächtnisses eingesetzt werden können.

1 Unterstützung der klassischen Informationssuche

Der unternehmerische Erfolg und die Wettbewerbsfähigkeit einer Wirtschaftseinheit im Zeitalter der Hochtechnologie und globaler Märkte ist geprägt durch den Wunsch, das zur Verfügung stehende kollektive Wissen und intellektuelle Potenzial nachhaltig zu sichern. Was dies bedeutet, wird an neueren Veröffentlichungen u. a. von IDC klar. Bereits im Jahre 2000 betrug die Datenmenge in den Unternehmensnetzwerken weltweit schon 3.200 Petabyte[1]. Dieses Volumen soll jedoch bis ins Jahr 2004 auf 54.000 Petabyte anwachsen.

Das Internet als Kommunikationsplattform fördert diese Zunahme an Informationen und die damit einhergehenden Abhängigkeiten der verbundenen Subjekte und Objekte dehnen sich zeitlich und räumlich immer stärker aus. Die Forderung nach Innovation und Wettbewerbsvorsprung führt somit zwangsläufig zu einer Zunahme der Informationsintensität. Damit sind Unternehmen stärker denn je zuvor auf Wissensträger angewiesen, deren Expertise und Erfahrung neue Information über Technologie, Markt oder Wettbewerber synergetisch in Wissen verwandeln sollen.

---

[1] A. d. V.: 1 Petabyte entspricht 1024 Terrabyte entspricht 1.024 Gigabyte.

In den meisten Fällen bleiben jedoch viele für die Steuerung von Unternehmensabläufen wichtige Informationen unauffindbar oder gehen mit der Zeit verloren. Nach einer Studie des IAO[1] in Stuttgart sind nur etwa 20 Prozent der in einem Unternehmen in schriftlicher Form verfügbaren Information kurzfristig abrufbar und laut Gartner[2] sind etwa 59 Prozent der für Unternehmen prozessrelevante Information lediglich in physischen Ordnern abgelegt. Diese Sachverhalte machen deutlich, wie wichtig eine gezielte Einführung und Nutzung von Wissensmanagement für dynamische, innovative und agile Unternehmen ist. Damit ändert sich unser produktionsgüterbezogenes Wertesystem immer stärker hin zur einer wissens- und kompetenzorientierten Gesellschaft.

Wissensmanagement kann man als kollektive intelligente Problemlösungskompetenz einer Organisation bezeichnen, verschmolzen mit der maschinellen Leistungsfähigkeit der modernen Informations- und Kommunikationstechnik. Auf dieser Ebene wirken soziokulturelle, organisatorische und technologische Aspekte gleichermaßen zusammen, mit dem Ziel, Wissen unabhängig von Entfernung und Zeiträumen bereitzustellen (siehe Abbildung 1).

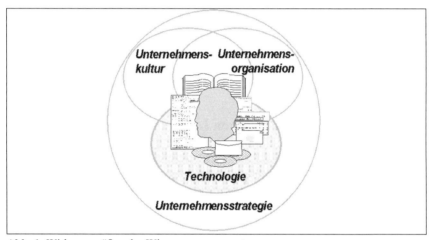

Abb. 1: Wirkungsgrößen des Wissensmanagements

Wissensmanagement beginnt beim Einzelnen und dessen Beitrag zum Gesamten - seiner Fähigkeit zur Kooperation und Weitergabe seiner Erfahrungen, seiner Ideen, seinen Einsichten und seinem Beurteilungsvermögen, und in der Verbindung dieser Werte mit neuer Information. Dies impliziert die Schaffung von Anreizen und technologischen Plattformen, damit die beteiligten Personen ihr Wissen bereitwillig weitergeben und die Grundlage für die lernende Organisation schaf-

---

[1] Vgl. Bullinger/Mayer (1994).
[2] Vgl. Gartner Group International (1997).

fen. Daraus ergeben sich einige Ziele für ein Unternehmen, deren Erreichung fest in der Unternehmensstrategie verankert werden sollten und einer expliziten Steuerung durch die Unternehmensleitung bedürfen:

- Steuerung und Förderung des Wissensaustausches,
- Bewahrung und Pflege des vorhandenen Wissens,
- Aufspüren und Nutzen verborgener Wissenspotenziale,
- neues Wissen schaffen und aus Erfahrungen lernen,
- kontinuierliche Verbesserung der Prozesse.

Der Beitrag der Informatik besteht in der Entwicklung von Softwarelösungen, die Information dort und dann verfügbar machen, wo und wann sie nachgefragt wird. Eine Möglichkeit dies zu unterstützen, besteht in der Nutzung von Text Mining-Technologien, die eingebettet in kollaborativen Wissensportalen Informationsinhalte erschließen, systematisch organisieren und als neues Wissen bedarfsgerecht zugänglich machen oder gar proaktiv ausliefern.

Information verfügbar zu machen, so dass sie jederzeit von einem beliebigen Ort zugreifbar ist, stellt technisch heute kein Problem mehr da. Der aktive Zugriff obliegt jedoch immer noch dem Menschen. Ohne zu wissen, ob entsprechende Information vorhanden ist oder wo sie gespeichert ist, wird aus einer Recherche oft eine umständliche Kette von Einzelanfragen, deren Erfolg sehr stark vom Zufall geprägt ist.

Der Ansatz zur Dokumentensuche über Anfragen besteht im Wesentlichen darin, eine Menge von Wörtern vorzugeben, die in allen gefundenen Dokumenten enthalten sein sollten. Die Suche im Internet oder im Archiv liefert meist eine lange Liste von Treffern zurück, deren Durchsicht und Bewertung dem menschlichen Benutzer überlassen bleiben. Häufig ist zur Befriedigung eines Informationsbedarfes eine ganze Serie von intelligent gestellten Anfragen notwendig (siehe Abbildung 2). So hängen Erfolg und Misserfolg an der Geduld des Benutzers beziehungsweise an seiner individuellen Fähigkeit, die Suchergebnisse zu durchforsten, zu analysieren und geschickt neue Anfragen zu formulieren.

Text Mining stellt nicht nur für dieses Problem bei der klassischen Informationssuche Unterstützungsmöglichkeiten bereit, sondern auch eine Reihe weiterer attraktiver Verfahren zur technologischen Unterstützung des Wissensmanagements.[1] Hierzu gehören neue Techniken zur Exploration von Wissen in Dokumenten sowie Möglichkeiten, auch das an Personen gebundene Wissen in das Unternehmensgedächtnis zu integrieren. Abschließend wird das am Deutschen Forschungszentrum für künstliche Intelligenz (DFKI) konzipierte und von dem Tochterunternehmen der CEYONIQ AG, Insiders, implementierte System mindaccess

---

[1] Vgl. Grobelnik/Mladenic/Milic-Frayling (2000).

vorgestellt, welches mit Hilfe von Text Mining-Technologie ein kollaboratives Unternehmensgedächtnis realisiert.

In jüngerer Zeit glauben Hersteller von Recherchesystemen, den Bedarf für mächtige Anfragesprachen erkannt zu haben. Aktuelle Anfragesprachen erlauben es beispielsweise, Anfragen beliebig mit „und", „oder" und „nicht" zu verknüpfen. Mit der Anfrage „(Steuerung oder Kontrolle) und Unternehmen" können so z. B. alle Dokumente recherchiert werden, die eines der Wörter „Steuerung" oder „Kontrolle" sowie das Wort „Unternehmen" enthalten.

Heutige Anfragesprachen gehen häufig noch wesentlich weiter. Sie erlauben die Suche nach Teilwörtern, nach bestimmten Phrasen, den Bezug auf Dokumentstruktur („Unternehmen" muss im Titel des Dokuments vorkommen) und Zusatzinformationen (das Dokument muss einen bestimmten Autor haben oder in einem bestimmten Zeitraum erstellt worden sein). Jüngste unter Mitwirkung des DFKIs durchgeführte Untersuchungen belegen jedoch, dass Nutzer häufig mit der Formulierung geeigneter Suchanfragen überfordert sind und die mächtigen Anfragesprachen heutiger Recherchesysteme nicht nutzbringend einsetzen können.

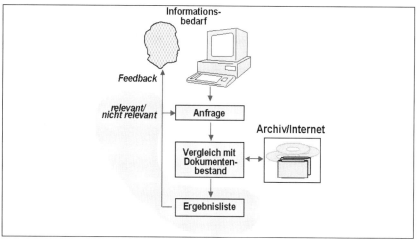

Abb. 2: Klassische Informationssuche

Charakteristisch für heutige Recherchesysteme ist auch, dass sie keine Kenntnis über das Umfeld eines Benutzers, seine Motivation und Zielsetzung bei der Anfrage haben. Die unterschiedlichen Interessen, Aufgaben und Rollen implizieren jedoch, dass die gefundenen Informationen so aufbereitet werden müssen, dass sie dem individuellen Bedarf im Kontext von Personen oder Unternehmen gerecht werden. Systemseitig ist ein solcher Informationsbedarf schwer zu unterstützen. Ein Anfragesystem kennt im besten Falle außer wenigen Wörtern höchstens noch einige allgemeine einschränkende Kategorien, die bei der Recherche angegeben werden können. Die Rolle oder die individuellen Interessen des Anfragenden bleiben für das System genau so wie der Kontext des Bedarfs (z. B. die aktuelle Aufgabe oder der damit in Beziehung stehende Prozess) verborgen. Ein Informationsbedarf ist daher individuell, spezifisch und subjektiv zugleich. Er ist abhängig vom Umfang und der Organisation des bereits vorhandenen Wissen und der bekannten assoziativen Zusammenhänge.

Aber gerade diese Subjektivität in der Wahrnehmung von Information in Verbindung mit den limitierten Möglichkeiten der informationsverwaltenden Software und der Anfrageformulierung bereiten heute große Schwierigkeiten. Techniken zur Benutzerprofilierung und Verfeinerung von Suchanfragen ohne das aufwändige Umformulieren komplexer Suchanfragen können hier Abhilfe schaffen.

In der Regel ist es schwer, die rollen- und personengebundenen typischen Prozesse und generellen Interessensschwerpunkte in Form von Benutzerprofilen zu erfassen. Elektronische Formulare, in denen Daten wie Abteilung, Tätigkeitsschwerpunkte und typische Rollen erhoben werden, sind nicht nur lästig, sondern in der Regel auch nicht umfassend genug, um alle Facetten des Profils eines Recherchierenden zu erfassen.

Durch die Verwendung aktueller Text Mining-Technologie bietet sich eine vielversprechende Lösungsmöglichkeit zur Erfassung von Benutzerprofilen. Schlüssel hierzu sind Dokumente, mit denen die Interessen des einzelnen Benutzers charakterisiert werden können. Diese können z. B. einfach der Verzeichnisstruktur seines Arbeitsplatzrechners entnommen werden oder über die Protokollierung seiner Recherchetätigkeiten akquiriert werden. Die Menge dieser Dokumente kann als Profil eines Benutzers interpretiert werden. Technologisch gibt es nun einfache Möglichkeiten, diese Dokumente mit jeder neuen Anfrage zu kombinieren. Als Ergebnis erhält man bei der Informationssuche eine Bevorzugung von Dokumenten, die nahe am eigenen Benutzerprofil liegen. Letztendlich resultiert dies in einer Erhöhung der Genauigkeit bei der Informationssuche des Einzelnen.

Häufig sind Nutzer eines Recherchesystems mit den Dokumenten unzufrieden, die als Antwort auf ihre Anfrage geliefert werden. Das heutzutage übliche Vorgehen in einem solchen Fall besteht in der kontinuierlichen Umformulierung der Suchanfrage bis das oder die gewünschten Dokumente gefunden sind. Gerade in diesem Umformulieren sehen aber viele Benutzer eines Recherchesystem Probleme, da dies in der Regel mit immer komplexeren Anfragen einhergeht. Hier bietet sich der Einsatz einer Technologie an, die unter dem Namen Relevance Feedback bekannt ist.[1] Anstatt die Ursprungsanfrage zu modifizieren, werden bei dieser Technik einige der Antwortdokumente als passend oder unpassend bewertet. Dieses Feedback wird vom Recherchesystem mit der Ursprungsanfrage kombiniert und führt letztendlich zu einer verbesserten Menge von Antwortdokumenten. In wissenschaftlichen Testszenarien konnte vielfach nachgewiesen werden, dass Relevance Feedback zu einer wesentlichen Steigerung der Genauigkeit von Antwort-

---

[1] Vgl. Rocchio (1971).

dokumenten führt. In der Praxis eingesetzt, kann es als effektive Alternative zum häufig als schwierig empfundenen Umformulieren von Anfragen verwendet werden.

2 Exploration von Wissen in Dokumentenbeständen

Unter Verwendung klassischer Recherchemöglichkeiten gibt es nur eine Möglichkeit, das in Dokumentenbeständen vorhandene Wissen im Hinblick auf ein bestimmtes Informationsbedürfnis zu erschließen und zu explorieren. Diese besteht darin, sich den interessierenden Bereich durch eine Reihe geschickt formulierter Suchanfragen zu erarbeiten. Text Mining stellt jedoch eine Reihe interessanter Technologien bereit, die bei der inhaltlichen Exploration von Dokumentenbeständen nützlich sind. Diese Techniken erlauben nicht nur, sich ein Themengebiet schneller zu erschließen, sondern eröffnen auch das Potenzial, das in Dokumenten enthaltene Wissen nach neuen Gesichtspunkten zu strukturieren oder unvermutete Zusammenhänge zu entdecken.

Hierzu soll ein Beispiel aus der Versicherungsbranche betrachtet werden. Ein Rückversicherungsunternehmen soll für einen europäischen Zedenten ein Versicherungsprodukt zur Absicherung gegen die Risiken der Krebserkrankung entwickeln. Selbstverständlich schaut er zuerst nach, ob ein ähnliches Produkt bereits entwickelt wurde. Dazu recherchiert er in dem firmeninternen Dokumentenmanagementsystem. Der Bearbeiter hat nun folgende Informationen, die ihm bei der Suche helfen:

- In den gesuchten Dokumenten sollte es um Krebs gehen, d. h. der Begriff Krebs oder ein verwandter Begriff sollte auftreten. Auch die Absicherung gegen Risiken der Krebserkrankung soll in den Dokumenten thematisiert werden, d. h. „Versicherung" oder verwandte Begriffe sollten in entsprechenden Dokumenten auftreten.

- Er sucht Dokumente, die unter geographischen Gesichtspunkten der Kategorie „EU" (Europäische Union) und unter dem Gesichtspunktspunkt Produkt der Kategorie „Dread Disease" zugeordnet sind.

- Er hat bereits eine vorläufige Beschreibung des geplanten Produktes. Alle inhaltlich verwandten Dokumente zu dieser Produktbeschreibung (z. B. Beschreibungen ähnlicher Produkte oder archivierte Rechercheergebnisse zu derartigen Produkten) sind ebenfalls von großem Interesse.

Aus diesem Beispiel lassen sich drei Prinzipien ableiten:
Prinzip 1: Ein Dokument steht im Kontext zu charakteristischen Begriffen!
Prinzip 2: Ein Dokument steht im Kontext zu verschiedenen Kategorien!
Prinzip 3: Ein Dokument steht im Kontext zu anderen Dokumenten!

Alle drei Prinzipien sind bei der Exploration von Wissen in Dokumentenbeständen essentiell und werden durch die Technologien der Termähnlichkeitssuche, der Dokumentenkategorisierung und der Dokumentenähnlichkeitssuche unterstützt.

Über Termähnlichkeitssuche kann man sich zu einem gegebenen Term, d. h. zu einem Begriff, auf der Grundlage einer Dokumentenmenge inhaltlich verwandte Terme berechnen lassen. So ist es beispielsweise möglich, anhand der Dokumente im Intranet verwandte Begriffe zu „Krebs" oder „Versicherung" zu identifizieren. Diese ähnlichen Begriffe können dann verwendet werden, um Suchanfragen geeignet zu modifizieren und damit Dokumente zu finden, die vielleicht so nicht gefunden worden wären. Über Termähnlichkeitssuche können aber nicht nur verschiedene Begriffe für ein und dieselbe Sache gefunden werden.

Die Praxis zeigt, dass Termähnlichkeitssuche teilweise überraschende Zusammenhänge aufdeckt. So ist es denkbar, dass ein bestimmter Fremdanbieter vom System als ähnlich zu den Begriffen „Krebs" und „Versicherung" identifiziert wird. Grund hierfür könnte beispielsweise sein, dass dieser Fremdanbieter bereits ein vergleichbares Produkt hat und dies in Dokumenten im Intranet festgehalten ist. Eine Recherche ausgehend vom über Termähnlichkeitssuche gefundenen Namen des Fremdanbieters würde diesen wichtigen Sachverhalt schnell aufdecken.

Da die Berechnung der Termähnlichkeiten auf konkreten Dokumentenmengen beruht, spiegelt sie exakt die Begriffswelt dieser Dokumente wider. Eine hohe Ähnlichkeit zweier Begriffe deutet damit auf einen sich aus den Dokumenten ergebenden starken Zusammenhang dieser Begriffe hin. Diese Zusammenhänge können im einfachsten Fall zur Gestaltung der weiteren Recherche über Suchanfragen verwendet werden. Die Erkennung von Zusammenhängen zwischen Begriffen und damit häufig auch Sachverhalten ist aber an sich schon ein wichtiger Beitrag zur Exploration von Wissen in Dokumentenbeständen.

Auch die Verzeichnisstruktur mit den von einem Benutzer vergebenen Bezeichnungen und enthaltenen Dokumenten spielt in der Recherche eine ganz wesentliche Rolle. Ein Vortrag, der z. B. im Rahmen eines Wissensmanagementprojektes gehalten wird, könnte ganz allgemein sowohl im Ordner „Vorträge" oder im Ordner „Projekte" oder im Ordner „Wissensmanagement" abgelegt werden, genau so gut aber Ordnern zugewiesen werden, die Information zum Referenten oder zu den verglichenen Produkten sammeln (siehe Abbildung 3).

Der Umstand, dass Dokumente nicht nur von einzelnen Personen bearbeitet werden, führt dazu, dass Information in Unternehmen oft mehrfach unter verschiedenen Kategorien in den Verzeichnissen der Arbeitsplatzrechner verschwinden und daher ohne die Kenntnis über die spezifische Handhabung durch das Individuum schwer oder gar nicht mehr auffindbar ist. Daher ist es nicht verwunderlich, dass für das Unternehmen sehr wichtige Mitarbeiter beim Arbeitsplatzwechsel ein hohes Wissenspotenzial auf ihrem PC hinterlassen.

Text Mining kann in diesem Bereich wertvolle Unterstützung leisten. Mit Verfahren zur Dokumentenkategorisierung können Dokumente automatisch nach inhaltlichen Kriterien in passende Ordner abgelegt werden. Der fehleranfällige manuelle Aufwand bei der Kategorisierung von Hand kann damit unterstützt oder sogar ersetzt werden. Der Anpassungsaufwand für Systeme zur Dokumentenkategorisierung an vorgegebene Kategorienschemen ist relativ gering. Heutige Verfahren

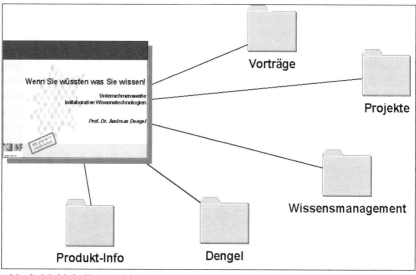

Abb. 3: Multiple Kategorisierung

zur Textkategorisierung können anhand von korrekt kategorisierten Dokumenten lernen, wie neue Dokumente eingeordnet werden müssen.[1]

Über Dokumentenähnlichkeitssuche können zu einem Textabschnitt, zu Dokumenten oder ganzen Mengen von Dokumenten inhaltlich ähnliche Dokumente gefunden werden. Diese Funktionalität kann z. B. genutzt werden, um zu vorliegenden Informationen auf direktem Weg detailliertere, aktuellere oder vielleicht auch widersprechende Informationen zu finden. Im Falle des motivierenden Beispiels können damit etwa auf der Basis einer ausformulierten vorläufigen Produktbeschreibung ähnliche Dokumente gefunden werden.

---

[1] Vgl. Junker (2001) und Yang/Liu (1999).

Interessant zur Exploration von Dokumentenbeständen sind auch Clusterverfahren, die technisch auf der Dokumentenähnlichkeitssuche aufbauen.[1] Große, unstrukturierte Mengen von Dokumenten können mit Hilfe von Clusterverfahren ohne menschlichen Eingriff in inhaltlich zusammengehörige Gruppen (Cluster) unterteilt werden. Die Verfahren versuchen hierbei inhaltlich ähnliche Dokumente gemeinsam einem Cluster zuzuordnen. Derartige Cluster erlauben es beispielsweise schnell, einen Überblick über die Verschiedenartigkeit von Dokumenten einer großen Kollektion zu bekommen und zielgerichteter in ihnen zu navigieren.

3 Personengebundenes Wissen

Ebenso wichtig wie das in Form von Dokumenten in einem Unternehmen vorhandenen Wissen, wenn nicht noch wichtiger, ist das bei den einzelnen Personen angesammelte Wissen. Es ist technologisch bisher kein Weg bekannt, wie das Wissen eines Mitarbeiters elegant konserviert und auch in seiner Abwesenheit verfügbar gemacht werden kann. Eine Behelfslösung sind Dokumente, die der Mitarbeiter verfassen und in der Regel auch bereitstellen muss. Beim Zugriff auf diese Dokumente können dann die erläuterten Technologien behilflich sein.

Technologien des Text Minings können das obige Problem nicht lösen. Dennoch leisten sie einen wertvollen Beitrag. So ist es unter Verwendung heutiger Forschungsergebnisse durchaus möglich, Systeme bereitzustellen, die als Antwort auf eine Suchanfrage nicht nur Dokumente liefern, sondern auch Personen im Unternehmen, die eine bestimmte Expertise aufweisen. In analoger Weise können Personen gefunden werden, die Expertise in bezug auf ein bestimmtes Dokument haben, oder es kann automatisch herausgefunden werden, dass zwei Leute eine sehr ähnliche Expertise besitzen. Letzteres ist beispielsweise wichtig, wenn eine dringend benötigte Person abwesend ist.

Der Schlüssel zum Einbezug von Personen als Wissensträger in ein Recherchesystem liegt in den schon besprochenen Benutzerprofilen, die ohne lästigen manuellen Aufwand automatisch aus Dokumentsammlungen generiert werden können. Das sogenannte Vektorraummodell[2] erlaubt es, z. B. Suchanfragen, einzelne Dokumente, Dokumentkollektionen und damit auch Benutzerprofile in ein und derselben Repräsentation, nämlich als Vektoren, darzustellen. Die einfache Suche in diesem Modell wird abgebildet auf eine mathematische Ähnlichkeitsbeziehung zwischen einem Vektor, der die Anfrage repräsentiert und den Vektoren, die die Dokumente repräsentieren. Das Retrievalsystem liefert in diesem Fall alle Dokumente, die zur Anfrage eine maximale Ähnlichkeit haben.

---

[1] Vgl. Manning/Schütze (1999).
[2] Vgl. Baeza-Yates/Ribeiro-Net (1999), S. 27 und Yang/Wong (1975)

Durch die nahtlose Einbeziehung von Personen mit ihren Profilen lassen sich prinzipiell alle Techniken, die für die Exploration von Dokumenten beschrieben wurden, auch auf Personen übertragen. Das bedeutet insbesondere auch, dass man zu Personen auch Personen mit ähnlichen Profilen finden und Personen bezüglich ihrer Profile clustern oder kategorisieren kann. Letzteres stellt eine wertvolle Hilfe für die Unternehmensführung bei der Bestandsaufnahme der Personalsituation dar. Mit Hilfe von mindaccess, das am DFKI konzipiert wurde und von der CEYONIQ AG und deren Tochterunternehmen Insiders Information Management GmbH am Markt angeboten wird, lässt sich zeigen, wie mittels Text Mining-Technologien ein Unternehmensgedächtnis implementiert werden kann, das die am Arbeitsplatz erzeugte und abgelegte Information nach Kernaussagen analysiert und die ermittelten Inhalte mit anderen Informationen in Zusammenhang bringt.

Mindaccess ist ein Wissensmanagementsystem, das in Analogie zum assoziativen Gedächtnis des Menschen Informationen in Form von Dokumenten in unterschiedlichen Formaten aufnimmt, ablegt und wiederfindet. Es verknüpft Dokumente untereinander ebenso wie mit Konzepten. Das System lernt automatisch anhand von Beispieldokumenten und dem Verhalten des Benutzers und passt sich dessen Informationsbedarfsprofil individuell an.

Auf neuartige Weise kombiniert mindaccess verschiedene Sichten auf Informationen und unterstützt so die wesentlichen Stärken des Menschen - seine Intuition und Kreativität bei der Informationsstrukturierung und –recherche. Das System berücksichtigt diese Prinzipien auf folgende Weise:

- Mindaccess lernt und nutzt Benutzerprofile.

- Mindaccess erlaubt die Unterstützung der Recherche durch die Bewertung gefundener Dokumente.

- Mindaccess verwendet Termähnlichkeitssuche, um dem Benutzer Vorschläge zur Umformulierung seiner Suchanfragen zu unterbreiten

- Mindaccess kann Dokumente automatisch verschiedenen Kategorien zuordnen, wobei die Kategorien verschiedenen orthogonalen Sichten entsprechen. In dem eingeführten Beispiel wären die Sichten „Region" und „Produkt". Mindaccess lernt automatisch die Kriterien, nach denen der Benutzer die Dokumente den Kategorien zuordnet, und passt sich so dem Verhalten des Benutzers an.

- Mindaccess kann zu einem gegebenen Dokument die ähnlichsten Dokumente finden.

Mindaccess stellt aber nicht nur die entsprechenden Technologien zur Verfügung, sondern bietet eine Benutzeroberfläche, die die verschiedenen Beziehungen zwischen Dokumenten und Kategorien visualisiert (siehe Abbildung 4). Der Benutzer wird damit zu Dokumenten geführt, an die er zu Beginn der Suche noch gar nicht gedacht hat. Die hochperformante Technologie verbindet Mitarbeiter mit ihrem

Unternehmen und dessen Dokumenten und schafft durch die effektive Nutzung unternehmenskritischer Informationen Wettbewerbsvorteile.

Die Kombination wissensbasierter Technologien bietet eine innovative Unterstützung von Wissensmanagement und stellt für gängige Dokumentmanagement- oder Archivsysteme ideale Zusatzfunktionalitäten zur Verfügung.

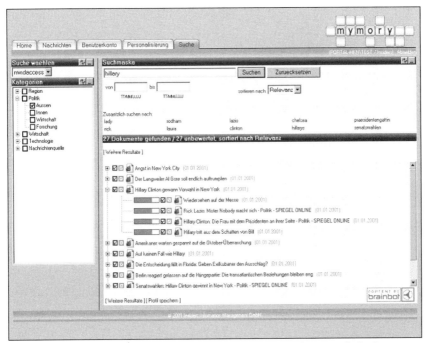

Abb. 4: Oberfläche eines persönlichen kollaborativen Unternehmensgedächtnisses

Kennzahlenbasiertes Knowledge Management

Christian Aichele, University of Applied Sciences, Kaiserslautern

Die Fokussierung auf historische und vor allem interne finanzielle Kennziffern im Sinne eines retrospektiven Unternehmenscontrolling reicht nicht mehr aus, um rechtzeitig die notwendigen Anpassungen an eine immer dynamischere Umwelt vorzunehmen. Ein kennzahlenbasiertes Knowledge Management-System, das auch prospektive Kennzahlen integriert, stellt dem Management das notwendige Instrumentarium für diese Aufgabe bereit.

1 Prospektive Unternehmenssteuerung

Die Informationen zur prospektiven Steuerung der Unternehmensprozesse und des Beziehungsmanagements werden zum grossen Teil vom Unternehmenscontrolling geliefert. Der Versuch, Strategien durch die Extrapolation der mittels traditioneller Controllingmethoden, wie Kostenarten-, Kostenstellen- oder Prozesskostenrechnung, gewonnener Informationen zu kreieren, kann jedoch nur suboptimale Ergebnisse liefern.

Deswegen wurde oft der Ansatz gewählt, das traditionelle Controlling durch auf Kennzahlensystemen basierenden Management Information Systems (MIS) oder Executive Information Systems (EIS) zu erweitern.[1] Diese Kennzahlensysteme enthalten neben den finanziellen sehr oft auch logistische Kennzahlen. Durch Zuweisung bzw. ins Verhältnis stellen beider Kenngrößen wird eine über die finanzielle Betrachtung hinausgehende Aussage über die internen Leistungen, z. B. der Produktion oder der Materialwirtschaft, ermöglicht. Aber auch hier sind die zugrundeliegenden Daten und Messgrößen retrospektiv und Zukunftsaussagen nur mit hoher Abweichungserwartung zu fällen.[2] Derartige Kennzahlensysteme berücksichtigen auch nicht die sogenannten Soft Factors, d. h. Informationen und Daten, die nicht in numerischen Grössen ausgedrückt werden können.

Neuere Ansätze, wie das Benchmarking[3], d. h. der Vergleich von quantitativen und auch qualitativen Unternehmensobjekten mit vergleichbaren Objekten der-

---

[1] Vgl. Aichele (1997), S. 14 ff., Botta (1997) und Reichmann (1993).
[2] Eine umfangreiche Darstellung logistischer und finanzieller Kennzahlen und ihrer Anwendungsgebiete findet sich in Aichele (1997). Vgl. hierzu auch Bruse (1978), S. 138 - 152.
[3] Vgl. zum Benchmarking Camp (1978).

selben Branche oder auch anderer Branchen, oder der Balanced Scorecard[1], einer strukturierten Anordnung unternehmensstrategie- und unternehmenszielabgeleiteter Kennzahlen, die auch kunden-, prozess- und mitarbeiterbezogene Performance Measures enthält, haben aufgrund ihrer Sichtweise und Betrachtungsebene entscheidende Restriktionen für das Unternehmensmanagement.

Das Benchmarking wird in der Regel für Geschäftsprozesse oder auch andere Business Objects durchgeführt und erlaubt auf Basis der Vergleichswerte eine gegenwartsorientierte Analyse der Leistungen der Business Objects. Es enthält aber nur Informationsmerkmale und kann von daher nur Informationsbasis für manuell abzuleitende Führungs- und Managemententscheidungen sein. Diese Entscheidungen haben einen stark subjektiven, erfahrungsbasierten Charakter und führen nicht automatisch zu für die Zukunft richtigen und wichtigen Ausrichtungen. Knowledge Management-Systeme können hier eine Validierung der Benchmarkingergebnisse über einen Zeitreihenvergleich ermöglichen.

Die Balanced Scorecard ist eines der wenigen Managementinstrumente, das durch die strategie- und zielabgeleiteten Kennzahlen eine Informationsbasis für zukunftsgerichtete Entscheidungen zur Verfügung stellt. Diese sind allerdings subjektiver Natur und unterstützen die Unternehmensführung nicht in der Ableitung operativer, d. h. die Performance der Business Objects, betreffender Aktivitäten.

Die Verschmelzung unternehmensstrategie- und unternehmenszielorientierter Kennzahlen mit Business Object-bezogenen Kenngrößen erlaubt es hingegen, operative Aktivitäten aufgrund von Strategieänderungen durchzuführen. Durch den Strategiebezug wird eine zukunftsorientierte Ausrichtung der gesamten Aufbau- und Ablauforganisation ermöglicht. Ein prospektives Business Object Management (BOM) setzt somit die Integration von Kennzahlensystem, Benchmarking und Scorecard in einem Knowledge Management-System voraus.

Business Object Management ermöglicht zum einen die Analyse, Bewertung und das Steuern von Geschäftsprozessen und Organisationseinheiten auf Basis von definierten Kennzahlen und zum anderen die Kontrolle und Steuerung der Unternehmenszielerreichung. Die Analyse und Bewertung wird dabei durch die Vergleichsmöglichkeit der Ausprägungen der Unternehmenskennzahlen mit den Ausprägungen der spezifischen Kennzahlen der gleichen Branche, anderer Branchen und von Vergleichsunternehmen unterstützt.[2]

---

[1] Vgl. Kaplan/Norton (1992).
[2] Eine umfangreichere Definition der Kennzahlenvergleichsmöglichkeiten ist in Aichele (1997) enthalten.

2 Systemstruktur

Das Management eines Unternehmens muss sich schnell und sicher aufgrund von wenigen Informationen über das inner- und außerbetriebliche Geschehen orientieren können. Informationen über Kostenstrukturen, Kapazitätsauslastungen, Produktionsprogramme, Auftragsbestände, Ertragslage und Liquidität sind überlebensnotwendig. Die Stärken und Schwächen des Unternehmens im Vergleich zu Mitbewerbern der gleichen Branche sind in diesem Zusammenhang herauszukristallisieren. Das Instrumentarium zur schnellen Beantwortung von differenzierten Fragen liefern betriebswirtschaftliche Kennzahlen.

Informationsbasis des Business Object Management ist ein Top down- und Bottom up Knowledge Management-System, das die Vorteile der Balanced Scorecard mit den Vorzügen Business Object-basierter Kennzahlensysteme verbindet. Eine Validierung der Analyseergebnisse wird durch den Bezug der Business Objects zu numerischen Größen und nicht-numerischen Beobachtungen in Form von empirischen Vergleichen realisiert. Dieses kennzahlbasierte Knowledge Management-System erlaubt Unternehmen eine multidimensionale Analyse der Änderungen von Leistungsgrößen auf der operationalen Ebene in Bezug auf:

- Unternehmensziele,
- Unternehmensstrategie,
- Organisationseinheiten,
- Unternehmens- und Geschäftsprozesse und
- Daten und Informationen.

3 Implementierungsprozess

Die Einführung des Business Object Managements ist in den folgenden Schritten durchzuführen:

1. Evaluieren und Analysieren der bestehenden Informations-, Controlling- und Kennzahlensysteme über die Unternehmensgrenzen hinweg
2. Trainieren des Einführungsteam in der Methodik (Zielsetzung, Modellierungsmethoden, Validierungsmethoden, Erfahrungswerte)
3. Entwickeln der Struktur des kennzahlenbasierten KM-Systems, d. h. zum einen Ableitung der Unternehmensziele aus der Unternehmensstrategie und Festlegung der zugeordneten Kennzahlen und Datenobjekte/Informationen und zum anderen Erweiterung des bestehenden, operativen Controllings bzw. der

Kennzahlensysteme aufgrund der Ergebnisse der Phase (1) und Verbindung der Top down- mit der Bottom up-Vorgehensweise

4. Einführung oder Entwicklung einer adäquaten Informationssystemunterstützung (z. B. KM, EIS, MIS in Verbindung mit Enterprise Resource Planning-Systemen, wie z. B. SAP R/3 oder BAAN)
5. Durchführen einer Pilotphase in Unternehmensteilen oder -bereichen und validieren der Ergebnisse und Erfahrungen
6. Einführung des kennzahlenbasierten KM-Systems und der zugehörigen IT-Unterstützung im gesamten Unternehmen
7. Durchführen eines Continuous Process Improvement (CPI) bzw. kontinuierlicher Verbesserungen (Kaizen) für alle Unternehmensobjekte und insbesondere auch permanente Evaluierung und Validierung des Konzeptes

Das kennzahlenbasierte Knowledge Management-System basiert damit auf einem zyklischen Vorgehen und einem permanenten Review der Unternehmensstrategie, der Unternehmensziele und der Geschäftsobjekte (siehe Abbildung 1).

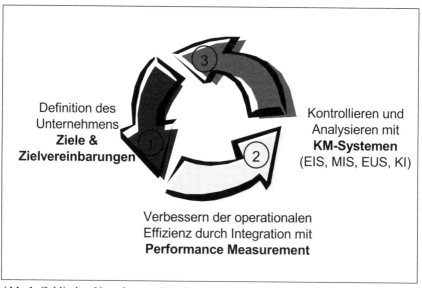

Abb. 1: Zyklisches Vorgehen zur Erstellung eines kennzahlenbasierten KMS

Das Ergebnis des ersten Schritts ist eine quantifizierte Unternehmensstrategie mit einer detaillierten Darstellung der Unternehmensziele, der diese quantifizierenden Kennzahlen und der Zielvereinbarungen für einen mittel- bis langfristigen Zeitraum. Methoden, die für eine solche Quantifizierung der Unternehmensstrategie in

Frage kommen, sind neben der Balanced Scorecard die Ratios au Tableau de Bord.

Im nächsten Schritt werden zuerst operative Kennzahlensysteme (Performance Measurement Systeme) erstellt, die mindestens die kritischen, d. h. wertschöpfenden, Geschäftsobjekte messen sollen. Danach folgt als schwierigster Teil der Erstellung des Top down- und Bottom up-Kennzahlensystems die Integration der operativen und der strategischen Kennzahlen des ersten Schritts.

Während die Messung der Unternehmensziele mit Hilfe von strategischen Kennzahlen vor allem auf empirischen Absichtserklärungen und jene der operativen Geschäftsobjekte auf expliziten Kenngrößenzuordnungen beruht, ist die Ursache-Wirkungsbeziehung der operativen mit der strategischen Ebene sehr oft impliziter Herkunft und unterliegt damit allen individuellen und subjektiven Erklärungsmechanismen und damit einem nicht zu unterschätzenden Manipulationspotenzial. Abhilfe kann hier nur das Durchleben mehrerer Zyklen schaffen und damit die Bereitstellung der empirischen Grundlage der Ursache-Wirkungsbeziehungen. Insbesondere in komplexen, globalen Konzernstrukturen sollte man sich am Anfang des Prozesses auf wenige dieser unternehmens- und ebenenübergreifenden Ursache-Wirkungsbeziehungen beschränken, damit eine nachträgliche, empirische Validierung noch durchführbar ist. Die zusätzliche Berücksichtigung nicht-numerischer Datenobjekte/Informationen, die in Beziehung zu den Business Objects stehen, erleichtert die Validierung. Für explizite Ursache-Wirkungsbeziehungen stellt sich diese Problematik nicht.

4 Beispiel eines kennzahlenbasierten KMS

Zentrale Ziele eines global operierenden Chemieunternehmens beim Start eines Projekts zur Entwicklung eines kennzahlenbasierten KM-Systems waren:

1. Gestaltung einer kundenbedarfsgerechten und dabei kostenoptimalen Produktion und
2. Erzielung einer signifikant höheren Produktqualität.

Zunächst wurden die bisher genutzten Kennzahlen und die vorhandenen Informationssysteme (ERP, EIS, Sales Operations Plan) evaluiert. Zentrales Ergebnis der Analyse war die Identifikation von Defiziten in der numerischen Wissensbasis. So reflektierten die Kennzahlen nur Teilaspekte der für ein erfolgreiches Beziehungsmanagement notwendigen Informationen (siehe Abbildung 2).

Eine weitere Erkenntnis war, dass die zur Verfügung stehenden Informationen aufgrund ihrer nicht vorhandenen Beziehungen zu den Business Objects und den dezentralisierten Informationsquellen (Datenbanken, Tabellenkalkulationen und Printmedien) nur suboptimal inhaltlich und zeitlich genutzt werden konnten. Die notwendigen Steuerungsinformationen sollen deshalb zukünftig in ein kennzahlenbasiertes Knowledge Management-System mit Fokus auf dem Supply Chain und Customer Relationship Management integriert werden. Dieses System enthält

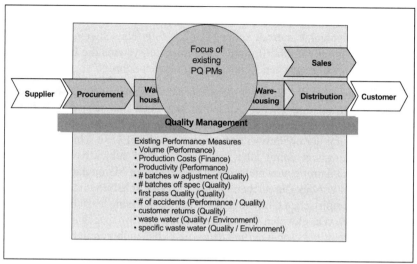

Abb. 2: Der Fokus des Produktionsqualitäts-Kennzahlensystems

ein abgestimmtes Subset von unterschiedlichsten Kennzahlen mit historischen Analyseergebnissen (siehe Abbildung 3).

Die Erarbeitung des kennzahlenbasierten Knowledge Management-Systems erfolgte in mehreren Workshops (siehe auch Abbildung 4). Das Ziel des Projektes und die Vorgehensweise wurden wie folgt definiert:

Ziel:

Erweiterung des PQ Kennzahlensystems zu einem Supply Chain Knowledge Management System

Vorgehensweise:

1. Definition der Rahmenannahme,
2. Einordnung der bestehenden PQ Kennzahlen,
3. Erweiterung mit Kennzahlen zu unbesetzten Prozessbereichen,
4. Zuordnung neuer Kennzahlen zu Supply Chain Prozessbereichen. Dabei sind die Kennzahlen in den folgenden Bereichen zu fokussieren:

- Finanzen,
- Performance,
- Flexibilität,
- Qualität,
- Umwelt.

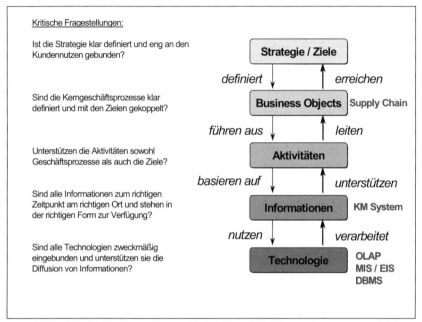

Abb. 3: Von der Strategie zum kennzahlenbasierten KMS

Folgende Tabelle zeigt einen Extrakt der Zuordnung von Kennzahlen zu den Supply Chain Prozessbereichen Supplier, Procurement und Warehousing Inbound.

SC Prozessbereich	Kennzahlen-fokusbereich	Kennzahl	Berechnung
Supplier	Finance		
	Performance	Supplier Reliability	% due date = confirmed / agreed delivery date
	Flexibility		
	Quality		
Procurement	Finance	Procurement costs per month	
		Production costs / Procurement costs	
	Performance	Production costs / Procurement costs	
	Flexibility		
	Quality		
Warehousing Inbound	Finance	Warehousing Costs per to (and per time period)	
	Performance	# of movements	
		Warehouse productivity	
		Slow-, Non-Movers	

Tab. 1: Kennzahlenzuordnung

5. Definition der Kennzahl mit den Knowledge Management Attributen (siehe Abbildung 4)
6. Feedback Loop der Ergebnisse und permanentes Optimieren des KM Systems

Dafür wurden geeignete Modellierungsmethoden wie Prozessmodelle (Ereignisgesteuerte Prozessketten), Datenmodelle (Strukturierte Entity Relationship Modelle) und Kennzahlenhierarchien eingesetzt.[1]

Realisiert wurde das System mit einem Management Information System und einem Data Warehouse integriert in einem Enterprise Resource Planning System.

Kennzahlenname		Kennzahlnr.	
Einordnung			
Beschreibung/ Formel			
Gliederungsmöglichkeiten			
Erhebungszeitpunkte/ -räume			
Anwendungsbereich			
Kennzahlenzweck			
Mögliches Ziel			
Basiskennzahlen			
Vergleichsgrundlagen			
Interpretation			

Abb. 4: Kennzahlenattribute für den Aufbau eines KM-Systems

---

[1] In Aichele (1999) sind Modellierungsmethoden für den Aufbau eines Business Object Management System spezifiziert.

Kollaborative Wissensmanagementsysteme

Nicole Dietrich, Open Text GmbH, München und Marcus Ehrenwirth, Phronesis PR GmbH, Augsburg

Im Mittelpunkt des Konzepts Collaborative Commerce (C-Commerce) steht die Zusammenarbeit von Menschen. Ihre Kreativität in Wissenskreisläufen zu organisieren und ihre Produktivität dadurch zu steigern, ist die Aufgabe von C-Commerce-Applikationen. Das Herzstück solcher Lösungen stellen kollaborative Wissensmanagementsysteme dar, die eine Umgebung schaffen, in der möglichst einfach, schnell und oft aus implizitem Wissen explizites wird. Die Einführung solcher Systeme und die Schaffung einer entsprechenden Unternehmenskultur obliegt dem Management. Eine erfolgreiche Umsetzung des Collaborative Commerce-Konzepts veranschaulicht das Beispiel des Flughafens Brüssel, dessen IT-Infrastruktur die Transaktions- mit der Wissensebene verbindet.

1 Von E-Commerce zu C-Commerce

„Zur Zeit entsteht ein neues Geschäftsmodell ... Das Modell, das wir Collaborative Commerce (C-Commerce) nennen, zielt auf das dynamische Zusammenwirken von Mitarbeiterinnen und Mitarbeitern, Geschäftspartnern und Kunden in einer virtuellen Gemeinschaft für Wertschöpfung und Gütertausch. CC-Applikationen werden in Zukunft statische und Web-basierende Supply Chain-Anwendungen als das vorherrschende Applikationsmodell ersetzen ...".[1] C-Commerce stellt auf die Tatsache ab, dass die Notwendigkeit und Dauer menschlicher Interaktionen im Rahmen einer Transaktion zunehmen, je größer das darin enthaltene Wertpotenzial ist.

Während E-Commerce eher den Kauf einer CD über einen Online-Katalog meint, ermöglicht C-Commerce via Internet etwa den Abschluss eines Vertrags für einen Kraftwerksbau, dem monate- oder gar jahrelange Verhandlungen vorausgehen können und an dem General- und Subunternehmen ebenso beteiligt sind wie verschiedene öffentliche Institutionen (siehe Abbildung 1). Diese Phase der Interaktionen ist es, die Gartner mit „Collaboration" meint und die man als Phase der kooperativen Problemlösung und Chancennutzung zum Vorteil aller daran Beteiligten definieren könnte.

---

[1] Gartner Group (1999), S. 1.

2 Von der Supply zur Knowledge Chain

Natürlich kann keine Applikation die Multidimensionalität des Menschen, schon gar nicht seine Kreativität und seine Intuition in dem Sinne erfassen und abbilden, dass sie diese Eigenschaften ersetzen könnte. Aber sie kann sie unterstützen und dadurch die Grundlage für eine höhere Wertschöpfung schaffen. Kreativität, Intuition, Ideen und Erfahrungen sind „weiche" Produktionsfaktoren, die sich unter dem Begriff Wissen zusammenfassen lassen.

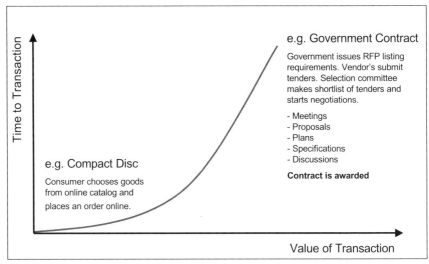

Abb. 1: E-Commerce vs. C-Commerce

Spätestens seit der Veröffentlichung von Nonaka und Takeuchi[1], die selbst wieder in der Tradition von Michael Polanyi[2] stehen, ist das Gegensatzpaar „implizites und explizites Wissen" in aller Munde. Fälschlicherweise werden des öfteren „strukturierte und unstrukturierte Informationen" als Synonyme verwendet. Unstrukturierte Informationen in Form von Dokumenten, die sich nicht vorgefertigten Kategorien zuordnen und deshalb leicht wiederfinden lassen, sind allerdings selbst schon explizites Wissen, also in eine von anderen nachvollziehbare äußere Form gebrachtes Wissen.

Wie Rafael Capurro[3] herausarbeitet, beruft sich Polanyi mit seinem Begriff des impliziten Wissens („tacit knowing") auf Wilhelm Diltheys „Konzept der Einfühlung". Einfühlung meint dabei zum Beispiel das intuitive Erfassen von neuen Si-

---

[1] Nonaka (1995)
[2] Polanyi (1966)
[3] Vgl. Capurro/Nonaka/Takeuchi (2000).

tuationen und der dazu passenden Reaktionen, das emotionale und spontane Einschätzen einer Person, die einem zum ersten Mal gegenübersitzt, eine Idee, die „aus dem Bauch heraus geboren wird", etc. Allen diesen Beispielen gemeinsam ist dabei die Tatsache, dass sie sich niemals vollständig explizit machen lassen, dass wir uns unserer Gefühle, vor deren Hintergrund wir eine neue Idee hervorbringen, niemals ganz bewusst werden und sie deshalb auch nie vollständig in Worte fassen und damit für andere nachvollziehbar machen können. Diese emotionale Grundstimmung - in der Tradition von Aristoteles würde man „héxis", d. h. Grundhaltung gegenüber der Wirklichkeit, sagen - übersteigt unser explizites Vermögen und schließt unser explizites Wissen immer ein.

Das letztlich immer Unausgesprochene ist es, das das Neue im eigentlichen Sinne ausmacht und „das explizite Wissen immer nur als möglichen (!) Ausdruck einer nicht völlig erkannten impliziten Dimension" begreifen lässt. Wer wollte letzlich sagen, warum jemand von einer Idee besessen ist, von der Überzeugung beseelt, dass es sich lohnt, für diese Idee zu kämpfen und auch gegen Widerstände zu verteidigen und durchzusetzen?

Darauf aufbauend betonen nun Nonaka und Takeuchi die Bedeutung der Umwandlung des impliziten Wissens zu explizitem[1], soweit dies eben möglich ist. Erst wenn dies durch geeignete Prozesse, durch eine entsprechende Kultur bzw. durch Software unterstützt wird, kann man von Wissensmanagement sprechen, darf man hoffen, dass die Entstehung neuen Wissens gefördert wird. Die Einführung von externen Informationen und ihre Verarbeitung durch Menschen und IT-Systeme reicht allein hingegen nicht, um einen Wissenskreislauf, eine Knowledge Chain in Gang zu bringen und auch zu halten.

Informationen bekommen nur dann einen Sinn, wenn sie in einem Kontext stehen. Fassen wir eine Idee als eine Information auf, so steht diese zunächst einmal im Kontext des impliziten Wissens des Menschen, in dem diese Idee entsteht. Nun ist es ein weiter Weg von einer Idee bis zu ihrer Realisierung und in den wenigsten Fällen kann eine Idee von einem Menschen allein umgesetzt werden. Damit eine Idee weiterentwickelt und in neue Produkte, Dienstleistungen und Prozesse münden kann, braucht sie den Kontext der anderen Menschen und deren implizites Wissen.

Vor diesem Hintergrund wird klar, dass Supply Chain Management-Lösungen (SCM) nur einen Teil der Wertschöpfungskette ausmachen bzw. die Ebene der Transaktionen abdecken. Entsprechend der oben angestellten Überlegungen könnte man SCM-Software deshalb auch als in Software gegossenes explizites Wissen zur durchgängigen Abwicklung von Geschäftsprozessen entlang einer Liefer- und Produktionskette auf der Basis universaler Kommunikationsstandards und -technologien bezeichnen. Umgekehrt aber würde sich mit einer SCM-Lösung niemals der Wissensentstehungsprozess abbilden lassen, der zur Erfindung einer SCM-Lö-

---

[1] Vgl. Capurro (2000a),

sung geführt hat. Die eigentliche Wertschöpfung einer solchen Supply Chain Management-Lösung liegt also weniger in der Realisierung der in einer Liefer- und Produktionskette liegenden Rationalisierungspotenziale, sondern in ihrer Erfindung und Entwicklung selbst, die in einem Wissenskreislauf stattgefunden hat.

3 Thesen zum Knowledge Management

Für Unternehmen, die ihr Wissen umfassend managen und dafür geeignete Systeme einführen wollen, ergeben sich aus der theoretischen Diskussion zu diesem Thema insbesondere die folgenden zwei Schlussfolgerungen:

1. *Nur solche Systeme sind als Wissensmanagementlösungen zu bezeichnen, die Wissenskreisläufe unterstützen und hier vor allem den Menschen den Übergang von implizitem zu explizitem Wissen erleichtern.*

In funktionaler Hinsicht müssen derartige Systeme auf jeden Fall die Bereiche Informationssuche und -bereitstellung, Dokumentenmanagement, Workflow sowie insbesondere virtuelle Teamarbeit bereits im Standard abdecken. Nur wenn die Mitarbeiter virtuelle Teams zusammenstellen, wenn sie in geschützten Bereichen Diskussionen führen, Ideen austauschen, die Historie von anderen Projekten nachvollziehen, wenn sie den Informationsbestand ihres Unternehmens zu ihrem jeweiligen Projekt recherchieren und neue Prozesse ausprobieren und ohne Administrator einrichten können, sind sie sicher, dass ihre Vorschläge nicht untergehen, sondern aktiv anderen zugänglich gemacht werden oder sich in andere, bereits bestehende Wissensprozesse einbinden lassen.

In technologischer Hinsicht müssen solche Systeme Web-basierend sein, damit sie zeit-, orts- und plattformunabhängig genutzt werden können und keinen großen Implementierungs- bzw. einen möglichst geringen Administrationsaufwand hervorrufen. Damit solche Systeme auch Inhalte und geeignete Ansprechpartner für Projekte qualifizieren können, sollten in ihnen intelligente Suchagenten integriert sein, die diese Aufgaben automatisiert und den Anforderungen des jeweiligen Anwenders aber auch der Branchenzugehörigkeit des jeweiligen Unternehmens entsprechend erledigen. Nur Systeme, die letztere Anforderung zusätzlich zu allen anderen genannten erfüllen, sind laut IDC[1] der Kategorie der Knowledge Portals, der am besten geeigneten Umgebung, in der Wissen gedeihen kann, zuzuordnen.[2]

---

[1] Vgl. Campbell (1999).
[2] Mehr als eine Umgebung schaffen, in der Wissen gedeiht, kann ein KM-System nicht leisten, nimmt man das Konzept des impliziten Wissens ernst. Allerdings scheint den Autoren die aktuell wieder aufgeflammte Diskussion, ob es überhaupt KM-Systeme gebe, eben weil man Wissen nicht managen könne, über das eigentliche Ziel

2. *KM-Systeme beschleunigen Innovationsprozesse, können den Menschen aber nicht ersetzen.*

Wer von Wissensmanagement spricht, meint nicht nur Technologien, die den Wissenskreislauf unterstützen. Er meint damit auch und vor allem die Herausforderung an das Management, eine Wissenskultur im Unternehmen zu schaffen.

Wissen wird von der überwiegenden Mehrzahl der Mitarbeiterinnen und Mitarbeiter als strategisches Gut angesehen. Denn Wissen stellt eine Form von Macht dar, die den eigenen Arbeitsplatz sichert.[1] Mitarbeiter, die ihr Wissen preisgeben oder mit anderen zumindest teilen sollen, empfinden dies zunächst als Bedrohung oder wenigstens als eine Beeinträchtigung ihres Sozialprestige bzw. ihres Bedürfnisses nach Sicherheit. Deshalb sind negative Anreizsysteme bei der Einführung von Wissensmanagement nicht sinnvoll, denn diese würden die Frustration nur weiter verstärken. Die richtige Antwort auf diese Herausforderung heißt im Umkehrschluss Belohnung entweder direkt durch Geld und bzw. oder indirekt durch Maßnahmen, die das Prestige innerhalb der Organisation erhöhen. Dass dies in der Tat die richtige Vorgehensweise ist, zeigt auch die Überlegung, dass KM-Systeme nicht nur dazu da sind, den Menschen „wegzurationalisieren". Denn mit KM-Systemem lässt sich zwar der Verlust an explizitem Wissen verbunden mit dem Ausscheiden eines Mitarbeiters schneller ausgleichen als in Unternehmen ohne entsprechende Lösungen. Indes geht mit einem Mitarbeiter auch immer dessen implizites Wissen verloren. Aber genau dieses schneller und effizienter zu nutzen, ist ja gerade das Hauptanliegen und die Daseinsberechtigung von KM-Lösungen.

Durch die Beschleunigung der Innovationszyklen steigt auch die Produktivität jedes einzelnen Mitarbeiters und damit die Sicherheit seines Arbeitsplatzes. Die Kommunikation dieses Arguments durch geeignete Bonus-Systeme zu untermauern, ist eine der vornehmsten Managementaufgaben im Zusammenhang mit KM. So ist es kein Wunder, dass es gerade japanische Autoren waren, die den Zusammenhang zwischen implizitem Wissen und Knowledge Management als erste herausgearbeitet haben, und zwar anhand des Beispiels japanischer Unternehmen, die ihren Mitarbeiterinnen und Mitarbeitern auch heute noch eine im internationalen Vergleich einzigartige Arbeitsplatzsicherheit bieten.

---

hinauszuschießen. Für die Autoren stellt die Bezeichnung KM-System nur die Kurzform dar für ein „System, das eine Umgebung IT-technisch unterstützt, in der Wissen gedeiht". Vgl. hierzu Capurro (2001b), Von Krogh, G./Ichijo, K./Nonaka, I. (2000), S. vii: "This is a book about knowledge enabling. It is our strong conviction that knowledge cannot be managed, only enabled.".

[1] Vgl. von Below (1999),

Die andere Seite einer echten Wissenskultur betrifft die Frage der Hierarchien und Abteilungsgrenzen. KM-Lösungen, welche die o. g. funktionalen und technologischen Voraussetzungen erfüllen, spielen ihre Vorteile gerade dann aus, wenn ihre Anwender situations- und aufgabenbezogen die besten Teams unabhängig von ihren Standorten, ihren Titeln und ihren Abteilungszugehörigkeiten zusammenstellen und in virtuellen Räumen organisieren können. Von dieser Flexibilität geht ein enormer Motivationsschub aus. Denn die Anwender bekommen das Gefühl, wirklich etwas bewegen zu können, ohne erst unüberwindbare Hürden nehmen zu müssen.

Je höher der Wissensanteil, der mit einer Position verbunden ist, desto mehr Rechte sollte der auf dieser Position befindliche Wissensträger hinsichtlich der Nutzung eines KM-Systems erhalten. Denn nur dadurch entsteht, was Nonaka und Takeuchi eine „Hypertextorganisation" nennen, also ein Unternehmen, dessen internes Wissensnetz dynamisch wächst, und das die beiden japanischen Autoren klar als Zukunftsmodell favorisieren (siehe Abbildung 2).

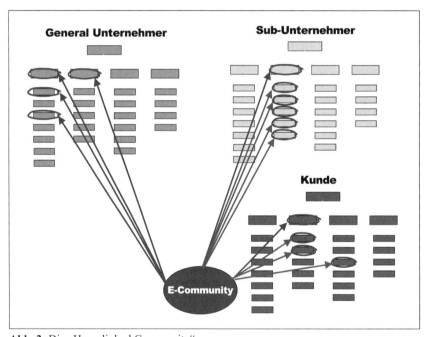

Abb. 2: Die „Hyperlinked Community"

4 Beispiel für prozessorientiertes Wissensmanagement

Da Wissenskreisläufe diejenigen Unternehmensprozesse sind, die den größten Wertschöpfungsbeitrag beisteuern, bilden das Wissensmanagement und die entsprechenden IT-Systeme das Herzstück des Collaborative Commerce. Damit aus KM- aber C-Commerce-Applikationen werden, müssen sie in der Lage sein, transaktionsorientierte Systeme zu integrieren. Hierfür ist eine offene Integrationsplattform notwendig, am besten auf der Grundlage der Industriestandards XML und CORBA.

Das E-Business der Zukunft wird von Communities geprägt sein. Communities sind es, die aus einer Supply Chain eine Wertschöpfungsgemeinschaft entstehen lassen, denn hier werden Menschen als der wertvollste Produktivfaktor in ihrer Arbeit unterstützt. Bereits Mitte der 90er Jahre leitete diese Einsicht die Verantwortlichen des Flughafens Brüssel, als es darum ging, ein unternehmensübergreifendes System für das flughafenweite Facilities Management mit Beziehungen zu über 120 Lieferanten durch eine geeignete Software abzubilden.

Das Hauptziel hieß effizientere Teamarbeit. Denn beim Infrastrukturmanagement eines internationalen Flughafens müssen Bauvorschriften jederzeit abgerufen und allen Betroffenen bekannt gemacht werden. Verträge müssen zwischen beteiligten Parteien geprüft und ausgetauscht werden. Ausschreibungen werden erstellt, Angebote eingeholt und Lieferanten ausgewählt. Projektteams an unterschiedlichen Standorten müssen benachrichtigt werden und gemeinsam Aufgaben erledigen. Meetings und Verhandlungen müssen protokolliert und verteilt werden, Informationen werden erörtert, diskutiert und ausgewertet. Es entsteht zigfache Kooperation – viel mehr als innerhalb einer einfachen E-Transaktion über das Internet.

Es galt also eine Lösung auszuwählen, die diese zahlreichen und diversen Aufgaben durch entsprechende Funktionalitäten bewältigen konnte. Um darüber hinaus die Implementierungs- und Folgekosten der Administration so gering wie möglich zu halten, sollten diese Funktionalitäten, wie z. B. Groupware, Workflow, Dokumentenmanagement und Information Retrieval bereits im Standard vorliegen und ohne zusätzliche Client-Applikationen zur Verfügung gestellt werden können.

Das von der flughafeneigenen IT-Tochter swITch.be implementierte Facility Management System „AsBuilt" baut deshalb auf Livelink von Open Text auf, das beides bieten konnte: den reichen Funktionsumfang sowie völlige Webbasierung. Über einen Standard-Webbrowser als zentrale Benutzeroberfläche haben die Anwender Zugang zu unterschiedlichsten Systemen und Dateiformaten, darunter insbesondere zu CAD-Zeichnungen, einem geografischen Informationssystem und einer Data Warehouse-Lösung. Doch dieser universale Informationszugriff ist nur die Voraussetzung für die wirklich wertschöpfende Arbeit, die im Team realisiert und von den Groupware-Funktionen in Livelink unterstützt wird.

Für die Qualität der Informationen verantwortlich sind die Mitarbeiterinnen und Mitarbeiter des sogenannten Geomatics Center. Dort werden die Informationen nach Themengebieten wie Gebäude- und Flächenpläne, Umwelt, Raummanagement, Verwaltung der Zugangsberechtigungen, Feuerschutz und -wehr, Elektrizität aber auch Gepäckabfertigung und Signalwesen stets auf dem aktuellen Stand gehalten.

Vor allem die Verantwortlichen und Mitarbeiter für Bauvorhaben profitieren davon. Denn diese sind während des gesamten Lebenszyklus der Flughafenobjekte - von der Planung über den Bau bis hin zur Instandhaltung - auf die richtigen Informationen und die Möglichkeit angewiesen, Aufgaben effizient im Team zu koordinieren. Gerade sie sind es, die das Konzept des C-Commerce in der Realität leben. Denn an den von ihnen betreuten Projekten sind immer auch externe Zulieferer und Dienstleister beteiligt. Dank „AsBuilt" werden alle transaktionsbegleitenden Maßnahmen, wie Ausschreibungen, Preisverhandlungen oder Qualitätsprüfungen, auf Webbasis abgewickelt.

Der Weg zu echten C-Commerce-Applikationen und -Plattformen ist also schon fast zurückgelegt. Die dazu notwendigen Basistechnologien sind vorhanden. Denn das Herzstück bilden IT-technisch gesehen Web-basierende kollaborative Wissensmanagementsysteme.

Bleibt die Frage, ob der Mensch dann nicht doch auf der Strecke bleibt. Denn die Automatisierung der standardisierbaren Prozesse entlang der Supply Chain hat natürlich einen Produktivitätsschub zur Folge. Wie jeder bedeutende Produktivitätsfortschritt setzt auch dieser auf der Transaktionsebene Arbeitskräfte frei, entlastet er doch von sich ständig wiederholenden Aufgaben, deren Abwicklung er gleichzeitig beschleunigt (siehe Abbildung 3).

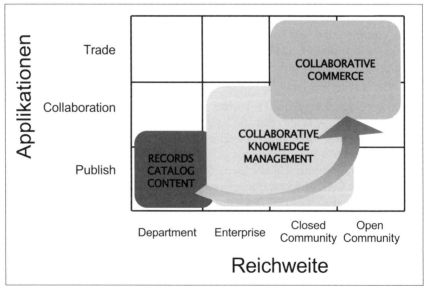

Abb. 3: The Internet Value Chain

Die Chance, die in diesem Fortschritt auf der Ebene der Wissenskreisläufe und nicht auf jener der Transaktionsebene liegt, ist die Freisetzung des kreativen Potenzials des Menschen, seines Ideenreichtums, der zu mehr Produkten, zu mehr Dienstleistungen und in der Summe zu mehr Geschäftsvolumen führen kann. Dieses Kreativitätspotenzial zu unterstützen und die Zeit von der ersten Idee bis zum Produkt bzw. die Zeit vom ersten Kundenkontakt bis zur eigentlichen Transaktion dramatisch zu verkürzen, ist Aufgabe und Ziel von C-Commerce-Applikationen und -Plattformen. Der Mensch wird dadurch in die Lage versetzt, mit der gestiegenen Geschwindigkeit der Supply Chain mitzuhalten. Als Folge steigt die Wertschöpfung jedes einzelnen.

Virtual Team Collaboration

Andre Vogt, Ulrich Wiesner, Mummert + Partner
Unternehmensberatung AG, Hamburg

Zentrale Fragen bei der Beschäftigung mit Knowledge Management (KM) sind der Aufbau von Wissensmanagementsystemen und die Nutzung des darin gespeicherten Wissens. Mit diesen Fragestellungen beschäftigt sich auch der Gedanke der Virtual Team Collaboration (VTC) im Projektgeschäft. Durch die Kombination von Task- und Content-Management wird die Zusammenarbeit in Projekten und die gemeinsame Erstellung von Dokumentationen unterstützt, die Nachvollziehbarkeit von Entscheidungen gesichert und schließlich das erarbeitete Wissen bereitgestellt. Neben Zeit- und Kosteneinsparungen lassen sich deutliche Verbesserungen des Qualitätsniveaus erreichen. Ausgehend von den konzeptionellen Ansätzen des Wissensmanagements werden nachfolgend Ansatzpunkte zu dessen Implementierung identifiziert. Darauf aufbauend wird die schrittweise Einführung eines Wissensmanagementsystems unter Nutzung von Business Intelligence-Technologien beschrieben.

1 VTC als Schritt zur Etablierung von Wissensmanagement

Die zunehmende Durchdringung des Arbeitslebens mit Informationstechnik und das rasante Wachstum des mittels Computern erstellten und abgelegten Wissenskapitals stellt für die Unternehmen eine enorme Herausforderung dar. Hierbei sind Unternehmensberatungen, die exponiertesten Vertreter dieser neuen Wissensgesellschaft, da sie vor allem vom intellektuellen Kapital ihrer Mitarbeiter abhängig sind. Aus diesem Grund beschäftigen sich Beratungshäuser intensiv mit dem Thema Knowledge Management und liefern praxisorientierte Ansätze zur Etablierung des Gedankens in Unternehmen verschiedenster Organisationsstruktur, Branche und Größe.

Der Bedarf nach einem vernünftigen Wissensmanagement wird immer dann besonders deutlich, wenn neue Projekte beginnen. Man beschäftigt sich mit der zu lösenden Aufgabenstellung und stellt sofort folgende typischen Fragen:

- Habe ich das Problem nicht schon einmal in ähnlicher Konstellation gelöst?
- Hat sich nicht einer meiner Kollegen schon einmal damit herumgeplagt?
- Gibt es Unterlagen dazu und wen kann ich dazu befragen?

Wird man fündig, folgen zwangsläufig als nächste Fragen:
- Wie wurde die Problemstellung damals gelöst?
- Welche Methoden wurde dazu eingesetzt?
- Welche Erfahrungen wurden dabei gesammelt? Wo sind die Unterlagen?

Findet man die damalige Projektdokumentation, verzweifelt man meist vor dem erschreckenden Umfang. Die Dokumentation enthält oft keine gute Übersicht oder Orientierungshilfe. Man schreckt zurück vor dem Aufwand, alles lesen zu müssen, und beginnt doch wieder, Neues zu erfinden.

Die Probleme der Wiederverwendung von Wissen werden also nicht durch die Bereitstellung der Dokumentation gelöst. Obwohl das heute schon in vielen Situationen hilfreich wäre. Die bloße Anhäufung von Information muss durch deren geeignete Strukturierung verbunden mit unterstützenden Werkzeugen, z. B. Navigationshilfen, im Rahmen von definierten Prozessen ersetzt werden.

Nach der META-Group transformiert Knowledge Management strukturierte und unstrukturierte Informationen, selektiert und kombiniert die für einen Anwender in einem bestimmten Kontext wichtigen Informationen, so dass Entscheidungen stets auf Basis von Best Practice-Erfahrungen getroffen werden können. Da der Großteil der für ein Unternehmen wertvollen Informationen in den Köpfen der Mitarbeiter steckt, muss dieses implizite Wissen identifiziert, erfasst, klassifiziert (sprich: externalisiert) und weitergegeben werden. Externe und interne Datenquellen sind dabei im Rahmen einer unternehmensweiten Strategie in ein gemeinsames System zu integrieren.

Eine Richtung des Knowledge Management ist darauf ausgelegt, Daten und Informationen zu analysieren und zu systematisieren, um z. B. Kundenverhalten zu beurteilen und darauf seine Geschäfts- und Produktstrategien auszurichten. Customer Relationship-Systeme werden zukünftig sehr sinnvoll mit Knowledge Management-Systemen gekoppelt werden. Aber auch das Controlling und die interne Organisationsentwicklung können durch das mehr analytisch orientierte Wissensmanagement profitieren.

Für Beratungsunternehmen sind andere Aspekte des Knowledge Managements interessant. Es geht ihnen vor allem um die effiziente Projektabwicklung bei hoher Qualität. Best Practices dazu stützen sich auf Vorgehensweisen, Methoden, Vorlagen und Erfahrungen.

2 Strategien zur KM-Implementierung

Knowledge Management ist kein Selbstzweck und muss das Wissen so verwalten und bereitstellen, dass die Geschäftsentwicklung des Unternehmens positiv beeinflusst wird. Messbare Nutzenfaktoren sind Zeit- und Kosteneinsparungen sowie Qualitätsverbesserungen. Der Key Performance Indicator (KPI) „Time to Market" ist heute in vielen Unternehmen überlebenswichtig. Die Forderung nach effizienten Projekten resultiert hieraus. Durch die Nutzung standardisierter Vorgehensmodelle, die durch entsprechende Vorlagen und Werkzeuge unterlegt sind, kann die Projektlaufzeit deutlich verkürzt werden.

Ausgehend vom Wissensbedarf der Mitarbeiter sind unterschiedliche Strategien zur Etablierung des Wissensmanagements zu wählen. Es muss die Frage geklärt werden, welche Art von Wissen für die Unterstützung des Beratungsprozesses benötigt wird. In der Praxis haben sich zwei Ansätze als Startpunkt für die Implementierung von Wissensmanagement in Unternehmensberatungen herausgestellt.

Bei der Codification Strategy wird das vorhandene, organisatorische Wissen strukturiert in Wissensbasen, meist in Form von Datenbanken, sogenannten Knowledge Repositories, abgelegt. Eine strukturierte Ablage des Wissens ermöglicht den Mitarbeitern eine leichte Identifikation relevanter Wissensobjekte und einen einfachen Zugriff.

Direkte Kommunikation wird nur bei speziellen Fragen nötig, da das Wissen in einem einzigen System abgelegt worden ist. Bei dieser Vorgehensweise steht die informationstechnische Unterstützung der Kernprozesse des Wissensmanagements im Mittelpunkt. Das Hauptziel besteht darin, Mitarbeiter dabei zu unterstützen, explizites Wissen aus ihrem Fachgebiet zu sammeln, inhaltlich aufzubereiten, zu klassifizieren, zu verdichten, zu verteilen und zu selektieren, damit letztendlich sachgerechte Entscheidungen getroffen werden können.

In strategieorientierten Unternehmensberatungen ist das Wissen häufig stark an Personen gebunden. Die Verteilung erfolgt ausschließlich über den persönlichen Kontakt. Dieser Ansatz, geprägt von psychologischen und sozialen Charakteristika, steht in naher Verwandtschaft zum Personalmanagement und befasst sich hauptsächlich mit der Problematik, wie ein verhaltensorientierter, kultureller und organisatorischer Wandel des Unternehmens zur Etablierung und Förderung einer bereichsübergreifenden Wissensmanagementkultur ausgelöst wird und wie der Mitarbeiter dazu bewegt werden kann, seine Lernprozesse zu erweitern und sein Wissen mit anderen Mitarbeitern zu teilen. Die Hauptaufgabe der Informationstechnologie in diesen Unternehmen ist die Schaffung von Kommunikationsstrukturen zur Zusammenführung von Mitarbeitern zu Erfahrungsaustauschgruppen und die Identifikation von Wissensträgern. Die Loslösung des Wissens von Mitarbeitern und die Speicherung dieses Wissens wird bei diesem Ansatz nicht vorgesehen.

Die Auswahl einer geeigneten Strategie muss auf die Art und Weise, welche Dienstleistungen dem Kunden angeboten werden, und den Beratungstyp abgestimmt werden. Die Priorisierung der falschen Strategie oder der Versuch, beide

Strategien zur gleichen Zeit im Unternehmen zu etablieren, haben in der Vergangenheit zu erheblichen Problemen geführt.[1] Folglich muss nach genauer Analyse festgelegt werden, welche der beiden Varianten zunächst vorangetrieben werden soll. Die verbleibende Variante wird dabei nicht zwangsläufig ausgeschlossen. Es kann möglich sein, dass eine ergänzende Kombination beider Strategien auf Dauer von Vorteil ist. Über Erfahrungswerte berichtet Hansen detailliert in seinem Artikel „What's your strategy for managing knowledge" im Harvard Business Review. In Tabelle 1 erfolgt eine Gegenüberstellung der beiden Ansätze.

\	Consulting Firms Manage Their Knowledge	\
CODIFICATION Provide high-quality, reliable, and fast information-systems implementation by reusing codified knowledge.	Competitive Strategy	PERSONALIZATION Provide creative, analytically rigorous advice on high-level strategic problems by channeling individual expertise.
REUSE ECONOMICS: Invest once in a knowledge asset; reuse it many times. Use large teams with high ratio of associates to partners. Focus on generating large overall revenues.	Economic Model	EXPERT ECONOMICS: Charge high fees for highly customized solutions to unique problems. Use small teams with low ratio of associates to partners. Focus on maintaining high profit margins.
PEOPLE-TO-DOCUMENTS: Develop an eletronic document system that codifies, stores, disseminates, and allows reuse of knowledge.	Knowledge Management Strategy	PEOPLE-TO-PEOPLE: Develop networks for linking people so that tacit knowledge can be shared.
Invest heavily in IT, the goal is to connect people with reusable codified knowledge.	Information Technology	Invest moderately in IT; the goal is to facilitate conversations and the exchange of tacit knowledge.

---

[1] Vgl. Hansen (1999), S. 107.

Hire new college graduates who are well suited to the reuse of knowledge and the implementation of solutions. Train people in groups and through computer-based distance learning. Reward people for using and contributing to document databases.	Human Resources	Hire M.B.A.s who like problem solving and can tolerate ambiguity. Train people through one-on-one mentoring. Reward people for directly sharing knowledge with others.

Tab. 1: Knowledge Management in Unternehmensberatungen

Für die Auswahl der geeigneten Strategie muss zunächst die Frage geklärt werden, ob Wissen erzeugt und strukturiert abgelegt werden soll oder ob der Wissensaustausch zwischen einzelnen Mitarbeitern gefördert werden sollte. Letzterer ist beispielsweise für Unternehmen mit einer hohen Spezialisierung im Bereich der Produktentwicklung zu empfehlen, wo hingegen in Bereichen mit wiederkehrenden Aktivitäten im Projektumfeld die Erstellung und Ablage im Vordergrund stehen.

3 Beispiel für erfolgreiche Virtual Team Collaboration

Als eines der großen europäischen Beratungsunternehmen mit hoher Prozesskompetenz und ausgeprägter Leistungsfähigkeit im IT-Umfeld führt Mummert + Partner Projekte von der Konzeption über die Realisierung bis hin zum Roll-Out durch. Das Wissen, das in innovativen und thematisch breit gefächerten Projekten entsteht, muss anderen Mitarbeitern für deren Arbeit geeignet bereitgestellt werden. Nur so können die zunehmend anspruchsvollen kundenspezifischen Anforderungen in Zeit und Qualität erfüllt werden, ohne das Rad ständig neu zu erfinden.

Unser Ansatz zur Verankerung von Knowledge Management im Projektgeschäft basiert im Qualitätsmanagement. Laut dem auf ISO 9000 beruhenden Qualitätshandbuch sind im Projektverlauf verschiedene Dokumente zu erstellen bzw. zu pflegen. Dies wurde in Papierform und mit Hilfe einiger Lotus Notes-Anwendungen getan. Die Ortsgebundenheit des Papiers führte zu Schattenablagen und damit zu Inkonsistenzen. Vorgehensmodelle wurden nicht zentral gepflegt und standen deshalb nicht aktuell zur Verfügung. Vorlagen und Werkzeuge wurden mehrfach entwickelt und nicht immer ausreichend getestet. Die Folge waren Zeitverschwendung und nicht selten Ärger im Projektteam. Eine elektronische Lösung bot sich somit an.

Da die Kompetenz zum Thema elektronisches Dokumentenmanagement im Hause vorhanden war, bekam das entsprechende Competence Center den Auftrag, die Lösung hausintern bereitzustellen. In umfangreichen konstruktiven Diskussionen mit unterschiedlichen Anwendergruppen wurde der sogenannte Person to Document-Ansatz gewählt. Die Erzeugung und die zentrale, strukturierte Ablage des Projektwissens werden dabei von der Unternehmensführung über alle Hierarchieebenen als Schwerpunkt gesetzt und unterstützt. Somit war die Idee eines elektronischen Projektportals als zentrales Knowledge Repository geboren.

Virtual Team Collaboration als Kombination von Content- und Task-Management stellt im Rahmen eines Projektportals die ideale Lösung dar (siehe Abbildung 1). Dem Projektteam wird eine virtuelle Arbeitsumgebung bereitgestellt, in der die Planung, Erstellung, Verwaltung und Publikation von projektspezifischen Aufgaben mit den dazugehörenden Dokumenten nach einem ergebnisorientierten Ansatz unterstützt wird.

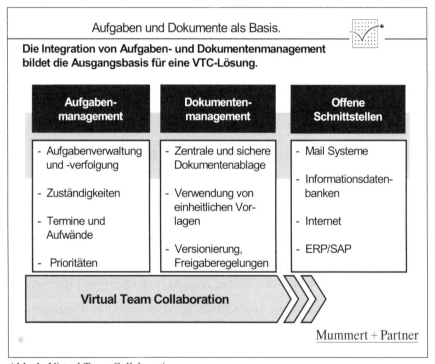

Abb. 1: Virtual Team Collaboration

Der Projektleiter plant sein Projekt wie gewohnt innerhalb der Teilprojekte phasen- und ergebnisorientiert und legt so den Projektablauf fest. In den Teilprojekten werden die Phasen angelegt, darin die Aufgaben und zu jeder Aufgabe die zu produzierenden Ergebnistypen. Aufgaben werden kurz beschrieben, zeitlich terminiert und den verantwortlichen Projektmitarbeitern zugewiesen.

Mit jedem Ergebnistyp kann die entsprechende Vorlage oder das Werkzeug verknüpft werden. Referenzen können auf Ergebnistypen aus ähnlich gelagerten Projekten, Links auf Anwendungen oder andere relevante Informationen im Intranet/Internet verweisen. Im Projektverlauf arbeiten die zuständigen Projektmitarbeiter über die klassischen Mechanismen des elektronischen Dokumentenmanagements (Check in, Check out, Versionierung etc.) und füllen die Vorlagen mit Inhalten.

Die strukturierte Ablage der Projektergebnisse nach Projektphasen hat den Nebeneffekt, dass der Projektverlauf quasi protokolliert wird. Damit wird implizit das realisierte Projektvorgehen beschrieben. Dadurch, dass die je Phase realisierten Ergebnisse als Beispiel bzw. Vorlage für ähnlich gelagerte Projekte zur Verfügung stehen, wird ein Vorgehensmodell beschrieben.

Ein wesentlicher Bestandteil dieser strukturierten Dokumentenablage ist die ISO 9000-konforme Projektakte. Gemäß der unternehmensweit gültigen Richtlinie werden die erforderlichen Formulare erstellt und im jeweiligen Kontext abgelegt. Sowohl für Projektmitarbeiter, QS-Beauftragte und das Management werden die benötigten Informationen personalisiert bereitgestellt.

Bidirektionale Schnittstellen zu der auf Lotus Notes basierenden Groupware-Plattform ermöglichen die Integration verschiedener erprobter Bestandsanwendungen und ergänzen damit die durchgängige Prozessunterstützung. Hierzu gehören sowohl das Skill Management-System und ein Frühwarnsystem als auch eine Anwendung für das Projekt-Debriefing. Geplant ist die Erweiterung der VTC-Lösung für den Bereich Projektanbahnung, Angebotserstellung und Pre Sales. Nach Projektabschluss werden die relevanten Bestandteile der Projektakte in ein angeschlossenes Archivsystem basierend auf der Panagon-Produktfamilie von FileNET transferiert, welches gleichzeitig auch als Archivsystem für das Rechnungswesen in SAP R/3 fungiert.

Personalisierung ist eine entscheidende Anforderung an ein VTC-System. Nur so kann dem Information Overload, welcher das Aus für jedes Knowledge Management-System bedeutet, entgegengewirkt werden. Diese erfordert zwingend die Definition funktionaler Rollen und deren Sichten auf die Gesamtheit der Projektinformationen. Basierend auf diesen Definitionen kann das Projektwissen den Rolleninhabern gezielt bereitgestellt werden. Ziel ist es, die notwendigen Projektinformationen zur richtigen Zeit, am richtigen Ort der richtigen Zielgruppen bereitzustellen. Um diese personalisierten Sichten auf die Projektinformationen effizient zu nutzen, ist die Integration in ein Projektportal notwendig.

Das Projektportal sollte nicht nur als reines Enterprise Information Portal (EIP) projektrelevante Informationen bereitstellen, sondern auch den Anforderungen eines Enterprise Collaboration Portal (ECP) genügen (siehe Abbildung 2). Hierbei steht die Bereitstellung von virtuellen Teamräumen und personalisierter Funktionalität und Information im Vordergrund. Dem Benutzer einer VTC-Lösung wird der direkte interaktive Informationsaustausch mit anderen Teammitgliedern, z. B. über Diskussionsforen oder Chat-Räume, ermöglicht. Die gleichzeitige Nutzung von sinnvoll bereitgestellten Funktionen, wie zum Beispiel Workflow-getriebenen Freigabe- oder Controlling-Prozessen ergänzen den Leistungsumfang und erhöhen die Akzeptanz der Lösung. Erst durch die Kombination aller projektrelevanten Informationen, Aufgaben und Funktionalitäten im Enterprise Collaboration Portal

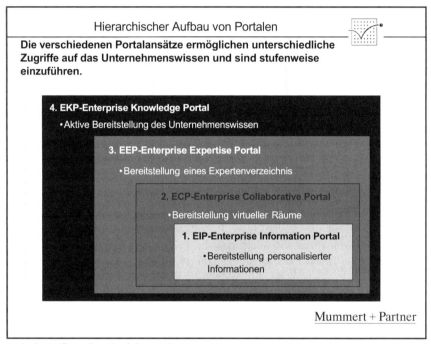

Abb. 2: Aufbau eines Projektportals

wird eine effiziente und qualitätsgesicherte Projektdokumentation und Kommunikation in einem System ermöglicht und dem Gedanken des Knowledge Managements entsprochen.

Eine Reihe der am Markt angebotenen Produkte berücksichtigen die Anforderungen des VTC-Ansatzes bereits heute in hohem Maße. Bei der Produktauswahl spielt neben den fachlichen Anforderungen die bestehende Infrastruktur, Datenvolumen und technologische Schnittstellen zu anderen Systemen eine entscheidende Rolle (siehe Abbildung 3). Denn niemand benötigt eine weitere Applikation, in der Informationen und Funktionalitäten zum wiederholten Male gepflegt werden müssen. Produkthersteller, wie beispielsweise OpenText mit dem Produkt Live

Link, Documentum mit iTeam und auch Microsoft mit seinem Sharepoint Portal Server, setzen die Gedanken der Virtual Team Collaboration in sehr unterschiedlicher Weise um.

Mummert + Partner hat sich für das Produkt iTeam der Firma Documentum entschieden. Hier sind Anforderungen, wie der ortsunabhängige Zugriff, die Verwaltung eines auch langfristig steigenden Datenvolumens und auch die weitgehende Anpassbarkeit an die unternehmensspezifischen Anforderungen, hervorragend gelöst. Auch für weitere Module des Knowledge Management-Systems wird in der Zukunft Documentum genutzt werden. Die Integration in das Unternehmensportal ist somit auf lange Sicht sichergestellt.

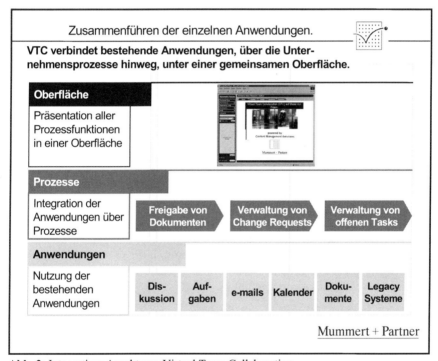

Abb. 3: Integrativer Aspekt von Virtual Team Collaboration

Die Einführung wurde durch eine Pilotierung eingeleitet, an der zunächst 10 Projekte mit insgesamt rund 50 Mitarbeitern beteiligt waren. Obwohl das Produkt Documentum iTeam für alle neu war, wurde keine explizite Toolschulung durchgeführt. Den Mitarbeitern wurde der Umgang mit dem Werkzeug parallel zur laufenden Projektarbeit im konkreten Projektkontext vermittelt. Dieser Coaching-Ansatz hat sich absolut bewährt, auch wenn der Aufwand im Einführungsprojekt dadurch höher wurde. Dieser Nachteil wurde jedoch dadurch deutlich überkompensiert, dass die Mitarbeiter nicht durch eine Schulung aus ihrem Projekt herausgerissen wurden, wodurch auch keine Reisekosten entstanden, und sie das Tool durch den direkten Praxisbezug deutlich schneller effektiv nutzen konnten.

Eine Erfahrung hat sich auch in diesem Projekt bestätigt. Etwa 75 Prozent des gesamten Projektaufwands wurde für die Lösung der fachlichen und organisatorischen Aspekte eingesetzt. Basis bildeten die im QM-Handbuch beschriebenen Prozesse, die nun konkret und durchgängig umgesetzt und unterstützt werden konnten.

Die technische Komponente nahm im Verhältnis zur fachlich-organisatorischen einen relativ geringen Anteil ein. Damit hat sich wieder einmal bewahrheitet, dass Technologie nur als Enabler für Knowledge Management-Aktivitäten anzusehen ist und das Hauptaugenmerk auf die Organisation, die Prozesse und die Unternehmenskultur zu legen ist.

Die Transparenz der Informationen für Projektmitarbeiter und Führungskräfte, verbunden mit einem einfachen Lösungskonzept, führte schnell zu einer hohen Akzeptanz. Es zeigte sich, dass der bisher hohe Aufwand für die Pflege und Verwaltung der QM-Unterlagen durch das neue Projektportal deutlich gesenkt werden konnte.

Entscheidend ist jedoch, dass der Know-how-Transfer unter den Mitarbeitern wesentlich effektiver wurde. Der Nutzen zeigt sich in kürzeren Rüst- und Projektlaufzeiten und höherer Qualität. Mitarbeiter, die zu einem späteren Zeitpunkt in ein laufendes Projekt einsteigen, schätzen die übersichtliche Strukturierung und sind dadurch sehr schnell produktiv.

Ein entscheidender Erfolgsfaktor ist der Projektsponsor. Auftraggeber dieses internen Projekts war der Gesamtvorstand. Entscheidungen konnten so schnell und präzise getroffen und umgesetzt werden. Das muss auch so sein, da Knowledge Management das ganze Unternehmen betrifft. Deshalb muss sich auch jede Hierarchieebene dafür verantwortlich fühlen.

Wissensmanagement in der SW-Entwicklung

Wolfgang Müller, Fachhochschule Ludwigshafen

Trotz aller Versuche, die Softwareentwicklung stärker zu automatisieren, sind die Erfahrung und das Wissen von qualifizierten Experten das wichtigste Kapital der SW-Anbieter. Um dieses Wissen trotz kurzer Produktlebenszyklen und hoher Innovationsgeschwindigkeit in geographisch verteilten Netzwerken zum Nutzen des Unternehmens einzusetzen, ist ein funktionierendes Knowledge Management von entscheidender Bedeutung. Der Experience Factory-Ansatz beschreibt eine Lernende Software-Organisation, die Erfahrungswissen mit den Ziel der kontinuierlichen Qualitätsverbesserung sammelt, aufbereitet und verteilt. Der vorliegende Beitrag erläutert diesen Ansatz des Wissensmanagements in der Software-Entwicklung und beschreibt, welche Erfahrungen in der Praxis bei der Umsetzung des Konzeptes gewonnen wurden. Vor dem Hintergrund der allgemeinen Entwicklung des Wissensmanagements im Spannungsfeld von technischen, betriebswirtschaftlichen und psychologischen Fragen wird schließlich eine mögliche Evolution des Managements von Softwareentwicklungswissen skizziert.

1 Software Engineering

Kontinuierliche Verbesserung von Prozessen und Produkten ist für Unternehmen, die Software entwickeln, notwendig, um im intensiven Wettbewerb bestehen zu können. Die Wiederverwendung von Produkten, Prozessen und Erfahrungen, die während des Systemlebenszyklus entstehen, wird heute als wichtiges Element einer Strategie zum Erreichen höherer Qualität bei sinkenden Kosten angesehen.[1] Trotz aller Versuche, Software-Entwicklung von einem Handwerk zu einer Ingenieursdisziplin zu wandeln, bleibt das Können des einzelnen Entwicklers ein bestimmender Faktor für Projektabwicklung und -erfolg. Der Nutzen von unterstützenden Technologien ist bisher begrenzt geblieben, und alle neuen Technologien haben nur demonstriert, dass dem Wissen gut ausgebildeter und erfahrener Mitarbeiter ein hoher Stellenwert zukommt. Dieses Wissen muß bewahrt, entwickelt und gezielt für die Softwareentwicklung eingesetzt werden, um den Anforderungen der Kunden gerecht zu werden. Allerdings gleichen sich zwei Entwicklungsprojekte niemals völlig, so dass es erforderlich ist, von Details zu abstrahieren und Gemeinsamkeiten herauszuarbeiten. Eine Bewertung der Qualität von

---

[1] Vgl. Basili/Caldiera/Rombach (1994), S. 469 - 476.

Wissen im Sinne der Anwendbarkeit muß als Feedback-Schleife die Wissensentwicklung zielgerecht steuern. Damit entstehen Aufgaben, die von Entwicklungsprojekten üblicherweise nicht übernommen werden können. Basierend auf diesen Erkenntnissen beschreibt das Experience Factory-Konzept[1] ein Grundmuster einer Lernenden Software-Organisation, die Erfahrungen aus Projekten sammelt, aufbereitet und zur Wiederverwendung bereitstellt. Fragen der Aufgabenverteilung zwischen Projekt und unterstützender Organisation werden ebenso adressiert, wie die Wiederverwendung von Wissen und die Gestaltung von Verbesserungszyklen. Gleichwohl lässt das Konzept einen weiten Spielraum für die konkrete Umsetzung. Anwendungserfahrungen zeigen allerdings, dass noch Bedarf für die Weiterentwicklung zu einem umfassenden Wissensmanagementkonzept bestehen.

Obwohl inzwischen einige Jahrzehnte Erfahrung mit der Entwicklung von Software vorliegen, kann die Disziplin des Software Engineering bei weitem noch nicht mit traditionellen Ingenieurwissenschaften und deren reichem Erfahrungswissen konkurrieren. Die Entwicklung von Software ist auch heute noch gekennzeichnet von Kostenüberschreitungen, verspäteter Auslieferung, mangelnder Qualität und verfehlten Benutzeranforderungen. Während Softwaresysteme immer komplexer werden und eine zunehmende Bedeutung für das Überleben von Unternehmen und Volkswirtschaften gewinnen, verändert sich das Umfeld der Softwareentwicklung rapide. Eine rasante Entwicklung der Technologie, hoher Wettbewerbsdruck und sich verändernde Benutzeranforderungen prägen die Rahmenbedingungen für die Softwareindustrie.[2]

Ansätze zur Verbesserung der Qualität von Software werden bereits längere Zeit diskutiert und haben einige Verbreitung in der Industrie gefunden. Diese Ansätze postulieren einen direkten Zusammenhang zwischen der Qualität der Entwicklungsprozesse und der Qualität des Produktes. Zu den bekanntesten Ansätzen zählt das besonders in den USA populäre Capability Maturity Model (CMM), das Entwicklungsstufen (Reifegrade) einer Organisation auf dem Weg der Verbesserung der SW-Entwicklungsprozesse beschreibt.[3] Jeder Entwicklungsstufe sind Beschreibungen der zu messenden Merkmale zugeordnet; durch die Rangfolge der relevanten Merkmale können Verbesserungsprogramme an diesem Modell ausgerichtet werden.

Mit wachsendem Reifegrad versteht eine SW-Organisation ihre Prozesse zunehmend besser und kann schließlich deren Ergebnisse hinreichend genau vorhersagen und zielorientiert beeinflussen. Aufbauend auf den Erfahrungen mit dem CMM und ähnlichen Aktivitäten in Europa wurde in den vergangenen Jahren die Norm ISO 15504 (SPICE) entwickelt, die ein Rahmenwerk zur Bewertung und

---

[1] Vgl. Basili (1993), S. 68 - 83.
[2] Vgl. Birk/Tautz (1998).
[3] Vgl. Humphrey (1989).

Verbesserung von SW-Prozessen beschreibt.[1] Für die Umsetzung müssen die Konzepte jedoch den individuellen Anforderungen jedes Unternehmens angepaßt werden. Wie entsprechende Programme zur Verbesserung der SW-Qualität gestaltet werden können, beschreiben z. B. Mellis oder Petrasch.[2] Erfahrungsberichte zeigen jedoch, dass zwar Verbesserungen erzielt werden können, diese aber nicht in allen Fällen den erwarteten Umfang erreichen.[3] Es ist daher zu hinterfragen, ob diese Ansätze alle relevanten Einflußfaktoren berücksichtigen und tatsächlich uneingeschränkt für alle Unternehmen der Softwareindustrie anwendbar sind.

Um die Rolle zu verstehen, die Erfahrungswissen in der SW-Entwicklung spielt, muß zunächst das Wesen der Softwareentwicklung etwas detaillierter betrachtet werden. Denn die Entwicklung von Software unterscheidet sich in einigen Merkmalen von der Produktion „klassischer" (realer) Güter:[4]

- Software wird entwickelt, nicht hergestellt, weshalb die meisten Arbeitsschritte nicht oder nur sehr begrenzt automatisiert werden können. Sie sind in hohem Maße vom Wissen und den Fähigkeiten der Mitarbeiter abhängig.

- Jeder SW-Entwicklungsprozeß unterscheidet sich durch eigene Ziele und einen eigenen Kontext von anderen Entwicklungsprozessen. Software-Entwicklung hat deshalb einen experimentellen Charakter und jedes Entwicklungsprojekt dient dem Erwerb von Erfahrungen. Diese in späteren Projekten nutzbringend einzusetzen ist eine Aufgabe, die noch nicht zufriedenstellend gelöst ist. Explizite, effizient wiederverwendbare Modelle, z. B. der Prozesse und Produkte, fehlen noch.

- Das Aufbereiten von Erfahrungen für eine verbesserte Wiederverwendbarkeit erfordert zusätzliche Ressourcen, die in normalen Projektbudgets und -umgebungen nicht vorhanden sind.

Obwohl die oben genannten Ansätze zur Verbesserung der Qualität von Software die Besonderheiten des Entwicklungsprozesses weitgehend berücksichtigen, fehlt ihnen doch durchgängig ein Konzept zum flexiblen Einsatz und zum zielgerichteten Nutzen des Erfahrungswissen, das in jeder Software-Organisation entsteht. Es besteht daher die Notwendigkeit, vorhandene Aktivitäten zur Verbesserung der SW-Qualität durch ein zielorientiertes Wissensmanagement zu ergänzen.[5]

Ein solches Wissensmanagement muß es erlauben, durch eine Verwaltung von Artefakten, z. B. Dokumenten, das explizite Wissen der Organisation zu erfassen (Externalisierung), neu zu ordnen (Kombination) und einer Wiederverwendung

---

[1] ISO/IEC 15504 Standard for Software Process Assessment (Parts 1 - 9), International Standards Organization.
[2] Vgl. Mellis/Herzwurm/Stelzer (1996) und Petrasch (1998).
[3] Vgl. Mellis/Stelzer (1999), S. 31 - 39 und Sweeney/Bustard (1997), S. 265 - 273.
[4] Vgl. Birk/Kempkens/Rombach/Ruhe (1998).
[5] Vgl. Arent/Nørbjerg/Pedersen (2000), S. 81 - 92.

zugänglich zu machen (Internalisierung). Zusätzlich muß der direkte Austausch von Erfahrungen zwischen Personen (Sozialisation) unterstützt werden. D. h. alle von Nonaka genannten Phasen der Wissenskonversion[1] müssen von einem solchen System unterstützt werden. Dabei muß es flexibel auf die individuellen Anforderungen des Unternehmens anpassbar sein.

2 Wissensmanagement mit der ‚Experience Factory'

Das Sichern und kontinuierliche Verbessern der Produkt- und Prozeßqualität ist ein strategisches Ziel, das Aufmerksamkeit und Unterstützung durch das Management benötigt. Auch wenn Qualität primär auf der operativen Ebene, nämlich in den Projekten, umgesetzt werden muß, so erlauben es die kurzfristigen Ziele der Projekte sowie ihre zeitlichen, finanziellen und kapazitiven Restriktionen nur in seltenen Fällen, hier zusätzliche Aufgaben von strategischer Bedeutung anzusiedeln. Ganz im Gegenteil muß ein gut funktionierendes Qualitätsmanagement den Projekten Werkzeuge, Methoden und Produkte zur Verfügung stellen, mit denen bei gegebenem Ressourceneinsatz ein höherwertiges Projektergebnis erzielt werden kann. Aufgaben wie der Aufbau einer Produktlinie, das Erstellen einer Bibliothek von wiederverwendbaren Komponenten oder das Sammeln von Erfahrungen liegen klar außerhalb des Nutzenhorizontes eines Projektes und müssen daher an anderer Stelle durchgeführt werden.

Die Experience Factory (EF) ist ein Konzept, das zeigt, wie durch eine geeignete Organisation und zielgerichtete technische Unterstützung strategische Ziele, wie z. B. stetige Erhöhung der Produktzuverlässigkeit, erreicht werden können.[2] Ansatzpunkt ist eine projektübergreifende Sicherung von Erfahrungen, die durch eine aus den Projekten ausgegliederte Organisationseinheit vorgenommen wird. Die Aufgaben der Experience Factory[3] lassen sich anhand des Quality Improvement Paradigms (QIP) beschreiben (siehe Abbildung 1).

Das QIP umfaßt sechs verschiedene Schritte oder Verbesserungsaktivitäten. Während sich die ersten drei Schritte auf die Planung eines Projektes beziehen, beschreiben die letzten zwei Schritte das Aufbereiten der im Projekt gewonnenen Erfahrungen. Die Schritte des QIP können wie folgt beschrieben werden:

- In einer initialen Charakterisierung werden die Eigenschaften des Projekts erfaßt (z. B. Schwierigkeit und Wichtigkeit der einzelnen Anforderungen). Diese Charakterisierung dient unter anderem der Auswahl von Vorhersagemodellen.

---

[1] Vgl. Nonaka/Takeuchi, (1995).
[2] Vgl. Basili/Caldiera (1995), S. 55 - 64.
[3] Vgl. Basili/Caldiera/Rombach (1994), S. 469 - 476.

- Im zweiten Schritt werden die Ziele für das Projekt gesetzt (z. B. Reduktion der Fehler nach Auslieferung des Produkts um 22 Prozent). Daten aus der Experience Factory werden dazu verwendet, realistische Ziele zu definieren und Trends zu erkennen.
- Im dritten Schritt wird der Plan aufgestellt, wie die vereinbarten Ziele erreicht werden sollen. Hierzu werden aus der Experience Factory Erfahrungen abgefragt, mit welchen Mitteln welche Ergebnisse erzielt werden können.
- Im vierten Schritt wird das Projekt durchgeführt. Die dabei gemachten Erfahrungen werden festgehalten. Daten werden im laufenden Prozess erfasst. Eine begleitende Analyse beurteilt den Projektverlauf anhand der Modelle in der Experience Factory.

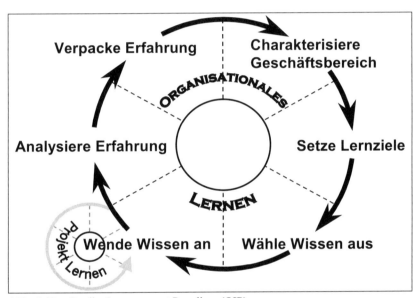

Abb. 1: Das Quality Improvement Paradigm (QIP)

- Im fünften Schritt (nach Projektende) werden die Projektergebnisse analysiert und Erkenntnisse über den Verlauf des Projekts gesammelt. Wichtige Ergebnisse werden in der Experience Factory festgehalten.
- Im sechsten Schritt werden die Ergebnisse des Projekts für die Wiederverwendung aufbereitet und in die Experience Factory eingebracht. Die neu gewonnenen Erfahrungen dienen auch dazu, die in der Experience Factory vorhandenen Modelle zu überarbeiten.

Das Durchführen dieser Schritte pro Projekt gewährleistet, dass die Experience Factory dem Projekt das bewährte Wissen zahlreicher Projekte zur Verfügung stellen kann und neues Wissen aus dem aktuellen Projekt erhält.[1]

Um die Aufgaben der EF in der Praxis umzusetzen, ist eine Aufgabenverteilung erforderlich, die der Komplexität der Aufgabe (dem Umgang mit Wissen) angemessen ist und die Projektarbeit vom Umgang mit den Erfahrungen trennt. Abbildung 2 zeigt den grundsätzlichen Aufbau einer Experience Factory Organisation.

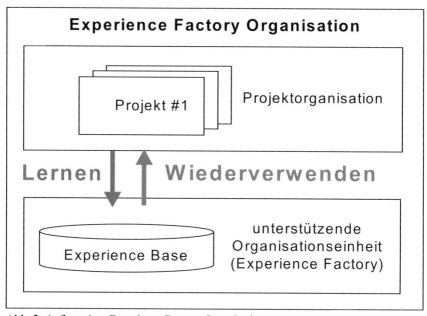

Abb. 2: Aufbau einer Experience Factory-Organisation

In dieser Organisation kümmern sich Spezialisten um die Pflege der Wissensbasis (Experience Base) und damit um die Entwicklung des (expliziten) Wissens der Organisation. Die Experience Factory rechtfertigt ihre Existenz durch die Unterstützung laufender Projekte, für die sie Wissen (z. B. Vorhersagemodelle für Aufwände) auswählt und zur Verfügung stellt. Ziel ist es, über reduzierte Fehlerraten, schnellere Entwicklung und geringere Doppelarbeit Einsparungen zu erreichen, die nach einiger Zeit über den Kosten für den Betrieb der EF liegen. Zusätzlich zur Projektunterstützung hat die EF außerdem die Aufgabe, allgemeine Probleme in der Entwicklung zu entdecken und Lösungen zu erarbeiten, den Grad der Verbesserung zu kontrollieren sowie neue Technologien für den Einsatz in der Ent-

---

[1] Vgl. Basili/Caldiera (1995), S. 55 – 64.

wicklung vorzubereiten. Durch eine enge Verzahnung der EF mit der Produktentwicklung wird gewährleistet, dass Wissen mit dem Ziel gesammelt wird, zukünftige Projekte besser abwickeln zu können.

Die Ziele einer EF-Organisation lassen sich aus den übergeordneten Unternehmenszielen, wie z. B. Marktanteil, Umsatz, Gewinn oder Image, ableiten. In der Regel wird als primäres Ziel der EF eine kontinuierlich steigende Qualität der Projektdurchführung formuliert. Aus diesem Grund verwaltet sie z. B. die aktuellen Versionen von Prozessmodellen zusammen mit den Berichten darüber, wie diese Modelle geeignet anzuwenden sind, und welche Metriken zur Steuerung der Prozesse herangezogen werden können. Die primäre Aufgabe der Projektunterstützung erfordert neben dem Sammeln und Verteilen von qualitativen und quantitativen Wissen auch dessen Aufbereitung sowie das Einbringen von Erfahrungswissen, das außerhalb der Organisation entstanden ist. Die Aufgaben der Experience Factory lassen sich deshalb grob in drei Bereiche unterteilen:

- Beraten von Projekten beim Erheben und Anwenden von Wissen (Projektunterstützung).

- Aufbereiten von Erfahrungen für die Wiederverwendung, Pflegen von Erfahrungswissen, Verwalten des gemeinsamen Erfahrungsspeichers Experience Base (Erfahrungsmanagement).

- Einbringen von Erfahrungen, die außerhalb der Organisation entstanden sind und Vorbereiten des Anwendens von solchen Erfahrungen (Erfahrungsinfusion).

Die konkrete Umsetzung dieses Konzeptes bleibt dem einzelnen Unternehmen überlassen, das die Aufgaben in geeigneter Form in seine Organisation integrieren muß. In den meisten Veröffentlichungen fehlen weitergehende Beschreibungen von Methoden und Werkzeuge zum Umsetzen der Ideen. Die wenigen vorhandenen Hinweise haben einen starken Fokus auf technischen Aspekten, d. h. der Implementierung der Erfahrungsdatenbank.

In den vergangenen zehn Jahren ist das Konzept der Experience Factory in verschiedenen Variationen in Softwareunternehmen angewendet worden. Ein Durchbruch im Sinne einer flächendeckenden Umsetzung ist allerdings bisher nicht erreicht worden. Betrachtet man die vorhandenen Erfahrungsberichte und zieht in Betracht, dass mit dem Einführen einer Experience Factory letztendlich ein Wissensmanagementsystem für die SW-Entwicklung aufgebaut werden muß, so erstaunt die nur zögerliche Umsetzung nicht.

Das älteste Beispiel einer Anwendung der Experience Factory findet sich am Software Engineering Laboratory (SEL) des Goddard Space Flight Centers der NASA[1]. Es ist eng verknüpft mit der Entstehung des EF-Konzeptes an der Universität

---

[1] Vgl. Basili/Caldiera/McGarry/Pajerski/Page/Waligora (1992), S. 370 - 381.

von Maryland. Das Ziel des SEL war es[1], die Schlüsselprozesse der Software-entwicklung zu verstehen und zu verbessern. Zu diesem Zweck wurde eine Organisation etabliert, die neben den Entwicklern noch zwei weitere Gruppen, nämlich Analytiker und Unterstützungspersonal enthielt. Während sich die Unterstützung für die Entwickler auf das Sammeln und Bereitstellen von Daten bezog, erhielten die Analytiker Hilfe beim Management der Erfahrungen. Das Aufbereiten der in Projekten gewonnenen Informationen, das Experimentieren und das Bereitstellen von Erfahrungen war Aufgabe der Analytiker. Vor allem bei der Einführung der objektorientierten Programmierung mit Ada konnten deutliche Erfolge bei der Wiederverwendung und Fehlerreduktion erreicht werden.[2] Sowohl die technische Umsetzung der Erfahrungsbasis als auch das Einrichten und Erhalten von Prozessen des Wissensmanagements wird jedoch nicht näher beschrieben.

Die am besten beschriebene Umsetzung einer EF in einem europäischen Software-Unternehmen stammt von DaimlerChrysler. In Zusammenarbeit mit der Universität von Maryland (USA) wurden in mehreren operativen Bereichen Experience Factory Organisationen eingeführt.[3] Interessant ist vor allem die Entwicklung des „Quality Pattern-Ansatzes, der sich intensiv mit dem Aufbereiten von Erfahrungen beschäftigt. Über die Vernetzung der einzelnen Erfahrungspakete und deren hierarchischen Aufbau soll das Suchen und Verstehen vereinfacht und damit die Akzeptanz des Systems erhöht werden.

Ausgangspunkt der Überlegungen ist die Feststellung, dass explizites Wissen in Organisationen in vielfältiger Form dokumentiert wird. Es liegt nicht nur in Texten, sondern auch in Tabellen, Grafiken und Bildern vor. Eine Konvertierung in ein einheitliches Format scheint weder sinnvoll, noch technisch möglich. Deshalb wird jede Erfahrung „verpackt", indem sie in einen standardisierten Container eingefügt wird. Das Grundmuster dieses Containers enthält eine Klassifikation über Schlagworte, eine kurze Zusammenfassung des Inhalts, eine Beschreibung in Form eines Problem-Lösungspaares und eine Charakterisierung des Kontextes, in dem die Erfahrung gewonnen wurde. Ergänzt werden diese Informationen um Beispiele, Erläuterungen, Verweise auf verbundene Erfahrungen und Verwaltungsinformationen.[4]

Alle vorliegenden Beschreibungen konzentrieren sich auf das Problem der Verarbeitung von Dokumenten in einem System, das um eine Erfahrungsdatenbank[5] aufgebaut ist, deren Betrieb aus dem Projektgeschäft ausgelagert wird. Über die Prozesse der Wissensgewinnung, -verarbeitung und -verteilung sowie Akzeptanz,

---

[1] A. d. V.: Nach einer Umorganisation der NASA besteht das SEL in der ursprünglichen Form heute nicht mehr.
[2] Vgl. Basili/Caldiera (1995), S. 55 – 64.
[3] Vgl. Houdek (1997), S. 167 - 182 und Houdek/Schneider/Wieser (1998).
[4] Vgl. Houdek/Kempter (1997), S. 81 - 88.
[5] A. d. V.: In anderer Literatur auch als Wissensbasis oder Organizational Memory bezeichnet.

Nutzung und Weiterentwicklung der bei DaimlerChrysler aufgebauten Experience Factories finden sich jedoch leider keine Berichte.

In Deutschland wird das Konzept der EF vom Fraunhofer Institut für Experimentelles Software Engineering (IESE) in Zusammenarbeit mit Softwareunternehmen weiterentwickelt. Vor allem wird der wichtige Bereich des „unscharfen" Wissens, das sich einer Formalisierung entzieht, hier näher betrachtet und es werden Konzepte entwickelt, wie Erfahrungsberichte (Lessons Learned) in einer Experience Base abgelegt werden können.[1] Ähnlich der Arbeiten bei DaimlerChrysler ist eine zentrale Fragestellung hierbei die Strukturierung der Erfahrungsbeschreibung und die Charakterisierung, z. B. über Schlagworte, die ein leichtes Wiederauffinden ermöglichen soll.

Ausgehend von Analysen der Vorgehensweise von Experten wird eine Unterstützung durch erfahrungsbasierte Systeme (case-based reasoning, CBR) beschrieben[2], die zu einer effizienteren Verwaltung von Erfahrungspaketen führen soll. In diesem Zusammenhang werden auch Überlegungen zur Wartung der Erfahrungsbasis angestellt, um das gespeicherte Erfahrungswissen aktuell zu halten.[3] In einzelnen Publikationen wird des weiteren ansatzweise die Verbindung des Konzeptes der EF mit den Denkansätzen des Wissensmanagements und des Organisationalen Lernen beschrieben und auf die Entwicklungsmöglichkeiten von Lernenden Software-Organisationen eingegangen.[4]

In diesen und weiteren Arbeiten wird deutlich gezeigt, das eine Konzentration auf die Realisierung der Erfahrungsbasis (und damit auf die technische Seite des Wissensmanagements) zu kurz greift, und eine Ergänzung um Konzepte der Organisation und des Managements der „weichen" Faktoren erforderlich ist. Diese müssen in einem individuellen Verbesserungsprogramm zu einem Gesamtkonzept eines verbesserungsorientierten Wissensmanagements verknüpft werden.[5]

3 Evolution des Managements von SE-Wissen

Das Management von Software Engineering-Wissen steckt trotz der beachtlichen Weiterentwicklung der technischen Möglichkeiten noch in den Kinderschuhen. Die Wege zur Lösung komplexer Probleme, die bei der Realisierung von Wissensmanagementsystemen auftreten, sind vielfältig.

---

[1] Vgl. Birk/Tautz (1998).
[2] Vgl. Althoff/Bomarius (1998).
[3] Vgl. Nick/Althoff (2000).
[4] Vgl. Bomarius/Althoff/Müller (1998), S. 89 - 93.
[5] Vgl. Birk/Hartkopf/Müller (2001).

Ansätze, deren Ausgangspunkt die Betrachtung der technischen Seite, d. h. eine Wissensbasis ist, ergänzen ihre Konzepte um einen notwendigen organisatorischen Rahmen. In projektorientierten Organisationen erscheint das Erfassen von Erfahrungen am Ende eines Projektes über sogenannte Debriefings[1] oder Projektabschlußtreffen[2] ein geeignetes Mittel zu sein, um Erfahrungen zu sammeln. Bei einem Treffen zwischen Wissensmanager und Projektmitgliedern werden die wichtigsten Projekterfahrungen erfaßt und für eine Wiederverwendung, d. h. das Ablegen in einer Wissensbasis, aufbereitet. Das Vorbereiten des Treffens und das endgültige Verpacken der Erfahrungen liegen außerhalb der Aufgaben der Projektmitglieder, die damit nur einen geringen Zusatzaufwand haben. Über die Finanzierung solcher projektexternen Aktivitäten liegen bislang aber keine verwertbaren Angaben vor. Ebenso fehlen Berichte, in welchem Umfang das so erfasste und aufbereitete Wissen tatsächlich wiederverwendet wird, und welche Akzeptanz entsprechende Systeme bei den Mitarbeitern erreichen.

Andere Ansätze verzichten ganz oder zu einem großen Teil auf eine Formalisierung von Wissen und ein umfangreiches Dokumentenmanagement und versuchen, informelle Netzwerke und Kontakte zwischen Wissensanbietern und -nachfragern aufzubauen. Solche Lösungen können einen starken technischen Anteil haben, wenn sogenannte Yellow pages erstellt werden, denen Fähigkeitsprofile von Mitarbeitern zu Grunde liegen und die zur Suche von Experten verwendet werden können.[3] Solche Systeme sind wegen der darin gespeicherten personenbezogenen Informationen und der Schwierigkeiten der Aktualisierung nicht unumstritten. Gleichwohl finden sich Berichte über den Einsatz solcher Systeme.[4] Der Einsatz von sogenannten Knowledge brokern, d. h. Personen, die die Vermittlung von Kontakten übernehmen, ist eine Möglichkeit, die Probleme der Speicherung von Fähigkeitsprofilen zu umgehen. Wird der Gedanke der Vermittlung von Kontakten weiterentwickelt, so entsteht die Vision von ‚Communities', d. h. von Gruppen ähnlich interessierter Mitarbeiter im Unternehmen, die untereinander unabhängig von organisatorischen Zuordnungen Wissen austauschen.[5]

Erstaunlich wenige Berichte schlagen zur Zeit den Bogen zwischen den Ansätzen, die im Umfeld des Wissensmanagements entwickelt werden und den Aufgaben, die sich speziell einer Organisation stellen, die Software entwickelt. Erfahrungen, die bei der Realisierung von Wissensmanagementlösungen in anderen Branchen gemacht wurden, sollten sich in vielen Fällen mit wenig Anpassungsaufwand auf die Softwareentwicklung übertragen lassen. Dies gilt um so mehr, wenn die betrachteten Kernprozesse eines Unternehmens starken Projektcharakter haben. Exemplarisch sei hier die Entwicklung einer Wissensorganisation bei einem gros-

---

[1] Vgl. Spallek (2001).
[2] Vgl. Birk,/Tautz (1998).
[3] Vgl. Brössler (1999), S. 77 - 83.
[4] Vgl. Trittmann/Brössler (2001), S. 163 - 188.
[5] Vgl. Schütt (2001), S. 8 - 12.

sen Beratungsunternehmen genannt[1]. Aus diesen Berichten wird die Bedeutung der „weichen" Faktoren und die vielfache Überschätzung von technischen Hilfsmitteln sehr deutlich.

Für die Evolution des Managements von SE-Wissen, ausgehend vom Ansatz der verbesserungsorientierten Experience Factory, läßt sich eine analoge Schlussfolgerung ziehen. Auch wenn einiges Erfahrungswissen mehr oder weniger explizit in Dokumenten (Programmen, Modellen, Berichten etc.) vorliegt, so ist doch das größere Potenzial in den Köpfen der Mitarbeiter zu finden. Nur wenn Rahmenbedingungen geschaffen werden, die Wissensteilung belohnen, Kommunikation unterstützen und Lernen als integralen Bestandteil der täglichen Arbeit definieren, kann Wissensmanagement erfolgreich sein.

---

[1] Vgl. Vopel (2001), S. 4 - 7.

E-Learning und Business TV

Michael Gehle, Rheinisch-Westfälische Technische Hochschule, Aachen und Wilhelm Mülder, Fachhochschule Niederrhein, Mönchengladbach

Nicht gänzlich neue Systeme zur Teilung, Umwandlung und Nutzung des Wissens werden in den Unternehmen benötigt, sondern die konsequente Anwendung bestehender IT-Plattformen und die Verknüpfung von Telekommunikationsleistungen mit der Informationstechnologie. Am Beispiel des E-Learning bei der Deutschen Telekom AG und des Business TV bei der Schwäbisch Hall AG werden zwei erfolgreiche Möglichkeiten zur technologischen Unterstützung von Wissensweitergabe, Wissensnutzung und interaktiver Wissensvermittlung dargestellt.

1 E-Learning bei der Telekom

Die Deutsche Telekom AG (DTAG), einer der größten europäischen Telekommunikationsanbieter, nutzt das Computer Based Training (CBT), um das Wissen im Unternehmen für viele Mitarbeiter zugänglich zu machen. Bei der Organisation des Wissens wird nicht der unternehmensweite „Sammelansatz" verfolgt. Vielmehr speichern die Unternehmensbereiche ihr spezifisches Wissen zunächst dezentral. Dieses Bereichswissen wird später durch Überschriften klassifiziert und allen anderen Mitarbeitern (mehr als 100.000) zur Verfügung gestellt (siehe Abbildung 1).

Die netzgestützten Lernsysteme, die das bewertete Wissen als Selbstlernkurse oder Lehrbriefe beinhalten, basieren auf einer gemeinsam mit den Telefongesellschaften Telefonica (Spanien) und Swisscom (Schweiz) entwickelten Plattform, die als „GLOBAL TEACH" 1995 mit dem Ziel geschaffen wurde, arbeitsplatznahen Zugang zu aufbereitetem Wissen zu ermöglichen.

Dieses System enthält bereits mehr als 500 Stunden CBT-Kurse und bietet auch Zusatzfunktionen, wie die Datenverteilung, Kataloge, Suchfunktionen und Kommunikationsdienste (z. B. E-Mail und Foren), an. Bei der Erprobung der Lernsysteme bei der DTAG wurden die folgenden Leitlinien zugrundegelegt:

- zeitgerechte Wissensvermittlung (dann, wenn man es braucht),
- minimale Abwesenheit vom Arbeitsplatz (berücksichtigt die riesige Anzahl von Mitarbeitern, die adressiert werden),

- arbeitsplatzbezogene Inhalte,
- Förderung der Kommunikation und der Teamarbeit (das Wissensmanagement muss aus dem Team selbst entstehen),
- angemessene Kosten,
- flexible Nutzungsmöglichkeit der Systeme,
- praxisgerecht (auf die Anwender hören und Feedback-Schleifen einbauen).

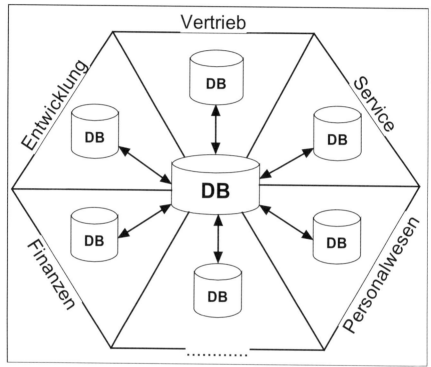

Abb. 1: Bereichsbezogene Organisation von Wissen bei der DTAG
Quelle: Ihm (1999)

Betreibergesteuertes Lernsystem

Die sich bei der DTAG im Einsatz befindlichen Systeme können grob in die zwei Gruppen „betreibergesteuerte Systeme" und „benutzergesteuerte Systeme" unterteilt werden. Bei den betreibergesteuerten Systemen legen die Anbieter der Inhalte fest, welche Lernbausteine in den Systemen angeboten werden. Die Nutzer arbeiten als Konsumenten lediglich die vordefinierten „Lernkonserven" ab. Der Einfluss der Lernenden beschränkt sich hierbei auf das Feedback zu den einzelnen Wissensbausteinen. Ein Einbringen eigener Erfahrungen ist nur eingeschränkt möglich. Die Systeme dieser Gruppe fungieren als Verteilsysteme für bereits aufbereitetes Wissen. Eine Erhöhung des Nutzwertes dieser Systeme lässt sich durch geeignete Kommunikationsfunktionen erzielen, die ein aktives Feedback und eine Kommentierung der Inhalte erlauben.

Zielsetzung des Projektes „KORP" war die Qualifizierung von Mitarbeitern im Bereich Personalservice. Dabei handelte es sich um eine sehr inhomogene Gruppe von Mitarbeitern aus den Personalressorts mit unterschiedlichem Wissensstand. Wegen der raschen inhaltlichen Änderungen und aufgrund zeitlicher Restriktionen war es nicht möglich, für diese Mitarbeiter traditionelle Qualifizierungsmethoden in Form von Seminaren durchzuführen. Stattdessen wurde ein Lernsystem konzipiert, welches das erforderliche Fachwissen aufbereitet in Lehrbriefen und Modulen enthält. Folgende Sequenzen sind hierbei vorgesehen:

- Fachexperten bereiten mit Unterstützung von Trainern die zu vermittelnden Inhalte didaktisch auf. Diese Fachexperten pflegen und ergänzen gleichzeitig das von ihnen bearbeitete Fachwissen.

- Die Inhalte werden in Form von Lernmodulen zum Abruf (Download) zur Verfügung gestellt. Das Lernsystem wird vom Weiterbildungsbereich betrieben.

- Zu allen Modulen existieren Foren mit den Möglichkeiten, Kommentare und Änderungsvorschläge abzugeben.

- Die Fachexperten moderieren die Foren, um die Kommunikation zwischen den Lernenden aufrechtzuerhalten.

- Über ein integriertes Mail-System können die Lernenden an den betreuenden Fachexperten (Tutor) Fragen stellen, die dieser innerhalb von 24 Stunden beantworten muss.

Benutzergesteuertes Lernsystem

Bei den benutzergesteuerten Systemen stehen die Mitarbeiter selbst als Informations- und Wissenslieferanten im Vordergrund. Die Systeme stellen nur die Grundfunktionen für die Aufbereitung und Einordnung von Wissen zur Verfügung. Das eigentliche Füllen des Lernsystems ist die Aufgabe der Mitarbeiter. Dieses Vorgehen setzt verantwortungsbewusste und selbständige Mitarbeiter voraus und zielt in Richtung der Theorien der „Lernenden Organisation". Während das betreibergesteuerte System GLOBAL TEACH primär als Batch-System mit Schwerpunkt auf der Vermittlung von Wissensinhalten unter Mithilfe sogenannter Moderatoren als Ansprechpartner für erste Fragen genutzt wird, ist das benutzergesteuerte System als Online-Anwendung im Intranet realisiert und trägt den Namen „NETZWERKSTATT" (siehe Abbildung 2).

In der „Netzwerkstatt" haben alle Mitarbeiter die Möglichkeit, mit den anderen, sich in der Anwendung befindlichen Kolleginnen und Kollegen über ein CHAT-

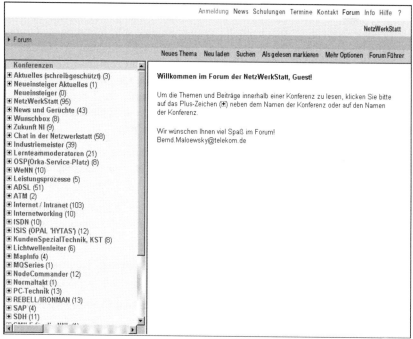

Abb. 2: Einstiegsseite in die "Netzwerkstatt"
Quelle: Ihm (1999)

System zu kommunizieren. Hierin können Fragen an alle „virtuell" anwesenden Personen gestellt und Antworten direkt gegeben werden. Das für alle offene CHAT-System ist somit eher ein unspezifischer Bereich.

Die nächste Ebene der „Netzwerkstatt" erlaubt darüber hinaus den Zugriff auf spezifische Bereiche, wie z. B. Technik, Management und Hot Topics. Diese spezifischen Bereiche beinhalten jeweils ein Archiv mit Grundsatzdokumenten, das häufig schon Antwort auf viele Fragen geben kann. Sie beinhalten aber auch diverse von den Kollegen unternehmensweit eingerichtete Foren zu verschiedenen Fachthemen, die den Fundus an bundesweitem praktischem Wissen darstellen. Sollten die vorhandenen Foren eine bestimmte Thematik nicht ansprechen, können die Mitarbeiter zu neuen Fragen und Themen zusätzliche Foren einrichten.

Bewertung der Lernsysteme

Obwohl beide Lernsysteme auf CBT basieren, können sie nicht allein mit dem Begriff der computergestützten Lernsoftware umschrieben werden, da sie aufgrund der Modularität der jeweiligen Wissensbausteine und der Möglichkeit der interaktiven Foren als Teil eines Wissensmanagementsystems gelten können (siehe Abbildung 3). Dieses wird dadurch unterstützt, dass das „theoretische" Wissen der Lernsysteme an den Arbeitsplätzen durch praktische Erfahrungen im Sinne der „Best Practices" dazu verhelfen, betriebliche Abläufe und Verfahren in der Praxis und direkt am Arbeitsplatz selbst zu optimieren. Die inhaltliche Richtigkeit der Foren wird dabei von den Teilnehmern selbst bestimmt und korrigiert. Einzelne Fachexperten als Beobachter dienen lediglich dazu, ein thematisches „Abdriften" der Foren zu verhindern.

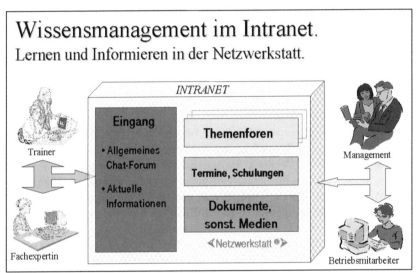

Abb. 3: Aufbau der "Netzwerkstatt"
Quelle: Ihm (1999)

Die bei der DTAG verwendeten Lernsysteme haben sich als sinnvolle Plattform erwiesen, um ein systematisches Wissensmanagement in Gang zu setzen. Durch die implementierten Kommunikationsmöglichkeiten kann aktuelles Wissen an eine große Anzahl von Mitarbeitern schnell und einfach verteilt und neues Wissen in kürzester Zeit aufbereitet werden.

2 Business TV-Einsatz bei Schwäbisch Hall

Die Bausparkasse Schwäbisch Hall ist ein Finanzdienstleister und verfügt über eine dezentrale Vertriebsorganisation mit rund 3.000 Außendienstmitarbeitern. Vor der Einführung des Business TV herrschte ein Überangebot an schriftlichen Informationen. Die verschiedenen Fachabteilungen erstellten fast täglich unterschiedliche Auswertungen, Statistiken und Rundschreiben, die an sämtliche Vertriebseinheiten verschickt werden mussten. Dennoch waren auf den konventionellen Kommunikationswegen die hohen Ansprüche an Qualität, Quantität und Schnelligkeit der Informationsversorgung nicht länger zu erfüllen. Papier und Seminare reichten nicht mehr aus, um über Vertriebs- und Marketingmaßnahmen oder neue Produkte kompetent informieren zu können. Seit Anfang 1996 setzt die Bausparkasse mit „Schwäbisch Hall TV" im Wissensmanagement auf das Medium Business TV.[1]

Bevor sich Business TV zu einer festen Einrichtung etablierte, wurde in einem Pilotprojekt zunächst unter Realbedingungen getestet, inwieweit die Vertriebsorgane der Bausparkasse für diesen neuen Weg der Kommunikation bereit waren. Die verschiedenen Testsendungen waren bewusst ganz unterschiedlich gestaltet. Die Bausparkasse variierte beispielsweise den Ablauf der Sendungen, konzipierte diese für unterschiedliche Empfängergruppen und arbeitete mit unterschiedlichen Sendern zusammen.

Der Empfängerkreis der ersten Sendung bestand aus 200 Außendienstmitarbeiter(innen) aller Hierarchiestufen, die bundesweit auf 14 Empfangsstationen verteilt waren. Die zweite Sendung war speziell für die Führungskräfte im Außendienst konzipiert, diskussionsorientiert ausgerichtet und strategischen Themen gewidmet. Mit der dritten Sendung wurde zum ersten Mal der gesamte Außendienst angesprochen. Hierfür wurden im gesamten Bundesgebiet in Zusammenarbeit mit der Deutschen Telekom AG über 100 Empfangsorte für Schwäbisch Hall TV geschaffen. Die Außendienstmannschaften aller Bezirksdirektionen konnten so vor Ort gemeinsam die Sendung verfolgen, anschließend die neu erworbenen Erkenntnisse aus der Sendung diskutieren und unmittelbar daran mit der Umsetzung beginnen.

Die Erkenntnisse aus der Pilotierung mündeten in einem verbesserten Konzept. Der Zielsetzung, die Vertriebseinheiten über interessante Maßnahmen und Neuigkeiten anschaulich zu informieren, entspricht Business TV besser als alle anderen Kommunikationsplattformen. Projektleiter präsentieren regelmäßig ihre Projekte und bieten kompetente Informationen aus erster Hand. Die besten Fachleute stellen neue Maßnahmen und Produkte vor, diskutieren aktuelle Themen und geben Antwort auf alle Fragen, die die Mitarbeiter vor Ort beschäftigen. Somit wird das Know-how einer bestimmten Stelle im Unternehmen beliebig vielen Empfängern

---

[1] Vgl. Hinterberger (2000), S. 25ff.

an unterschiedlichen Standorten professionell vermittelt. Schwäbisch Hall TV verbindet die Vorteile herkömmlicher Kommunikationsmittel. Einzelne Bausteine, wie Text, Ton, Bewegbild und Dialog, werden zu einer Art „Live-Mosaik" zusammengefügt. Mit dem neuen Medium erfolgte auch die Begrenzung der gedruckten Information im Wesentlichen auf eine im Monatsrhythmus erscheinende Zeitschrift innerhalb der klassischen Informationsversorgung für den Außendienst.

Technische Realisierung

Jeden Monat informiert die Bausparkasse Schwäbisch Hall via Business TV ihre komplette Außendienstmannschaft. Fallweise strahlt die Bausparkasse auch Sendungen aus, um bundesweit Mitarbeiter(innen) der Volksbanken, Raiffeisenbanken und Sparda-Banken zu informieren. Schwäbisch Hall TV in seiner heutigen Ausprägung ist das Ergebnis einer mittlerweile langjährigen Erfahrung aus zahlreichen Sendungen.

Die Bausparkasse entschied sich für den Bau eines eigenen Sendestudios und investierte auch in die dazugehörige Medientechnik für die Produktion der Sendungen bzw. die Vorproduktion elektronischer Beiträge (Videoclips) sowie deren umfangreiche Nachbearbeitung. Schwäbisch Hall entschloss sich für den Eigenbau, weil die nächstgelegenen TV-Studios erst in Stuttgart, Frankfurt oder München anzutreffen waren.

Unternehmen mit Sitz in den sogenannten Medienhochburgen haben die Alternative, hier auf entsprechende Ressourcen zurückzugreifen und ein TV-Studio anzumieten. Aber allein der wirtschaftliche Gesichtspunkt ist nicht entscheidend. Wird es notwendig, sofort und unmittelbar tagesaktuelle Informationen zu verbreiten, ist ein eigenes Studio äußerst wertvoll, da die zeitintensive Studiosuche entfällt. Um den Break Even-Point und die Amortisationszeit bei einer Investition in einen Studioneubau so klein wie möglich zu halten, sind Überlegungen einer Studiovermietung an weitere, an Business TV interessierten Unternehmen aus der Region angebracht. Voraussetzung ist, dass das eigene Sendekonzept Spielraum für eine Weitervermietung lässt.

Die Bausparkasse entschloss sich zu einer verschlüsselten Live-Übertragung (digital) via Satellit. Aus dem TV-Studio in Schwäbisch Hall erfolgt der Signaltransport per Richtfunkstrecke nach München in das modernste Play-out-Center Europas. Anschließend wird das Signal über den digitalen Satelliten ASTRA 1F in eigens eingerichtete Empfangsstationen geleitet und dort via d-box (Receiver) entschlüsselt. Richtfunkstrecke, Verschlüsselung und die Satellitenübertragung sind Dienstleistungen, die von fremden Unternehmen angemietet werden müssen. Angeschlossen an die d-box ist eine konventionelle Satellitenempfangsanlage. Ein gewöhnliches TV-Gerät genügt für den Empfang. Zur Visualisierung der Signale eignen sich aber auch Projektionssysteme oder speziell konfigurierte PCs. Auch unter der Prämisse, in Zukunft die Bausparer als Endkunden mit Kunden-TV zu versorgen, fiel die Entscheidung für den Einsatz der d-box zur Entschlüsselung des codierten Signals.

Mit nahezu 300 bundesweit verteilten Empfangsstationen ist Schwäbisch Hall TV von Außendienstmitarbeitern in ganz Deutschland leicht zu erreichen und zu nutzen. Die Interaktivität, die zum Erfolg von Business TV wesentlich beiträgt, wird bei Schwäbisch Hall über Telefon oder Fax realisiert. Im Call-In-Verfahren können parallel bis zu zehn Anrufer in der Leitung gehalten und dem Moderator im Studio zum Abruf bereitgestellt werden. Das Call-In gibt dem Zuschauer vor Ort die Möglichkeit, sich direkt mit seinem Anruf in die Sendung einzuschalten und Antworten auf seine Fragen zu erhalten.

Sendekonzept

Zielgruppe waren zunächst die Außendienstführungskräfte sowie die komplette Akquisitionsebene. Diese wurde mittlerweile um Mitarbeiter aus Volks- und Raiffeisenbanken erweitert. Aufgrund der Sendeverschlüsselungstechnik ist es möglich, die unterschiedlichsten Zielgruppen zu definieren und entsprechende Empfangsberechtigungen zu vergeben.

Bei einem monatlichen Turnus hat sich die Sendedauer von max. 120 Minuten mit einer Pause von ca. 10 Minuten für eine Liveübertragung sowohl für die Informationsempfänger als auch für die an der Sendung unmittelbar Beteiligten als optimal herausgestellt.

Inhaltliche Schwerpunkte bilden die Bereiche „Vorstandsinformation", „Produkteinführung", „Produktschulung", „Aufzeigen positiver Ergebnisse und Arbeitsweisen", „Schwäbisch Hall-Nachrichten" sowie die Präsentation in Banken und bei Verbundpartnern. Um diese Themen so interessant und abwechslungsreich wie möglich zu gestalten, werden die verschiedensten Module (Statements, Reportagen, Nachrichten, Talk mit Gästen, Interviews, Diskussionen und Produktfilme) miteinander kombiniert.

Außerdem wird Business TV im Bereich der Aus- und Weiterbildung genutzt. Gerade hier lassen sich erhebliche Kosteneinsparungen erzielen. Schwäbisch Hall praktizierte die Schulung von Mitarbeitern des Außendienstes und der Volks- und Raiffeisenbanken zum ersten Mal 1997 bei der Einführung eines neuen Bauspartarifs. Das Feedback hierzu war durchweg positiv. Aber auch eigenentwickelte PC-Programme wurden und werden auf diesem Wege dem Außendienstmitarbeiter vor Ort näher gebracht.

Hier werden auch die Vorteile von Business TV deutlich. Informationen werden schnell, direkt und ungefiltert zur Verfügung gestellt. Die gezielte Umsetzung von Maßnahmen lässt sich demonstrieren. Und die (inter)aktive Teilnahme der Zuschauer ist gewährleistet. Vor allem bedeuten die kompakte Information und anschauliche Darstellung einen Zeitgewinn und somit Kostenvorteile für das Unternehmen.

Der Nutzen muss für die Zuschauer des Business TV deutlich zu erkennen sein. So sind Themen unter dem Aspekt des Zuschauerinteresses auszuwählen und vorzubereiten. Die optische Qualität ist daher unerlässlich für die Aufnahme und das Verständnis der Zuschauer. Nicht zu unterschätzen sind die bisherigen Fernsehgewohnheiten der Mitarbeiter und deren damit verbundenen Ansprüche an dieses Medium. Die gleichzeitige Unterhaltung (Infotainment) steigert die Akzeptanz, da die Aufnahme von komplexen Zusammenhängen in einer unterhaltenden Verpackung wesentlich leichter fällt als die Aufnahme der schieren Information in Textform.

Personalkonzept

Für den regelmäßigen Sendebetrieb wird internes Personal eingesetzt. Dieses Team ist die Anlaufstelle, bei der alle Informationen zu Schwäbisch Hall TV zusammenlaufen. Insbesondere Themenvorschläge werden hier gesammelt, bewertet und für die Redaktionskonferenz vorbereitet. Diese setzt sich aus Teammitgliedern, aus den Referenten - sie präsentieren die einzelnen Beiträge - und dem Moderator zusammen.

Für die Redaktionskonferenz zeichnet das Team zusammen mit dem Moderator verantwortlich. Es werden Sendeinhalte, Präsentationstechniken, Sendedauer, Sendeablauf und die Lokationen (Sets) innerhalb des Studios festgelegt. Im Anschluss daran erfolgt durch das Team die Erstellung der Regiepläne. Minutiös wird die komplette Sendung geplant und vorbereitet. Damit jede Sendung ihr eigenes Profil erhält, ist es wichtig, dass unterschiedlichste Präsentationsformen und unterschiedliche Referenten im Wechsel eingesetzt werden.

Das Team informiert die Führungskräfte im Außendienst sowie Innendienstmitarbeiter aus den tangierten Bereichen über Inhalte und Ablauf der Sendung via Lotus Notes ca. 10 Tage vor der Sendung. Die Referenten sind in der Regel interne Mitarbeiter, die laufende Projekte des Unternehmens vorstellen oder Außendienstmitarbeiter, die erfolgreich praktizierte Arbeitsweisen erläutern. Hinzu kommen externe Referenten, die Fachvorträge in visualisierter Form präsentieren.

Jede Sendeeinheit besteht aus einem halben Tag für die Generalprobe und der eigentlichen Sendung. Die Teilnahme an der Generalprobe ist für alle Beteiligten Pflicht. So werden schon im Vorfeld Ängste und Nervosität abgebaut. Man muss hier auch berücksichtigen, dass es sich bei den Auftretenden um keine TV-erprobten Profis handelt, sondern um Mitarbeiter von Schwäbisch Hall bzw. den genossenschaftlichen Banken.

Das Produktionsteam wird zu jeder Schwäbisch Hall TV-Sendung angemietet und besteht u. a. aus einem Ablaufregisseur, Kameraleuten und Technikern, die auch für die Richtfunkstrecke nach Unterföhring verantwortlich sind. Im Sendestudio selbst finden ca. 40 Zuschauer Platz. Themenorientiert werden diese Plätze mit Referenten, Studiogästen, Bezirksdirektoren, die oft mit ihrer Mannschaft anreisen, oder Mitarbeitern der genossenschaftlichen Banken und Mitarbeitern des Innendienstes besetzt.

Wirtschaftlicher Erfolg

Business TV kann Tagungen und Besprechungen nicht vollständig ersetzen. Der persönliche Kontakt mit dem Mitarbeiter vor Ort muss weiterhin erhalten bleiben, wenn auch in reduzierter Form.

Die Wirtschaftlichkeit des Einsatzes von Schwäbisch Hall TV ist unumstritten. Die Investitionen, die Schwäbisch Hall in die Einführung von Business TV tätigte, hatten sich nach Berechnungen der Controlling-Abteilung bereits zu Beginn des Jahres 1998 amortisiert. Der Break Even-Point wurde also bereits nach noch nicht einmal zwei Jahren erreicht. Diese gute Bilanz hängt u. a. auch von der Sendehäufigkeit ab. Im Jahr 1997 beispielsweise strahlte die Bausparkasse mit der Einführung ihres neuen Tarifs auch zusätzliche Sendungen aus, um schnell und effizient zu schulen.

Die Kosten für die Produktion einer Sendung belaufen sich auf ca. € 25.000. Das entspricht einem Minutenpreis von € 250 bzw. € 8,50 pro Außendienstmitarbeiter, die hier für das Wissensmanagement investiert werden.

Es ist denkbar, jeden Außendienstmitarbeiter direkt via Schwäbisch Hall TV anzusprechen. Hierzu müsste dieser mit einer eigenen Empfangsmöglichkeit ausgestattet werden. Dies würde aber einen erheblichen finanziellen und logistischen Aufwand bedeuten. Neben der Kostenbetrachtung ist weiterhin zu beachten, dass der Erfolg von Schwäbisch Hall TV auch in der anschließenden Arbeitstagung der gesamten Mannschaft und der daraus resultierenden Umsetzung begründet liegt. Bei einer Direktausstrahlung wäre diese Philosophie zu überdenken.

In weiteren Ausbaustufen sind regelmäßige Sendungen für Bankmitarbeiter vorgesehen, die derzeit nur sporadisch erfolgen, sowie für Kunden und Bausparinteressenten denkbar (*Spartenfernsehen*). Da der Bereich Schulung künftig eine immer größere Rolle spielt, kann Business TV optimal (insbesondere via Internet) eingesetzt werden, um komplexe Sachverhalte visuell besser darzustellen und das Feedback zu erleichtern.

Viel Wissen - Wenig Management

Johanna Joppe, Memconsult, Kutzenhausen

„Wenn Siemens wüsste, was Siemens alles weiß!" Dieses Dictum ist das am häufigsten zitierte, wenn es um Wissensmanagement geht. Man hört es nicht mehr oft in letzter Zeit. Die Euphorie um Knowledge Management ist merklich abgeflaut. Warum? Weil es nicht funktioniert. Wenigstens nicht in der Mehrheit der Fälle.

1 Eine Datenbank macht noch kein Knowledge Management

Knowledge Management (KM) wird in den meisten Unternehmen gleichgesetzt mit Data Warehousing, Skill- oder Kundendatenbanken. Man ordert ein Data Warehousing-System und behauptet dann, dass man KM betreibt. Leider macht eine Systemlösung allein noch kein Wissensmanagement, da die Lösung der technischen Probleme nicht zugleich alle anderen KM-Probleme löst. Die Technik ist jedoch nicht das vorrangige KM-Problem, sondern der Mensch. Denn er macht nicht mit beim Wissensmanagement.

Das Problem ist, die Mitarbeiter dazu zu bringen, die Technik zu nutzen. Das Wissen ist zwar vorhanden, aber es wird nicht, zu langsam, unvollständig oder verfälscht ins System eingegeben oder aus dem System abgerufen. Teambildungsprozesse sollen dabei helfen, die Mitarbeiter dazu zu bewegen, ihr Wissen zu teilen. Denn wenn sie begreifen, dass sie alle im selben Team spielen, tauschen sie ihr Wissen auch aus. Das klingt einleuchtend, funktioniert in der Praxis aber leider häufig nicht. Auch nach den besten Teambildungsmaßnahmen bestehen oft die Wissensbarrieren weiter.

Die besten Ergebnisse in der Unternehmenspraxis erzielen derzeit schlichte Workshops mit den Problemträgern eines spezifischen Transferproblemkreises, wenn diese Workshops vor allem zwei Punkte thematisieren:

- konkrete Wissensbarrieren,
- quantifizierte Wirkungsketten.

Betrachten wir das Beispiel eines Spezialwerkzeuge-Herstellers. Er verliert jährlich Millionen an Umsatz und Ressourcen, weil sich Vertrieb und Sonderfertigung bekriegen. Drei Teambildungsprozesse scheiterten allein in den letzten beiden Jahren. Schließlich startet der Geschäftsführer in Zusammenarbeit mit einem externen Prozessberater einen Workshop, in dem er 27 konkrete Wissenstransferhemmnisse zwischen beiden Abteilungen aufzeigt. Unter anderem die Außendienstberichte, welche für die Sonderfertigung zu wenig aussagekräftig sind und die Regelung, dass Verkäufer nur schriftlich Anfragen an die Sonderfertigung stellen dürfen.

Dann rechnet der Geschäftsführer den versammelten Verkäufern und Ingenieuren vor, welcher Schaden entstanden ist, weil man wegen der zu langen Reaktionszeit auf eine Anfrage einen Auftrag über eine Million verlor, und wie ein Verkaufsbericht, in dem die entscheidenden Daten fehlten, zu Mehrkosten in der Fertigung von € 80.000 führte, und so weiter. Danach sind die Mitarbeiter geschockt. Aber der Teamgedanke ist da und das Engagement für das Wissensmanagement. Bemerkenswert dabei ist vor allem, dass die Unternehmensführung nichts mehr dazu beitragen muss. Die Mitarbeiter beseitigen jetzt selbst die Wissensbarrieren.

Damit der Wissenstransfer auch an der Flanke gesichert ist, stützt das Beispielunternehmen sein Wissensmanagement zusätzlich über eine Integration in die Führungskultur und durch ein Vergütungssystem ab. So werden zum Beispiel Prämien für Vorschläge zur Beseitigung von Transferbarrieren vergeben. Die stete Transferevaluation wurde in sämtliche Führungsinstrumente wie das Mitarbeitergespräch oder das 360°-Feedback eingebaut. Und Führungskräfte werden von ihren Vorgesetzten im Jour fixe permanent auf ihre Transferkompetenz geprüft.

Das sind alles Maßnahmen, die nicht das Geringste mit Data Warehousing zu tun haben. Sie haben vielmehr etwas mit Führungskultur und Organsationsentwicklungskompetenz zu tun. Denn je geringer letztere ist und je anreizloser die Führungskultur erscheint, desto geringere Chancen hat Knowledge Management in einem Unternehmen.

2 Wissensmanagement braucht Zukunftsorientierung

Damit das im Unternehmen vorhandene Wissen zum richtigen Zeitpunkt am richtigen Ort ist, müssen die technischen und die menschlichen, die Führungs- und die Organisationsentwicklungs-Voraussetzungen stimmen. Viel wichtiger wäre es jedoch, wenn Knowledge Management nicht nur altes Wissen verwalten, sondern auch neues Wissen generieren könnte. Diese Seite des Wissensmanagements haben jedoch bislang nur die wenigsten Unternehmen entdeckt, abgedeckt, geschweige denn im Griff. Das Wissensmanagement hat also ausgerechnet da ein Defizit, wo es den größten Nutzen stiften könnte.

Auch hier soll der Sachverhalt an einem Beispiel verdeutlicht werden: Ein deutscher Hersteller für Sportlernahrung erkennt dank des vergangenheitsorientierten Teils seines Knowledge Managements einen Strukturbruch im Konsumverhalten. Die Verbraucher fragen radikal weniger Großgebinde nach. Dafür herrscht bei Kleinpackungen ein Fertigungsengpass. Weil der Fitness- und Wellness-Markt boomt, wird schnell der Kleinpackungsfertigungstrakt für eine Millionensumme ausgebaut. Doch mitten in der Bauzeit schlägt die Nachfrage einen weiteren Haken. Mit der Erschließung eines neuen Vertriebszweiges kommt noch eine Liquiditätsbelastung dazu, so dass die Hausbanken bei vollen Auftragsbüchern mit der Sperrung der Kreditlinien drohen. Der Vorstand ist sich keiner Schuld bewusst, da seines Erachtens nach niemand mit dieser Entwicklung rechnen konnte. Der Vorstand hat offensichtlich noch nie die Tagesschau gesehen. Sonst wäre ihm sicher die Erfindung der segensreichen Einrichtung aufgefallen, die man in Expertenkreisen „Wettervorhersage" nennt.

In Krisen ist das angesammelte Wissen über Nacht oft nichts mehr wert. Dasselbe gilt für Investitionen, Fusionen, Neuentwicklungen, Borderline-Projekte oder Marktbrüche. Erfolgsentscheidend ist deshalb nicht, sich Zugang zu vorhandenem, sondern zu neuem Wissen zu verschaffen. Dieser zukunftsgerichtete Teil des Wissensmanagements wird heute noch so vernachlässigt wie vor Jahren der vergangenheitsorientierte Part.

Dabei ist die Generierung neuen Wissens so einfach wie die Lagerhaltung des alten Wissens. Beide funktionieren wegen der riesigen Datenmengen zwar nur mit DV-Unterstützung, laufen mit den geeigneten Systemen jedoch so problemlos wie jedes Textverarbeitungsprogramm. Man nennt diese IT-Systeme analytische Managementsysteme oder schlicht Simulationsprogramme. Von vielen Fachleuten werden sie auch dem Label „Risikomanagement" subsumiert. Diese Systeme sind vorhanden. Doch die meisten Manager sind nicht in der Lage, sie zu nutzen.

Obwohl die meisten Manager den Blick in die Zukunft schlicht für nicht möglich halten, hat die unternehmerische Prognostik bereits heute einen Grad an Zuverlässigkeit erreicht, der es zum Beispiel erlaubt, zu jedem beliebigen Zeitpunkt in Sekundenschnelle die komplette Bilanz plus GuV für jeden Monat, für das laufende ebenso wie für das nächste Jahr oder den nächsten Fünfjahreszeitraum zu erstellen.

Viele Unternehmen simulieren heute bereits die Auswirkungen der Übernahme eines Großauftrags auf den Cash-flow und die Rendite. So lehnte ein Anlagenbauer einen lukrativen Auftrag ab, für den er seine Kapazitäten hätte aufstocken müssen. Dankend übernahm ein Mitbewerber den Großauftrag. Dieser ist jetzt ein Übernahmekandidat.

Die meisten Manager sind natürlich nicht so ignorant, dass sie die Möglichkeit der unternehmerischen Prognostik mittels Simulationsplanung nicht kennen würden. Sie überschätzen jedoch häufig den notwendigen Aufwand. Doch die modernen analytischen Steuerungssysteme sind so potent, dass sie nicht nur von einem Mann bedient werden können. Sie übernehmen dabei als durchaus erwünschte Nebenwirkung auch die Aufgaben des traditionellen Controllings und des Rechnungswesens, weil sie ohnehin auf der Basis von Bilanz und GuV operieren.

Die Systeme sind so einfach zu bedienen, dass sie auch von Topmanagern eingesetzt werden können. Das ist wichtig, da dieser Teil des Wissensmanagements nicht von einem Stab oder vom Controlling übernommen werden darf. Diesen Part müssen die Topmanager erfüllen. Wenn sie für zwei Millionen einen Fertigungstrakt ausbauen möchten, müssen sie sofort sehen, wie sich das auf die Bilanz in fünf Jahren auswirkt.

Wissensmanagement funktioniert aus den genannten Gründen nur in ganz wenigen Unternehmen, so dass es sein Ziel, Wettbewerbsvorteile zu verschaffen, erreicht. Wo es jedoch funktioniert, verschafft es so große Vorteile, dass damit sogar die Kostennachteile gegenüber Billiglohnländern und Hochinnovationsanbietern ausgeglichen, ja überkompensiert werden können. Ein Anreiz, der Wissensmanagement für jedes Unternehmen attraktiv machen sollte.

Teil 3:

Business Intelligence

Der deutsche Markt für Data Warehousing und Business Intelligence

Uwe Hannig und Andreas Hahn, Institut für Managementinformationssysteme e. V., Ludwigshafen

Eine wesentliche Aufgabe des gemeinnützigen Instituts für Managementinformationssysteme e. V. (IMIS) ist es, für Transparenz auf dem Markt für Data Warehousing und Business Intelligence zu sorgen. Zu diesem Zweck werden seit 1996 in regelmäßigen Abständen Anwenderbefragungen durchgeführt. Nachfolgend werden die zentralen Ergebnisse einer im zweiten Halbjahr 2001 durchgeführten Untersuchung, an der insgesamt 93 Anwenderunternehmen aus den Bereichen Industrie (39,1 Prozent), Handel (8,7 Prozent), Dienstleistungen (40,6 Prozent) und öffentlicher Dienst (2,9 Prozent) teilnahmen, vorgestellt.

1 Data Warehouses und Data Marts auf dem Vormarsch

Managementinformationssysteme (MIS) i. w. S. werden mittlerweile in so gut wie jedem größeren Unternehmen eingesetzt. Gegenüber den Vorjahren ist die Anzahl der teilnehmenden Firmen mit einem produktiv arbeitenden MIS denn auch deutlich gestiegen (79,4 Prozent gegenüber 36,5 Prozent noch im Jahr 2000). Weitere 15,1 Prozent gaben an, die Einführung eines MIS in ihren Unternehmen bereits zu planen. Lediglich 5,5 Prozent der Befragten beabsichtigen nicht, in naher Zukunft ein MIS einzusetzen.

Als Basis für MIS stehen zentrale Data Warehouses (DW) nach wie vor sehr hoch in der Gunst der Anwender (siehe Abbildung 1). In über der Hälfte der befragten Unternehmen bildet ein zentrales Datenlager die Basis für die Unternehmensanalyse und Informationsversorgung. Auch der Trend hin zum verstärkten Einsatz dezentraler Data Marts für den Einsatz in einzelnen Funktions- oder Geschäftsbereichen setzt sich weiter fort. Waren 1998 nur knapp in jedem zehnten Unternehmen Data Marts im Einsatz, so stieg ihre Zahl bis 2001, wohl nicht zuletzt aufgrund der gestiegenen Flexibilität und wegen der zu erzielenden Kostenvorteile, auf rund 30 Prozent.

Ein weiterer Grund für die beschriebene Entwicklung ist mit Sicherheit auch das mittlerweile am Markt verfügbare Angebot vorkonfigurierter Data Marts in Form analytischer Applikationen. Hier erhalten die Anwender entweder auf Businessszenarien zugeschnittene Systeme, wie beispielsweise Applikationen für das Supply Chain Management, oder auf einzelne Funktionsbereiche ausgerichtete Systeme, beispielsweise für das Financial Management. Operative Systeme, und hier vor allem die im Einsatz befindlichen ERP-Systeme, werden in 39 Prozent der auskunftgebenden Unternehmen als Datenbasis genutzt.

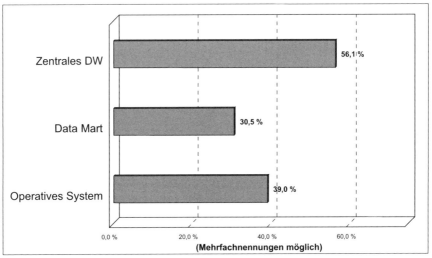

Abb. 1: Datenbasis analytischer Informationssysteme

Ein weiterer Hinweis auf die zunehmende Bedeutung von Data Marts ist die Entwicklung der Größe der analytischen Datenbanken. Der durchschnittliche Datenbestand analytischer Anwendungen liegt bei rund 70 Prozent der im Augenblick produktiv arbeitenden Systeme unter 100 GB (siehe Abbildung 2). Selbst in der Endausbaustufe bleiben Terabyte-Data Warehouses mit einem Anteil von rund 17 Prozent eher die Ausnahme. Bei der gleichzeitig zunehmenden Menge der nutzbaren Daten insbesondere über den Markt spricht vieles dafür, dass im Mittelpunkt der meisten BI-Lösungen die Unterstützung des klassischen Controllings steht.

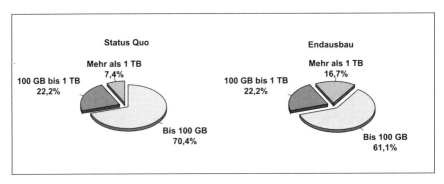

Abb. 2: Größe der Datenbasis im Endausbau

Viele Verantwortliche in den Anwenderunternehmen planen die Einführung der BI- und DW-Lösungen systematisch. Nach wir vor dienen in über der Hälfte der Fälle Pflichtenhefte als Grundlage für die Implementierung (siehe Abbildung 3).

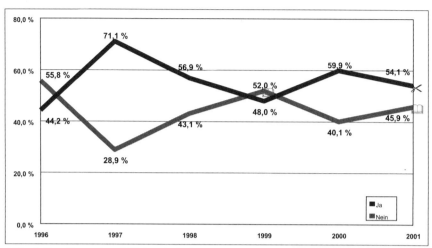

Abb. 3: Erstellung eines Pflichtenhefts im Rahmen von BI- und DW-Projekten

Das Problem ist in der Praxis jedoch häufig, dass selbst ausgefeilteste Kriterienkataloge für die konkrete Auswahl von Tools bzw. Entwicklungsumgebungen relativ wenig hilfreich sind, da die meisten Anbieter bestätigen, dass sich ihre Werkzeuge grundsätzlich für alles eignen. Im Hinblick auf Haftungsfragen bzw. Gewährleistungsansprüche und zur Erleichterung des Screenings hat die Erstellung eines Pflichtenheftes dennoch seine Berechtigung. Darüber hinaus werden vor allem die Mitarbeiter aus den Anwenderunternehmen für die wesentlichen Fragestellungen des Projekts sensibilisiert.

Obwohl die Webtechnologie nicht mehr aus dem Alltag wegzudenken ist, basieren über 80 Prozent aller MIS-Systeme nach wie vor auf einer klassischen Client/Server-Architektur. Diese Zurückhaltung dem Web gegenüber zeigt sich auch bei der Nutzung von Unternehmensportalen (siehe Abbildung 4). Lediglich rund 16 Prozent der Unternehmen nutzen bereits ein Unternehmensportal zur Verteilung von Informationen. Allerdings gibt fast die Hälfte der Befragten an, den Einsatz bereits zu planen.

Eine deutliche Steigerung lässt sich hingegen bei der Nutzung des Webs als Datenquelle erkennen. Jedes fünfte Unternehmen gegenüber jedem zehnten im Vorjahr speist nun schon Daten aus dem Internet in sein MIS ein. In einem Drittel dieser Unternehmen geschieht dies sogar in großem Umfang. Weitere 46 Prozent der MIS-Anwender haben dies allerdings fest vor.

Insgesamt lässt sich feststellen, dass der Grad der Einbeziehung unternehmensexterner Daten immer noch relativ gering ist. Noch nicht einmal jedes dritte Unternehmen nutzt diesen Dateninput und hat damit überhaupt erst die Möglichkeit zu zwischenbetrieblichen Vergleichen (vgl. Abbildung 5). In über 40 Prozent der Unternehmen zieht man diese Möglichkeit im Augenblick nicht in Betracht.

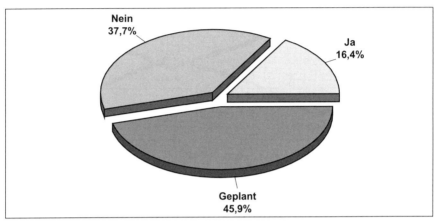

Abb. 4: Nutzung eines Unternehmenportals

Im Bereich der vorgelagerten ERP-Systeme zeigt sich mit 67,2 Prozent ein eindeutiges Bild zugunsten von SAP. Oracle folgt mit 23,4 Prozent auf Platz 2 (Mehrfachnennungen waren möglich). Bei den kleinen und mittelständischen Unternehmen findet man häufig Anbieter alternativer ERP-Lösungen, wie beispielsweise Navision oder ProALPHA.

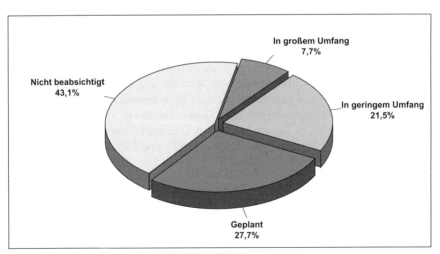

Abb. 5: Integration unternehmensexterner Daten

Fast 80 Prozent aller Unternehmen, die ein MIS im Einsatz haben oder diesen planen, greifen auf einen OLAP-Server zurück. Zwei Drittel davon präferieren die multidimensionale Datenhaltung (MOLAP), rund ein Viertel die relationale Datenhaltung (ROLAP) und jedes zehnte Unternehmen verfolgt einen hybriden Ansatz (HOLAP), der die Vorteile von MOLAP und ROLAP in bezug auf Online-Datenanalyse miteinander zu verbinden versucht (siehe Abbildung 6).

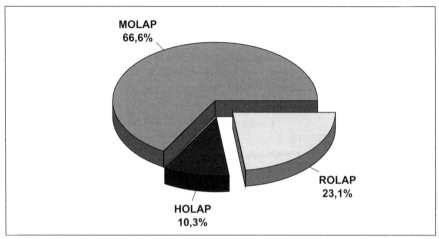

Abb. 6: Verwendete OLAP-Serverarchitektur

Erheblich mehr Unternehmen (31 Prozent) als im Vorjahr (9 Prozent) setzen Data Mining-Verfahren ein. Diese Methoden zur Entdeckung bisher nicht bekannter Zusammenhänge zwischen den Daten sind insbesondere für die Marketingspezialisten von Interesse.

2 Einsatzgebiete für Business Intelligence-Lösungen

Data Base Marketing, Customer Relationship Management und die Nutzung von Cross Selling-Potenzialen fordern geradezu den Einsatz von Business Intelligence. Denn im Gegensatz zu den klassischen Anwendungsbereichen von MIS ist im Marketingbereich das Datenvolumen um ein Vielfaches höher. Um die riesigen Mengen an Kunden- und Transaktionsdaten für das Marketing nutzbar zu machen, setzt man deshalb immer häufiger auf den Einsatz von Data Warehousing und die Aufbereitung der Daten durch OLAP-fähige Analysetools sowie auf das oben bereits angesprochene Data Mining. Entsprechend weisen BI-Lösungen für das Marketing und den Vertrieb seit 1996 das stärkste Wachstum auf (siehe Abbildung 7). Unwesentliche Veränderungen gibt es dagegen in den Bereichen Personal, Logistik sowie Produktion. Gerade aber in den Bereichen Logistik und Produktion dürfte aufgrund der gestiegenen Bedeutung des Collaborative Commerce eine positive Entwicklung zu erwarten sein.. Dominierende Einsatzgebiete sind nach wie vor das Controlling bzw. die Informationsversorgung der Geschäftsführung.

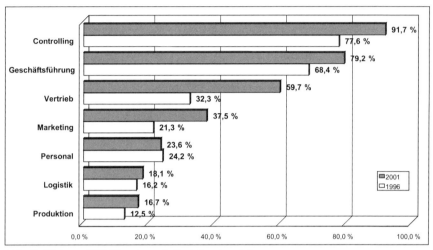

Abb. 7: BI- bzw. MIS-Einsatz nach Funktionsbereichen

Betrachtet man sich die Bedeutung der einzelnen Analysefunktionen für die Anwender, erkennt man, dass die Entscheider nach wie vor an der standardisierten Aufbereitung und Präsentation von Informationen interessiert sind (siehe Abbildung 8). Allerdings hat sich die Rangfolge etwas verändert.

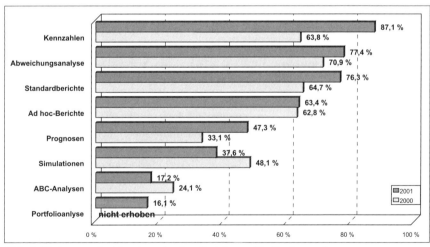

Abb. 8: Bedeutung der einzelnen Analysefunktionen für die Anwender

An erster Stelle stehen nun Kennzahlen vor den früher zuvor platzierten Abweichungsanalysen und Standardberichten. Das spricht für die inzwischen erfolgreich abgeschlossene Implementierung von aussagekräftigen Kennzahlensystemen in vielen Unternehmen.

Der Anteil der Anwender, die aktiv mit den BI-Werkzeugen arbeiten und Ad hoc-Analysen vornehmen, liegt seit Jahren bei etwas über 60 Prozent. Vor dem Hintergrund der steigenden Anforderungen des Kreditwesengesetzes und der durch Basel II auf die Unternehmen zukommenden Ratings ist wieder eine deutliche Bedeutungszunahme der von den Tools offerierten Prognosemöglichkeiten zu konstatieren. Das Interesse an Simulationen hingegen ist rückläufig. In den Vorjahren zeigte sich genau das umgekehrte Bild.

Im Zusammenhang mit dem zunehmenden Einsatz von MIS-Systemen in der Geschäftsführung liegt die Vermutung nahe, dass vor allem das Balanced Scorecard-Konzept eine entscheidende Rolle spielt. Dessen Verbreitung in den Unternehmen vollzieht sich jedoch bei weitem nicht so schnell (siehe Abbildung 9).

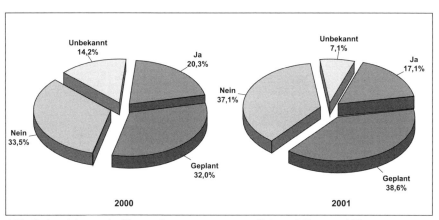

Abb. 9: Ausrichtung der Unternehmenssteuerung am Balanced Scorecard-Konzept

Nur rund jedes fünfte der Auskunft gebenden, in der Regel innovativen Unternehmen setzt das Konzept heute bereits um, obwohl sein Bekanntheitsgrad erheblich gestiegen ist . Der Anteil der Unternehmen, die den Einsatz einer Balanced Scorecard nicht in Erwägung ziehen, ist gegenüber dem Vorjahr leicht gestiegen. Ebenfalls gestiegen ist aber auch die Zahl der Unternehmen, die eine Ausrichtung der Unternehmenssteuerung an diesem Konzept planen. Dies lässt den Schluss zu, dass sich die Implementierung einer Balanced Scorecard oftmals schwieriger gestaltet als man in der Anfangseuphorie in den Unternehmen häufig erwartet hat.

3 Kosten und Nutzen von BI-Lösungen

Business Intelligence- und Data Warehouse-Lösungen erfordern immer noch einen erheblichen Mitteleinsatz. Die durchschnittlichen Projektkosten sind in den letzten Jahren aber tendenziell rückläufig. Fast 60 Prozent der BI- und DW-Projekte erreichen bis zum Endausbau ein Volumen von unter € 0,5 Mio. (siehe Abbildung 10). Der Median dieser Gruppe liegt bei € 150.000. In der Regel werden Projekte dieser Größenordnung von kleinen und mittelständischen Unternehmen mit 50 bis 250 (38,5 Prozent) bzw. 250 bis 1.000 (23,1 Prozent) Beschäftigten realisiert. Bei den restlichen 38,4 Prozent handelt es sich um kleinere Projekte bei Großunternehmen.

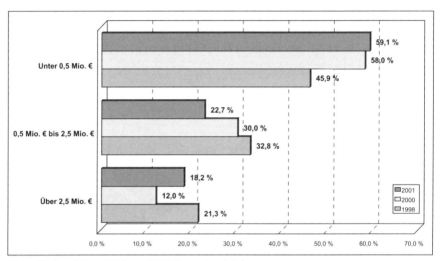

Abb. 10: Geschätzte BI- bzw. DW-Gesamtprojektkosten

Ein gutes Viertel aller Projekte bewegt sich zwischen € 0,5 Mio. und € 2,5 Mio. Der Median beträgt hier € 1,5 Mio. Bereits in dieser Gruppe dominieren Unternehmen mit mehr als 10.000 Mitarbeitern, d. h. international tätige Konzerne.

In rund 18 Prozent der Fälle übersteigen die Projektkosten € 2,5 Mio. Auf derartige Größenordnungen stößt man fast ausschließlich bei Großunternehmen mit einer Mitarbeitzahl von über 10.000. Die restlichen 25 Prozent stellen Unternehmen mit mindestens 1.000 Beschäftigten.

Trotz des augenblicklichen Einsatzes von BI-Lösungen vorwiegend in Großunternehmen ist die Zahl der aktiven Anwender der Applikationen relativ gering. In fast 60 Prozent der Unternehmen finden sich weniger als 50 Nutzer (siehe Abbildung 11). Auch in der Endausbaustufe verändern sich die Zahlen nicht dramatisch. Vor diesem Hintergrund ist natürlich zu fragen, ob sich das erhebliche Investment denn auch lohnt. Hier gab es auf Anwenderseite trotz aller kritischer Stimmen in den Medien noch nie ernsthafte Zweifel.

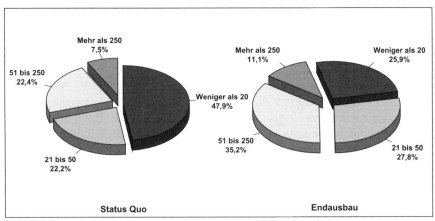

Abb. 11: Anzahl der Nutzer der BI-Lösung

Von Beginn der Untersuchung im Jahre 1996 an konnten sehr hohe Nutzenzuwächse bei der Flexibilität der Auswertung, der Zeitersparnis und der Verbesserung der Qualität der gefundenen Informationen bzw. Analysen festgestellt werden (siehe Abbildung 12). Allerdings sind die ermittelten Nutzenzuwächse in diesen Bereichen tendenziell rückläufig. Dagegen nehmen die wahrgenommenen Nutzenverbesserungen hinsichtlich Personal- und vor allem Kosteneinsparungen in den letzten Jahren signifikant zu.

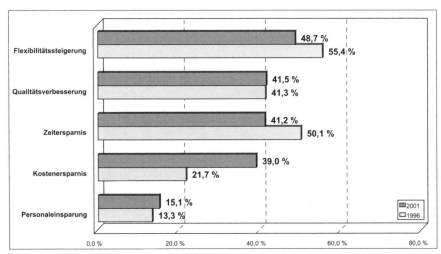

Abb. 12: Nutzenzuwächse durch den MIS-Einsatz in den Anwenderunternehmen

Dieses Ergebnis deutet darauf hin, dass die damals als besonders innovativ erachteten Features der Datenanalyse heute als selbstverständlich angesehen werden. Die Erfahrungen, die viele Nutzer in der Zwischenzeit mit Managementinformationssystemen gemacht haben bzw. deren routinemäßiger Gebrauch führen nun zu einer etwas zurückhaltenderen Einschätzung der qualitativen Komponenten und zu einer deutlich besseren Bewertung der leicht zu quantifizierenden Nutzen. Insgesamt sind die Nutzenzuwächse allerdings als sehr hoch zu bezeichnen.

Im Hinblick auf die absehbaren Entwicklung ihrer IT-Budgets für 2002 gab die Mehrheit der Befragten (54,8 Prozent) denn auch an, dass die Ausgaben im IT-Bereich gegenüber dem Vorjahr unverändert bleiben werden. Ein Viertel der Unternehmen wird die Budgets sogar erhöhen, wohingegen lediglich rund 19 Prozent die IT-Ausgaben reduzieren wollen.

Eine vom Institut für Managementinformationssysteme IMIS zum Jahreswechsel durchgeführte Anbieterbefragung ist ebenfalls von Optimismus geprägt. Danach erwarten über drei Viertel der auskunftgebenden Anbieterunternehmen ein mindestens zweistelliges Marktwachstum für die nahe Zukunft. Es sollte also weiter bergauf gehen mit der Nachfrage nach Data Warehouse- und Business Intelligence-Lösungen. Der Weg für die einzelnen Anbieter dürfte dennoch beschwerlicher als in der Vergangenheit werden, da die Nachfrager immer anspruchsvoller werden und Fehler nicht mehr bereitwillig mittragen.

Viele Anbieter haben aber bereits die Zeichen der Zeit erkannt und ihre Angebotsstrategie den neuen Herausforderungen angepasst. Sie bewegen sich weg von der für viele Anwender kaum nachvollziehbaren Technologiepräsentation und hin zur Entwicklung problemlösungsorientierter Applikationen, die sich leicht den Unternehmensspezifika anpassen lassen.. Dieser Schritt ist von ausschlaggebender Bedeutung, wenn es endlich gelingen soll, den Mittelstand als mögliche Klientel zu gewinnen.

Stand und Weiterentwicklung softwaregestützter Datenanalysen im betriebswirtschaftlichen Umfeld

Nicolas Bissantz, Bissantz & Company, Nürnberg

Die Datenanalyse hat in den vergangenen Jahren erhebliche technische Fortschritte gemacht. Dass dadurch auch eine erhöhte Analysequalität entstanden wäre, lässt sich jedoch erst vereinzelt beobachten. Der Beitrag versucht Symptome und Ursachen zu skizzieren und Wege aufzuzeigen, wie diese Lücke geschlossen werden kann.

1 Stand der softwaregestützten Datenanalyse

„It's in there. The discovery, the fact, the one piece of the puzzle that will blow away the competition, propel your company to the top, and stick a "VP" after your name. It's right there, in your database."[1]

So und ähnlich leiteten in den letzten Jahren viele zu einer Ode an die Fortschritte der IT auf dem Gebiet der Datenanalyse ein und trugen damit zu einer Erwartungshaltung bei, deren Erfüllung noch aussteht. Man hatte das, was die neue Forschungsrichtung des Knowledge Discovery oder Data Mining als Anspruch an sich selbst formulierte, als bereits verfügbares Ergebnis interpretiert.

Das Pendel schlug gewaltig aus: Allenthalben wurden Data-Mining-Produkte angeboten und Success Stories vorgestellt. Das meiste davon entsprang mehr dem Wunschdenken der jeweiligen PR-Abteilung.

Übertreibungen haben bisher noch jede neue Disziplin begleitet und in der Regel fördert es ihren Fortschritt. Schwierige Pfade werden nur selten in Angriff genommen, wenn vorab bekannt ist, wie mühsam die Reise werden wird. Zu fürchten ist jedoch, dass nun bald das Pendel zurückkommt, und ebenso weit ins Gegenteil ausschlägt. Diese Gegenbewegung könnte durch die derzeit sinkenden IT-Budgets noch verstärkt werden und zu einer langen Trockenphase für die noch junge Disziplin führen.

Daher wollen wir schon jetzt rufen „Data Mining ist tot, es lebe das Data Mining" und damit für eine Rückbesinnung auf das eigentliche Ziel werben, dass seinerzeit wie folgt formuliert wurde:

---

[1] Reese Hedberg (1995), S. 83

Man sucht nach allgemein verwendbaren, effizienten Methoden, die autonom aus großen Rohdatenmengen die bedeutsamsten und aussagekräftigsten Muster identifizieren und sie dem Anwender als interessantes Wissen präsentieren.

Aufschlussreiche Datenreisen auch in der „Economy-Class"

Bemerkenswerte Fortschritte sind vor allem hinsichtlich der „Effizienz" und „Größe" der verarbeitbaren „Rohdatenmengen" zu verzeichnen.

Beispielsweise war ein von uns Mitte der 90er Jahre entwickelter Datenanalysealgorithmus aufgrund von Betriebssystemrestriktionen auf die Verarbeitung von ca. 40.000 Datensätzen begrenzt. Der für Nutzung auf PCs entwickelten Methode zur automatischen Navigation in Betriebsergebnishierarchien waren damit enge Grenzen gesetzt. Allein die Verbesserung der Speicherverwaltung in der damals nächsten Generation des Windows-Betriebssystems erweiterte die Analysekapazität auf etwa 400.000 Sätze. Bei kaum veränderten Kosten für Hard- und Software fiel damit der Preis pro analysiertem Datensatz dramatisch – anspruchsvolle Datenanalyse wurde erschwinglich. Die damals aufkommende OLAP-Technologie, die vor allem jene Analyseverfahren nutzt, die intensiv zahlreiche Aggregationen eines Datenbestandes abprüfen, steigerte die Leistungsfähigkeit weiter.

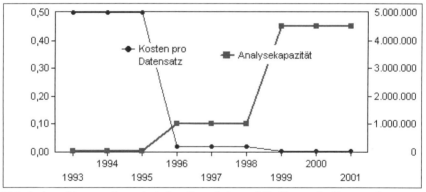

Abb. 1: Auswirkungen des technischen Fortschritts auf die Kosten der Datenanalyse

Die darauf folgenden und die noch zu erwartenden Entwicklungsschritte sind eng mit der Strategie von Microsoft für den Datenbankmarkt verknüpft. In einer ersten Phase zwangen Marktgegebenheiten die meisten OLAP-Hersteller zur Anpassung ihrer bis dato teils sehr weit fortgeschrittenen aber proprietären Technologie an neue Standards (OLE DB for OLAP), die Microsoft vorgegeben hatte. Die Anpassung kostete Zeit und Ressourcen. In der Zwischenzeit entwickelte Microsoft die zunächst zugekaufte Software weiter und verkürzte den Abstand zu den etablierten

OLAP-Wettbewerbern. Inzwischen haben einige davon die Weiterentwicklung der eigenen Technologie aufgegeben, tauschen sie gegen die von Microsoft aus und konzentrieren sich auf andere Marktsegmente. Oracle hatte weitaus früher als Microsoft auf die OLAP-Technologie gesetzt und ein Fremdprodukt eingekauft, es jedoch, soweit es die Weiterentwicklung angeht, bei wiederholten Ankündigungen neuer Versionen belassen.

In der zweiten, derzeit aktuellen Phase stellt Microsoft auch für den front-end-orientierten Sektor der Data-Mining-Anbieter die Weichen neu. Auch hier zeichnet sich ab, dass sich die Entwicklerintelligenz den übrigens hervorragend definierten Standards für Data Mining (OLE DB for Data Mining), beugen und damit die bisherige Marktzersplitterung beseitigen wird. Diese Strategie scheint bestens geeignet, das Brot-und-Butter-Geschäft der Datenbanklizenzen gegen Wettbewerber, vor allem Oracle, abzusichern.

Für den Stand der Datenanalyse bedeutet dies zunächst, dass sich dafür eine von Microsoft geprägte Grundlagentechnologie in den Unternehmen verbreiten wird. Sichtbar ist diese Technologie in Form einer für analytische Aufgaben verbesserten relationalen Datenbankplattform, einer darin integrierten OLAP-Datenbank, allgemeineren Basisalgorithmen für typische Analyseaufgaben und einer Entwicklungsplattform für Data-Mining-Applikationen.

Aufgrund der Marktmacht von Microsoft und der Möglichkeit zur Quersubvention ist der Marktzugang für alternative Technologien damit erschwert. Andererseits bleibt reichlich Raum, auf den nun vorhandenen Grundlagen unter Nutzung der sich etablierenden Standards komplementäre Technologie zu entwickeln und damit signifikante Fortschritte zu erzielen.

Mangelnde Ergonomie – Den Softwareboliden fehlt die Traktion

Weniger deutlich sind Fortschritte der softwaregestützten Datenanalyse hinsichtlich „Verwendbarkeit", „Autonomie" und „Präsentation" zu erkennen. Alle drei Kriterien sind eng miteinander verzahnt. Damit eine Maschine selbstständig („autonom") komplexe datenanalytische Aufgaben übernehmen kann, muss sie den Empfänger ihrer Ergebnisse („Präsentation") und seine Ziele verstehen. Ihre „Verwendbarkeit" ist stark eingeschränkt, wenn sie intensive Schulung des Anwenders voraussetzt. Das gilt natürlich für jede Art von Software.

Um nun den Stand der Kunst der Softwareentwicklung auszuloten, lohnt ein Vergleich mit anderen technischen Sektoren. Trotz teils hochentwickelter technischer Detaillösungen, kann sich der Bediener hier auf ein ganzes Bündel von standardisierten Benutzungsparadigmen verlassen, die ihn vor Überraschungen schützt und das gewünschte Ergebnis der Verwendung mit hoher Verlässlichkeit erzielen lässt. Verkürzt könnte man sagen, dass Automobile in einem hohen Maß allgemein verwendbar sind, sich effizient bedienen lassen und einen Großteil der anstehenden

Aufgaben autonom erledigen (Gemischaufbereitung für Kaltstart, ABS, Traktionskontrolle etc.)

Kein Geringerer als Bill Gates fand Vergleiche mit der Automobilindustrie ebenfalls erhellend und formulierte den vielzitierten Satz:
"If GM had kept up with technology like the computer industry has, we would all be driving twenty-five dollar cars that got 1000 miles to the gallon."

General Motors (GM) griff das Zitat auf und listete in einer launigen Replik Eigenschaften auf, die unsere Autos heute haben würden, falls GM tatsächlich Technologie wie die von Microsoft entwickelt hätte.

Kritisiert werden mangelnde Zuverlässigkeit und Qualität (1, 3, 4), mangelnde Kompatibilität (2) und monopolistische Preispolitik (5, 11), zuerst und vor allem aber mit sechs Analogien mangelnde Ergonomie und Benutzerfreundlichkeit (7, 8, 9, 10, 12, 13).

Wie weit die gängigen Benutzungsparadigmen noch davon entfernt sind, sich dem Menschen anzupassen und statt dessen die Erlernung kaum nachvollziehbarer Konventionen voraussetzen, verdeutlicht vor allem Punkt 10. Der berühmte „Klammergriff" über die Tasten „Strg", „Alt", „Entf" liefert ein beredtes Zeugnis für die Entfernung der Softwaretechnik vom Menschen. Das Gesagte gilt auch für die meisten aktuellen Datenanalyseprogramme. Zwar verfügen sie in der Regel über beeindruckende Funktions- und Leistungsspektren, der Zugang dazu ist jedoch enorm erschwert. Um Fortschritte auf den Feldern „Verwendbarkeit", „Autonomie" und „Präsentation" zu erzielen, wird es in den nächsten Jahren daher darauf ankommen, die Weiterentwicklung mit neuen Schwerpunkten zu betreiben:
„Today we serve technology. We need to reverse the machine-centered point of view and turn it into a person-centered point of view: Technology should serve us."[1]

Auf welche Schwerpunkte es im einzelnen ankommen wird, soll im folgenden anhand einiger Gegenüberstellungen demonstriert werden.

---

[1] Norman (1993), S. 11.

1. For no reason what so ever your car would crash twice a day.
2. Every time they repainted the lines on the road you would have to buy a new car.
3. Occasionally your car would die on the freeway for no reason, and you would just accept this, restart and drive on.
4. Occasionally executing a maneuver such as a left turn, would cause your car to shut down and refuse to restart, in which case you would have to reinstall the engine.
5. Only one person at a time could use the car, unless you bought "Car95" or "CarNT". But then you would have to buy more seats.
6. Macintosh would make a car that was powered by the sun, reliable, five times as fast, and twice as easy to drive, but would only run on five per cent of the roads.
7. The oil, water temperature and alternator warning lights would he replaced by a single "general car default" warning light.
8. New seats would force everyone to have the same size butt.
9. The airbag system would say, "Are you sure?" before going off.
10. Occasionally for no reason whatsoever, your car would lock you out and refuse to let you in until you simultaneously lifted the door handle, turned the key, and grab hold of the radio antenna.
11. GM would require all car buyers to also purchase a deluxe set of Rand McNally road maps (now a GM subsidiary), even though they neither need them nor want them. Attempting to delete this option would immediately cause the car's performance to diminish by 50% or more. Moreover, GM would become a target for investigation by the Justice Department.
12. Every time GM introduced a new model car buyers would have to learn how to drive all over again because none of the controls would operate in the same manner as the old car.
13. You'd press the "start" button to shut off the engine

Tab. 1: Die GM-Replik auf Bill Gates' Vergleich mit der Automobilindustrie

2 Voraussetzungen erfolgreicher Datenanalyse

„Low Tech – High Concept"

Um zum Kern sinnvollen und erfolgreichen Umgangs mit Daten vorzustoßen, liefern überraschenderweise vor allem Beispiele aus der Vor-Computerzeit die griffigsten Lehrstücke[1]:

Mit Hilfe statistischer Darstellungen, die dazu geeignet waren, die Entdeckung kausaler Zusammenhänge zu befördern, gelang es 1854 Dr. John Snow die Gründe der in London ausgebrochenen Cholera-Epidemie zu identifizieren. Entscheidend dafür war seine damals bahnbrechende Vermutung dass sich die Krankheit über das Trinkwasser verbreitete. Anstelle nutzloser Zeitreihen über die aufgetretenen Todesfälle verwendete Snow eine Straßenkarte, in der er akkurat Ort und Anzahl der Cholerafälle sowie die verfügbaren Wasserquellen lokalisierte (siehe Abbildung 2). Mit Hilfe weiterer detektivischer Kleinarbeit gelang es schließlich, eine Pumpe in der Broad Street als Ursache auszumachen, die Pumpe stillzulegen und die Epidemie zu beenden.

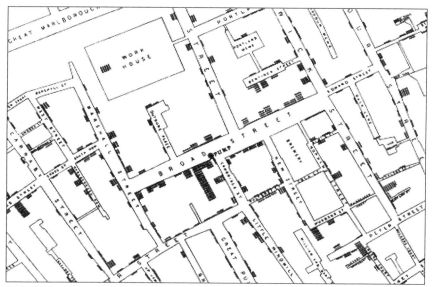

Abb. 2: Verteilung der Cholerafälle über das Stadtgebiet von London 1854

Im Gegensatz dazu führte ein dilettantischer Umgang mit den vorliegenden Daten zu der Entscheidung, das Space Shuttle „Challenger" am 28. Januar 1986 trotz

---

[1] Tufte (1998), S. 27ff

kalten Wetters starten und in eine vorhersehbare und damit vermeidbare Katastrophe fliegen zu lassen. Der Absturz wurde auf das Versagen der Tankdichtungen infolge Kältesteifigkeit zurückgeführt. Die Tanks der Trägerraketen schlugen Leck und explodierten. In seiner lehrreichen Analyse der Begleitumstände zeigt Tufte in plausibler Weise auf, dass eine geeignete und letztlich simple Visualisierung der vor dem Start diskutierten Daten die Katastrophe verhindert hätte: Bei vorhergehenden Tests führte jeder Start bei Temperaturen *unterhalb* von etwa 19° C zu Schäden an den Tankdichtungen. Für den geplanten Starttermin waren Temperaturen von unter Null Grad vorhergesagt. Der kälteste Flug ohne Dichtungsschäden fand also bei Temperaturen statt, die gut 20° C wärmer waren als der 28. Januar 1986.

Spiegelt man diese Beispiele am aktuellen Stand der Datenanalyse, so könnte man sich skeptisch fragen, ob dem Mediziner Snow ein Business-Intelligence-Projekt geholfen hätte oder ob es ein Glück für die Londoner Bevölkerung war, dass die damit verbundenen üblichen Projektlaufzeiten vermieden werden konnten. Ebenso ist fraglich, ob den Technikern und Managern bei der NASA und dem Raketenhersteller eine zahlenfressende Data-Mining-Software hätte helfen können, um die nicht einmal drei Dutzend entscheidenden Zahlen ins rechte Licht zu rücken.

In beiden Fällen war bzw. wäre es darauf angekommen, einfachen Grundprinzipien der Datenanalyse zu folgen:

- Erst nachdem Snow die zeitlich geordnete Liste der Todesfälle in einen geografischen Bezug setzte, wurden die Daten in einen geeigneten Kontext gebracht, um kausalen Zusammenhängen nachzuspüren.

- Das war die Voraussetzung, um die für jede statistische Analyse fundamentalen quantitativen Vergleiche anzustellen. Es galt, nicht nur die Umstände der Choleraopfer zu erhellen, sondern auch derjenigen, die der Epidemie entkamen. Der verunreinigten Trinkwasserpumpe benachbart war eine Brauerei, deren 70 Mitarbeiter allesamt verschont blieben. Es stellte sich heraus, dass die Arbeiter während der Arbeit ausschließlich Bier tranken.

- Snow verfolgte mit detektivischer Akribie auch diejenigen Spuren, die seiner These zu widersprechen schienen und prüfte alternative Erklärungsansätze. Nach intensiven Nachforschungen deckte Snow auch für die Cholerafälle, die weit entfernt von der Broad Street auftraten, die verschlungenen Pfade auf, auf denen das infizierte Wasser seinen Weg bis in die äußeren Bezirke der Stadt gefunden hatte.

- Mit derselben Genauigkeit widmete er sich möglichen Fehlern, die aus der gewählten Darstellungsmethode erwachsen können. Snow trug in seine Karte die Anzahl der Todesfälle ein. Ihm war klar, dass eine mögliche Proportionalität zwischen Bevölkerungsdichte und Anzahl der Todesfälle auf diese Weise verborgen bleiben und das Ergebnis verfälschen würde. Dem begegnete Snow durch zusätzliche tabellarische Daten und umfangreiche Kommentierungen.

"High Tech – Low Concept"

Es fällt auf, dass viele der aktuellen softwaregestützten Hilfen für die Datenanalyse es geradezu erschweren, diese unabdingbaren Voraussetzungen für sinnvollen Umgang mit Daten zu erfüllen. Man könnte argwöhnen, dass die technisch motivierte Begeisterung für farbenfrohen Umgang mit Daten auf Computerbildschirmen noch zu sehr den Blick für die eigentlich zu unterstützenden Aufgaben verstellen. Als Beispiel mag das häufig in der Fachliteratur diskutierte Mosaic Display dienen:

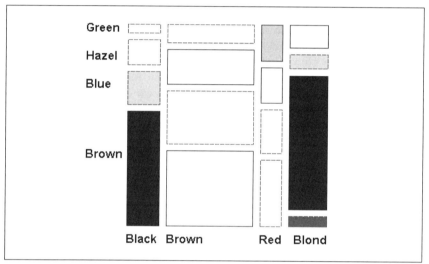

Abb. 3: Mosaic Display

Grundlage des Beispiels sind Daten über Haar- und Augenfarbe von 592 Studenten. Das Mosaic Display repräsentiert die tatsächlich aufgetretenen Fälle als Flächengröße und die Abweichung vom statistischen Erwartungswert (Produkt der Randwahrscheinlichkeiten) mit Farben. In der Abbildung sind die beiden auffälligsten Kombinationen „Brown Eyes / Black Hair" und „Blue Eyes / Blond Hair".

Eine nüchterne Betrachtung dieses Konzepts zeigt folgende Probleme auf:

1. Das dominierende visuelle Element des Mosaic Display ist die Fläche, sie repräsentiert die Anzahl der tatsächlich aufgetretenen Fälle (im Vergleich zur

Gesamtfläche näherungsweise die Häufigkeit). Es fällt dem menschlichen

Auge schwer, unterschiedlich geformte Flächen in ihrer Größe miteinander zu vergleichen, wodurch die Ablesbarkeit enorm erschwert wird.

2. Die eigentlichen Werte fehlen und machen eine exakte Beurteilung unmöglich. Ob man sie lesbar wird in der Grafik platzieren können, hängt von der Flächengröße ab.

3. Die wichtigste Information – die Stärke der Abweichung vom Erwartungswert – wird durch Farben dargestellt, denen nur bei Verwendung von Graustufen eine natürliche Ordnung innewohnt (im Original ist das Mosaic Display farbig): signalisiert ein helleres Grün ein stärkere oder eine schwächere Abweichung? In welche Richtung, über oder unter Erwartung? Welche mathematische Relation spiegelt sich im Farbunterschied wider?

4. Die Ablesbarkeit ist eine Katastrophe: das Auge muss vielfach hin- und herspringen, um die Beschriftung zu der Kombination aus Augen- und Haarfarbe zusammenzusetzen.

5. Eine Ordnung der Kombinationen ist per Auge nicht oder nur mit sehr gutem Gedächtnis und wiederum nur durch langwieriges Ablesen und Vergleichen möglich.

All diese Faktoren tragen dazu bei, dass das Mosaic Display Zusammenhänge eher verbirgt als erhellt, zudem ist es auf sehr kleine Anzahlen von Variabelenausprägungen und Variablen begrenzt.

Dabei ist es einfach eine Tabelle zu konstruieren, die all diese Nachteile vermeidet und eine einfache Ordnung in die letztlich simplen Zusammenhänge bringt und auch weder vor einer großen Anzahl von Ausprägungen noch vor mehr als zwei Variablen kapitulieren muss.

	Hair	Eyes	*Erwartungswert-Index*	*Erwartungs-Wert*	*Anzahl Fälle*
1	Blond	Blue	**2,04**	46,12	94
2	Red	Green	1,82	7,68	14
3	Black	Brown	1,69	40,14	68
4	Red	Hazel	1,26	11,15	14
5	Brown	Hazel	1,20	44,93	54
6	Blond	Green	1,17	13,73	16
7	Brown	Brown	**1,12**	106,00	119
8	Red	Brown	**0,99**	26,39	26
9	Brown	Green	0,94	30,92	29
10	Black	Hazel	0,88	16,97	15
11	Brown	Blue	0,81	104,00	84
12	Red	Blue	0,66	25,79	17
13	Black	Blue	0,51	39,22	20

14	Blond	Hazel	0,50	19,95	10
15	Black	Green	0,43	11,68	5
16	Blond	Brown	**0,15**	47,20	7

Tab. 2: Kombinationen von Haar- und Augenfarben absteigend gelistet nach dem Erwartungswertindex

Die Tabelle listet alle Kombinationen absteigend nach dem Erwartungswert*index*. Dieser Quotient aus Fallzahl und Erwartungswert reduziert die beobachtete Abweichung vom Erwartungswert auf eine simple Größe. Bei 1 ist die Erwartung erfüllt, bei Werten unter 1 tritt die Kombination unter, bei Werten über 1 über Erwartung häufig auf. Die Ordnung der Auffälligkeit lässt sich ohne Herumirren der Augen erfassen, indem man die jeweilige Kombination von Haar- und Augenfarbe abliest.

3 Ansatzpunkte zur Weiterentwicklung

Integration von Analysetechnologie mit Analyse-Know-how

Zweifellos ist der Zugang zu Unternehmensdaten in Folge zahlreich unternommener sogenannter Data-Warehouse-Projekte heute stark erleichtert. Aus unserer Beobachtung stehen der erhöhten Quantität verfügbarer Daten aber keine entsprechenden menschlichen Auswertungsressourcen gegenüber. Im Klartext: Die meisten Unternehmen haben zwar Daten, aber keine entsprechend ausgebildeten Analysten. Will man mittels Software einen Beitrag zu höherer Datenanalysequalität leisten, wird es daher darauf ankommen, sich nicht nur um technische Leistungsfähigkeit zu sorgen, sondern auch die richtige Anwendung sicher zu stellen. Hierfür gibt es zahlreiche Ansatzpunkte, die es konsequent zu nutzen gilt.

Eine erste wichtige Option ist, überall, wo in einem Programm statistische Werte angezeigt werden, den notwendigen Wissensbackground, der einen falschen Umgang mit den Daten und eine falsche Interpretation verhindern würde, integriert mit zu liefern. Im Beispiel werden grundlegende statistische Maßzahlen zur Beurteilung einer Verteilung automatisch ermittelt und die fallbezogenen Ergebnisse mit allgemeinem Analyse-Know-how zu einer geschlossenen Ergebnisdarstellung verknüpft. Im Beispiel werden als Lagemaße sowohl der Mittelwert als auch der Median ausgegeben und ihre unterschiedliche Bedeutung erläutert:

Mittelwert: Die betrachtete Verteilung tendiert zum Mittelwert von 815.203 (hier: ungewichtetes arithmetisches Mittel). Beachten Sie, dass Mittelwerte generell deutlich auf Ausreißer reagieren.

Median: Der Median der Verteilung ist 156.664. Als 'Zentralwert' - links und rechts davon liegen jeweils 50 % der kleinsten und größten Ausprägungen - zeigt der Median ebenso wie der Mittelwert, wohin die betrachtete Verteilung tendiert, wobei jedoch Ausreißer keine Rolle spielen.

Abb. 4: Automatische Ermittlung und Erläuterung von Messzahlen zur Beurteilung einer Verteilung

Auch um die Gefahr von Fehlinterpretationen zu vermindern, die aus ungeeigneter Darstellung resultieren, kann Software einen Beitrag leisten. Bei der Darstellung unterschiedlich skalierter Zeitreihen tritt beispielsweise das Problem auf, dass bei Verwendung einer Achse die Reihe mit den größeren Werten die Skalierung bestimmt und die etwaige Dynamik einer Vergleichsreihe verschleiern kann.

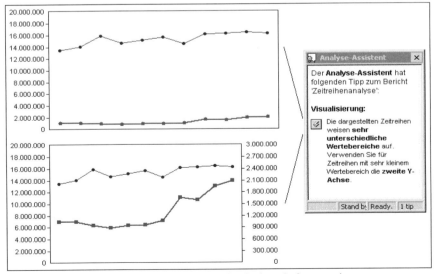

Abb. 5: Vermittlung von Analyse-Know-how durch einen Softwareassistenten

Gibt das Programm einen entsprechenden Tipp aus, so lässt sich nicht nur dieser Gefahr begegnen, sondern es kann dem Anwender auch im aktuellen Analysekontext entsprechendes Analyse-Know-how vermittelt werden.

Je reichhaltiger das Funktionsangebot eines Programms ist, desto schwerer wird es dem Anwender fallen, die zu einem Bearbeitungsschritt passende Option zu finden. Hier können Thesauri helfen, die das Funktionsangebot mit Anwendungsaspekten, begrifflichen Synonymen und Stichworten verknüpfen.

Egal mit welchem Begriff der Anwender sein vielleicht auch zum Teil verschüttetes Wissen mit einer Analysemethode verknüpft, er soll durch das System auf den richtigen Weg gebracht werden.

In dem von uns entwickelten Methodenassistenten ist die Methode „Portfolioanalyse" beispielsweise mit der folgenden Liste von Begriffen verknüpft: Klassifikation, Gruppen identifizieren, Zusammenfassung, Portfolioanalyse, Matrixanalyse, BCG-Matrix, Arme Hunde, Stars, Fragezeichen, Cash-Cows, Kühe, Melkkühe, Scatter Plot, Streudiagramm, Regression, zwei Variablen, Zusammenhänge erkennen, Korrelationsanalyse, Einfache Regressionsanalyse

Abb. 6: Methodenassistent von Bissantz & Company

Gelingt es, ein größeres Spektrum von Analyse-Know-how in ein Datenanalyseprogramm zu integrieren, so lässt sich ein weitaus höherer Grad an Autonomie durch Automation von Analyseaufgaben erzielen. Die einfachste Ausprägung ist die Automation von sich wiederholenden Teilschritten. Hierfür erweisen sich vor allem klassische betriebswirtschaftliche Verfahren wie die ABC- oder Portfolioanalyse als geeignet. Da bei diesen Verfahren die Untersuchungsschritte unabhängig vom Untersuchungsgegenstand (Artikel, Regionen, Teile etc.) gleich bleiben, lassen sie sich wie in einem Makro zusammenfassen. Ziel dieser Automationsform ist die schiere Reduktion des Zeitverbrauchs für Routinetätigkeiten.

Auf einer nächsthöheren Stufe finden sich Elemente der künstlichen Intelligenz: Der Rechner nimmt Klassifikationsaufgaben selbst wahr, z.b. indem er entlang einer Konzentrationskurve die Knickstellen ermittelt und diese als Klassengrenzen einer ABC-Einteilung vorschlägt.

Wiederum anspruchsvoller sind Verfahren, die komplexe Fragestellungen, z. B. die Identifikation von auffälligen Segmenten, Kombinationen von Merkmalen mit dem größten Einfluss auf eine Zielgröße (z. B. Response einer Marketingaktion) oder mehrdimensionale Ursachen einer Wertabweichung ermitteln. Aufgrund ihrer Autonomie und weitgehender Hypothesenfreiheit erfüllen sie den Anspruch des Data Mining bereits sehr weitreichend.

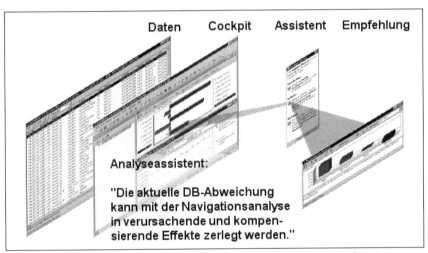

Abb. 7: Entstehung eines Analysehinweises durch Einsatz eines Analyseassistenten

Den höchsten Automationsgrad repräsentieren sogenannte Analyseassistenten. Sie integrieren eine Reihe von Prüfroutinen, die bei jeder neuen Datenansicht des Anwenders im Hintergrund ablaufen und ggf. zur Ausgabe eines Analysehinweises führen. Damit ist ein Paradigma geschaffen, das der Forderung, den Rechner als Assistenten neben sich zu akzeptieren, am nächsten kommt.

Integration von Daten- und Modellqualitätsprüfung

Zum Analyse-Know-how gehört auch, die zum Untersuchungsgegenstand passenden Daten zu finden und sie der Fragestellung entsprechend zu modellieren. Hier hat die Teilanforderung des Data Mining „große Rohdatenmengen" das ein oder andere Missverständnis befördert. Vielfach wird argumentiert, dass die Unternehmen bereits große Datenbestände hätten, in denen reichlich Erkenntnisse schlummern würden. Wir haben diese Erfahrung nur vereinzelt machen können. Meist waren die vorhandenen Daten zu einem Zweck erhoben worden, der nicht mehr mit aktuellen Fragestellungen übereinstimmte. Erfolge wurden erst erzielt, nachdem erhebliche Mühe darauf verwendet wurde, die Daten dem neuen Untersuchungszweck anzupassen und sie anzureichern.

Bei anspruchsvolleren Fragestellungen ist es sogar meist notwendig gewesen, aufschlussreiche Daten erst neu zu erheben. Was die zunehmende Speicherung von Daten hervorgebracht hat, ähnelt daher sehr vielmehr einer „Datenexplosion" und weniger einer „Informationsexplosion":
„We are in the midst of what some people call "the information explosion",but there is too much information for anyone to assimilate, the information is of doubtful quality, and perhaps most important, the things we collect statistics about are primarily those things that are easiest to identify and count or measure – which may have little or no connection with those factors of greatest importance."[1]

Im Kontrast zu dieser Auffassung stehen Erfolgsberichte wie der folgende, die zu den eingangs angesprochenen überhöhten Erwartungen an den Stand des Data Mining beitragen:
"Some of the ways Wal-Mart managers found to exploit their findings are legendary. One such legend is the story, "diapers and beer." Wal-Mart discovered through data mining that the sales of diapers and beer were correlated on Friday nights. It determined that the correlation was based on working men who had been asked to pick up diapers on their way home from work. On Fridays the men figured they deserved a six-pack of beer for their trouble; hence the connection between beer and diapers. By moving these two items closer together, Wal-Mart reportedly saw the sales of both items increase geometrically."[2]

Vor dem Hintergrund des verfahrenstechnisch Machbaren fußen derartige Beispiele auf folgendem Paradoxon: Damit ein Effekt von einem datenanalytischen Verfahren überhaupt gefunden werden kann, muss er stark genug sein, um nicht im allgemeinen Rauschen der Daten unterzugehen. Es muss also schon eine ganze Reihe junger Männer erfolgreich die Wal-Markts dieser Welt auf der Suche nach Windeln und Bier durchkämmt haben. Anders gewendet: ein erfolgreicher Ansatz wird erst aufgedeckt, wenn er bereits erfolgreich war, was seine Entdeckung in der

---

[1] Norman (1993), S. 13
[2] Hospel (2001), http://www.gwsae.org/ExecutiveUpdate/2001/March/down.htm

Regel auch schon obsolet macht. Natürlich gibt es Grenzfälle, in denen ein Effekt stark genug ist, damit er gefunden werden kann, und noch schwach genug, damit sich seine Verstärkung durch entsprechend angepasste Angebote lohnt (hier: benachbarte Platzierung der Produkte). Es spricht jedoch einiges dafür, dass diese Grenzfälle nur äußerst selten auftreten und der Aufwand sie zu finden sehr hoch ist.

Ganz allgemein ist davor zu warnen, bereits vorhandene operative Datenbestände als sprudelnde Quelle völlig neuer Erkenntnisse zu überschätzen. Vorhandene Daten spiegeln ein gegebenes Angebot und die Nutzung durch den Konsumenten wider. Neue Ansätze zeichnen sich hingegen dadurch aus, dass ein bisher nicht vorhandenes Angebot gemacht und dann erfolgreich genutzt wird.

Dass die Data-Mining-Forschung auf dem richtigen Weg ist, jedoch noch einige mühsame Schritte bis zum Ziel zurückzulegen sind, man auch das folgende Beispiel verdeutlichen: Gemeinsam mit einem Internet-Anbieter von Drogerieartikeln unterzogen wir seine Warenkorbdaten einer Assoziationsanalyse. Die Ergebnisse zeigen Potenziale und Grenzen automatisierter Analysen typischer operativer Datenbestände gleichermaßen auf: Es war in der Tat möglich, bei geschicktem Einsatz heutiger Technologie den Wust der Bondaten einer automatisierten und damit kostengünstigen Cross-Selling-Analyse zu unterziehen. Noch vor fünf Jahren hätte dies teurer High-end-Software und noch teurerer Großrechner bedurft und wäre angesichts des zu erwartenden ROI unterblieben.

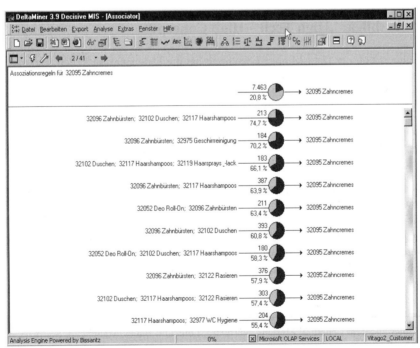

Abb. 8: Assoziationsanalyse von Drogerieartikeln unter Verwendung von DeltaMiner

Unter anderem bestätigten die Analysen die triviale Vermutung, dass sich Zahncreme, die sich mit einer Wahrscheinlichkeit von rund 20 % in jedem Einkaufskorb wiederfand, häufiger verkauft wird, wenn auch z. B. Zahnbürsten eingekauft werden. So steigt die Wahrscheinlichkeit für die Wahl von Zahncreme auf fast 75 %, wenn im Warenkorb bereits Zahnbürsten, Duschgel und Haarshampoo liegen.

Während die Assoziation von Zahnbürsten und Zahncreme sofort nachvollziehbar ist, erstaunen die Zusammenhänge mit Duschgel und Haarshampoo, die ein typisches Paradoxon offenbaren: Nachvollziehbare Effekte werden enttäuscht als Trivialität zur Kenntnis genommen, überraschende Effekte vernachlässigt, weil der dahinterliegende Zusammenhang verborgen bleibt.

Um diesen Problemen zu begegnen arbeiten wir derzeit gemeinsam mit verschiedenen Partnern[1] an Mechanismen, die auch die Phasen der Datenerhebung, der Datenaufbereitung und der Datenmodellierung durch ein in die Software integriertes Denkmodell unterstützen. Ziel ist, den die technische Analyse zunächst vorgelagerten, dann begleitenden Denkprozess so zu unterstützen, dass die Formulierung der Fragestellung, die Thesenbildung, Verifikation und Falsifikation rationalen Prinzipien folgt und transparent mit den Analyseergebnissen dokumentiert wird. Zudem soll auch ein, notwendigerweise kreativer, Prozess angestoßen werden, in dem der Anwender aus ausgetrampelten Denkpfaden ausbricht und zu neuen Fragestellungen und letztlich Gestaltungsmöglichkeiten findet.

4 Ausblick: „High Tech – High Concept"

Befeuert von der Data-Mining-Forschung hat die Datenanalyse in den letzten Jahren signifikante Fortschritte gemacht. Das Angebot an effizient einsetzbarer Analysesoftware hat sich deutlich verbreitert, auch auf PCs stehen jetzt kostengünstig einsetzbare Verfahren zur Verfügung.

Den meisten Ansätzen mangelt es jedoch noch an Benutzerschnittstellen, die für den Fachanwender geeignet sind, der seine Daten und den Analysekontext kennt, jedoch weder vertiefte Datenbankadministrations- noch Statistikkenntnisse besitzt.

Um diesem Mangel zu begegnen wird die stärkere Integration von Analyse-Knowhow in die Softwareprogramme vorgeschlagen. Als geeignet haben sich dafür nach unseren Erfahrungen Softwareassistenten erwiesen, die den Zugang zu den eingebauten Methoden erleichtern, die Analyse begleiten, im Hintergrund selbst Berechnungen anstellen, fallweise Hinweise und Erkenntnisse vermitteln und Ergebnisse und ihr Zustandekommen geeignet erläutern.

---

[1] Unter anderem Lehrstuhl Mertens, Nürnberg, Lehrstuhl Bauer, Mannheim, Softmark AG, München.

Um das Schwergewicht stärker auf diese Entwicklungen zu legen, ist eine gewisse Abkehr von der rein technisch orientierten Verfahrensentwicklung („High Tech – Low Concept") nötig. Erfolgreiche Datenanalyse, die valide Ergebnisse bringt, ist sehr viel mehr von der Befolgung grundlegender Analyseprinzipien abhängig („Low Tech – High Concept") als vom reinen „Number"- oder „Data crunching". Es gilt, dieses handwerkliche Wissen in die Software zu integrieren und mit den vorhandenen verfahrenstechnischen Fortschritten zu kombinieren um Programme zu schaffen, die „High Tech – High Concept" ermöglichen.

Data Marts als Basis des Wissensmanagements

Michael Peter Schmidt, Denken & Wissen, Monika Grimm, Sagent Technology

Data Warehousing und Wissensmanagement werden langfristig dann eine große Bedeutung haben, wenn Sie den Menschen in den Mittelpunkt rücken und den tatsächlichen Nutzen aus der Perspektive aller Beteiligter deutlich machen können. Nachfolgend wird dargestellt, wie ein auf Data Marts basierendes Managementinformationssystem (MIS) als eine wichtige Komponente für das strategische Wissensmanagement in mittleren und großen Firmen eingesetzt werden kann. Anhand von drei Praxisbeispielen wird die tatsächliche Wissensproblematik in Unternehmen in diesem Zusammenhang dargestellt. Es wird gezeigt, welche konkreten Maßnahmen notwendig sind, um Wissensprobleme zu entdecken und zu analysieren und mit Hilfe eines geeigneten IT-Tools zu lösen. Abschließend wird der Weg zum Knowledge Warehouse aufgezeigt. Ausführlicher Text unter www.denken-und-wissen.de/dwk.

1 Data Warehousing und Knowledge Management

Gemeinsam ist dem Data Warehousing und dem Wissensmanagement, dass der verwendete Grundstoff beliebig teilbar ist. Daten kann man ohne Verluste kopieren. Wissen kann man an andere weitergeben, ohne es selbst zu verlieren. Es ist also keine Verwaltung der Knappheit notwendig, wie beispielsweise bei Budgets, sondern eine möglichst breite Streuung gewünscht.

Ein Data Warehouse übernimmt in einem modern verstandenen Wissensmanagement die Aufgabe, Transparenz auf Datenebene zu schaffen. Ein wesentlicher Aspekt ist, dass über ein Datenwarenhaus nicht nur wichtige Daten und Fakten gefunden werden, die direkt bei der Arbeit weiterhelfen, sondern auch Anknüpfungspunkte, wo im Unternehmen an ähnlicher Stelle gearbeitet wird bzw. wer als Experte in speziellen Fällen weiterhelfen kann bzw. wer für einen Wissensaustausch zur Verfügung steht.

Da die Entwicklung von Datenwarenhäusern im Zusammenhang mit Wissensmanagement klar in Richtung Dezentralität und Flexibilität geht, ist die Lösung für die Zukunft das in kleineren Einheiten einsetzbare aber später vernetzbare „Datenwarenhäuschen"[1], das Data Mart. Ralph Kimball beschreibt in seinem Buch „The Data Warehouse Toolkit" die Vorgehensweise zur Konstruktion von Data Marts.

---

[1] Kimball (1995)

Er rückt dabei von Datenmodellen ab, die die gesamte Datenwirklichkeit in Unternehmen so abbilden wollen, wie sie vorgefunden wird, und die die einzelnen Daten über normalisierte Relationen miteinander verbinden möchten.

Kimball stellt den Benutzer ins Zentrum des Interesses und schlägt das sogenannte Star-Schema als Grundprinzip der Modellierung vor (siehe Abbildung 1). Dieses ermöglicht kleine, leicht zu handhabende Datenstrukturen, die im Gegensatz zu normalisierten Datenstrukturen auch bei sehr großen Datenmengen vernünftige Abfragezeiten gestatten. Dabei wird aber die Skalierung der Lösung keinesfalls eingeschränkt.

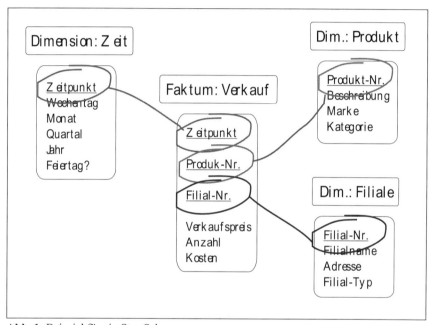

Abb. 1: Beispiel für ein Star-Schema
Quelle: Kimball (1995)

Die Sternform entsteht durch eine Faktentabelle im Zentrum, die mit mehreren Dimensionstabellen verbunden ist. Die Faktentabelle steht für ein standardisiertes Ereignis, wie z. B. den Verkauf von Waren in einer Filiale. Die Dimensionstabellen haben die Aufgabe, die Grunddaten näher zu beschreiben. Eine Dimensionstabelle beschreibt z. B. einen Kunden näher mit Branche, Größe, Umsatz etc. Eine andere Tabelle beschreibt das Produkt oder das Projekt und eine weitere die Ansprechpartner. In der Regel werden fünf bis sieben Dimensionstabellen mit einer Faktentabelle verbunden. Darauf basierend können dann einfach Abfragen erstellt werden, wie z. B. welche Aktivitäten es in Bezug auf ein bestimmtes Produkt in einem bestimmten Zeitraum in einer bestimmten Branche oder einer bestimmten Firma gegeben hat.

Ein solches Star-Schema ist nicht auf das anfängliche Einsatzgebiet beschränkt. Es vereinfacht sogar die Lösung anderer, verwandter Problemstellungen dadurch, dass schon gemachte Arbeit weiterverwendet werden kann. Wenn z. B. solch ein Stern die Kundenbesuche von Vertriebsmitarbeitern, Technikern und anderen Mitarbeitern transparenter macht, dann kann ein weiterer Produktbestellungen oder Projektmeilensteine ins Auge fassen. Die Dimensionstabellen für Kunden, Produkte und Ansprechpartner können von den hinzugefügten Sternen mitverwendet werden.

Über die Zeit entsteht ein Netz aus Data Mart-Sternen, denen jeweils eine Faktentabelle zu Grunde liegt und die sich die Nutzung der Dimensionstabellen teilen. Solch ein Netz kann sich dann auch über verschiedene Bereiche einer Unternehmung ziehen, wobei es dann vorteilhaft ist, dass die Definitionsdaten der Sterne zentral gehalten werden, um die Verbindungen zwischen den Sternen zu fixieren.

2 Die Aufgabe von Data Marts im Wissensmanagement

Das Wissen in Unternehmen kann grundsätzlich nach drei Arten unterschieden werden. Die erste Stufe stellt dabei das reine Faktenwissen dar, also das Wissen um Tatsachen, Fakten, Ereignisse etc. Dieses Wissen wird für „harte" oder gänzlich nachvollziehbare Entscheidungen verwendet. Der Einkäufer einer Reparaturwerkstatt prüft den Bestand an Ersatzteilen sowie den Bedarf der letzten Monate und bestellt fehlende Teile nach.

Weiterhin gibt es Wissen, das durch Erfahrung, durch Ausprobieren, Fehler machen, durch tatkräftiges Handeln im weitesten Sinn entstanden ist. Das sind Fähigkeiten, Erkenntnisse etc., die für weiche, gefühlsmäßige, nicht mehr vollständig durchschaubare Entscheidungen stehen. So erkennt der alte Kfz-Meister schon am Klang des Motors die Fehlerursache, ohne anderen eine nachvollziehbare Erklärung geben zu können.

Unter Beziehungswissen versteht man das Wissen um die Eigenarten von anderen Menschen, z. B. Kunden, Partnern, Lieferanten und Mitarbeitern. So weiß beispielsweise der Werkstattchef, dass Frau Meier gerne von ihm erklärt bekommt, was an ihrem Wagen repariert wurde.

Da Konzerne nicht so überschaubar wie kleine Kfz-Werkstätten sind, benötigt der einzelne Mitarbeiter weit mehr an Faktenwissen, als er persönlich organisieren kann. Aus diesem Grund werden Entscheidungen häufig mit weniger Informationen getroffen, als gut wäre. Hier helfen Data Marts mit aggregierten, aktuellen und verständlichen Daten und Informationen.

Das notwendige Erfahrungswissen ist zwar häufig im Unternehmen vorhanden aber nur selten an der richtigen Stelle. Die Verteilung von Erfahrung ist erheblich schwieriger als jene von Daten. Hier sorgen Werkzeuge für das Data Mining, das Aufspüren von Zusammenhängen in Datenbergen, Entscheidungsbäume und Balanced Scorecards, bei denen die „weichen" Faktoren, z. B. die Mitarbeiterzufriedenheit, bei der Erstellung von Kennzahlen berücksichtigt werden.

Wo die Übertragung von Wissen nicht möglich ist, erleichtern Data Marts die Suche nach Experten und Hintergrundinformationen. Herkömmliche Customer Relationship Management-Lösungen müssen sich aufgrund der Komplexität auf vertriebsnahe Informationen konzentrieren. Ein Kunde hinterlässt jedoch noch weit mehr Daten in einem Unternehmen, z. B. in gemeinsamen Projekten, bei Wartungsfällen, in Partnerschaften etc. Hier sind Data Marts gefragt, weil nur sie die Komplexität handhaben können. In Abbildung 2 werden die drei Wissensarten dargestellt. Data Marts bieten auf Seite des „eingefrorenen" Wissens Unterstützung.

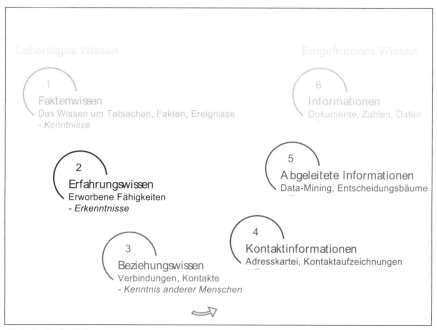

Abb. 2: Sechs Wissensarten

Wenn beispielsweise die Fachabteilungen eines mittelständischen Bauausrüsters immer genauere, aktuellere und umfassendere Berichte über Produktion, Logistik etc. wünschen, steht die DV-Abteilung vor der Wahl, entweder immer mehr Aufwand in die Erstellung der Berichte zu investieren oder die Nutzer der Daten in die Lage zu versetzen, mittels eines Data Marts vorgefertigte Berichte abzurufen oder auf der Basis des aktuellen und einheitlichen Datenbestands selbst Auswertungen vorzunehmen. So können z. B. die Vertriebsmitarbeiter eine Analyse der aktuellen Verkaufszahlen durchführen und Umsätze bis zum einzelnen Kunden oder zum einzelnen Produkt untersuchen.

Ein Beispiel, das ebenfalls die individuelle Erstellung von Auswertungen ermöglicht, dabei aber noch intelligente Unterstützung in Form von statistischen Methodiken, von semantischen oder neuronalen Netzen liefert, ist der Einsatz eines Data Mining-Werkzeugs, wie z. B. SAS Enterprise Mining, im Medizinbereich zur Unterstützung der Diagnostik. Dabei werden die über die Zeit gesammelten Daten zur Patientenvorgeschichte, zu Therapieparametern und Krankheitsverläufen über ein Data Mart zur Verfügung gestellt. Ein Nutzer kann nun mit Hilfe von SAS Enterprise Mining ohne spezifische Kenntnisse der enthaltenen statistischen Methoden in der Datenflut Zusammenhänge, z. B. Risikokonstellationen, die einen bestimmten Krankheitsverlauf begünstigen, erkennen. Wichtig ist, dass der Arzt selbst die Vermutungen von Zusammenhängen testen kann.

3 Aufbau eines Data Marts

Prinzipiell bestehen Data Marts aus drei verschiedenen Komponentengruppen (siehe Abbildung 3). Die erste kümmert sich um die Datenbeschaffung aus den verschiedensten Systemen, Datenbanken oder Dateien. Die zweite ist für die Organisation des eigentlichen Datenwarenhauses zuständig. Und die letzte Gruppe umfasst die Präsentation und die Weiterverarbeitung der gewonnenen Daten. Sagent Solution 4.5i ist eine umfassende Softwarelösung, die alle drei Bereiche mit unterschiedlichen, aufeinander abgestimmten Werkzeugen abdeckt.

Als Quellen kommen alle Varianten von Datenbanken, Exceldateien, Textdateien, SAP R/3 und Großrechneranwendungen in Frage. Zentrale Softwarekomponente hier ist der Data Load Server. Er führt die Daten aus den verschiedensten Systemen im Datenwarenhaus zusammen. Dabei werden oft gleich noch Transformationen und Glättungen vorgenommen. Das kann z. B. eine Adressbereinigung mit einem phonetischen Abgleich der Adressen sein. Beim Data Load Server ist vor allem Geschwindigkeit gefordert. Da die Daten so aktuell wie möglich sein sollen, sind häufig Ladevorgänge nötig, die bei entsprechendem Datenvolumen durchaus mehrere Stunden in Anspruch nehmen können. Aus diesem Grund verfügt der Data Load Server über die Möglichkeit, Anfragen parallel im Arbeitsspeicher und ggf. auch auf mehreren Rechnern gleichzeitig durchzuführen.

Sagent Direct Link für Mainframe ist die direkte Verbindung zu Großrechner-Daten, Sagent Direct Link für SAP R/3 das gleiche für die ganze Welt der SAP R/3-Daten. In beiden Fällen können die Datenverbindungen ohne Programmierung mit Mausbedienung hergestellt werden.

Bevor das erste Mal ein Datenladevorgang stattfinden kann, muss zunächst die Architektur der Daten festgelegt werden. Diesem Zweck dienen Datenmodellierungswerkzeuge, wie z. B. Sybase Erwin, die die Definition des Star-Schemas

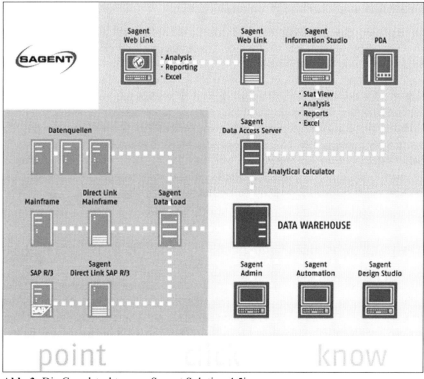

Abb. 3: Die Grundstruktur von Sagent Solution 4.5i

erlauben. Mit dem Sagent Design Studio kann dann für jede gewünschte Tabelle ein Datenladeplan grafisch entworfen werden, der genau festlegt, woher die Daten für jede einzelne Tabelle kommen. Ein solcher Ladeplan kann mitunter 15 bis 20 oder mehr Einzelschritte umfassen. Vorteilhaft ist es, nach jedem einzelnen Schritt des Ladeplans die entstandenen Daten einzusehen und so Fehlerquellen ausfindig machen zu können.

Der Sagent Administrator ist für die Verwaltung von Nutzerprofilen zuständig. Hier wird festgelegt, wer auf welche Daten zugreifen darf. Dies ist in großen Firmen eine ebenso komplexe wie bedeutsame Aufgabe. Ein leistungsfähiges Administrationswerkzeug ist die Voraussetzung für die firmenweite Bereitstellung von sensiblen Daten. Mit dem Sagent Administrator werden darüber hinaus alle Komponenten der einzelnen Bereiche konfiguriert und kontrolliert.

Die einzelnen Ladevorgänge bauen in der Regel aufeinander auf. Sagent Automation erlaubt die Definition von komplizierten Ladevorgängen, der Reihenfolge der einzelnen Ladevorgänge und der Behandlung von auftretenden Fehlern. Die Komponente MetaLens Reports erlaubt die Analyse der Metadaten des Data Marts. Hier können z. B. Änderungen des Formats von Quelldaten erkannt und nötige Korrekturen vorgenommen werden. Eine Nutzungsstatistik dokumentiert die Zugriffe der Nutzer auf die einzelnen Tabellen.

Der Data Access Server ist das Herzstück der Datenanalysewerkzeuge. Er koordiniert alle Zugriffe auf die Daten des Data Marts und die Transformationen der Daten. Er muss bei großen Data Mart-Netzen eine Vielzahl an gleichzeitigen Zugriffen bearbeiten können. Mit dem Data Information Studio können Berichte und Analysen per Mausklick erstellt werden. Daten lassen sich mittels der graphischen Benutzeroberfläche einfach abfragen, austauschen und verändern.

Die Komponente Sagent Web Link ermöglicht es, Berichte und Analysen von jedem Internet-Terminal aus ohne spezielle Software zu erstellen und abzurufen. Das Sagent Portal erlaubt es, auf der Basis von vorgefertigten Komponenten Intranetanwendungen zu erstellen, die unterschiedliche Berichte und Analysen zusammen mit anderen Informationen in einer einheitlichen Benutzeroberfläche zugänglich machen.

4 Bessere Nutzung der Wissensbasis

Wichtig für den Erfolg eines Data Mart-Projekts zur Unterstützung des Wissensmanagements ist, dass ein Mitarbeiter die Verantwortung übernimmt. Er muss zunächst herausfinden, welche Kennzahlen bei der täglichen Arbeit fehlen. Die Beantwortung dieser Frage ist die Aufgabe aller Mitarbeiter des Bereichs, in dem das erste Data Mart entstehen soll. Als Antwortzeitraum sind bis zu zwei Wochen angemessen. Wertvolle Dienste in diesem Zusammenhang leistet eine Liste mit Kennzahlen. Zum Start kann ein Brain Storming aller Interessierten für erste Ideen sorgen. Am Ende sollte eine Abschlussbesprechung der gleichen Gruppe zur Festlegung der Kennzahlenkandidaten stattfinden. Zu diesem Zeitpunkt kann eine Information der Geschäftsleitung oder Geschäftsbereichsleitung sinnvoll sein, um Aufmerksamkeit für das Projekt zu erhalten.

Je leichter eine Kennzahl zu ermitteln ist, desto eher lohnt es sich, ihre Ermittlung früh anzugehen. Je wichtiger eine Kennzahl für die tägliche Arbeit ist, desto früher sollte auch der Aufwand geprüft werden, sie bereitzustellen. Aus diesem Grund ist es sinnvoll, zunächst die Liste mit den Kennzahlenkandidaten nach ihrer Bedeutung für die tägliche Arbeit zu ordnen und dann den Aufwand dafür schätzen zu lassen. Bei langen Listen kann hier mit einer Teilliste begonnen werden.

Die Abschätzung des Aufwands kann entweder die DV-Abteilung oder ein Hersteller von Data Marts vornehmen. Nicht sinnvoll ist es, beides zur gleichen Zeit zu tun, weil der Hersteller immer auf Informationen der DV-Abteilung oder des Rechenzentrums angewiesen ist, Interviews mit Mitarbeitern führen muss und so leicht eine Wettbewerbssituation entstehen kann, die in dieser Phase keinen Sinn macht. Wenn beide Wege gegangen werden sollen, dann sollte zunächst die interne Abteilung schätzen.

Die Liste mit den Kennzahlenkandidaten kann nach der Schätzung noch einmal neu priorisiert werden, um einfach zu realisierende Kennzahlen zeitlich vorzuziehen. An dieser Stelle ist eine Präsentation der Ergebnisse bei der Geschäftsführung oder Bereichsleitung in der Regel notwendig.

Nachdem die Kennzahlauswahl getroffen wurde, ist es immer ratsam, in einem Kurzprojekt zu testen, die grundsätzliche Eignung des ausgewählten Werkzeugs zu testen. Technisch sind vor allem die Anbindung an die vorhandenen Quellsysteme und das Einpassen in die vorhandenen Abläufe und die Intranet-Oberfläche interessant. Inhaltlich kann geprüft werden, ob die Lösung mit den vorhandenen Datenformaten und -mengen zurecht kommt.

Ein solcher Test dauert in der Regel fünf Tage und hat als Ergebnis im Normalfall eine einsetzbare Minianwendung. Diese gibt Aufschluss über die Möglichkeiten der Software und damit die Basis für die endgültige Auswahlentscheidung. Danach beginnt die eigentliche Arbeit für das Pilotprojekt. Wichtige Maßnahmen sind hierbei die Erstellung eines Gesamtplans, der die Meilensteine, die Projektbeteiligten und die Teilschritte des Projekts enthält, die Definition eines Pflichtenhefts, das die gewünschten Projektergebnisse zusammenfasst und so mögliche Missverständnisse reduziert, eine detaillierte Aufwandsabschätzung, die vor unterschiedlichen Vorstellungen in bezug auf den Projektumfang schützt, und das Festlegen der Kerngruppe aus Anwendern, Fachpersonal und Mitarbeitern des Tool-Lieferanten. In einer Kick off-Sitzung werden allen Betroffenen die Projektinhalte vorgestellt.

Nach Abschluss des Pilotprojekts ist eine Projektrückschau (Review) zum Vergleich der Ziele zu Beginn des Projekts mit den Ergebnissen und zur Analyse der getroffenen Entscheidungen und der gemachten Fehler durchzuführen. Ein Denkpapier, d. h. ein journalistisch abgefasster Artikel von etwa vier bis fünf Seiten Länge, kann die Beweg- und Hintergründe des Projekts auf spannende Weise erzählen. Er kann die Ergebnisse des Reviews mit den Grundgedanken des Projekts und weiterführenden Ideen verbinden und so dauerhaft eine einfache Einstiegslektüre ins Thema bieten. Ziel ist auch die Grundidee, die hinter Datenwarenhäusern steht, einer möglichst großen Anzahl an Mitarbeitern näherzubringen.

Weiterhin sind die Anwender zu schulen. Dabei ist es sinnvoll, ihnen einen tieferen Einblick in die Optionen des Systems zu geben, als für die reine Bedienung erforderlich ist. Denn je besser sie das System verstehen, desto effektiver wird es genutzt. Ganz wichtig ist in diesem Zusammenhang auch die

Erstellung einer transparenten, verständlichen Dokumentation. In dieser sollte besonders detailliert auf die Tabellen eingegangen werden, die noch in Folgeprojekten verwendet werden können. Eine Präsentation der Pilotlösung durch die Projektgruppe regt abschließend zur Entwicklung weiterer Anwendungen an.

Mit der Zeit werden so einige Projekte entstehen, die inhaltlich und technisch mehr oder minder zusammenhängen. Spätestens jetzt müssen Koordinationsmaßnahmen ergriffen werden. Denn die Verlängerung eines Datenfeldes, das z. B. einen Produktschlüssel enthält, um zwei Zeichen kann in einer Großrechneranwendung schon einmal drei Mannjahre kosten. Eine solche Situation lässt sich bei einem Data Mart-Netz durch die Festlegung von einheitlichen Regeln für von verschiedenen Anwendungen genutzten Komponenten, z. B. mehrfach genutzte Tabellen, Komponenten der Benutzeroberfläche oder typische Ladevorgänge, vermeiden.

Viele Erfahrungen, die beim Aufbau und Betrieb von Data Marts gemacht werden, lassen sich nicht in akzeptabler Zeit in schriftlicher Form fixieren. Erfahrungen müssen in der Regel in direktem Kontakt zwischen Menschen ausgetauscht werden. Wenn Mitarbeiter nicht am gleichen Ort bzw. in dynamischen Umgebungen arbeiten wird der ergänzende Einsatz von leistungsfähigen, virtuellen Kommunikationsformen immer bedeutsamer. Dazu zählen auch sogenannte Wissensgemeinschaften. Das sind Orte im Intranet eines Unternehmens, wo zu einem bestimmten Thema alle relevanten Dokumente, Neuigkeiten und Experten zu finden sind.

Für Data Marts sollte eine zentrale Informationsdrehscheibe im Unternehmen existieren, die als erste Anlaufstelle für alle Fragen über Data Marts dient und relevante Aktivitäten, Entwicklungen und Erfahrungen im Unternehmen transparent macht. Denn erst tiefes Verständnis der Technologie und der Anwendungsmöglichkeiten eröffnen die Chance, ein System wirklich kreativ einzusetzen. Mit einer wachsenden Anzahl von Data Marts muss das Wissen im Unternehmen nicht nur über die Anwendungen, sondern auch über die technologischen Grundlagen und Optionen bei den Technikern ebenso wie bei den Anwendern und Führungskräften wachsen. Ziel ist, dass die Nutzer neue Anwendungen in immer größerem Maße selbst entwickeln können.

Der Aufbau eines Data Mart-Netzes ist kein Projekt, sondern ein Prozess. Aus diesem Grund ist es sinnvoll, die gesamten Aktivitäten in bezug auf Data Marts im Unternehmen über einen Kreislauf immer wieder neu zu beleben. Der Wissenswarenhauskreis verläuft in sechs Phasen, die immer wiederholt werden (siehe Abbildung 4).

Zunächst gilt es, Bewusstsein für die zu lösenden Probleme zu schaffen. Es geht darum ein gemeinsames Verständnis bzgl. Data Marts und Wissensmanagement zu finden. Hier hilft ein Arbeitspapier ebenso wie die persönliche Kommunikation. Sehr beliebt ist ist in der Praxis, einen oder mehrere Experten, z. B. Vorstände oder Spezialisten von Tool-Herstellern, einzuladen, die sich in Vorträgen oder Workshops mit der Thematik auseinandersetzen. Falls schon positive Erfahrungen im Unternehmen gemacht wurden, dann sind diese ganz besonders geeignet, um die Aufmerksamkeit auf das Thema zu lenken. Auch Bücher, Informationsveranstaltungen, Denkpapiere oder firmeninterne Messen leisten diesbezüglich wertvolle Dienste. Eine wichtige Ergänzung sind Beispiele, die aufzeigen, wie eine ähnliche Problemstellung angegangen, welche Fehler gemacht und welche Ergebnisse erzielt wurden. Im Wissenswarenhauskreis ist nicht nur das allererste Pilotprojekt von Interesse, sondern gerade aufeinanderfolgende innovative Projekte, die immer wieder neue Bereiche oder neue Vorgehensweisen erschließen. Die letzte Stufe ist der Konsolidierung vorbehalten. Hier sollen Synergien gesucht und eine Basis für eine nachhaltige Entwicklung geschaffen werden. Denn danach startet auf höherem Erfahrungsniveau die nächste Runde. Neue Ideen entstehen, neue Anforderungen lassen sich erfüllen.

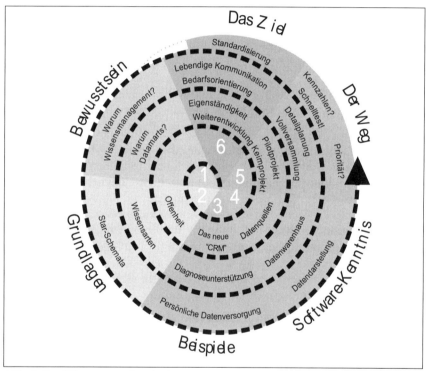

Abb. 4: Der Wissenswarenhauskreis

IT-gestützte strategische Unternehmensführung

Oliver Dross, Perlitz Strategy Group, Mannheim

Strategien sind Wege zur Zielerreichung. Sie werden mehr und mehr als wesentliche Faktoren für einen nachhaltigen Erfolg von Unternehmen akzeptiert. Zur Formulierung von Strategien werden Informationen benötigt, die in der Regel nicht aus den operativen Systemen eines Unternehmens hervorgehen. Für die Gewinnung dieser Daten müssen für diese Aufgabe optimierte Analysewerkzeuge eingesetzt werden. Neben der Datengrundlage sind vor allem auch Instrumentarien, die den Wertbeitrag einer jeden strategischen Option angeben, gefragt. Methoden wie Discounted Cash Flow- oder Realoptionsverfahren stellen hier den Stand der Anforderungen dar. Moderne Softwaretools unterstützen das Management sowohl bei der Operationalisierung von Strategien als auch bei der Bestimmung von für das Controlling geeigneten Leistungskennzahlen.

1 Strategische Unternehmensführung als Schlüssel zum Erfolg

In einer Zeit, in der die Dynamik der Umwelt rapide ansteigt, in der Unternehmen der Old wie auch der New Economy auf der Suche nach optimalen Unternehmenskonzepten sind, stellt sich die Frage nach einem Schlüssel für den nachhaltigen Unternehmenserfolg ganz besonders. In den 90er Jahren kristallisierten sich Strategieinnovationen für viele Unternehmen als der entscheidende Erfolgsfaktor heraus. Dieser Trend setzt sich heute verstärkt durch und es wird zusehends erkannt, dass innovative, konsistente Strategien sowohl in Konzernen als auch in mittelständischen Unternehmen die zentrale Steuerungsgröße sind (siehe Abbildung 1).

Abb. 1: Voraussetzungen für nachhaltigen Unternehmenserfolg

Unternehmen sind erfolgreich wenn sie ihre Umwelt aktiv, situationsgerecht gestalten. Sie sind erfolgreich wenn sie agieren anstatt zu reagieren. Unternehmen benötigen dazu unbedingte Kenntnis der Rahmenbedingungen. Dabei kommt es auf externe Parameter, wie Marktfaktoren und Wettbewerber, genauso an wie auf die Kenntnis der eigenen Stärken und Schwächen. Erst auf Basis dieser oft umfangreichen Analysen können realistische Ziele formuliert werden.

Die Erreichung von Zielen erfolgt über Strategien. Sie beschreiben, wie die Wege auf einer Landkarte, die Erreichung eines Ziels. Doch oft gibt es viele Wege, die zu einem Ziel führen. Unternehmen sind aber an dem effizientesten Weg interessiert. Dazu muss eine Bewertung aller Strategien sowie eine Entscheidung bezüglich des optimalen Wegs erfolgen. Ist die Entscheidung getroffen, kommt der häufig schwierigste und aufwendigste Teil der Arbeit: die Umsetzung und deren laufendes Controlling.

Empirische Analysen zeigen, dass lediglich 10 Prozent aller Strategien konsequent umgesetzt werden. Vergegenwärtigt man sich den Aufwand, den Unternehmen betreiben, um Strategien zu entwickeln und setzt diesem eine Umsetzungsquote von 10 Prozent gegenüber, so wird klar, warum viele Unternehmen einen nachhaltigen Erfolg nicht erreichen.

2 Elemente strategischer Unternehmensführung

Nach einer Studie der amerikanischen Unternehmensberatung Answerthink/ Hacket Benchmarking & Research sind die strategischen Planungssysteme der meisten Firmen als äußerst schwach einzustufen.[1] Das heisst, es gibt Kriterien für gute Planungssysteme.

Wie oben bereits dargestellt, ist strategische Unternehmensführung ein Prozess und somit eine Abfolge von mehreren Arbeitsschritten. Abbildung 2 verdeutlicht diese Arbeitsschritte und auch relevante Werkzeuge innerhalb der Arbeitsschritte.

Insbesondere für den Analyseteil wurden im Laufe der Jahre eine Vielzahl von Werkzeugen entwickelt. Hierbei unterscheidet man im Wesentlichen zwei Typen von Analyseverfahren: die indirekten und direkten Analyseverfahren. Die indirekten Verfahren setzen sich aus externer und interner Teilanalyse zusammen. Erst durch das Durchführen beider Analyseteile ergibt sich ein Gesamtbild (SWOT – Strengths, Weaknesses, Opportunities, Threats). Direkte Analyseverfahren liefern hingegen per se bereits ein Gesamtbild, sind aber in aller Regel deutlich grober in der Analysestruktur. Sie dienen somit einer ersten Evaluation.

Im Bereich der Ziele, Strategien und Maßnahmen kehren die Elemente Formulierung, Widersprüchlichkeitstest sowie Wirkungsanalyse stets wieder. Wichtig ist zu verstehen, dass der gesamte Prozess zwar strukturiert und geordnet ablaufen sollte, dass aber die jeweilige Formulierung von Zielen, Strategien und Maßnahmen ein durchaus kreativer Akt ist. Managern muss innerhalb des Prozesses Raum für Ideen und Gestaltungskraft eingeräumt werden. Hier bedient man sich sehr häufig Kreativitätstechniken, wie des Brainstorming, des morphologischen Kastens, Mindmapping oder Ähnlichem.

---

[1] Vgl. o. V. (2001), S. 72ff.

Widersprüchlichkeitstests sind Verfahren zur Verhinderung von kollidierenden Zilen, Strategien und Maßnahmen. Insbesondere in großen Organisationen müssen die in den verschiedenen Einheiten getroffenen Entscheidungen auf ihre Kompatibilität analysiert werden. Mit Wirkungsanalysen wird untersucht, wie stark ein Ziel zu einer Vision oder einem Oberziel, eine Strategie zu einem Ziel und eine Maßnahme zu einer Strategie beiträgt. Nur so kann sichergestellt werden, dass jede unternommene Aktivität dem Oberziel bzw. der Vision dient.

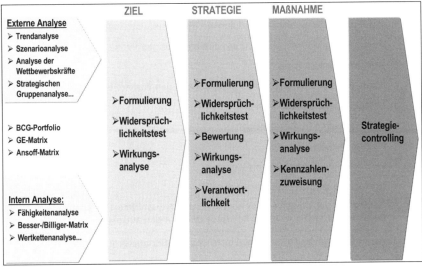

Abb. 2: Prozess der strategischen Unternehmensführung

Wie bereits oben erwähnt, entstehen auf Basis der Analysen und der Krativitätstechniken häufig eine Vielzahl unterschiedlicher Strategien, die zu demselben Ziel führen. Diese Optionen müssen bezüglich ihrer Wirtschaftlichkeit für das Unternehmen bewertet werden. Hier kommen unterschiedlichste quantitative wie qualitative Bewertungsalgorithmen zum Einsatz.

Die Umsetzung sowie das Controlling einer Strategie werden durch die Maßnahmenplanung sowie die Verantwortlichkeitszuweisung vorbereitet und durch Zuweisung von Kennzahlen zu Maßnahmen unterstützt. Im Nachgang werden Controllingmechanismen und -zyklen organisiert, die den Prozess des Controllings der Strategieumsetzung institutionalisieren.

Neben einem wohldefinierten Prozess der strategischen Unternehmensführung gibt es weitere Anforderungen an ein strategisches Führungssystem (siehe Abbildung 3). Laut Answerthink/Hacket Benchmarking & Research betrachtet jedes dritte Unternehmen vor allem Finanzkennzahlen. In Zeiten der Balanced Scorecard, ein Vorgehen, das deutlich zu kurz greift.

1. Transparenz und Strukturierung schaffen
2. Kreativität der Unternehmer und Manager fördern
3. Unterschiedlich geartete Informationen [quantitativ/qualitativ] verarbeiten
4. Annahmen und Hintergrundinformationen dokumentieren
5. Analysen visualisieren
6. Strategieoptionen bewerten und Entscheidungen vorbereiten
7. Entscheidungen dokumentieren
8. Unsicherheiten berücksichtigen
9. Werttreiber identifizieren
10. Was-wäre-wenn-Analysen ermöglichen
11. Umsetzung der Strategien unterstützen
12. Controlling der Umsetzung ermöglichen durch quantitative/qualitative Zielkennzahlen, die jederzeit Soll/Ist-Abweichungen aufzeigen

Abb. 3: Anforderungen an strategische Unternehmensführungssysteme

Neben finanziellen Kennzahlen müssen auch qualitative Informationen verarbeitet werden. Man denke hierbei zum Beispiel an Informationen über die Zufriedenheit der Kunden, die bei einem Drittel der Unternehmen völlig unter den Tisch fallen. Als weitere Erkenntnisse fanden die Berater eine zu dürftig ausgestattete Rückkopplung der strategischen Führung mit aktuellen Geschehnissen des operativen Geschäfts. Auch das Reporting an die Manager ist gemäß der Untersuchung unbefriedigend. Es ist geprägt von veralteten Informationen und einer zu großen Fülle an Daten (durchschnittlich 51 Seiten pro Monat). Was fehlt, sind fokussierte, auf den Punkt gebrachte Analysen.

3 IT-Unterstützung des Unternehmensführungsprozesses

Der Prozess der Strategischen Unternehmensführung ist sowohl hinsichtlich der Datenfülle, der Datenänderungsrate als auch der Prozesskomplexität als hoch einzustufen. (siehe Abbildung 4). Dies lässt eine IT-Unterstützung als ratsam erscheinen. In vielen Unternehmen ist Strategische Unternehmensführung als Prozess bis heute nicht implementiert – sei es aus Unkenntnis der Schritte, aus Unklarheit der involvierten Instanzen oder aus fehlendem Wissen bezüglich der dielen Werkzeuge. Hinzu kommt ein nicht unerheblicher Abstimmungs- und Rückkopplungsbedarf zwischen den verschiedenen involvierten organisatorischen Einheiten, was den Prozess als aufwendig, undurchsichtig und komplex erscheinen lässt.

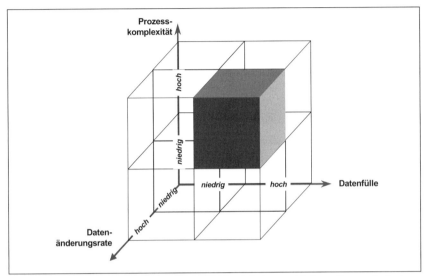

Abb. 4: Bedarf nach IT-Unterstützung in Abhängigkeit verschiedener Prozesskriterien

Verdeutlicht man sich den Aufwand der Analyse von Rahmenbedingungen, insbesondere von zu erwartenden Trends, relevanten Szenarien sowie Wettbewerbs- oder Kundendaten, so wird klar, dass die zu verarbeitende Datenfülle immense Dimensionen annehmen kann. Diese Daten sind in den wenigsten Fällen zeitstabil. Dies lässt schliesslich nur ein Fazit zu: Strategische Unternehmensführung gewinnt an Güte und an Effizienz durch IT-Unterstützung.

Zu dieser Aussage kommen Forderungen von Banken hinzu, die von ihren Firmenkunden immer öfter auch strategische Analysen und ad-hoc Auswertungen verlangen, um ihr Engagement vor dem Hintergrund von Basel II[1] zu rechtfertigen. Des weiteren bläst auch die Gesetzgebung in dasselbe Horn: Das Gesetz zur Kontrolle und Transparenz in Unternehmen [KonTraG] hält Manager dazu an, Systeme einzuführen, die geeignet sind, Frühwarnindikatoren für eventuell ent-

---

[1] A. d. V.: Unter Basel II wird die Bankenrichtlinie zur Eigenkapitalhinterlegung für die Sicherung von Kreditausfallrisiken verstanden. Vor diesem Hintergrund führen Kreditinstitute für Kredite ein Rating der Unternehmen nach Risikoklassen ein.

stehende Risiken bereitzustellen. Schliesslich fordern institutionelle Investoren von ihren Beteiligungsunternehmen Transparenz und Einheitlichkeit bezüglich des Reportings und der Unternehmensführung. Anforderungen, denen in der heutigen Zeit ohne IT-Einsatz nicht entsprochen werden kann.

Klassische BI-Tools oder OLAP-Instrumente eignen sich wenig zur Bewältigung dieser Herausforderungen, da sie in der Regel bottom-up-orientiert arbeiten. Daten, die aus OLTP-Systemen[1] stammen, werden nach verschiedenen Dimensionen aggregiert und visualisiert. In aller Regel können Informationen, die geeignet sind, strategische Entscheidungen vorzubereiten, jedoch nicht aus operativen Systemen gewonnen werden. Denn nur selten liegen Informationen über Kunden, Wettbewerber sowie über eigene Stärken und Schwächen in solchen Systemen vor. Daneben stellt der Zeitbezug ein erhebliches Problem dar. Während OLTP-Systeme in der Regel vergangenheitsorientierte Daten liefern, fordern strategische Entscheidungen Zukunftsbezug. Abbildung 5 veranschaulicht die Einordnung von IT-Tools zur Unterstützung des strategischen Unternehmensführungsprozesses in einer B2B-IT-Umgebung.

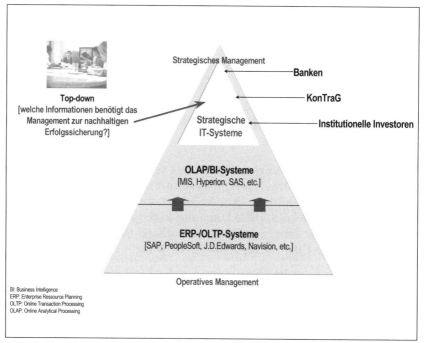

Abb. 5: Einordnung von strategischen IT-Systemen in den B2B IT-Markt

---

[1] A. d. V.: OLTP = Online Transaction Processing (operative Transaktionssysteme).

Strategische IT-Systeme richten sich in ihrer Struktur an den Erfordernissen der Usergruppen aus. Sie stellen somit eine eigene Klasse von Systemen bzw. eine Erweiterung von BI-Systemen dar. Derzeit sind erst relativ wenige solcher Tools am Markt verfügbar. Die folgenden Erläuterungen bezüglich des Leistungsumfangs strategischer IT-Systeme erfolgen anhand des Beispieltools „StrategieNavigator" der Firma Perlitz Strategy Group. Der StrategieNavigator ist ein integriertes webbrowserbedienbares Tool, das die Module Strategieentwicklung, Strategiebewertung, Strategiecontrolling sowie Strategieimplementierung umfasst. Hierbei wird ein strategischer Referenzprozess zugrundegelegt, der im Rahmen des Customizing auf die Bedürfnisse der einzelnen Kunden angepasst werden kann. Durch ein flexibles Toolkit existieren eine Vielzahl unterschiedlicher Analysewerkzeuge, die für den Kunden individuell zusammengestellt werden. Die User werden durch umfangreiche Projektmanagementwerkzeuge dialogorientiert durch „ihren" Prozess der strategischen Unternehmensführung navigiert.

Strategieentwicklung ist ein kreativer Akt, der auf den Ideen vieler Mitarbeiter im Unternehmen basiert. Die Ideenfindung sowie deren Kanalisierung wird durch unterschiedliche Kreativitätstechniken unterstützt. Beim StrategieNavigator findet vor allem die Technik des Brainstormings und des morphologischen Kastens Einsatz. Die Ergebnisse aller Analysewerkzeuge werden innerhalb einer Matrix gemäß den Rubriken Stärken, Schwächen, Chancen und Risiken [SWOT] zusammengeführt. Der Anwender hat nun die Aufgabe, auf Basis dieser individuellen Parameter Ziele bzw. Strategiealternativen zu formulieren, die auf die jeweilige Situation passen.

Erst eine solche Gegenüberstellung regt die Kreativität der Manager an, da nicht selten aus der Kombination der Felder Widersprüche offenbar werden, die durch konkrete Vorschläge gelöst werden müssen. Die Erfahrung zeigt, dass es insbesondere diese Widersprüche sind, die die Innovationskraft bezüglich der Ziele und Strategien von Unternehmen begründen und fördern. Kreativität alleine reicht jedoch nicht aus, um passende Strategien auszuwählen. Erst die Bestimmung der Wirtschaftlichkeit einer Alternative erlaubt die Einschätzung der Vorteilhaftigkeit. Monetäre Verfahren wie Discounted Cash Flow oder Realoptionsbewertung spielen dabei im StrategieNavigator ebenso eine Rolle wie qualitative Scoringverfahren.

Neben der reinen Bewertung sind aber auch Fragen des Umgangs mit Unsicherheit relevant. Erst wenn Bewertungen von Strategieoptionen auch die existierenden Risikostrukturen mitberücksichtigen, können stabile Entscheidungen getroffen werden. Daneben sind häufig Analysen von Ergebnissen unter unterschiedlichen Annahmen notwendig, um Entscheidungen abzurunden. Diese „Was-wäre-wenn?-Analysen" werden durch mächtige Szenario-Engines unterstützt.

Wie bereits oben erwähnt, mangelt es den meisten Unternehmen an der Strategieumsetzung. Nur wenn Strategien in konkrete Maßnahmen heruntergebrochen, mit Verantwortlichen versehen und durch Kennzahlen bezüglich ihres Umsetzungsgrades gemessen werden, werden die Implementierungsquoten steigen.

Kennzahlen, die die Umsetzungsgrade von Strategien messen sowie festgelegte Controllingzyklen schaffen bei allen Verantwortlichen das nötige Bewusstsein, die Umsetzung stets im Auge zu behalten und zu forcieren. Hierbei helfen unterschiedliche Performance Measurement-Techniken, wie zum Beispiel die Balanced Scorecard, die im StrategieNavigator abbildbar ist.

Letztlich müssen Strategien jedoch gelebt werden. Eine wesentliche Bedingung dafür ist die Kommunikation mit externen und internen Anspruchsgruppen. Das Unternehmen kommuniziert mit seinen Mitarbeitern, um diese zu sensibilisieren. Nur motivierte Mitarbeiter werden einen Beitrag zur Zielerreichung leisten. Die Einbindung externer Gruppen, wie zum Beispiel Aktionäre, Behörden, Finanzinstitute und Analysten, hat zum Ziel, die Beziehungen zu relevanten Institutionen zu pflegen (Public/Investor Relations).

Kommunikation ist dann effizient, wenn keine aufwendigen Routinen initiiert werden müssen, um die Adressaten zu erreichen. Dies ist der Fall, wenn die relevanten Inhalte automatisch per Bericht aus der strategischen Planung generierbar und auch via Inter-/Intranet publizierbar sind.

Neben der Reporting-/Kommunikationsfunktionalität protokolliert der StrategieNavigator die Bewertungen, Annahmen und Einschätzungen aller am Strategieentwicklungsprozess Beteiligter. Dadurch liefert er dem Unternehmen im Rahmen des Strategiecontrollings wertvolle Ansatzpunkte für kommende Strategieplanungszyklen und dient somit der Entwicklung einer „lernenden Organisation".

Veredelung von Daten zu Informationen

Joachim Sasse, Lufthansa Systems Airline Services GmbH, Frankfurt

Fluglinien erkennen zunehmend die Bedeutung von Business Intelligence-Lösungen. Diese unterstützen sie bei der besseren Auslastung von Flotte und Flugnetzen, decken Schwachstellen auf und sparen damit Zeit und Geld. Früher mussten Marketing-Experten die Informationen aus verschiedensten Systemen zusammensuchen und konnten oft nicht rechtzeitig reagieren. Die von der Deutschen Lufthansa eingesetzte MarWin-Lösung ist eines der ersten Markt- und Wettbewerberinformationssysteme, das seinen Nutzern wertvolle Entscheidungshilfen bietet, Routinearbeiten abnimmt und schließlich die Kommunikation im Bereich Sales und Marketing durch einheitliche Informationen vereinfacht. Die Airline ist damit in der Lage, State of the art-Marktuntersuchungen in sehr kurzer Zeit vorzunehmen und somit schnell auf Marktveränderungen zu reagieren.

1 Weniger Zeit für Entscheidungen

Seit der Deregulierung des europäischen Flugmarkts im April 1997 hat sich die Wettbewerbssituation bei den Airlines drastisch verschärft. Der gesamte Markt wurde zunehmend unberechenbarer. Besonders betrifft dies das Nachfrageverhalten. Hinzu kamen neue Bewertungsparameter. Dadurch wurde das Reaktionsspektrum auf das Marktgeschehen breiter. Die zur Verfügung stehende Reaktionszeit verkürzte sich jedoch wesentlich. Die Möglichkeit einer schnellen Reaktion auf Marktveränderungen wurde also immer wichtiger.

Die wachsende Fülle der zur Verfügung stehenden Daten stand auch bei Lufthansa schnellen Analysen und gezielten Reaktionen mehr und mehr im Weg. Deshalb gab der Lufthansa Vorstand bereits im Juli 1995 seinem Tochterunternehmen Lufthansa Systems den Auftrag, die Daten aus den bestehenden operativen Systemen in einem neu zu schaffenden dispositiven Markt- und Wettbewerber Informationssystem, MarWin genannt, als Data Warehouse-Lösung zu integrieren.

MarWin sollte die bedarfsgerechte Darstellung der relevanten Markt- und Wettbewerberinformationen über eine intuitiv bedienbare Anwenderoberfläche gewährleisten. Außerdem sollte es die Analyse-, Informations-, Entscheidungs- und Umsetzungsprozesse beschleunigen und mittels einer Alarmfunktion Markt- und Wettbewerbsveränderungen automatisch analysieren und den Handlungsbedarf aufzeigen. Dabei sollte MarWin die Informationen aus den bestehenden Lufthansa-Systemen nutzen und integrieren, ohne die bestehenden Systeme zu verändern.

Die Systemlandschaft bei Lufthansa ist vielfältig. Die Daten reichen von unternehmenseigenen Daten, wie beispielsweise Ertragszahlen, Buchungsdaten, Kapazitäten, bis zu externen Daten, wie MIDT-Daten, die den Fluggesellschaften als Informationen über Buchungsdaten anderer Airlines zur Verfügung stehen, oder OAG-Daten, die Flugplansysteme der einzelnen Airlines mit Stammdaten versorgen. In all diesen Systemen stecken Informationen, die nicht vollständig genutzt werden können und deren Redundanzen oder Verknüpfungen zu anderen Systemen aufgedeckt werden müssen. Eine große Schwäche des traditionellen manuellen Reportings sind aber nicht nur die mühsamen zeitaufwendigen Analysen, die nur einen Bruchteil an Informationen liefern können und keine zeitnahe Reaktion erlauben, sondern auch die Aufbereitung der Daten.

Für die Mitarbeiter des „Trading Floors" ist von entscheidender Bedeutung, dass die Daten nach Origin und Destination (O&D) Gesichtspunkten, d. h. streckenbasiert, aufbereitet werden. Als Origin wird der Abflughafen bezeichnet. Die Destination ist der Zielflughafen. Denn nur die Aufschlüsselung der Flüge nach Kriterien, wie Origin, Destination, Uhrzeit, Wochentag, Flugnummer etc., erlaubt eine genaue Bewertung des Marktes. Der Trading Floor ist bei der Lufthansa eine bereichsübergreifende Arbeitsgruppe, deren Mitarbeiter aus den Bereichen Netzsteuerung, Ertragsmanagement, Pricing und Vertrieb Sonderereignisse durch einen integrierten Prozess ad hoc mit dem Ziel behandeln, eine möglichst hohe Auslastung der Flugzeuge und damit eine hohe Rendite zu erzielen. Dieser Prozess erstreckt sich von der gemeinsamen Analyse und Beurteilung bis hin zur Entscheidungsfindung sowie dem Auslösen der Aktionsprozesse und dem abschliessenden Monitoring der Ergebnisse.

Die Mitarbeiter des Trading Floors sind also die zukünftigen Nutzer von MarWin. Mit der Einführung dieser entfällt das mühselige Zusammenführen der Informationen aus verschiedenen Systemen. MarWin stellt automatisch Informationen zu verschiedenen Fragestellungen zur Verfügung, wie zum Beispiel:

- Was bieten andere Airlines in diesem Marktsegment und wie sind deren Marktanteile im Vergleich zu unseren?
- Was sind die Ursachen für Marktanteilsverluste?
- Soll ein Flug mangels Nachfrage besser gestrichen werden und kann man zu anderen Zeiten bessere Auslastungen erzielen?
- Sollen Kapazitäten auf einer Strecke erweitert werden?
- Wann und wo ändern sich Nachfragestrukturen?
- In welchem Zeitraum muß die Lufthansa auf bestimmte Entwicklungen reagieren?

2 Gewählte Systemarchitektur

MarWin basiert auf einer klassischen Client/Server-Architektur (siehe Abbildung 1). Für den Client wird Windows 2000/NT oder Windows 9x als Betriebssystem vorausgesetzt, als UNIX-Server wird eine HP-Maschine eingesetzt. Das Kommunikationsprotokoll zwischen Client und Server ist TCP/IP. Bei den zehn Außenstandorten (New York, Miami, Dubai, Paris, Singapur etc.) wird die TCP/IP Verbindung über eine ISDN-Wählleitung hergestellt.

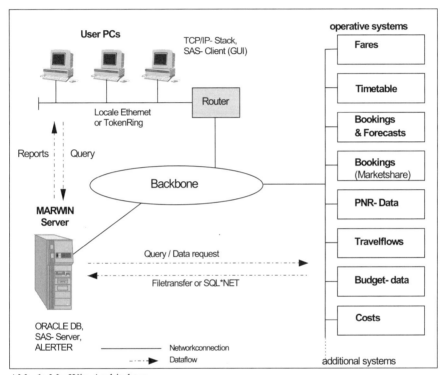

Abb. 1: MarWin-Architektur

Die graphischen Benutzeroberflächen mitsamt ihrer gesamten Funktionalität, wie Eingabe, Logik- und Konsistenzprüfungen, werden vom Client abgehandelt. Sind diese Prüfungen und Korrekturen erfolgt, werden die Abfrageparameter zum Server geschickt, der den Report auf den untersten Hierarchieebenen vorbereitet. Er schickt entsprechend der Abfrage seine SQLs an die Datenbank und erstellt die sogenannte Metabase, d. h. die Datei, die den Multicube, den mehrdimensionalen Datenwürfel, darstellt. Diese Metabase wird zurück an den Client geschickt und mittels EIS (Executive Information System) in den abgefragten Hierarchieebenen angezeigt. Der User kann nun problemlos auf den verschiedenen Analysevariablen die Drill-Möglichkeiten für seine Analysen nutzen und von einer Ebene in die andere in allen Dimensionen springen.

Innerhalb der ersten Konzeptionsphase, in der die Datenquellen genau analysiert wurden, hat sich Lufthansa Systems gemeinsam mit der Lufthansa AG für eine stufenweise Realisierung entschieden, in der eine klare modulare Struktur von MarWin anzustreben ist (siehe Abbildung 2). Auf diese Weise sollte das sehr

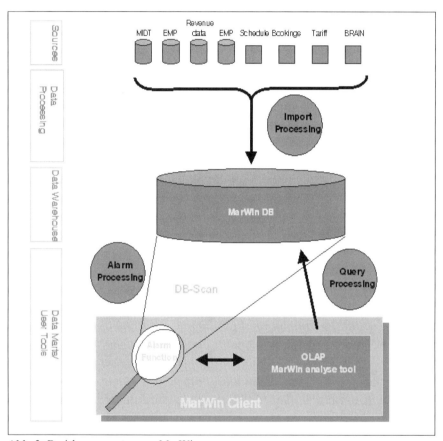

Abb. 2: Basiskomponenten von MarWin

komplexe Projekt überschaubar gehalten und trotzdem ein späteres schnelles Anbinden weiterer Systeme gesichert werden. Zusammen mit der Lufthansa AG war man sich einig, zunächst nur zwei Datenquellen als Vorsysteme zu integrieren und somit das erste Data Mart voll funktionstüchtig aufzubauen:

- interne Daten aus dem Ertragsmanagement Passage (EMP), die Informationen über Buchungen, Kapazitäten und Prognosen geben und in DB2-Tabellen zur Verfügung stehen;

- externe Daten aus dem Marketing Information Data Transfer (MIDT) mit Informationen über Agentenverkäufe, Marktanteile anderer Anbieter, die in einer Oracle-Datenbank auf einem UNIX-Server vorhanden sind.

Nach der Erstellung von Prototypen mit verschiedenen Softwaretools entschied man sich für SAS Institute als Werkzeug, mit dem die Realisierung verwirklicht werden sollte. Kriterien für diese Entscheidung waren dabei neben der sehr guten Performance die Fähigkeit von SAS, plattformübergreifend auf verschiedene Systeme, wie auf die IBM und DB2-Tabellen bzw. UNIX- und Oracle-Datenbanken, zuzugreifen. Auch der hohe Flexibilitätsgrad in der graphischen Darstellung war überzeugend. Nach diesem ersten Data Mart wurde MarWin um die Alarm-Funktion erweitert. Darunter ist ein Frühwarnsystem zu verstehen, das dem MarWin-Anwender automatisch Veränderungen in verschiedenen Bereichen, wie Buchungsanteilen oder Flugplänen, anzeigt.

Im Laufe der Zeit wurden weitere Data Marts aufgebaut bzw. die schon bestehenden Data Marts erweitert und unter der MarWin-Oberfläche zusammengefasst. Um mit MarWin auf die Datenquellen zugreifen zu können, müssen diese regelmäßig importiert werden Die Importprozesse erfolgen je nach System in wöchentlichen oder monatlichen Zeitabständen. Ziel ist es, nicht täglich auf dem aktuellsten Stand der Informationen zu sein, sondern ein sinnvolles Maß an Datenimporten auszuführen, so dass eine korrekte Gesamtsicht auf die momentane Marktsituation entsteht und damit eine gute Grundlage für die Entscheidungsfindung gebildet wird.

Das gesamte Datenvolumen auf dem MarWin-Server beläuft sich zur Zeit auf ca. 120 GB mit steigender Tendenz. Die Antwortzeiten liegen zwischen fünf und 60 Sekunden.

5 Leistungsspektrum der Lösung

Insgesamt wird MarWin weltweit derzeit von mehr als 200 Anwendern aktiv genutzt. Der Bereich Ertragsmanagement, der den größten Teil des Trading Floors bildet, hat sich in Marktteams aufgeteilt. Jedem Team ist ein bestimmter Markt, z. B. Europa, zugeordnet, der von diesem Team beobachtet wird. Der einzelne Mitarbeiter ist für Teilmärkte, z. B. Deutschland-Schweiz, verantwortlich. Mit Hilfe von MarWin beobachtet er den Markt, analysiert ihn, findet Gründe für Marktanteilsveränderungen und kann eine geeignete Aktion anstoßen, um den Alarmfall zu beseitigen.

Durch das Berechtigungskonzept von MarWin kann jedem Mitarbeiter ein persönliches Profil zugeordnet werden. Nicht allen ist der Zugang auf alle Systeme gestattet. Das Profil kann der genauen Aufgabenstellung jedes einzelnen Mitarbeiters anpasst werden. Es wird unterschieden zwischen dem Super-User, dem komplexe

Abfragen gestattet sind, und dem normalen User. Die flexible Graphikoberfläche von SAS unterstützt derartige Anforderungen. Die Funktionalität von MarWin läßt sich in die Bereiche Alarme, Analysen und Monitoring gliedern

Die Funktion Alarm beobachtet permanent den Markt. Veränderungen, die über einem bestimmten Schwellenwert liegen, werden angezeigt. Die Alarmparameter können individuell eingestellt werden, so dass der Marktreferent für den Bereich Asien nur die O&Ds, Märkte und Destinationen sieht, die seinen Bereich betreffen. In Abbildung 3 werden für sehr unterschiedliche Bereiche Alarme angezeigt. Veränderungen in den O&Ds (Origin and Destination) werden für Verbindungen mit Origin FRA (Frankfurt) angezeigt. Außerdem werden Alarme für den Markt USA und unterschiedliche Destinationen bestimmt.

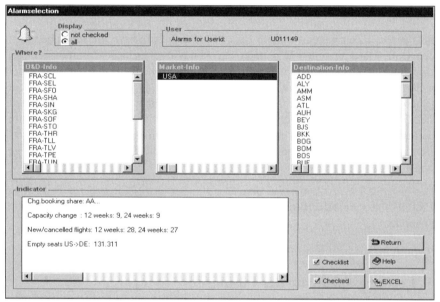

Abb. 3: Alarm Frame

So wird z. B. angezeigt, wenn auf einer Strecke neue Flüge eingesetzt werden oder bestehende gestrichen werden (siehe Abbildung 4). Ebenfalls wird angezeigt, wenn sich die Auslastung verändert (empty seats) oder Buchungsanteile sich stark verändern (Chg. booking share). Die einzelnen Alarme lassen sich detaillierter anzeigen. So kann man sich für den Markt USA anzeigen lassen, welche Flüge neue hinzu kommen bzw. gestrichen wurden.

In Abbildung 4 erkennt man, dass die Airline UA auf der Strecke IAD–CLT (Washington/Dulles-Charlotte) vier neue Flüge eingesetzt hat. Die Airline JI hat hingegen auf der Strecke IAD-RDU (Raleigh/Durham) Flüge gestrichen. Für diese

Information werden die aktuellen Flugpläne mit denen der letzten vier Wochen auf Wochenbasis abgeglichen.

Im Anschluß kann der Marktreferent analysieren, welche Ursache die Veränderung hat. So kann z. B. ein Sonderpreisangebot nach Zürich an Wochenenden das Ergebnis einer Alarm-Analyse für einen Anstieg der Kapazitäten oder Veränderungen der Buchungsanteile sein.

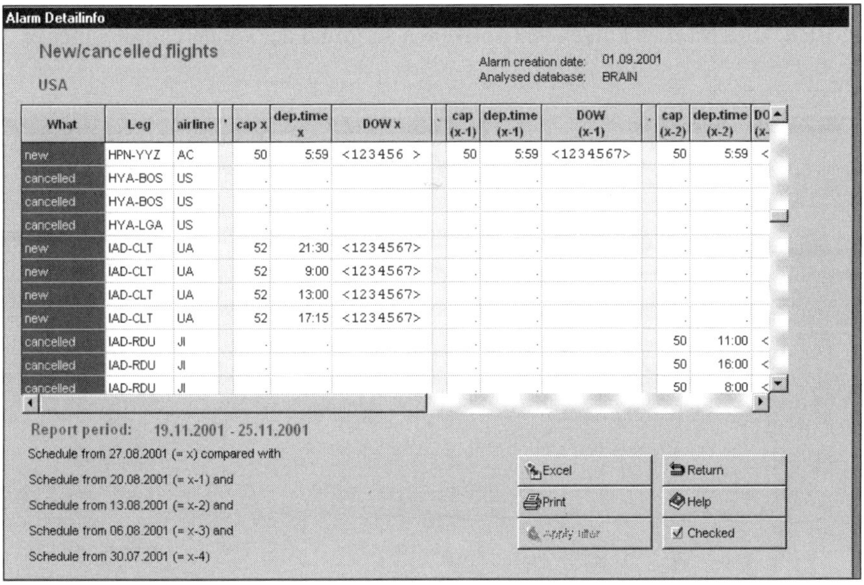

Abb. 4: Alarm-Detailinfo für neue und gestrichene Flüge im Markt USA

Die MarWin-Hauptmaske gibt dem Anwender weiterhin die Möglichkeit, Marktdaten aus unterschiedlichen Datenquellen zu analysieren (siehe Abbildung 5). Dazu gehören MIDT-Zahlen (Informationen über Marktanteile und Agentenverkäufe anderer Anbieter), EMP-Daten (interne Daten aus dem Ertragsmanagement) und BRAIN-Daten (Flugpläne). Zusätzlich können in drei weiteren Frames noch spezielle Abfragen für einzelne Datenquellen durchgeführt werden. Das sind MIDT-Traffic-Flows-Abfragen, Booking-Analyse und Schedule Display-Analyse. Nach Eingabe der Abfrageparameter erfolgt eine Prüfung auf Richtigkeit der Daten und auf Inkonsistenzen. Offensichtliche Fehler korrigiert MarWin selbständig und macht den Anwender darauf aufmerksam. Die Ausgabe erfolgt schließlich auf der höchst gewählten Hierarchiestufe. Der Anwender kann dann in alle Richtungen drillen. Zusätzlich kann er Zwischensummen bilden, Daten herausfiltern, Analysevariablen umstellen und einiges mehr.

Neben dem Export jeder aktuellen Tabelle nach Excel kann er sich seine Ausgabetabelle auch in verschiedenen Graphiktypen anzeigen lassen, z. B. als Balken- oder Pie-Graphik. Um die Performance zu erhöhen, wurden von Lufthansa die ca. 11.000 wichtigsten Strecken (TOP-O&Ds, Origin&Destination) definiert. Für diese Top-O&Ds werden regelmäßig die neu vorliegenden Daten aus den operativen Systemen in eine Oracle-Datenbank importiert und transformiert. Die Daten werden für insgesamt zwei Jahre gespeichert. Ältere Daten werden von den Importprozessen gelöscht. Führt der Anwender dann Abfragen für die Top-O&Ds aus, wird direkt auf die Oracle-Datenbank mit dem reduzierten Datenbestand zugegriffen. Dies führt zu kurzen Antwortzeiten aufgrund der kleineren Datenmenge.

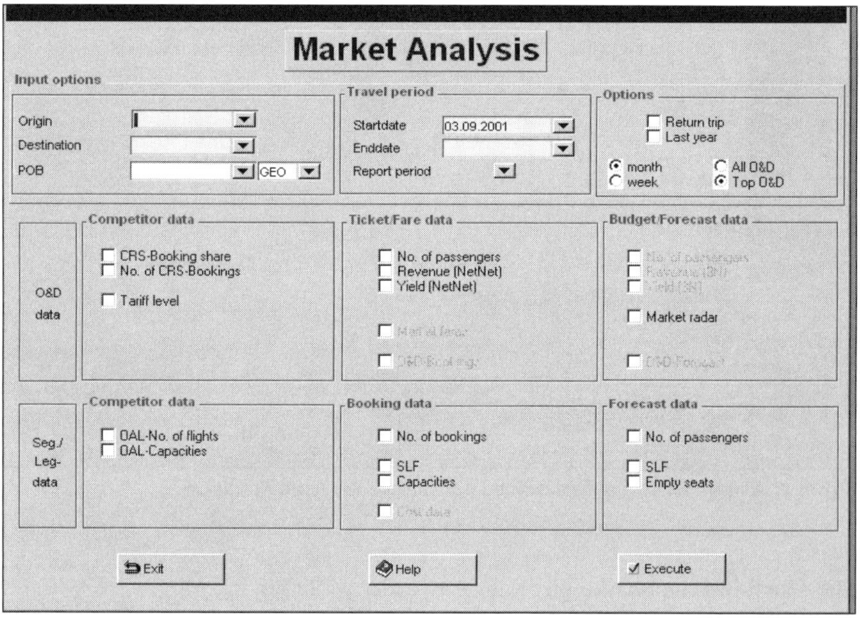

Abb. 5: MarWin-Hauptmaske

Mit der MarWin-Hauptmaske sind Abfragen auf unterschiedliche Datenquellen möglich, die auch miteinander kombiniert werden können. Der Anwender muss eine Origin und eine Destination eingeben. Dies kann er auf GVG-, Region-, Country- oder City-Ebene auswählen. Außerdem muss er den Beobachtungszeitraum angeben. Mit der Auswahl Competitor data (O&D data) erhält der Anwender Informationen über das Buchungsverhalten aller Airlines. Marktanteile lassen sich berechnen, die auch mit dem Vorjahr verglichen werden können. Mit dieser Abfrage lassen sich Fragestellungen beantworten, wie z. B. „Hat sich der Buchungsanteil von Deutschland nach USA im Vergleich zum Vorjahr geändert und wie sieht es bei den Mitbewerbern aus?". Abfragen für zukünftige Ereignisse sind auch möglich. Mit der Funktion Budget Forecast data wird auf RADAR Daten zugegriffen.

Dieser Algorithmus, der auf EMP-Prognose-Daten zugreift, gibt Informationen, wie z. B. „Wieviele freie Sitze gibt es voraussichtlich im Dezember 2001 auf dem O&D BRE-LOS?". Dabei ist zu beachten, das nur Flüge angezeigt werden, deren Sitzladefaktor (SLF) unter einem bestimmten vorgegebenen Wert liegt. Mit dieser Information können dann u. a. Sonderpreisaktionen geplant werden. Informationen über die erwarteten Gewinne erhält der Anwender mit der Auswahl Ticket/-Fare-data. Diese berechnen sich aus den erwarteten Paxen und dem Revenue. Ebenfalls ist ein Vergleich mit den Vorjahreszahlen möglich.

Competitor data (Seg. Leg data) greift auf eine Datei zu, die die Flugpläne der meisten Wettbewerber enthält (BRAIN-Daten). Zu diesen Flugplänen werden Kapazitäten hinzugemergt, die auf den Flugzeuggrößen basieren. Diese Daten sind leg-basiert, d. h. es wird nicht die gesamte Reise von Origin zu Destination betrachtet, sondern die einzelnen Teilstrecken, aus denen sich die Reise zusammensetzen kann. Damit sieht der Anwender beispielsweise, ob im Vergleich zum Vorjahr die Strecke DUS-MIL von LH oder den Wettbewerbern öfter oder weniger geflogen bzw. welches Fluggerät benutzt wird.

Die Funktion Booking Data greift auf EMP-Zahlen zu. Der Anwender bekommt Informationen zur Anzahl der Buchungen in den Klassen, zum Sitzladefaktor (SLF) und der Kapazität (siehe Abbildung 6). Dabei ist zu beachten, dass es sich

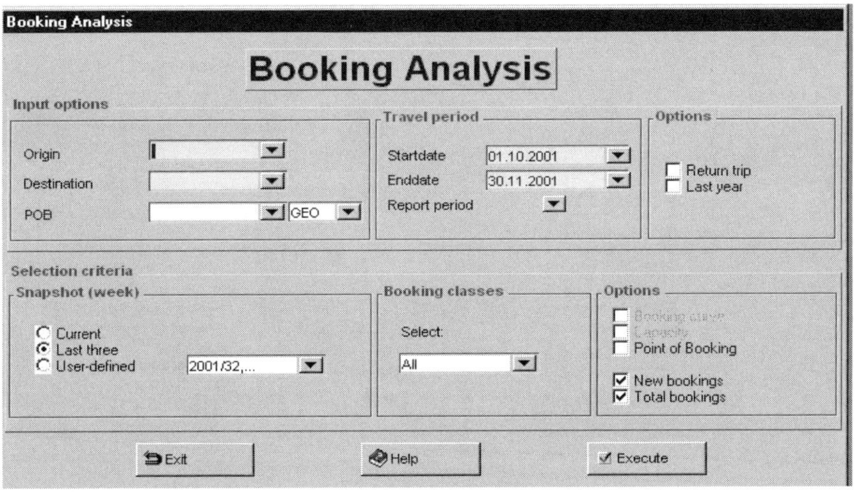

Abb. 6: Booking Analysis

um leg-bezogene Daten handelt. Die EMP-Zahlen enthalten neben eigenen Code Share-Flügen nur Lufthansadaten. Damit lassen sich Fragen, wie z. B. „Wieviele

Buchungen gab es am 01.04.2002 von FRA nach CPH in der Business Class?" oder: „Wie ist die Auslastung auf der Strecke FRA-DEN im Juni?", beantworten.

Mit Forcast data erhält man ebenfalls Informationen über zukünftige Ergebnisse aus EMP-Prognosedaten. Es wird der voraussichtliche SLF und die voraussichtliche Anzahl Paxe angezeigt. Diese leg-basierten können wieder mit dem Vorjahr verglichen werden.

Das MarWin Modul MIDT-Traffic Flow (siehe Abbildung 7) greift auf die MIDT-Daten (Informationen über Marktanteile und Agentenverkäufe anderer Anbieter) zu. In dem MIDT-Traffic Flows Frame kann zusätzlich zu Origin und Destination ein Connex-Punkt angegeben werden. Connex bezeichnet den Ort einer Zwischenlandung. Damit sind dann auch Hubanalysen machbar. So kann beispielsweise angezeigt werden, wieviele Passagiere von Frankfurt nach USA über London fliegen. Zusätzlich sind noch Snapshot-Betrachtungen möglich. Diese Abfragen können beispielsweise auch auf Nonstop-Verbindungen beschränkt werden.

Das Modul Booking-Analyse (siehe Abbildung 7) liefert zeitnahe Ertragszahlen. Die Daten stammen aus der Datenquelle „LH-Copy-PNR". Diese Datenbank enthält alle LH-Buchungen auf PNR-Ebene (PNR = Passenger Named Record), die über das Vertriebssystem CRS gemacht wurden. Diese Daten stehen spätestens am Mittwoch der Folgewoche zur Verfügung.

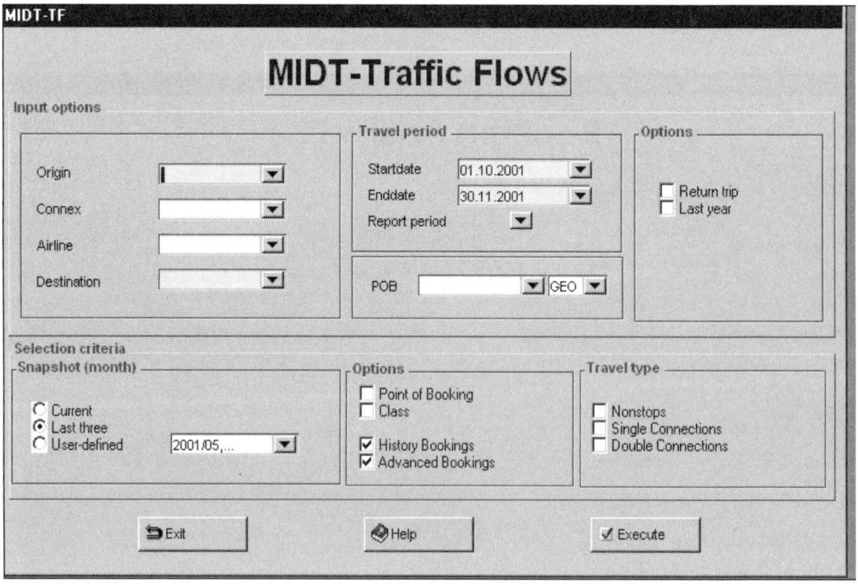

Abb. 7: MIDT-Traffic Flows

Der Anwender kann damit Ergebnisse von Aktionen, z. B. Preisaktionen, monitoren. Durch die zeitnahen Daten kann er schnell auf unerwünschte Nebeneffekte, wie z. B. Kannibalisierungen, reagieren. Ebenfalls lassen sich Buchungsverläufe darstellen. Dazu können unterschiedliche Snapshots ausgewählt werden.

Die Schedule-Display Analyse (siehe Abbildung 8) zeigt die verfügbaren Flüge mit Zusatzinformationen zwischen Origin und Destination an. Die Daten stammen aus den nächsten drei Flugplänen des Vertriebssystems Amadeus. Diese Abfrage erfolgt nur für die 11.000 Top-O&Ds.

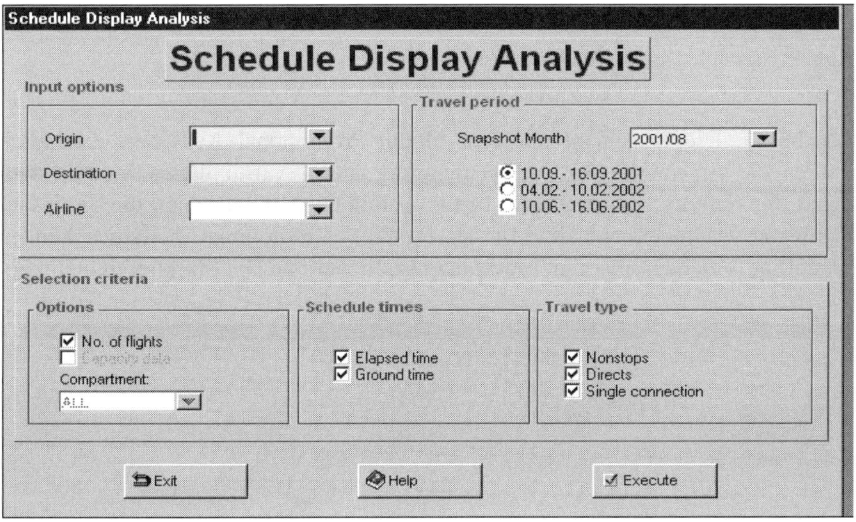

Abb. 8: Schedule Display Analysis

Mit diesem Modul kann der Anwender die LH-Verbindungen basierend auf Flugdauer, Bodenzeit, Anzahl Frequenzen und Fluggerät mit jenen der Wettbewerber vergleichen. Damit kann er erkennen, ob die Wettbewerber Nonstop-Flüge oder -Strecken öfter anbieten. Die Bereiche Netzplanung und Flugplanung werden so unterstützt. Durch die flugrouten-genaue Analyse wird aufgedeckt, wo zu lange Umsteigezeiten verhindern, dass ein Weiterflug bei Lufthansa gebucht wird. Solchen Gegebenheiten kann dann durch die Überarbeitung des Flugplans gezielt entgegengesteuert werden.

Die Schedule Display-Analyse (siehe Abbildung 9) im Detail zeigt die Verbindungen zwischen DUS und MIL. Die STAR Alliance bietet 24 Nonstop-Verbindungen an und es gibt 21 weiter Nonstop-Verbindungen von Airlines, die zu keiner Alliance gehören. Es ist möglich, die Aliancen weiter runter zu drillen, um zu erkennen, welche Airlines die Nonstop-Flüge anbieten.

Bevor eine Marketing-Aktion gestartet wird, ist es sinnvoll, das Ertragsrisiko der Aktion zu bewerten, d. h. zu prüfen, ob die geplante Aktion den gewünschten Er-

						flights	code-share flights	elapsed time		ground time	
origin city	destin. city	week	travel type	all routings	alliance	SUM	SUM	MIN	MAX	MIN	MAX
DUS	MIL	ALL	Nonstops	ALL	STAR	24	0	1:30	1:35	0:00	0:00
					NO ALLIANCE	21	0	1:35	1:35	0:00	0:00
			Single	ALL	STAR	62	1	3:00	3:30	0:30	1:15
					Skyteam	14	2	3:00	3:30	0:40	0:45
					WINGS	6	0	3:25	3:25	0:40	0:40
					QUALIFLYER	31	0	3:10	3:35	0:40	1:25

Abb. 9: Schedule Display Analysis Detail

folg bringt. Dies geschieht mit dem Modul Promotional Activities. Zusätzlich werden die Ergebnisse der Aktion monitort. Nach Aufruf dieses Moduls wird zuerst die Activity Survey Maske (siehe Abbildung 10) angezeigt, die die bisher angelegten Aktionen enthält. Mit der Funktion Promotional Activities können zukünftige Veränderungen im Markt dargestellt werden. Die Marktreferenten kön-

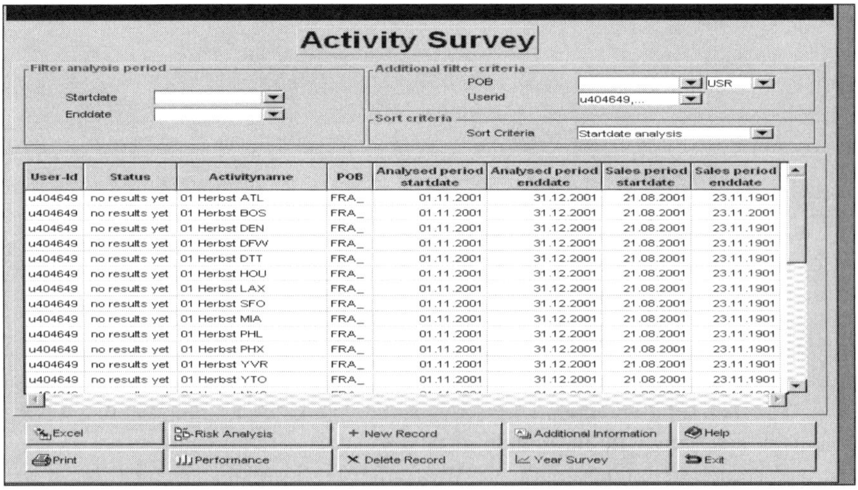

User-Id	Status	Activityname	POB	Analysed period startdate	Analysed period enddate	Sales period startdate	Sales period enddate
u404649	no results yet	01 Herbst ATL	FRA_	01.11.2001	31.12.2001	21.08.2001	23.11.1901
u404649	no results yet	01 Herbst BOS	FRA_	01.11.2001	31.12.2001	21.08.2001	23.11.2001
u404649	no results yet	01 Herbst DEN	FRA_	01.11.2001	31.12.2001	21.08.2001	23.11.1901
u404649	no results yet	01 Herbst DFW	FRA_	01.11.2001	31.12.2001	21.08.2001	23.11.1901
u404649	no results yet	01 Herbst DTT	FRA_	01.11.2001	31.12.2001	21.08.2001	23.11.1901
u404649	no results yet	01 Herbst HOU	FRA_	01.11.2001	31.12.2001	21.08.2001	23.11.1901
u404649	no results yet	01 Herbst LAX	FRA_	01.11.2001	31.12.2001	21.08.2001	23.11.1901
u404649	no results yet	01 Herbst SFO	FRA_	01.11.2001	31.12.2001	21.08.2001	23.11.1901
u404649	no results yet	01 Herbst MIA	FRA_	01.11.2001	31.12.2001	21.08.2001	23.11.1901
u404649	no results yet	01 Herbst PHL	FRA_	01.11.2001	31.12.2001	21.08.2001	23.11.1901
u404649	no results yet	01 Herbst PHX	FRA_	01.11.2001	31.12.2001	21.08.2001	23.11.1901
u404649	no results yet	01 Herbst YVR	FRA_	01.11.2001	31.12.2001	21.08.2001	23.11.1901
u404649	no results yet	01 Herbst YTO	FRA_	01.11.2001	31.12.2001	21.08.2001	23.11.1901

Abb. 10: Activity Survey

nen verschiedene Reaktionsmodelle der LH auf diese Veränderungen testen. So wissen sie, welche Marketingaktionen sie bei bestimmten Veränderungen im Markt in der Zukunft kurzfristig und schnell durchführen können. Die weiteren Funktionen lassen sich über den Activity Survey Frame erreichen. Mit *New Record* wird eine neue Aktion angelegt. In einem Frame müssen zunächst die Randparameter angegeben werden, z. B. der Name der Aktion, welche Klasse von der Aktion betroffen ist. Zusätzlich muß mit Origin, Destination und POB (Point OF Booking) der Markt spezifiziert werden, für den die Aktion gilt. Schließlich muss die Periode angegeben werden, die später monitort werden soll, sowie die Periode, die der Berechnung zugrundeliegt.

Wenn diese Parameter angegeben sind, führt MarWin automatisch eine Risikoanalyse durch. Das Ergebnis wird in dem Risk Analysis Frame dargestellt. Anhand der Zeiträume werden unter Verwendung von Vorjahreswerten die Erträge berechnet, die es ohne eine Aktion geben würde (Omission). In dem Risk Analysis Frame gibt dann der Marktreferent die erwarteten Paxe an. Zusätzlich kann er die Omission anpassen, wenn er weiß, dass aufgrund von neuen Flügen, Messen oder anderen Events die Zahlen anders sein müssen. Daraus wird dann das Target dieser Aktion berechnet. Es lassen sich verschiedene Varianten mit unterschiedlichen Parametern durchrechnen. Abschließend muss sich dann der Marktreferent für eine Variante entscheiden. Diese abschließende Variante wird Monat für Monat für den Analysezeitraum in der Performance Maske dargestellt. In dieser Maske erkennt man dann, inwieweit das Ziel erreicht wurde. Schließlich kann in der Activity Survey Maske noch die Funktion Year Survey ausgewählt werden. Diese enthält die Zahlen über alle Aktionen sowie deren graphische Darstellung.

Bis heute wird MarWin stetig weiterentwickelt und aufgrund der parallel gesammelten Anwendererfahrungen kontinuierlich verbessert. Mit diesem Tool hat die Lufthansa einen erheblichen strategischen Vorteil zu anderen Airlines erlangt, der sich in einem Return on Investment von weniger als einem Jahr bemerkbar gemacht hat.

Im Zuge der Ausweitung der weltweiten Anbindung sind Pläne zur Internetanbindung von MarWin derzeit im Gespräch. Die Entwicklung von Simulationsmodellen, die Trendanalysen durchführen, Prognosen erstellen und in der Lage sind, Verhaltensmuster im Sinne von Data Mining aufzudecken, sind durchaus in naher Zukunft denkbar.

Durch den modularen Aufbau und der Objektorientierung von MarWin ist eine Anpassung von MarWin in einem Unternehmen mit ähnlichen Datenstrukturen in kurzer Zeit durchführbar.

Einsatz von Business Intelligence in KMU

Gerhard Brosius und Tatjana Tegel, Universität für Wirtschaft und Politik, Hamburg

Im Vergleich zu großen Unternehmen ist die Nutzung von Business Intelligence (BI) in kleinen und mittelständischen Unternehmen (KMU) wenig verbreitet. Eine wesentliche Ursache hierfür ist das dort häufig vorzufindende autoritäre und autokratische Führungsverhalten. Zunehmender Wettbewerbsdruck macht es jedoch auch für KMU notwendig, qualifizierte Mitarbeiter stärker in den Prozess der Entscheidungsfindung einzubeziehen. Dies setzt deren gesicherte Versorgung mit entscheidungsrelevanten Informationen voraus. Am Beispiel einer Jugendhilfeeinrichtung mit 110 Mitarbeitern wird gezeigt, wie kostengünstig und effizient eine Lösung auf Basis von Microsoft Access oder Microsoft SQL Server realisiert werden kann.

1 Besonderheiten von KMU

Statistisch zählen Unternehmen mit maximal 500 Beschäftigten sowie einem Umsatzvolumen von weniger als € 50 Mio. für Unternehmen des produzierenden Gewerbes und des Handels bzw. einem Umsatzvolumen von weniger als € 12,5 Mio. für Unternehmen anderer Wirtschaftszweige zum Mittelstand. Nach dieser Klassifikation zählen rund 99 Prozent aller deutschen Unternehmen zu den KMUs, die rund 70 Prozent aller Erwerbstätigen beschäftigen.

Neben diesen quantitativen Maßgrößen sind KMU durch Strukturmerkmale gekennzeichnet, die eine begrenzte Komplexität aufweisen. So sind die Produktprogramme bzw. Sortimente wegen der vorgenommenen Spezialisierung meist überschaubar. Das Fertigungsspektrum ist im allgemeinen beschränkt auf wenig komplexe Produkte bzw. Verarbeitungsprozesse. Es umfasst eine geringe Produktionstiefe mit selten mehr als 5 Fertigungsstufen. Als Fertigungstyp dominiert die kundenindividuelle Auftragsfertigung. Eine Serienproduktion für Massenmärkte ist meist auf einfache Produkte begrenzt. Je nach Differenzierung der Verantwortungsbereiche reichen für die Kostenrechnung oft wenige Kostenstellen mit unter 50 Kostenarten aus. Die genannten Strukturmerkmale rechtfertigen in einzelnen Teilgebieten eine wesentliche Vereinfachung von Managementaufgaben. Die interne Informationsbereitstellung muss dennoch gewährleistet sein.

KMU können das Marktverhalten selten nachhaltig beeinflussen. Sie können weder auf der Beschaffungs- noch auf der Absatzseite Drohpotenziale nutzen, da die Konkurrenzdichte in der Regel sehr hoch ist. Dennoch müssen auch KMUs den wachsenden und schneller werdenden Anforderungen beggenen.

Auch die Führungsstrukturen weisen in KMU einige Besonderheiten auf. KMU werden weitgehend durch Unternehmerpersönlichkeiten bestimmt und nicht durch ein hierarchisch aufgebautes Management geleitet. Führungspersonen in kleineren Unternehmen nehmen durchschnittlich eine größere Anzahl unterschiedlicher Führungsaufgaben wahr als Kollegen auf gleicher Ebene in größeren Betrieben. Wegen Überlastung werden oft sach- und personenbezogene Managementaktivitäten vernachlässigt.

Unter sachbezogenen Aktivitäten werden die Situationsanalyse mit anschließender Zielableitung, der Planungsprozess mit der darin enthaltenen Auswahl und Bewertung von Alternativen bis hin zur Entscheidung, die Realisierung der im Rahmen einer Entscheidung beschlossenen Maßnahmen sowie die Kontrolle als Vergleich der gesetzten Ziele mit den Ergebnissen unternehmerischen Handelns verstanden. Die personenbezogenen Aktivitäten umfassen die persönliche Beeinflussung des Verhaltens eines anderen Individuums oder einer Gruppe in Richtung auf gemeinsame Ziele. Sowohl die sach- als auch die personenbezogenen Managementaktivitäten sind von den Fähigkeiten und dem Verhalten der Führungspersonen abhängig.

Der Übergang vom Klein- zum Mittelbetrieb bedeutet, dass bewusst geplant, organisiert und kontrolliert werden muß, was sich bisher mehr oder weniger von selbst geordnet hat. Von vielen Unternehmen wird dieser Übergang von intrapersonellen zu interpersonellen Führungsprozessen aus Unkenntnis, Unvermögen und Arbeitsüberlastung nicht vollzogen. Analysen von Insolvenzursachen zeigen, dass die nicht ausreichende Qualifikation des Top-Managements eine zentrale Ursache für Insolvenzen darstellt.[1]

Für Planung wird oft keine Zeit verwendet, da sie häufig mit einer Aufblähung des Verwaltungsapparates gleichgesetzt wird. Organisatorische Schwachstellen werden nicht behoben und Abläufe werden nicht systematisch geregelt. Organisieren bedeutet oft nur eine Aneinanderreihung von Ad hoc-Handlungen. Eine weitere Konsequenz ist ein unzureichend ausgebautes Informationswesen. Die Informationsbeschaffung und Auswertung wird vernachlässigt und der grundsätzliche Vorteil der verkürzten Informations- und Anordnungswege selten genutzt. Dabei bilden besonders die verkürzten Informations- und Anordnungswege in Verbindung mit einer zügigen Bereitstellung und Auswertung von entscheidungsrelevanten Informationen eine wichtige Voraussetzung, um den Anforderungen mit Entscheidungen von hoher Qualität begegnen zu können.

---

[1] Vgl. Günther/Scheipers (1993), S. 447 - 453 sowie Töpfer (1990) S. 323 - 329.

2 Ziele von Business Intelligence für KMUs

Der Bedarf nach Informationen ist in jedem Unternehmen seit jeher vorhanden. Zunächst wurden aus den operativen Systemen statische Berichte generiert. Mit diesem Vorgehen waren jedoch hohe Kosten verbunden, da die Berichte stapelweise ausgedruckt und den Mitarbeitern zur Verfügung gestellt werden mussten. Darüber hinaus war die Analyse sehr zeitintensiv und ineffektiv. Diese negativen Konsequenzen führten zu funktionsorientierten zentralen Datenbanken, sogenannten Data Warehouses.

In der Anfangsphase des Data Warehousing sollten in erster Linie die hohen Kosten des statischen Berichtswesens in Großunternehmen reduziert werden. Aufgrund der heute integrierten OLAP-Unterstützung in weit verbreiteten kosten-günstigen Datenbanksystemen, wie z. B. dem Microsoft SQL-Server, beschäftigen sich zunehmend mittelständische Betriebe mit der Einführung von Business Intelligence-Systemen. Durch Buisness Intelligence werden Daten in Informationen transformiert, die allen Entscheidern im Unternehmen einen Überblick über die für sie relevanten Aspekte geben.

Grothe und Gentsch bezeichnen Business Intelligence als „... den analytischen Prozess, der - fragmentierte - Unternehmens- und Wettbewerbsdaten in handlungsgerichtetes Wissen über die Fähigkeiten, Positionen, Handlungen und Ziele der betrachteten internen oder externen Handlungsfelder (Akteure und Prozesse) transformiert."[1] Grothe unterteilt diesen analytischen Prozess in drei Phasen:[2]

1. Bereitstellung quantitativer und qualitativer, strukturierter oder unstrukturierter Basisdaten;
2. Entdeckung relevanter Zusamenhänge, Muster und Musterbrüche oder Diskontinuitäten gemäß vorbestimmter Hypothesen oder hypothesenfrei;
3. Teilen und Nutzen der gewonnenen Erkenntnisse zur Stützung von Maßnahmen und Entscheidungen.

3 Realisierung von Business Intelligence in KMU

KMU verwenden inzwischen durchgängig OLTP-Systeme[3] zur Abwicklung des Tagesgeschäfts. Diese operativen Systeme folgen applikations- bzw. prozessorientierten Konzepten und werden beispielsweise für die Verwaltung von Kunden-, Lieferanten-, Produktstammdaten und zur Erfassung, Bearbeitung, Kontrolle von

---

[1] Grothe/Gentsch (2000), S. 19
[2] Vgl. Grothe (1999), S. 177.
[3] A. d. V.: OLTP = Online Transaction Processing.

Kundenaufträgen, Lagerbeständen, Produktionsvorgaben oder Bestellungen verwendet. Sie eignen sich jedoch nicht zuletzt aus Performancegründen nicht für analytische Prozesse.

In einem Dienstleistungsunternehmen, wie nachfolgend exemplarisch dargestellt wird, handelt es sich beispielsweise um die Verwaltung von Klienten-, Mitarbeiter-, Leistungs- oder Abrechnungsdaten von Maßnahmen. Die darin enthaltenen strukturierten quantitativen Daten bilden die ideale Grundlage zum Aufbau eines Data Warehouses.

Data Warehouse-Konzepte betrachten themenorientiert die inhaltlichen Kernbereiche der Organisation, wie z. B. Kunden oder Artikel. Im Beispielunternehmen zählen zu den Kernbereichen die Klienten, stationäre und ambulante Einrichtungen sowie sozialpädagogische Mitarbeiter und Verwaltungsangestellte.

Die operativen Daten werden während des Transformationsprozesses zu analytischen Informationen, indem durch Extraktion und Bereinigung gefilterten und harmonisierten Daten verdichtet und angereichert werden. Um dem Ziel der Verbesserung der unternehmensweiten Informationsversorgung gerecht werden zu können, gilt es, zu Beginn einer BI-Lösung zu klären, welche erforderlichen unternehmens- und steuerungsrelevanten Informationen für welchen Anwenderkreis von Bedeutung sind und welches Datenmaterial dafür benötigt wird.

Durchaus üblich ist die schrittweise Einführung bzw. Entwicklung von Business Intelligence-Systemen für Planungs-, Reporting und Analysezwecke. Die technischen Voraussetzungen, um auf mittlere bis große Datenvolumina performant und endbenutzergerecht zuzugreifen, sind häufig auch in KMU erfüllt. Bereits in kleinen Unternehmen mit 5 bis 10 Beschäftigten sind heute moderne Client/Server-Strukturen vorhanden.

4 Zielsetzung des Beispielsprojekts

Die nachfolgend vorgestellte BI-Lösung wurde für eine norddeutsche Jugendhilfeeinrichtung mit 110 Mitarbeitern realisiert.[1] Der größte Teil der Mitarbeiter verfügt über eine sozialpädagogische Ausbildung. Zentrale Aufgabe der Non Profit-Organisation der evangelischen Kirche ist es, Jugendlichen Hilfe bei der Bewältigung ihrer Lebensprobleme zu gewähren. Dies geschieht teilweise ambulant, zu einem großen Teil jedoch auch in einer von mehreren stationären Einrichtungen. Die erbrachten Hilfeleistungen werden vollständig von staatlichen Instanzen finanziert. Dies könnte den Anschein erwecken, als existierte, anders als bei gewinnorientierten Unternehmen, kein Wettbewerbs- und Kostendruck. Wie allgemein im Gesundheits- und Sozialbereich gilt auch für diese Stiftung, dass die

---

[1] Vgl. auch Brosius (2001), S. 37ff.

Zeit der mehr oder minder ungeprüften Vollkostenerstattung vorbei ist. Stattdessen werden immer detailliertere Vorgaben über Fallpauschalen, maximale Fachleistungsstunden, Kapazitäts- und Auslastungskennziffern etc. gemacht. Dies erfordert in wachsendem Maße sowohl eine Planung von Personal und Sachmitteln als auch ein betriebliches Controlling sowie eine Unterstützung der Führungsentscheidungen mit Business Intelligence-Methoden.

Nach einigen Vorgesprächen wurde von der Leitung der Einrichtung das Ziel formuliert, ein Informationssystem zu schaffen, das allen Mitarbeitern mit Kostenverantwortung auf einfache und bequeme Weise alle für Entscheidungen benötigte Informationen zur Verfügung stellt. Dabei sollten die Nutzer die Daten ohne Rückgriff auf IT-Mitarbeiter selbständig analysieren können. Deshalb waren moderne Data Warehouse- und OLAP-Techniken anzuwenden. Da das Budget von Locus Amoenus es nicht zuließ, teure Spezialsoftware anzuschaffen, war eine Lösung zu entwickeln, die nach Möglichkeit mit den in der Einrichtung vorhandenen IT-Werkzeugen Microsoft Access und Excel sowie dem Microsoft SQL Servers auskommt.

Aus explorativen Gründen beschritt man beide Lösungswege. Zunächst wurde das Informationssystem allein mit Access und Excel erstellt. Diese Lösung wurde dann anschließend in eine SQL Server-Lösung transformiert.

5 Situationsanalyse

Die Geschäftsdaten werden von fünf verschiedenen Programmen verwaltet (vgl. Abbildung 1). Wie bei vielen Unternehmen gab es zum Zeitpunkt der Softwareeinführung jeweils eine triftige Begründung. Heute bedürfte es einer großen Anstrengung und hoher Kosten, die einzelnen, jeweils spezialisierten Programme durch eine integrierte Software zu ersetzen. Die eingesetzten operativen Systeme lassen sich folgendermaßen charakterisieren:

1. *Personalstamm-, Lohn- und Gehaltsdaten als Reports vom Mainframe*
   Die Stammdaten der Mitarbeiter sowie deren monatliche Lohn- und Gehaltsabrechnungen sind an ein Rechenzentrum delegiert, das diese Arbeiten auf einem Mainframe ausführt. Die Ergebnisse werden in schriftlicher Form übermittelt. Dem DV-Betreuer ist es jedoch möglich, sich online in den Mainframe einzuloggen und dort Abfragen zu starten, die als Reports in Form von ASCII-Dateien ausgegeben werden.

2. *Buchungen, Kostenstellen und Anschriften der Finanzbuchhaltung als Tabellen einer Access-Datenbank*
   Die Finanzbuchhaltung wird von einem lokal installierten FiBu-Programm ausgeführt, deren für das Data Warehouse relevante Daten in Tabellen einer Access-Datenbank zur Verfügung gestellt werden. Das Programm verwaltet

die Daten auf dem Microsoft SQL Server. Aus betriebsinternen Gründen sollten die Transformationsprogramme des Data Warehouses die Quelldaten nicht direkt von der Ursprungsquelle einlesen. Der Datenbankadministrator stellt die relevanten Daten deshalb monatlich als Tabellen einer Access-Datenbank zur Verfügung.

Fakturierungen als Tabellen einer Access-Datenbank
Die Rechnungen an die jeweiligen Kostenträger weichen stark von normalen Rechnungen des allgemeinen Geschäftslebens ab, weil sie in großem Umfang auch behördliche Vorgaben und Informationen über die betreffenden Klienten wiedergeben. Aus diesen Gründen wird für die Fakturierung eine Software eingesetzt, die auf die Abrechnung von Jugendhilfeeinrichtungen spezialisiert ist.

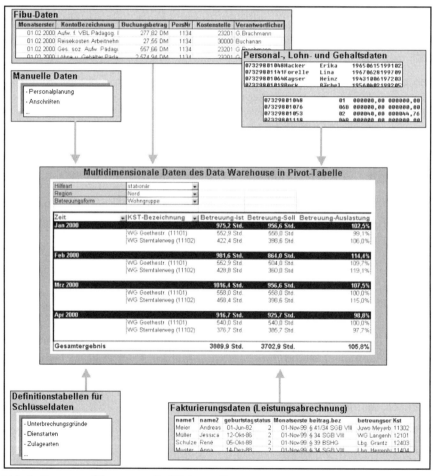

Abb. 1: Zusammenführung von fünf Datenquellen

Dieses Programm verwaltet seine Daten in Tabellen einer Access-Datenbank.

3. *Planungsdaten als Excel-Spreadsheet*
   Die Planung der Mitarbeiter, die aufgrund behördlicher Vorgaben unabdingbar ist, wird nicht mit einer speziellen Planungssoftware durchgeführt, sondern manuell in einem gewöhnlichen Excel-Spreadsheet vorgenommen.
4. *Manuell gepflegte Tabellen*
   Die monatlichen Report-Dateien vom Mainframe zu Personal, Lohn und Gehalt enthalten Informationen zu Eigenschaften, wie z. B. Dienstart, Grund für gezahlte Zulagen oder für die Unterbrechung der Beschäftigung in verschlüsselter Form. Die Hintergrundtabellen, in denen diesen Schlüsseln die zutreffenden Klartextinformationen zugeordnet sind, müssen manuell in Access-Tabellen gepflegt werden.

Aus dem vorhandenen Datenmaterial müssen für das Data Warehouse letztlich Kennzahlen und Dimensionen gebildet werden, damit die Informationen eine multidimensionale Form erhalten, so dass mit OLAP-Werkzeugen darauf zugegriffen werden kann. Zu Beginn eines BI-Projekts ist dem Auftraggeber häufig nicht bewusst, welche Informationen er im Detail benötigt. Es ist ein langer Prozess, bis deutlich wird, dass beispielsweise Kennzahlen, wie „tatsächlicher Betreuungsaufwand je Mitarbeiter", „tatsächlicher Betreuungsaufwand je Kostenstelle", „erforderlicher Betreuungsaufwand je Mitarbeiter" oder „erforderlicher Betreuungsaufwand je Kostenstelle" benötigt werden, auf die mit Dimensionen wie „Mitarbeiter", „Kostenstellen", „Zeit" oder „Klient" zugegriffen werden kann. Im Beispielfall wurden insgesamt 26 Kennzahlen und 15 Dimensionen benötigt, die aus den Quelldaten gewonnen werden konnten. Wegen der lediglich monatlichen Ausgabe der Personalstamm-, Lohn- und Gehaltsdaten als Reports vom Mainframe ist auch das Aktualisierungsintervall für das Data Warehouse der Monat.

6 Realisierung mit Microsoft Access

Die Access-Lösung ist dadurch charakterisiert, dass sie zur Bildung des erforderlichen Data Warehouse allein Objekte und Werkzeuge von Microsoft Access 2000 verwendet. Als multidimensionaler Datenbrowser mit der Möglichkeit grafischer Darstellung werden Pivottabellen von Microsoft Excel eingesetzt, d. h. Access dient als Backend, Excel als Frontend. Im einzelnen weist die Lösung die folgenden Merkmale auf:

- Lösung in einer einzigen Access-Datenbank

Die gesamte Backendlösung wurde in einer einzigen Access-Datenbank realisiert. Dies umfasst die Transformationsprozesse, die Tabellen des Data Warehouses als Fakten- und Dimensionstabellen sowie Tabellen für den unmittelbaren Datenzugriff der Pivottabellen des Frontends Excel.

- Transformationsprozesse in Form von Abfragen und VBA-Prozeduren
Grundsätzlich lassen sich Transformationsprozesse sowohl mit VBA-Prozeduren wie auch mit Hilfe von gespeicherten Abfragen organisieren, wenngleich nicht jede Aufgabe mit beiden Werkzeugen gelöst werden kann. Abfragen weisen gegenüber VBA-Prozeduren die Vorteile auf, dass sie einfacher zu erstellen sind und sich durch große Performanz auszeichnen. Zur Ausführung komplexer Berechnungen können ggf. benutzerdefinierte VBA-Funktionen verwendet werden. Wenn berechnete Felder verwendet werden, sind Abfragen allerdings oft schwer zu durchschauen und zu warten. VBA-Prozeduren sind demgegenüber durch ein hohes Maß an Flexibilität und Modularität charakterisiert. Die Transformationsprozesse wurden deshalb in der Access-Lösung so weitgehend wie möglich mit Abfragen durchgeführt. VBA-Prozeduren kamen nur zur Normalisierung von unnormalisierten Datensätzen in Form von Wiederholungsfeldern in demselben Datensatz aus den ASCII-Reports vom Mainframe zur Anwendung. Beispielsweise kann jeder Mitarbeiter prinzipiell bis zu 40 Kostenstellen zugeordnet werden. Im ASCII-Report des Mainframe wird dies so wiedergegeben, dass für jeden Mitarbeiter 40 feste Feldbreiten ausgewiesen werden, von denen so viele mit Kostenstellennummern beschrieben sind, wie er verschiedenen Kostenstellen zugeordnet ist, während die restlichen für Kostenstellen vorgesehenen Feldbreiten mit Leerzeichen gefüllt werden.

- Fakten- und Dimensionstabellen nach dem Stern-Schema
Wie allgemein üblich wurden die erforderlichen Fakten- und Dimensionstabellen nach dem Star-Schema konzipiert und die Transformationsprozesse entsprechend organisiert. Um Probleme leerer Zellen und Inkonsistenzen zwischen Fakten- und Dimensionstabellen zu vermeiden, waren 10 Faktentabellen erforderlich.

- Tabellen als Datenbasis für die PivotTables in Excel
Prinzipiell können Excel PivotTables direkt auf die Fakten- und Dimensionstabellen zugreifen (vgl. Abbildung 2). Zu diesem Zweck muss jedoch der Endbenutzer in Excel zum Erstellen oder Verändern einer Pivottabelle mit der Abfragetechnik vertraut sein. Dies war im vorliegenden Fall nicht für jeden Benutzer zu unterstellen. Daher wurde für jede Faktentabelle in Access eine Tabelle erstellt und mit den Datensätzen der jeweiligen Abfrage gefüllt, die alle zugehörigen Kennzahlen und Dimensionen berücksichtigt. Der Nutzer kann daher unmittelbar auf diese 10 verschiedenen Tabellen zugreifen, die jeweils als Basis einer Pivottabelle dienen, ohne eine Abfrage formulieren zu müssen. Die Bereitstellung der Informationen in Form von eigenen Tabellen erleichtert auch die Definition unterschiedlicher Zugriffsrechte für die einzelnen Endbenutzer.

7 Realisierung mit Microsoft SQL Server

Die Lösung mit dem Microsoft SQL Server 2000 verwendet mehrere Komponenten des SQL Server-Pakets. Das Data Warehouse wurde als Datenbank auf dem SQL Server erstellt. Die Transformationsprozesse wurden mit den Data Transformation Services (DTS)[1] modelliert und ausgeführt. Und die Daten des Data Warehouses wurden in multidimensionaler Form als Cubes auf dem OLAP-Server erstellt, der in der Version 2000 als Analysis Services bezeichnet wird. Im einzelnen weist die Lösung die folgenden Merkmale auf:

Bruttoeinkommen				Jahr ▼	Monat	
				2000		2000 Ergebnis *
Hilfeart ▼	Region	Betreuungsform	KST-Bezeichnung	April	Mai	
ambulant				153547	153513	757677
Leitung und Verwaltung				74279	74347	370449
stationär	Nord	JuWo	Juwo Beethovenstr. (11301)	7482	7096	37022
			Juwo Meyerbeerstr. (11302)	7238	6852	35257
		JuWo Ergebnis *		14720	13947	72279
		Lbg.	Lbg. Bachstr. (11402)	19069	19069	95536
			Lbg. Händelstr. (11403)			
			Lbg. Herrenhausen (11404)	12474	12474	62231
			Lbg. Ludivicistr. (11401)	2202	2202	11008
		Lbg. Ergebnis *		33745	33745	168775
		Wohngruppe	WG Goethestr. (11101)	23544	29838	144230
			WG Sterntalerweg (11102)	27754	27288	139552
		Wohngruppe Ergebnis *		51298	57126	283782
		Wohnung	Wohng. Bergstr. (11201)	6676	6676	33384
			Wohng. Mozartstr. (11202)	8618	8667	43152
		Wohnung Ergebnis *		15295	15344	76535
	Nord Ergebnis *			115057	120162	601371
	West	JuWo				
		Lbg.		25542	24859	128544
		Wohngruppe		53574	55202	292208
	West Ergebnis *			79116	80061	420753
stationär Ergebnis *				**194173**	**200223**	**1022124**
Tagesgruppe				23073	21902	127525
Gesamtergebnis *				**445072**	**449985**	**2277775**

Abb. 2: PivotTable mit OLAP-Cube und der hierarchischen Dimension Kostenstellen. Alle Hierarchieebenen werden angezeigt.

- Transformationsprozesse mit DTS

DTS ist explizit darauf ausgelegt, Transformationsprozesse zu modellieren und auszuführen. Das objektorientierte Werkzeug mit grafischer Benutzeroberfläche ermöglicht es, mit Hilfe von Datenquellen und Tasks komplexe Transformationsprozesse zu definieren und mit Workflows in geeigneter Weise zu verbinden. Dabei kann sowohl programmiert (VB-Skript oder Java-Skript) wie auch Trans-

---

[1] A. d. V.: Hierbei handelt es sich um ein Werkzeug, das allgemein als ETL-Tool (Extraction, Transformation and Loading) bezeichnet wird.

act-SQL-Skript beliebigen Komplexitätsgrades ausgeführt werden. Letzteres funktioniert auch in Form gespeicherter Prozeduren. Die Datenquellen, Tasks und Workflows eines DTS-Pakets werden als Objekte in einem grafischen Editor verwaltet und dargestellt. Dies ermöglicht eine äußerst strukturierte Arbeitsweise (vgl. Abbildung 3), bei der das fertige DTS-Paket in visualisierter Form wiedergegeben wird.

- Fakten- und Dimensionstabellen nach dem Stern-Schema

Die Fakten- und Dimensionstabellen wurden in der SQL-Datenbank genau wie bei

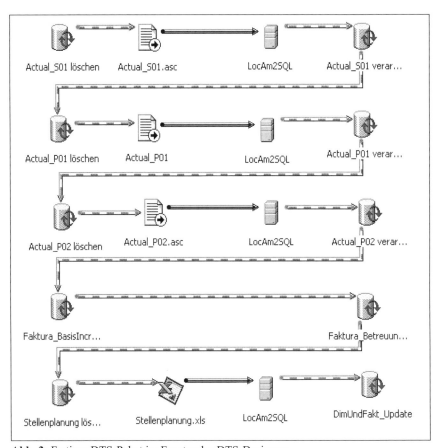

Abb. 3: Fertiges DTS-Paket im Fenster des DTS-Designers

der Access-Lösung nach dem Star-Schema modelliert.

- OLAP-Cubes mit Analysis Services
Auf dem OLAP Server der Analysis Services wurde für jede Faktentabelle ein OLAP-Cube erstellt. Hierbei handelt es sich um einen Prozess, dessen Realisierung wenig Aufwand und relativ geringe Erfahrung voraussetzt.

- Excel PivotTables als Frontend
Die Pivottabellen können unmittelbar auf die OLAP-Cubes der Analysis Services zugreifen, weil beide die Schnittstelle OLE DB Provider for OLAP besitzen. Daher war es fast trivial, auf Basis der OLAP-Cubes der Analysis Services entsprechende PivotTables zu erstellen. Im Übrigen kann jedes andere OLAP-Frontend auf die OLAP-Cubes zugreifen, wenn es die Schnittstelle OLE DB Provider for OLAP bedienen kann. Dies gilt mittlerweile für die meisten angebotenen OLAP-Frontends.

8 Lösungsvergleich

Beide Lösungen führen im Ergebnis zu einem multidimensionalen Informationssystem, mit dem die Informationsbedürfnisse der Jugendhilfeeinrichtung genau in der gewünschten Weise befriedigt werden können: Die Mitarbeiter können über die für sie relevanten Informationen auf bequeme Weise verfügen und Analysen ohne Hilfe eines IT-Mitarbeiters erstellen. Dennoch weist die SQL-Lösung gegenüber der Access-Lösung deutliche Vorteile auf:

- Mit dem ETL-Tool DTS lassen sich die Transformationsprozesse eindeutig besser, weil strukturierter und leichter wartbar, gestalten. Dies verdient besondere Beachtung vor dem Hintergrund, dass mindestens 80 Prozent der Arbeit für die Transformationsprozesse verwendet wurde, was etwa dem Regelfall entsprechen dürfte.

- OLAP-Cubes der Analysis Services weisen wesentlich weiterreichende Gestaltungsmöglichkeiten auf als die allein mit PivotTables erstellten lokalen Cubes. So können dort sowohl weitere berechnete Kennzahlen aus bereits vorhandenen Kennzahlen wie auch neue und abgewandelte Dimensionen erstellt werden. Mit der Schnittstelle OLE DB Provider for OLAP kann darüber hinaus eine Vielzahl ggf. spezieller OLAP-Frontends unmittelbar auf die Cubes aufgesetzt werden.

- Bei der anfallenden Datenmenge begründete die Performance keinen Unterschied zwischen den beiden Lösungen. Dies dürfte jedoch spätestens dann, wenn die Cubes sich im Bereich mehrerer Gigabyte befinden, stark zugunsten der SQL-Lösung zu Buche schlagen.

Die SQL-Lösung ist vorzuziehen. Voraussetzung ist jedoch, dass die entsprechende IT-Erfahrung vorliegt und der SQL Server im Unternehmen verfügbar ist bzw. gemacht werden kann.[1] Die Access-Lösung kann gleichwohl eine ernsthafte Alternative darstellen, weil sie der SQL-Lösung zumindest im Ergebnis nicht wesentlich unterlegen ist und in vielen kleineren Unternehmen eine hinreichende Erfahrung im Umgang mit Microsoft Access, die auch gute VBA-Kenntnisse umfasst, vorliegen dürfte. Wenn in diesen Fällen der Weg zum SQL Server gescheut wird, erscheint es durchaus empfehlenswert, eine BI-Lösung allein mit den Möglichkeiten von Access und den PivotTables von Excel zu erstellen. Der damit verbundene Aufwand wird allemal durch die wesentlich verbesserte Unterstützung von Unternehmensentscheidungen gerechtfertigt.

Das dargestellte Beispiel zeigt, dass BI auch in KMU mit vertretbarem Kostenaufwand verwirklicht werden kann: Die Verwendung der verbreiteten Werkzeuge von Microsoft ermöglicht Realisierungen, die für die reine Technik gar nichts (weil ohnehin vorhanden) oder ca. € 1.500 kosten. Dazu kommen Entwicklungskosten, die sich je nach Komplexitätsgrad in der Größenordnung von € 3.000 bis € 15.000 bewegen.

---

[1] A. d. V.: Für ein KMU reicht im allgemeinen die Anschaffung einer Standardversion, so dass der Anschaffungspreis kein nennenswertes Hindernis sein dürfte.

Ein Kennzahlensystem für einen Filialisten

Marcel Bhend, TOLOS GmbH, Frankfurt

Der Einzelhandelskonzern AVA hat sich zum Ziel gesetzt, mit einem unternehmensweiten Data Warehouse das Berichtswesen im Konzern zu vereinheitlichen. Informationen sollen sowohl in der Zentrale in Bielefeld als auch in den angeschlossenen Warenhäusern und Baumärkten leichter zugänglich und bedarfsgerecht aufbereitet werden. Nachfolgend wird der Weg von der Kennzahlenermittlung bzw. -gewinnung über die Kennzahlenaufbereitung bis hin zum fertigen Bericht, der den Anwendern über das Web zur Verfügung gestellt wird beschrieben.

1 Kennzahlen analysieren

Die AVA AG ist mit 10 Mrd. DM Umsatz und über 300 Filialen ein Schwergewicht im Einzelhandel. Ziel der ersten Projektphase des Data Warehouse-Projekts war es, alle relevanten Kennzahlen des Warenwirtschaftssystems zu ermitteln und einheitlich darzustellen.

Zunächst wurde untersucht, welche Kennzahlen in den bisher verwendeten Berichten (vgl. Tabelle 1) vorkamen. Die Analyse ergab sehr schnell, dass dieselben Kennzahlen sowohl abteilungsübergreifend als auch auf unterschiedlichen Ebenen verwendet werden, z. B. Umsatz zu Verkaufspreisen pro Markt, Region und Gesamt. Oft besaß ein und dieselbe Kennzahl aber verschiedene Namen, oder, was wesentlich verwirrender war, derselbe Name wurde für nur ähnliche Kennzahlen verwendet. Es traten vor allem Unterschiede in der Verwendung von Kenngrößen zwischen den Niederlassungen und der Zentrale zu Tage. Des weiteren wurde festgestellt, dass eine einfache und klare, hierarchische Dimensionsstruktur für das Warengeschäft fehlte, d. h. verkaufte Artikel konnten nicht eindeutig einer Warengruppe zugeordnet werden.

Berichtsname	Gruppe	Kennzahlen	Anmerkungen
Artikel-Auswertung	Abverkauf	Absatzmenge, WE-Menge, Ø EK/VK, aktueller EK/VK, Rohertrag gesamt, Ø-Rohertrag pro Stück, Spanne brutto	Wenn möglich Zuordnung zu Lieferanten
Umsatz- und Abverkaufs-Spanne	Abverkauf	Umsatz LJ/VJ/PJ, %-Abw. VJ/PJ, Brutto- und Nettospanne in %, Abw. %-Punkte VJ/PJ	Umsätze und Spannen auf Basis Umsatz

Bestands-Analyse	Abverkauf Bezug	Bestand alt/neu, Ø-Bestand, Zugang/Abgang, Umschlag LJ/PJ, Abschriften absolut, Abschriften % vom Umsatz	Umsätze aus dem Abverkauf
Warengruppen-Vergleich	Bezug	Bezug EK/VK-Wert, Spanne, Ant. am Bezug Warengruppe, Abw. Spanne LJ zu VJ	Warenbezug je Warengruppe
Rohertrags-Statistik	Bezug	EK/VK-Wert, Rohertrag in DM und %, Monatswerte und aufgelaufene Werte	Unterscheidung Strecke/ZL
Überbestands-Liste	Lager	Bestandswert, verfügbare Bestellmenge, Rücklaufmenge, letzte WE-Menge, letztes WE-Datum, Ø-Abgang, Reichweite	Einstieg über Summe Warengruppen

Tab. 1: Ausgewählte Berichte mit ihren Kennzahlen

Voraussetzung für die Bildung einer Kennzahl sind die zugrundeliegenden Ausgangsdaten. Deshalb waren zuerst einige Fragen zum Erfassen und Abgleichen der Daten zu beantworten:

- Können Preise, die sich täglich ändern, im Markt geändert werden? Und: Wie bekommt die Zentrale das mit?
- Welche Hierarchien werden benutzt (Artikel, Vertriebsgesellschaft, Lieferanten etc.)?
- Kann man durch Aggregation der Artikel alle anderen Hierarchien bilden?
- Gibt es Referenzierungen (AVA-Artikelnummer zu EAN oder zur Lieferanten-Artikelnummer)?
- Wird alles artikelgenau erfasst (Wareneingang, Umsatz, Abschriften etc.)?

2 Kennzahlen definieren

Nachdem die datentechnischen Voraussetzungen geklärt waren, galt es, die zukünftig zu verwendenden Kennzahlen eindeutig festzulegen (siehe Tabelle 2). Nachfolgend sollen einige Kennzahlen aus der Warenwirtschaft eingehender betrachtet werden, auf die sich auch die Arbeit der Datengewinnung und Qualitätssicherung konzentrierte. Wichtiges Kriterium war, die Bereitstellung der jeweiligen Kennzahl auf allen Hierarchiestufen sowie eindeutige Beziehungen zwischen Datenfeldern, z. B. gehört ein Lieferantenartikel eindeutig zu einem Verkaufsartikel.

Kennzahl	Erläuterung
Umsatz EK	Der EK wird in den Märkten ermittelt und ist im wesentlichen von artikelgenauen Buchungen abhängig.
Wareneingang EK	Wareneingangswert exkl. MwSt, inkl. Regiekosten, minus Warenausgänge, minus Eigenbedarf
Wareneingang VK	Wareneingangswert inkl. MwSt, inkl. minus Warenausgänge, minus Eigenbedarf
Abschriften	Bewertet zu Verkaufspreisen = $\sum$ Preiserhöhungen Zentrale + Haus, Preisminderungen Zentrale + Haus, Warenverderb, Einbruch, Diebstahl, Brandschaden, Umlieferungen
WE-Spanne	= (WE zu VK − WE zu EK) / (WE zu VK * 100)
Rohertrag (Handelsspanne)	Kritisch ist die Ermittlung des Umsatz zu EK = (Umsatz − Umsatz EK − Mehrwertsteuer − Abschriften)
Verkaufsspanne	= Rohertrag / (Umsatz − MwSt − Abschriften) * 100
Umsatzverlust	Umsatz, der bei genügendem Bestand realisiert worden wäre = (Umsatzverlust Menge * Ø-Verkaufspreis)
% Retourenanteil	Anteil der Retourenmengen an den verkauften Mengen
Rohertrags-Index	Abweichung des Rohertrages einer Periode zur Abweichung einer Ebene (Konzern, Haus, Sparte, etc.) = ((% Abweichung Rohertrag Artikel Vorperiode)+1) / ((% Abweichung Rohertrag Haus Vorperiode)+1)

Tab. 2: Ausgewählte Kennzahlen

Neben der rein inhaltlichen Definition der Kennzahlen war zu bestimmen, welche Anwendergruppen künftig auf welche Kennzahlen zugreifen durften. Dazu dienen sogenannte Datenklassen, die einen abgegrenzten Kennzahlenbereich umschreiben (siehe Tabelle 3).

Datenklasse	Berichtsinhalt	Nutzungsmöglichkeiten
Verkaufspreise	Umsatz/Wareneingang zu VK	Kennzahlen zu Verkaufswerten
Einkaufspreise	Umsatz/Wareneingang zu EK	Kennzahlen zu Einkaufswerten, Spannen und Rohertrag
Konditionen	Liefer- und Artikelkonditionen	Feststellen der Lieferkonditionen Rückschlüsse auf die Kalkulation

Tab. 3: Beipiele für Datenklassen

Ein zweistufiges Zugriffskonzept stellt den Zusammenhang zwischen den Anwendertypen pro Bereich und den Datenklassen dar (siehe Tabelle 4). Artikelkonditionen beispielsweise verwaltet ausschließlich die Zentrale, sie sind in den Märkten nicht sichtbar.

Bereich	Anwendertyp	*Verkauf*	*Einkauf*	*Konditionen*
Einkauf	Bereichsleiter	x	x	x
	Einkäufer	x	x	x
Markt	Marktleiter	x		
	Spartenleiter	x		
Zentrallager	Lagerverwalter	x	x	x
	Sachbearbeiter	x		

Tab. 4: Festlegung der Zugriffsrechte

Somit waren die Kennzahlen eindeutig charakterisiert und der Bezug zu den Anwendern hergestellt, aber noch ohne Zusammenhang zur Organisation des AVA-Konzerns. Auf welcher Ebene beispielsweise eine Wareneingangsspanne betrachtet werden konnte – nur für einen Artikel, pro Warengruppe oder auch pro Markt – war noch nicht definiert.

3 Kennzahlen strukturieren

Das Gerüst, d. h. die Struktur für zukünftige Auswertungen, musste noch errichtet werden. Um beispielsweise Anteilsberechnungen durchzuführen oder Umsätze auf die jeweils höhere Ebene aufzusummieren, galt es, die Dimensionen mit ihren Hierarchien zu bestimmen. Eine immer vorkommende Dimension ist die Zeit mit den Hierarchieebenen Jahr, Quartal, Monat, Woche und Tag.

Anhand der Dimension Geographie soll der Veränderungsprozess aufgezeigt werden, der zu einer eindeutigen und klaren Gliederung des Unternehmens geführt hat. Denn die historisch gewachsene, geografisch orientierte Firmenstruktur (siehe Abbildung 1) erschwerte eine einheitliche Sicht auf das Gesamtunternehmen. Warenhäuser und Baumärkte lagen zum Beispiel auf verschiedenen Hierarchiestufen und waren schwer miteinander zu vergleichen. Zugekaufte Firmen konnten deshalb nicht nach einem einheitlichen Muster in die bestehende Struktur eingegliedert werden.

Mit der neu geschaffenen Struktur entstanden einheitliche Hierarchieebenen für Warenhaus und Baumarkt. Dazu kam eine klare Zuordnung zwischen den einzelnen Ebenen (siehe Abbildung 2).

Erster Anwendungsfall war die Aufgabe der dixi-Märkte (es erfolgte eine Umwandlung in Marktkauf) noch während des Projekts. Durch die neue klare Struktur konnte die Integration problemlos nachvollzogen werden.

Als letztes wichtiges Element zur Strukturierung fehlte noch die Beziehung der unterschiedlichen Objekte zueinander wie Lieferant, Artikel, Einkauf und Kondi-

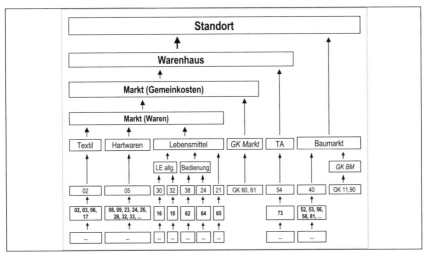

Abb. 1 Alte Struktur (Geographie)

tionen, denn eine wesentliche Vorgabe bei der Realisierung des AVA-Data Warehouse besagte, dass Auswertungen über Fachbereichsgrenzen hinweg möglich sein müssen. Voraussetzung hierfür ist nicht nur eine eindeutige Bezeichnung von Datenfeldern (Umsatz, Wareneingang, Abschriften) und der daraus berechneten Kennzahlen (Rohertrag, Spanne), sondern auch die Verknüpfung der einzelnen Dateninhalte miteinander.

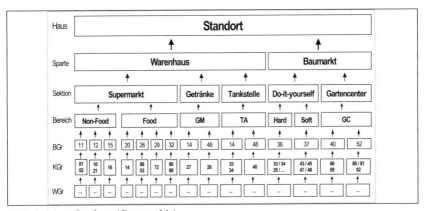

Abb. 2: Neue Struktur (Geographie)

Der folgende Ausschnitt aus dem AVA-Datenmodell (siehe Abbildung 3) gibt die Beziehungen rund um die Ware wieder. Man kann vier Bezugspunkte erkennen: Lieferant, Einkauf, Verkauf und die Konditionen. Beim Lieferanten unterscheidet man zusätzlich Direktlieferungen (Strecke) oder Lieferungen, die über ein Lager gehen.

Über die Ware wurde somit eine Beziehung zwischen dem Lieferanten und den von AVA selbst definierten Verkaufsartikeln hergestellt. Daraus abgeleitete Wareneingangsspannen sind also leicht zu errechnen.

4 Kennzahlen auswerten

Als letzter Schritt sollten die Kennzahlen zunächst in Form von parametrisierbaren Standardberichten in einem Web-basierten Tool dargestellt werden. Als Plattform kamen die performanteTeradata-Datenbank von NCR im Zusammenspiel mit dem Auswertungstool von MicroStrategy zum Einsatz.

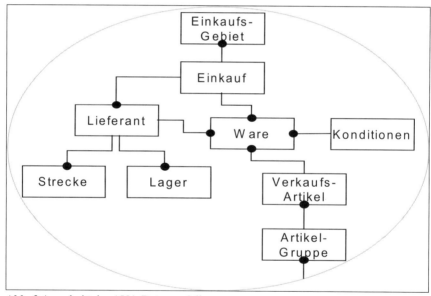

Abb. 3 Ausschnitt des AVA-Datenmodells

Die Benutzeroberfläche ist der einzige für die Anwender sichtbare Teil des Data Warehouse. Alle Vorarbeiten der Analyse, Definition und Strukturierung sind umsonst, wenn die Anwender nicht einfach und intuitiv auf die benötigten Informationen zugreifen können. Ausserdem erwartet der ungeduldige Anwender seine Daten schnell zu erhalten.

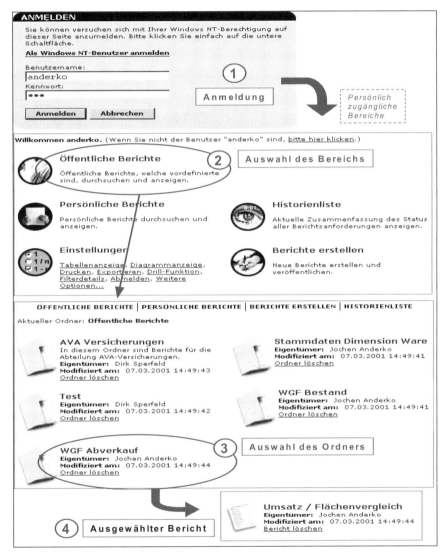

Abb. 4: Ablauf der Anmeldeprozedur

Die Abbildungen 4 bis 7 zeigen die Anmeldesequenz für einen typischen Anwender, wobei der Einstieg über eine personalisierte Startseite erfolgt, auf der verschiedene Datenbereiche ausgewählt werden können. Oft verwendete Berichte standen über Direktzugriffe zur Verfügung, um die voreingestellten Anmeldemasken zu umgehen.

Im nächsten Schritt gibt der Anwender die Parameter für den ausgewählten Bericht an. Zu jedem Parameter gibt es eine Erklärung und eine Suchfunktion, die zu einem späteren Zeitpunkt auch stark vereinfacht oder weggelassen werden können.

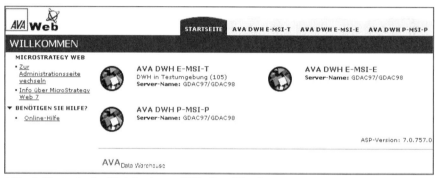

Abb. 5: Startseite des Web-basierten AVA-Data Warehouse

Nach Auswahl der Parameter (siehe Abbildung 6) erscheint der Bericht mit den Kennzahlen in der vordefinierten Einstiegsebene, im gewählten Beispiel lautet die Einstiegsebene Kategorie. Für eine detailliertere Analyse auf den nächstfolgenden Ebenen müssen einfach die entsprechenden Datenfelder angeklickt werden.

Bei Abschluss der ersten Projektphase stand den Benutzern in der Zentrale sowie

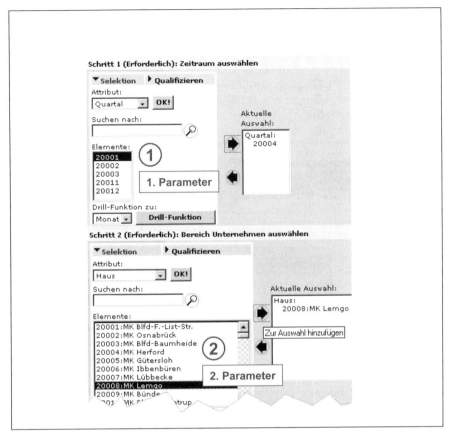

Abb. 6: Eingabe der Auswertungsparameter

den Marktleitern in den Filialen ein webbasiertes Kennzahlensystem zur Verfügung, um durchgängig über die gesamte Firmenhiearchie dieselben Kenngrößen zu analysieren (siehe Abbildung 7).

Mit dem Einsatz des Data Warehouse in den Märkten kann AVA das Geschäft dezentral steuern und schnell auf wechselnde Marktbedingungen reagieren (regionale Artikel, Sonderlieferungen, Aktionen etc.). Den Benutzern steht jetzt

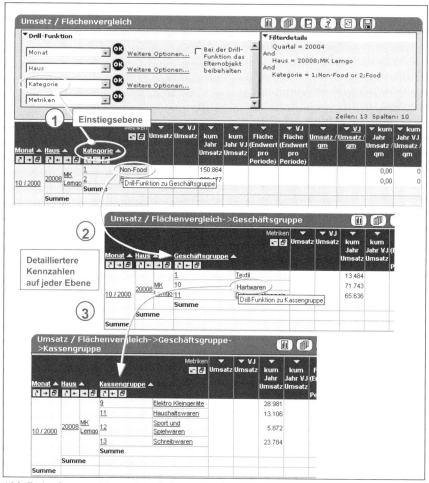

Abb.7: Analyse von Kennzahlen in immer größerer Detailtiefe (drill-down)

ein modernes, webbasiertes Analysewerkzeug zur Verfügung, das auch komplexe Abfragen bewältigt. Die Daten können mittels vordefinierter Berichtstypen und Filterbedingungen nicht nur nach verschiedenen Kriterien ausgewertet, sondern auch in alle Richtungen durchforstet (drill down, drill across) und dargestellt (Pivotieren, Formatieren, Graphiken einbinden, Listen erstellen) werden.

Der erste Einsatz der neuen Data Warehouse-Berichte fand noch während der Entwicklungsphase statt. Die konsolidierten und bereinigten Lieferantendaten, die nun auf jeder gewünschten Ebene (pro Lieferant und Lieferantentyp, pro Warengruppe etc.) bereit standen, konnten erstmals in vollem Umfang bei Lieferantengesprächen eingesetzt werden.

Vergleiche von Lieferkonditionen zwischen Regionen und Warengruppen zu verschiedenen Zeitpunkten sind, vor allem wenn es bei Verhandlungen um die Verbesserung von Margen im Zehntelprozentbereich geht, ein großer Vorteil. Die eingesparte Zeit für die Analysen nutzen die Einkäufer für die Verbesserung der Lieferbereitschaft und ein aktives Qualitätsmanagement.

Planung und Controlling im Automobilhandel

Jochen Benz und Klaus Eppele, MFB AG, Radolfzell

Der Beitrag beschreibt die derzeitige Situation im Automobilhandel und die Anforderungen an eine Planungs- und Controlling-Software für diese Branche. Am Beispiel MFB Planning Consultant wird gezeigt, welche Funktionen man heute von einer derartigen Lösung erwarten kann und aus welchen Komponenten eine solche besteht. Der erfolgreiche Einsatz der Software wird an einem Praxisbeispiel belegt.

1 Die Situation im Automobilhandel

Die Vertragshändler der Automobilhersteller sind in den vergangenen Jahren unter Druck geraten. Der Automobilmarkt ist so hart umkämpft wie nie zuvor. Der deutsche Markt ist weitgehend gesättigt und Expansionen sind nur noch zu Lasten anderer Marktteilnehmer möglich. In der Folge schrumpfen die Margen und sinken die Umsatzrenditen.

Für das Management eines Autohauses erhöhen die ständig komplexer werdenden Rahmenbedingungen das Risiko von Fehlentscheidungen. Wo früher noch das „Bauchgefühl" eines erfahrenen Firmengründers ausreichte, können die richtigen Entscheidungen für ein modernes Autohaus heute nur noch aufgrund eines fundierten Zahlenwerks getroffen werden, das die momentane Markt- und Unternehmenssituation exakt widerspiegelt und geeignete Planungs- und Kontrollinstrumente zur Verfügung stellt. Dies trifft vor allem für angestellte Geschäftsführer zu. Sie benötigen geeignete Werkzeuge, um die relevanten Daten zu sammeln, zu strukturieren sowie sachgemäß und zeitnah auszuwerten.

Allerdings werden solche Tools heute in der Praxis kaum eingesetzt. Über 95 Prozent der Autohäuser benutzen lediglich Kennzahlen aus dem Finanz- und Rechnungswesen zur Unternehmenssteuerung, wie etwa die kurzfristige Erfolgsrechnung. Sie erhalten diese zusammen mit Statistiken, wie Händlerbetriebsvergleichen, einmal im Monat in Papierform von den Herstellern. So wichtig diese Informationen auch sind, sie haben folgende gravierende Nachteile:

- Sie kommen meist zu spät, da monatliche Informationszyklen den Anforderungen der heutigen Marktsituation nicht mehr gerecht werden
- Sie liegen nur in Papierform vor und sind deshalb nicht flexibel handhabbar und auch nicht gleichermaßen verständlich und brauchbar für die einzelnen Mitarbeiter des Autohauses, die je nach Position differenzierte Informations-

anforderungen stellen und über eine unterschiedliche Ausbildungsgüte verfügen

Sie sind vergangenheitsorientiert. Das heißt, sie geben zwar Auskunft darüber, wie erfolgreich ein Unternehmen in der Vergangenheit gearbeitet hat, eröffnen aber kaum die Sicht auf die mögliche Zukunft des Autohauses und den nötigen Handlungsbedarf

Dazu kommt, dass auch von dritter Seite immer mehr Transparenz gefordert wird. So werden im Rahmen eines bankeninternen Ratings gemäß Basel II künftig die Möglichkeiten der Kreditbeschaffung und die Höhe der Kreditzinsen von einer nachvollziehbaren Unternehmensplanung abhängen.

Die Automobilhersteller sind gefordert, ihren Vertragspartnern leistungsfähige DV-Werkzeuge an die Hand zu geben, die nicht nur für das Finanz- und Rechnungswesen geeignet sind, sondern gleichzeitig auch aussagefähige und zeitnahe statistische Informationen für die Unternehmensleitung bereitstellen. Dies ist relativ einfach zu realisieren, da alle Partner eines Herstellers bereits über ein einheitliches Rechnungs- und Berichtswesen verfügen, das nur auf ein geeignetes Planungs- und Controlling-Werkzeug abgebildet werden muss. Auf Herstellerseite könnte damit der Aufwand für die Beratung und Unterstützung der Händler minimiert, die Qualität und die Transparenz erhöht und die Gesamtplanung aufgrund eines einheitlichen, aussagefähigeren Berichtswesen konsolidiert werden. Für das Autohaus ergäben sich enorme Vorteile bei der Führung und Sicherung der Wirtschaftlichkeit des Unternehmens.

2 Anforderungen an ein Planungs- und Controlling-System

Das moderne Controlling im Unternehmen hat drei Funktionen. Es versorgt das Management mit Informationen, um dessen Entscheidungen vorzubereiten. Es berät und unterstützt die Führungskräfte bei der Zielfindung und Planung durch Planungsrechnungen und die Konsolidierung von Teilplanungen. Und es wirkt mit bei der betrieblichen Steuerung durch ständige Überwachung der Zielrechnungen mittels Abweichungsanalysen und Simulationsrechnungen.

Eine Planungs- und Controlling-Software muss diese drei Funktionen vereinen. Sie soll ein einheitliches Arbeitsinstrument sowohl für die Geschäftsführung als auch für die Bereichsverantwortlichen darstellen. Die gegebene Unternehmensstruktur, die bisherigen Arbeitsabläufe und das bestehende Berichtswesen sollten 1 zu 1 abbildbar sein. Dabei sollte das System so flexibel sein, dass auch nachträgliche Änderungen der Organisationsstruktur kein Problem darstellen. Kostenstellen oder Profit Center sollten jederzeit hinzugefügt oder entfernt werden können.

In erster Linie muss die Planungs- und Controlling-Software die Arbeit ohne großen Einarbeitungsaufwand auch wenig DV-Erfahrenen erleichtern. Sie sollte über geeignete Schnittstellen unterschiedliche Datenquellen aus dem Rechnungswesen oder der Marktforschung verfügbar machen und diese nach beliebigen Kriterien darstellen und grafisch aufbereiten können. Das System sollte so konfigurierbar sein, dass jeder Anwender genau die Informationen in der ihm vertrauten Weise zur Verfügung gestellt bekommt, die er benötigt. So sollten Zeitvergleiche, Abteilungsvergleiche, Regionsvergleiche, Soll-/Ist-Vergleiche etc. granular abrufbar und beliebig verdichtbar sein.

Die Software muss den gesamten Prozess der Unternehmensführung begleiten können. Sie sollte Unterstützung bieten für schnelle und treffsichere Analysen des Ist-Zustandes, für die Festlegung von Zielvorgaben, für die Planung einzelner Unternehmensbereiche, die Zusammenführung von Teilplanungen der Bereichsverantwortlichen und die Kontrolle der Ziel- und Planerreichung.

Dabei sollten die Fachabteilungen ihre Daten in einer vertrauten Umgebung modellieren und dennoch auf einem gemeinsamen Datenbestand aufsetzen können. Planungsrechnungen müssen so einfach zu erledigen sein, dass sie von den Fachabteilungen erstellt werden können. Bei allen Aktionen sollte die Denkweise eines Autohaus-Managers berücksichtigt werden.

Zudem muss das System den Entscheidern das Wissen und die Erfahrung eines Controllers bereitstellen. Ein Software-Assistent sollte eine geführte Planung ermöglichen, so dass wiederkehrende Abläufe vollständig und in der richtigen Reihenfolge ausgeführt werden. Darüber hinaus ist ein integriertes Expertensystem gefordert, das sowohl bei der Analyse als auch bei der Planung mit gezielten Fragen und konkreten Handlungsvorschlägen hilft, Ursachen für Planabweichungen zu finden und gezielte Maßnahmen einzuleiten.

Nicht zuletzt sollte die Planungs- und Controlling-Software modular und skalierbar sein. Sie muss sowohl für das kleine Autohaus mit einem PC als auch für ein mittelständisches Unternehmen mit vielen vernetzten Arbeitsplätzen verfügbar sein und optimalerweise sogar eine webbasierte Bedienung über das Internet erlauben. In verteilten Umgebungen muss eine ausgeklügelte Nutzer- und Rechteverwaltung für Vertraulichkeit und Datensicherheit sorgen.

3 Die Lösung

MFB Planning Consultant ist eine integrierte Software, die den gesamten Prozess der Unternehmensführung begleitet. Sie bietet Controllern sowie Führungskräften auf allen Hierarchieebenen Unterstützung bei der betriebswirtschaftlichen Analyse, Planung und Kontrolle. Planning Consultant lässt sich flexibel für alle Branchen und Unternehmensgrößen anpassen. Seine wahren Stärken zeigt die Software insbesondere im Einsatz in Händlernetzen, Franchiseketten und Filialbetrieben, also immer dann, wenn viele gleich strukturierte Einheiten vorzufinden sind, die weitgehend eigenständig geführt und geplant werden, deren Teilpläne aber von einer übergeordneten Institution konsolidiert werden müssen. Heute kommt Planning Consultant vorwiegend in Autohäusern zum Einsatz. Über 700 Automobilhändler vertrauen derzeit erfolgreich auf dieses Planungs- und Controlling-System.

Planning Consultant verfügt über die Module Analyse, Planung und Soll-/Ist-Vergleich. Das Analysemodul unterstützt vor allem die schnelle, treffsichere Untersuchung des Ist-Zustands eines Unternehmens mit dem Ziel, Stärken und Schwächen sowie deren Ursachen aufzudecken. Mit dem Planungsmodul lassen sich Zielvorgaben und Budgets festlegen, getrennt nach Unternehmensbereichen und in einer vom Anwender frei bestimmbaren Planungstiefe. Im Modul Soll/Ist-Vergleich werden die Ist-Daten mit Planwerten zusammengeführt und die Analyse von Abweichungen ermöglicht. Dadurch können rechtzeitig steuernde Eingriffe erfolgen. Alle drei Module bieten einen flexiblen Berichtsgenerator, Unterstützung durch Expertenwissen, einheitliche und intuitiv bedienbare Standard-Windows-Benutzeroberfläche, vielfältige grafische Darstellungen, Zugriff auf identisches Datenmaterial, Druckfunktionen und weitere Hilfsmittel.

Planning Consultant erreicht seine hohe Leistungsfähigkeit zur Unterstützung des gesamten Managementzyklus durch die effiziente Kombination eines Data Warehouses, eines MIS (Management Informations System) mit OLAP-Funktionalität (On Line Analytical Processing), eines Expertensystems und eines Customizing Tools zu einem leistungsfähigen Gesamtsystem (siehe Abbildung 1).

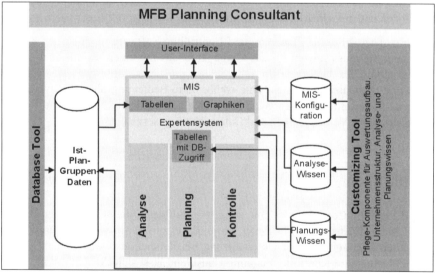

Abb. 1: Grundsätzlicher Aufbau von Planning Consultant

Die Abbildung der Planungsmodellstrukturen erfolgt mit Hilfe des Customizing-Tools (siehe Abbildung 2). Mit diesem Werkzeug kann der Modellierer die gegebene Unternehmensorganisation, Kontenpläne und das gewohnte Berichtswesen in Planning Consultant abbilden. Vor dem ersten Einsatz der Planungs- und Controlling-Software werden Organisationsstruktur, Kontenplan, Berichtsaufbau, Planungsformulare, Planungshilfsmittel, Plausibilitäts-Checks und Analysewissen über eine bedienerfreundliche Oberfläche angelegt. Der Datenimport wird über eine einfach zu bedienende, über Steuerdateien konfigurierbare Einlesekomponente (Database Tool) definiert, so dass problemlos Daten aus der Windows-, Unix- oder der Großrechnerwelt im ASCII-, ANSI- oder EBCDIC-Format übernommen werden können. Durch das schrittweise Anlegen dieser Stammdaten sind die ersten Module von Planning Consultant bereits nach kurzer Zeit nutzbar.

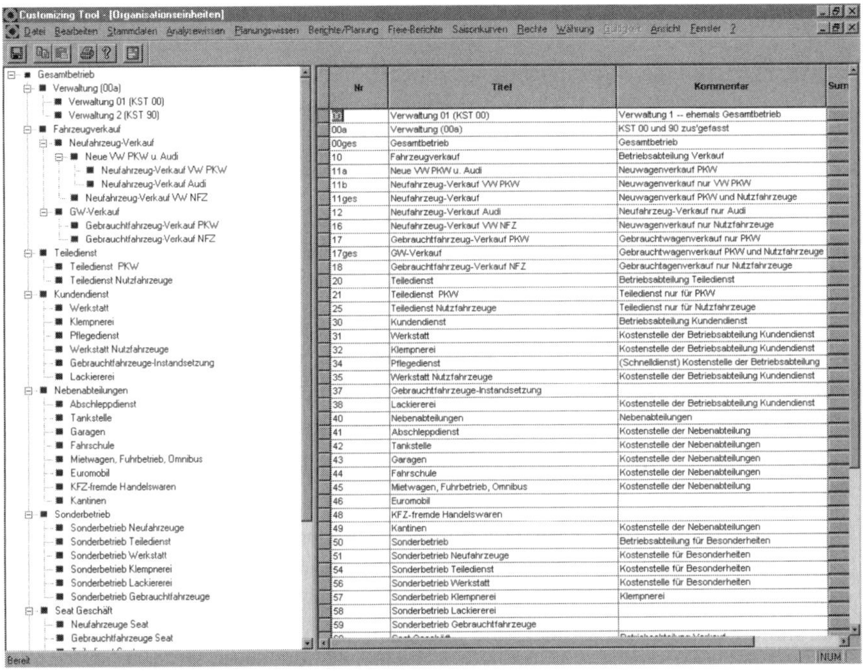

Abb. 2: Das Customizing-Tool

Der Aufbau der Unternehmensstruktur erfolgt in Baumform, ähnlich der bekannten Windows-Explorer-Darstellung. Zur Definition von Berichten und Planungsformularen dient ein Berichtsgenerator mit Vorschaufunktion, Kopiermöglichkeit bereits vorhandener Zeilen- und Spaltenaufbauten und ein Kennzahleneditor. Außerdem können Berichte vererbt werden: Ist für ein Organisationselement, z. B. eine Hauptabteilung, ein Berichtswesen definiert, so steht dessen Aufbau automatisch auch für alle untergeordneten Abteilungen zur Verfügung, sofern für diese kein eigenes Berichtswesen angelegt wird. Dadurch kann sehr schnell ein einheitliches Konzernberichtswesen aufgebaut werden, mit der Option, dass auch strukturell andersartige Organisationseinheiten jederzeit ein individuelles Berichtswesen erhalten können.

Durch eine mehrstufige Modellierung kann man das Grundmodell zentral und individuelle Erweiterungen lokal pflegen. Eine Exportfunktion sorgt dafür, dass man angelegten Stammdaten auf alle Rechner des Unternehmens verteilen kann.

Die Ist-Analyse

Die Analyse des Ist-Zustands umfasst mehr als die bloße Feststellung des momentanen Zustandes. Sie geht einher mit einer Ursachenforschung und untersucht beispielsweise Fragen wie:

- Weshalb sind die Deckungsbeiträge in Region A höher als in Region B?
- Wie ist der Umsatzverlust von Produktgruppe P im Markt XY erklärbar?
- In welche Richtung entwickeln sich unsere Herstellungskosten?

Zur Klärung dieser und vieler weiterer Fragen stellt Planning Consultant als Berichtsmodul ein leistungsfähiges MIS und zur automatisierten Analyse ein Expertensystem zur Verfügung, das sich an der intuitiven Vorgehensweise des erfahrenen Controllers orientiert.

Betriebliche Daten sind multidimensional. Typische Dimensionen können Kostenstellen, Produktgruppen, Regionen auf der einen und Konten sowie Kennzahlen auf der anderen Seite sein. Eine weitere Dimension ist der Faktor Zeit, denn ein Unternehmen ist kein statisches Gebilde, sondern muss im Zeitablauf betrachtet werden.

Planning Consultant kann deshalb das vorhandene Datenmaterial in verschiedenen Dimensionen betrachten, beispielsweise als Abteilungs-, Zeit- oder Produktgruppenvergleich. Auch der Zeilenaufbau jedes Berichts ist individuell definierbar. Eine Zeile kann ein Konto oder eine Kennzahl sein. Beliebige individuelle Kennzahlen (Summe, Differenz, Verhältnis, Produkt) lassen sich in einem Formeleditor mit den üblichen mathematischen Grundoperationen (+,-,/,*) über das Customizing-Tool erzeugen. Dadurch kann man sowohl alle bekannten Berichte, wie Bilanz oder GuV, darstellen aber auch, beispielsweise durch Kombinationen aus GuV und Kundenzufriedenheitsanalyse oder durch Regionsvergleiche kombiniert mit Produktgruppen, ganz neue Perspektiven auf das Unternehmen definieren.

Für die übersichtliche Darstellung aller Daten sorgen Navigationstechniken, Abweichungsanalyse, Grafikfunktionen und ein komfortabler Berichtsgenerator:

Mit Drill down-, Roll up-, und Drill across-Verfahren kann der Anwender die Datenanalyse auf bestimmte Organisationselemente, die von der individuellen Organisationsstruktur des Unternehmens vorgegeben sind, einschränken und gezielt zwischen diesen Elementen navigieren.

Die Ampelfunktion weist auf signifikante Abweichungen hin. Besondere Stärken werden grün, Schwächen werden rot und alle Werte, die sich innerhalb der Warngrenzen befinden, werden schwarz dargestellt, wodurch man sich die mühsame Arbeit mit rotem oder grünem Leuchtstift auf dem Papier erspart. Sowohl der heranzuziehende Vergleichswert als auch das Maß für die Bandbreite der Warngrenzen können je Konto im Customizing Tool als Voreinstellung definiert werden. Diese Einstellung ist jedoch auch während der Laufzeit vom Anwender für seine Zwecke temporär veränderbar.

Zur grafischen Visualisierung der Daten innerhalb von Planning Consultant stehen in einem intuitiv zu bedienenden Grafikmodul mit Assistenten-Funktion verschiedene Diagrammtypen zur Verfügung (siehe Abbildung 3). Neben Linien- und Tortendiagrammen gehören hierzu verschiedene Arten von Balkendiagrammen, die durch Auswahl des darzustellenden Datenausschnitts erzeugt werden können. Der Grafik-Assistent weist eine Vorschaufunktion, editierbare Titel, Spiegelung der Achsen sowie weitere Funktionen speziell für betriebswirtschaftliche Belange auf,

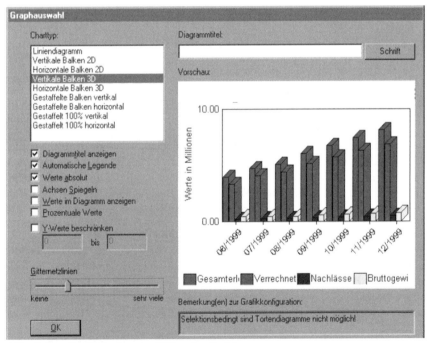

Abb. 3: Der Grafik-Assistent mit Vorschaufunktion

z. B. die Darstellung von Absolutbeträgen, damit Kosten und Umsätze auf Wunsch in Balken nebeneinander und nicht gegenüber dargestellt werden. Der

Anwender kann zwischen kumulativer und Zeitpunktanzeige umschalten, jede Grafik nochmals im Grafik-Assistenten bearbeiten, sie jederzeit ausdrucken oder als JPG- oder BMP-Datei abspeichern.

Jeder Anwender kann auch zusätzlich zu den im Customizing-Modul eingestellten, standardisierten Berichten seine eigenen erstellen, diese speichern und jederzeit bearbeiten, ohne an den Berichten der anderen Benutzer etwas ändern zu müssen.

Eine der besonderen Stärken von Planning Consultant ist das integrierte Expertensystem (siehe Abbildung 4), das

- Ursachenforschung anhand signifikanter Abweichungen betreibt,
- sich an der intuitiven Vorgehensweise eines erfahrenen Controllers orientiert,
- aus dem Zahlenwerk nicht-erklärbare Abweichungen durch Fragen an den Benutzer klärt und
- als Ergebnis einen Bericht mit Stärken-/Schwächenursachen und geeigneten Handlungsempfehlungen liefert.

Man kann das Gesamtunternehmen oder spezielle Teilbereiche, wie eine Kostenstelle, eine Region oder eine bestimmte Kennzahl systemunterstützt analysieren. Dabei sollen weder das Fachwissen noch die Erfahrung des Menschen ersetzt werden. Vielmehr steht das Ziel im Vordergrund, sich durch Zeitersparnis wieder auf seine Kernaufgaben konzentrieren zu können.

Die Planung

Planen heißt vor allem, aktiv Chancen zu nutzen. Planning Consultant unterstützt die unterschiedlichsten Planungsweisen, beliebige Detaillierungsgrade der Planung sowie die freie Wahl der Planungsorganisation. Auch bei der Planung stehen Tabellen zur Einbeziehung von Marktwissen, Plausibilitäts-Checks als Erfahrungswissen und eine intelligente Benutzerführung zur Verfügung.

Durch die Vergabe von Benutzerrechten sorgt Planning Consultant dafür, dass jeder Benutzer nur in seinem Bereich planen kann, wobei die so entstehenden Teilpläne nach der Freigabe durch den Planer zu einer Gesamtplanung konsolidiert werden können. Bis zur Freigabe bleibt eine Planung im Besitz des Bearbeiters, wodurch eine unerwünschte Einsichtnahme in unfertige Planungen ebenso verhindert wird, wie das Zusammenführen nicht abgeschlossener Planungen.

Da alle Managementprinzipien auf Zielvorgaben und Delegation basieren, unterstützt Planning Consultant das Gegenstromprinzip. In einem ersten Planungsschritt werden in einer Top down-Vorgabe die Ziele der einzelnen Bereiche festgelegt. Diese sind in der Regel so definiert, dass bei ihrem Erreichen die angestrebte Planrendite oder der gewünschte Plangewinn für das Gesamtunternehmen erzielt wird. In der anschließenden Bottom up-Planung sind die angestrebten Ziele zu erreichen. Dabei kann die Übereinstimmung zwischen Zielerreichung und Zielvorgabe ständig eingeblendet werden. Je nach Unternehmensgröße und –organisation können die Zielplanung und die anschließenden Bereichsplanungen zentral durch Unternehmensführung und Controlling erfolgen. Es können aber auch Ziele zentral vorgegeben werden, die dann dezentral von den Bereichsverantwortlichen im Detail zu planen sind.

Weitere Koordinationsinstrumente stellen die Integrität der Planung sicher, auch wenn der Planende selbst nicht über das absolute Controlling-Wissen verfügt. So

Abb. 4: Handlungsempfehlungen des Expertensystems

kann sich beispielsweise der Benutzer durch eine vom Administrator definierte Folge von Dialogen und Masken, quasi durch einen Assistenten, durch die Planung seines gesamten Bereiches führen lassen. Dies garantiert die korrekte Reihenfolge der Planung sowie deren Vollständigkeit. Weiterhin sind "Zwangsverknüpfungen" von Plandaten, wie zum Beispiel Umsatz Handelswaren und zugehörige verrechnete Anschaffungskosten, realisierbar sowie automatische Plausibilitätsprüfungen integrierbar, die dem Benutzer sofort während der Bearbeitung einer Planung Hinweise auf unplausible Eingaben geben.

Ein mächtiges Planungsinstrument in Planning Consultant ist die Möglichkeit der Gestaltung unterstützender Tabellen, die Ist- und Plandaten sowie Prognosewerte beliebig lesen, schreiben und mittels mathematischer Funktionen miteinander verknüpfen können. Diese „Planungshilfsmittel" bieten die Möglichkeit, Planungswissen des (zentralen) Controllingexperten allen (dezentralen) Anwendern zur Verfügung zu stellen. Somit sind analytische Instrumente ebenso gestaltbar wie koordinierende, prognostische oder bewertende.

Es gibt Plangrößen, die am besten auf Basis von Vergangenheitsdaten und unabhängig von anderen Größen planbar sind, in vielen Unternehmen sind das beispielsweise die Raumkosten. Solche Variablen werden in Planning Consultant direkt auf Kontenebene eingegeben - wahlweise als absoluter Wert oder als Ver-

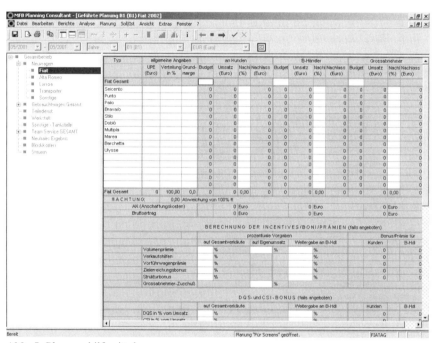

Abb. 5: Planungshilfsmittel

änderung gegenüber der Planungsbasis. Andere Plangrößen, wie etwa Umsätze, Herstellungskosten oder Verkäuferprovisionen sind jedoch nicht einfach fortschreibbar, vom Markt beeinflusst und gegenseitig funktional abhängig. Hier unterstützen die Planungshilfsmittel, die Marktwissen einfließen lassen, Interdependenzen von Plangrößen berücksichtigen und somit die Planung mehrerer Konten in einem Schritt zulassen.

In Planning Consultant können entweder aus Vorsystemen gelieferte Prognosen oder automatische Hochrechnungen und Vergangenheitswerte, wie Vorjahresabschlüsse, als Planungsgrundlage verwendet werden. Auch im Planungsmodul kann man auf die Hilfe des integrierten Expertensystems zurückgreifen, um den Ist-Zustand systemunterstützt zu analysieren und Handlungsempfehlungen zu geben, so dass zusätzliche Daten zum aufgedeckten Handlungspotenzial kontenbezogen integriert werden können. Der Anwender erhält so wertvolle Hinweise, an welchem Punkt Veränderungen planbar sind und welche Wirkung realistisch ist.

Für einen Planungszeitraum können in Planning Consultant beliebig viele Planungen angelegt werden. Dadurch kann jeder Planer Alternativplanungen erstellen und alle möglichen Fälle durchspielen (z. B. bester, wahrscheinlichster oder schlechtester Fall). Außerdem sind Simulationen möglich. Erst durch die Freigabe einer Planung steht diese für die Plankonsolidierung zur Verfügung und darf anschließend nicht mehr verändert werden.

Die Plandatenerfassung kann durch manuelle Eingabe, Übernahme von Vorjahreswerten oder Prognosen, die prozentuale Veränderung von Vorjahreswerten und Prognosen sowie durch automatische Verteilung von Eingaben auf übergeordnete Kennzahlen erfolgen. Die bereits mehrfach angesprochenen Planungshilfsmittel erleichtern aufgrund ihrer sehr variablen Gestaltungsmöglichkeiten auch hier die Arbeit. So lassen sich Eingabemasken mit automatischer Konsistenzsicherung der Plandaten erstellen (siehe Abbildung 6).

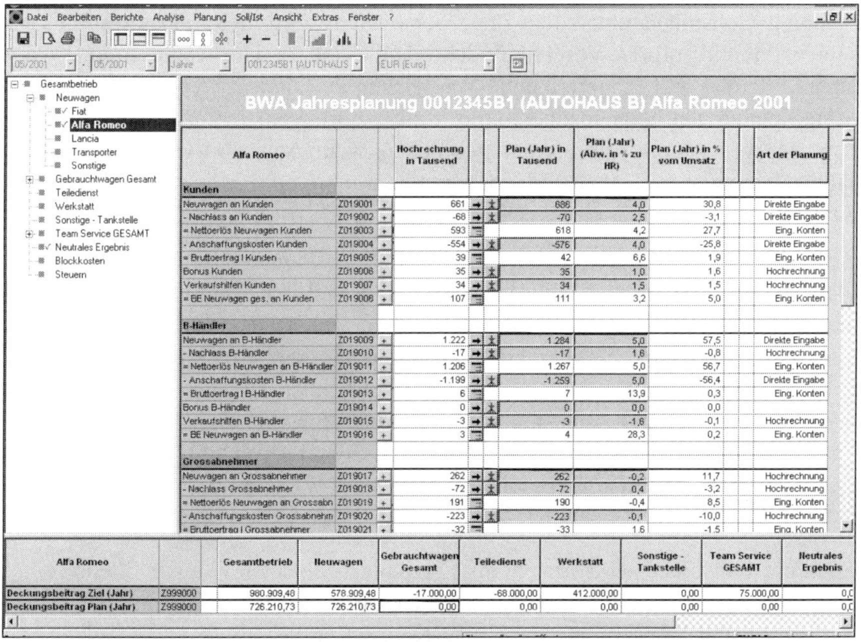

Abb. 6: Plandateneingabe auf BWA-Zeilen-Ebene

Aufgrund des Berechtigungskonzeptes ist sichergestellt, dass der Anwender nur an zulässigen Stellen Daten eingibt, und somit durch die Zusammenführung von Teilplanungen konsistente Gesamtplanungen entstehen. Durch das ausgefeilte Berechtigungskonzept stehen dem Anwender auch nur die Eingabemasken zur Verfügung, die ihn betreffen. Dadurch wird auch die Sicherheit des Systems erhöht. Denn oft wird die Kreativität von Anwendern, Sicherheitsbarrieren zu umgehen, erst dadurch geweckt, dass sie Bereiche sehen, auf die sie keine Zugriffsrechte haben.

In allen Dimensionen kann der Anwender selbst entscheiden, wie detailliert oder grob er planen möchte. Für jede Plangröße ist die freie Wahl von Planungsperiode (Monat, Jahr), Detaillierungsgrad (Summenzeile aus GuV oder einzelne Konten) und Planungsebene in der Organisationsstruktur (Gesamtbetrieb, Kostenstelle, Produktgruppe etc.) möglich. Dadurch sind schnelle, überschlägige Planungen ebenso wie detaillierte, zusammenfassende Planungen von Größen mit geringer Auswirkung und tief gegliederte Planungen von stark erfolgswirksamen Plangrößen machbar. Außerdem kann für aggregierte Planwerte automatisch ein höherer Detaillierungsgrad, zum Beispiel durch die Verteilung von Summenzeilen auf die eingehenden Konten, Jahresplanungen auf Monate oder Gesamtwerte einer Region auf Filialen, ermittelt werden.

Der Soll/Ist-Vergleich

Planning Consultant unterstützt die Überwachung des Zielerreichungsgrads mit seinem Modul Soll-/Ist-Vergleich (siehe Abbildung 7). Um während eines Planjahres Planung und Planerreichung vergleichen zu können, werden als Sollwerte Monatsplanungen herangezogen, soweit diese vorliegen, Jahresplanungen mittels Saisonkurven auf Monate heruntergebrochen, wenn Saisonkurven vorliegen, und Jahresplanungen auf 1/12 je Monat verteilt, wenn weder Monatsplanungen noch Saisonkurven verfügbar sind.

Abweichungen einzelner Monate können sich im Planungszeitraum wieder ausgleichen oder verstärken. Daher kann bei jedem Soll-/Ist-Vergleich per Mausklick umgeschaltet werden zwischen der Darstellung von Daten, die bis zum betrachteten Zeitpunkt kumuliert sind, oder Daten, die nur den betrachteten Zeitraum zeigen. Beide Alternativen sind sowohl im Zeitvergleich als auch im Vergleich zu anderen Abteilungen, Kostenstellen oder Produktgruppen möglich.

Der Aufbau der Systemarchitektur

Planning Consultant wird sowohl als Einzelplatz- als auch in einer Client/Server-Variante angeboten. Eine Web-Variante ist zur Zeit in Entwicklung. Die Client/Server-Version ist nach dem Fat Client Konzept aufgebaut, d. h. die (relationale) Datenbank liegt auf dem Datenbankserver, die Applikation wird auf dem Client ausgeführt. Durch diese Verteilung erfolgt eine erste Lastverteilung und die Möglichkeit paralleler Verarbeitung.

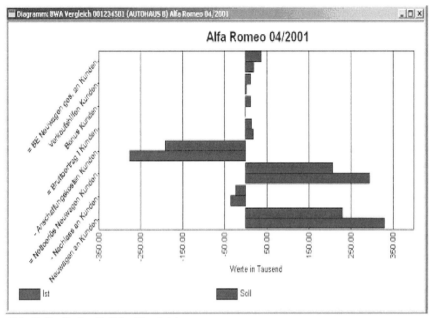

Abb. 7: Grafischer Soll-Ist-Vergleich

Aufgrund der Ausrichtung des Systems auf die Zielgruppe Händlernetze, Franchise-Ketten usw. ist auch die Möglichkeit vorgesehen, die komplette Datenbank (als Data Warehouse) bzw. Teile daraus (als Data Marts) dezentral zu halten (z. B. bei den einzelnen Händlern oder Franchisenehmern).

Das System besitzt eine sehr differenzierte Benutzerverwaltung. Rechte können vom User-Administrator auf Zellenebene und im OLAP-Würfel vergeben und eingeschränkt werden bezüglich Programmkomponenten (Customizing-Tool, Database-Tool, Anwendung) Programmfunktionalität (Berichte, Planung etc.) und Datensicht (Betriebe, Abteilungen, Produkte usw.). Die Definition von Berechtigungen erfolgt auf der Basis von Benutzergruppen. Jedem Benutzer kann eine oder mehrere Benutzergruppen zugewiesen werden. Die ihm zustehenden Rechte ergeben sich aus der Vereinigungsmenge der Rechte dieser Gruppen. Weiterhin enthält das Berechtigungskonzept Benutzerrollen, die hierarchisch Rechte zur Pflege des Planmodells regeln.

Auf der höchsten Hierarchiestufe steht der Programmadministrator, gefolgt vom Systemadministrator und am Ende die Nutzer. Dadurch können in Händlernetzen und Franchiseketten Standardmodelle von einem Programmadministrator zentral gepflegt werden. Bei den einzelnen Händlern oder Franchisenehmern kann der

Systemadministrator individuelle, nur für die Nutzer dieses Betriebes geltende Erweiterungen vornehmen und schließlich kann der einfache Nutzer Erweiterungen vornehmen, die nur für ihn selbst gelten.

Planning Consultant unterstützt als Datenquellen verschiedenste Flat Files sowohl aus der UNIX- als auch der Windows- oder Großrechnerwelt (ASCII /ANSI / EBCDIC). Der Datenimport erfolgt über das Database-Tool, d. h. auf Basis einer graphischen Benutzeroberfläche. Die Menüstruktur passt sich automatisch jedem Benutzer an. Für wiederkehrende Quellen wird einmalig eine Steuerdatei gepflegt, so dass der Anwender anschließend lediglich den Import anstoßen muss und keine weiteren IT-Kenntnisse benötigt. Mittels dieser Steuerdatei wird nicht nur der Satzaufbau der Quelle definiert, sondern auch eventuelle Transformationen der Ursprungsdaten festgelegt, die dann beim Import durchgeführt werden. Der Datenexport ist über ein Database-Tool oder mit Copy&Paste möglich. Grafiken können als JPG- oder BMP-Files exportiert werden.

4 Einsatz bei Volkswagen und Fiat

Die Volkswagen AG unterstützt ihre Händler schon lange mit papier- und DV-gestützten Controlling-Instrumenten. Die Händler stellen dem VW-Rechenzentrum monatlich ihre Finanzdaten zur Verfügung und erhalten dafür einmal im Monat eine kurzfristige Erfolgsrechnung (KER). Die KER liefert zwar Aussagen über den Geschäftsverlauf des letzten Monats. Es ist jedoch nicht möglich, diese Zahlen vor Ort im Autohaus schnell in aussagefähige Übersichten, Grafiken und Tabellen zu überführen sowie tagesaktuelle Planungen und Soll/Ist-Vergleiche zu erstellen. Inzwischen hat ein großer Teil der VW- und Audi-Vertragspartner die Software Planning Consultant im Einsatz, die den Nutzen der bisherigen Instrumente zusammenfügt. Die Software wurde von der MFB AG entwickelt und zusammen mit dem Marketing Management Institut der VW AG (MMI) angepasst und trägt VW-intern den Namen APS. Mit APS bzw. Planning Consultant kann die KER in der gewohnten Darstellung jederzeit und für jeden Zeitpunkt der eingespielt wurde, am Bildschirm betrachtet werden (siehe Abbildung 8).

Der Autohaus-Manager denkt und plant meist nicht in Dimensionen, wie Kontonummern oder KER-Zeilennummern, sondern in den Einheiten des Marktes, wie z. B. Absatzzahlen, Nachlass- und Margenhöhe; das Ganze natürlich strukturiert nach Abnehmergruppen und Marken sowie Modellen. Dieser Sicht trägt Planning Consultant Rechnung. Alle Werte werden automatisch an die richtige Stelle der KER geschrieben, so dass sich trotz unterschiedlicher Sichtweisen von Verkauf, Kundendienst und Controlling sowie unterschiedlich strukturierter Betriebe im Endergebnis vergleichbare Planungen ergeben. Durch das regelmäßige Einspielen der Ist-Daten können diese jederzeit mit der Planung zusammengeführt werden.

Dies erlaubt den rechtzeitigen steuernden Eingriff, wenn sich Planung und Realität auseinander bewegen. Zur Nutzung von Chancen und Abwendung von Risiken.

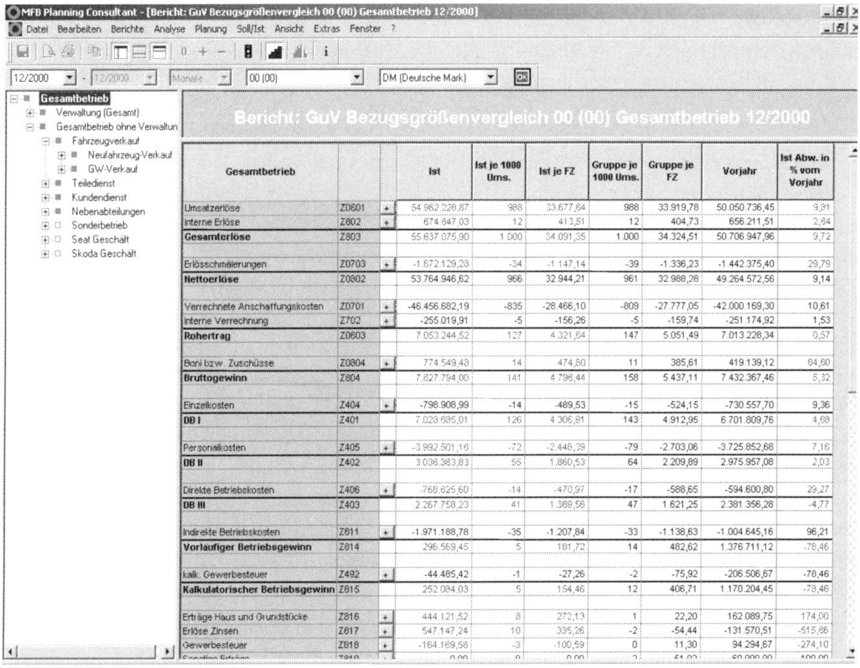

Gesamtbetrieb		Ist	Ist je 1000 Ums.	Ist je FZ	Gruppe je 1000 Ums.	Gruppe je FZ	Vorjahr	Ist Abw. in % vom Vorjahr
Umsatzerlöse	Z0601	54.962.228,87	988	33.677,64	988	33.919,78	50.050.736,45	9,81
interne Erlöse	Z802	674.647,03	12	413,51	12	404,73	656.211,51	2,84
Gesamterlöse	Z803	55.637.075,90	1.000	34.091,35	1.000	34.324,51	50.706.947,96	9,72
Erlösschmälerungen	Z0703	-1.872.129,28	-34	-1.147,14	-39	-1.336,23	-1.442.375,40	29,79
Nettoerlöse	Z0802	53.764.946,62	966	32.944,21	961	32.988,28	49.264.572,56	9,14
Verrechnete Anschaffungskosten	Z0701	-46.456.682,19	-835	-28.466,10	-809	-27.777,05	-42.000.169,30	10,61
interne Verrechnung	Z702	-255.019,91	-5	-156,26	-5	-159,74	-251.174,92	1,53
Rohertrag	Z0603	7.053.244,52	127	4.321,64	147	5.051,49	7.013.228,34	0,57
Boni bzw. Zuschüsse	Z0804	774.549,48	14	474,60	11	385,61	419.139,12	84,80
Bruttogewinn	Z804	7.827.794,00	141	4.796,44	158	5.437,11	7.432.367,46	5,32
Einzelkosten	Z404	-798.908,99	-14	-489,53	-15	-524,15	-730.557,70	9,36
DB I	Z401	7.028.885,01	126	4.306,91	143	4.912,95	6.701.809,76	4,88
Personalkosten	Z405	-3.992.501,16	-72	-2.446,39	-79	-2.703,06	-3.725.852,68	7,16
DB II	Z402	3.036.383,83	55	1.860,53	64	2.209,89	2.975.957,08	2,03
Direkte Betriebskosten	Z406	-768.625,60	-14	-470,97	-17	-588,65	-594.600,80	29,27
DB III	Z403	2.267.758,23	41	1.389,56	47	1.621,25	2.381.356,28	-4,77
Indirekte Betriebskosten	Z811	-1.971.188,78	-35	-1.207,84	-33	-1.138,63	-1.004.645,16	96,21
Vorläufiger Betriebsgewinn	Z814	296.569,45	5	181,72	14	482,62	1.376.711,12	-78,46
kalk. Gewerbesteuer	Z492	-44.485,42	-1	-27,26	-2	-75,92	-206.506,67	-78,46
Kalkulatorischer Betriebsgewinn	Z815	252.084,03	5	154,46	12	406,71	1.170.204,45	-78,46
Erträge Haus und Grundstücke	Z816	444.121,52	8	272,13	1	22,20	162.089,75	174,00
Erlöse Zinsen	Z817	547.147,24	10	335,26	-2	-54,44	-131.570,51	-515,86
Gewerbesteuer	Z818	-164.169,58	-3	-100,59	0	11,30	94.294,67	-274,10

Abb. 8: Kurzfristige Erfolgsrechnung

Im Herbst 2001 konnte die Fiat AG als neuer Kunde gewonnen werden. Innerhalb weniger Wochen entschieden sich über 300 Vertragshändler, Planning Consultant einzusetzen. Mit dem Customizing Tool konnten die Fiat-Strukturen in kurzer Zeit abgebildet werden, ohne dass Änderungen an der Software notwendig waren. Sogar das integrierte Expertensystem konnte problemlos auf die individuellen Anforderungen der Fiat AG angepasst werden. Auch der Roll-Out verlief reibungslos. Es dauerte nur wenige Wochen, um die über 300 Neukunden zu beliefern und zu schulen.

Simulative dynamische Rechnungslegung

Wilhelm Dauner, ASRAP Software GmbH, Bergisch Gladbach und
Barbara Dauner-Lieb, Universität zu Köln

Simulationen spielen für komplexe zukunftsorientierte Entscheidungen eine immer zentralere Rolle. Eine wirklich effektive, wertorientierte Unternehmenssteuerung erscheint ohne die Simulation künftiger Unternehmensprozesse nicht möglich. Benötigt wird ein in die Zukunft gerichtetes Rechenwerk, das Anwendungsmöglichkeiten von Knowledge Management und Business Intelligence eröffnet. Die Input-Output-Simulation von Unternehmensprozessen erfüllt diese Anforderung.

1 Defizite der traditionellen Rechnungslegung

Sowohl die traditionelle Rechnungslegung (ob nach HGB, IAS oder US-GAAP) als auch moderne Managementinformationssysteme erfassen, organisieren und analysieren ausschließlich Zahlen der Vergangenheit.[1] Auch zukunftsgerichtete Extrapolationen in Form von Prognosen und Trendvorhersagen gehören in diesen Rahmen. Spricht man von Knowledge Management, so ist ganz selbstverständlich die Organisation und produktivitätssteigernde Verwendung von vorhandenem Wissen gemeint. Wissen ist aber definitionsgemäß vergangenheitsbezogen. Doch solches Wissen, soweit es sich in Zahlen niederschlägt, nutzt für die Beurteilung der Zukunftsentwicklung eines Unternehmens wenig. Bekanntlich kreieren nicht die Zahlen der Vergangenheit den Shareholder Value, sondern die Cash Flows, die aus den Zukunftsplanungen des Managements entstehen.

Selbst eingefleischte Bilanzexperten stellen heute die zukunftsgerichtete Aussagefähigkeit der klassischen Bilanz in Frage[2]. Dennoch wird sie mit ungeheurem Einsatz von Geld und detailliertem Fachwissen in verschiedenen Variationen gehegt und gepflegt. Dies liegt nicht zuletzt daran, dass ein dynamisches Rechenwerk und damit eine dynamische Rechnungslegung bisher nicht bekannt ist und, da nicht bekannt, auch nicht für möglich gehalten wird. Dennoch ahnt man den Mangel und versucht, sich Zug um Zug von den Zwängen einer starren, vergangenheitsbezogenen Rechnungslegung zu befreien. Herausragendes Beispiel

---

[1] Nach Küting (2001a), S.14, "drängt sich die Frage auf, ob die traditionelle Bilanz noch zeitgemäß ist. Ein Übergang von der HGB-Rechnungslegung zur Internationalen Rechnungslegung nach IAS oder US-Gaap vermag keine Abhilfe zu schaffen."

[2] Küting (2001b), S. 32: "... früher oder später stellt sich die Frage, ob die klassische Bilanz noch in jedem Fall das geeignete Instrument zur Informationsvermittlung über das zukünftige Erfolgspotential ist."

ist die Kehrtwendung in der Behandlung von Geschäfts- und Firmenwerten unter US-GAAP. Während bisher eine planmäßige ratierliche Abschreibung des Goodwill als Pflicht galt, soll jetzt nur noch fallweise außerplanmäßig abgeschrieben werden[1]. Wesentlich ist dabei, dass auf die Abschätzung der künftigen Cash-flows der Berichtseinheiten[2] abgestellt wird. Ganz gleich, wie Bilanzexperten die Regelung für US-GAAP bewerten,[3] auch dann bleibt die konventionelle, überwiegend vergangenheitsbezogene Jahresbilanz sowie die an den Börsen so hochgeschätzte Quartalsbilanz[4] zur zukunftsbezogenen Informationsvermittlung kaum geeignet. Schon eine verantwortungsvolle Abschätzung der künftigen Cash-flows je Berichtseinheit ist ohne die dynamische Rechnungslegung, wie sie die Technik der Input/Output-Simulation bietet, nicht möglich.[5] Offensichtlich, aber doch noch unzureichend, bahnt sich ein Paradigmenwechsel in Richtung einer dynamischen Rechnungslegung an.

2 Simulative Rechnungslegung

Simulative Unternehmensführung als Konzeption und Führungsmethode hat bisher in die Unternehmenspraxis keinen Eingang gefunden. Dies liegt nicht zuletzt daran, dass kein in der Praxis leicht verständliches, das Unternehmen perfekt abbildendes Simulationsmodell vorhanden war. Zwar ist der traditionelle, formalisierte Jahresabschluss eine vollständige, quantitativ und qualitativ eindeutige Darstellung des Unternehmens. Aber wie seit seiner Erfindung durch Pacioli vor ca. 600 Jahren wird er bis heute ausschließlich für die Darstellung vergangener Zeitabschnitte eingesetzt. Schon der Name Abschluss zeigt den definitionsgemäß statischen Charakter an. Es erstaunt nicht, dass somit auch die Technik der dop-

---

[1] Vgl. Pejic/Buschhüter (2001), S. 107 - 112.
[2] Ebenda, S. 108: Die Berichtseinheit wird in ED 2001 als "unterste Ebene einer rechtlichen Einheit definiert, die ein eigenes Geschäft hat und physisch, operativ sowie für Zwecke der internen Berichterstattung von anderen Aktivitäten, Betrieben und Vermögensgegenständen der rechtlichen Einheit unterschieden werden kann." Durch die Einführung von Berichtseinheiten wurde "weitgehend der im Vorfeld ... von Unternehmensseite geäußerten Kritik entsprochen."
[3] Pellenz (2001), S. 16: „Analysten schauen nicht etwa auf den Cash Flow, der sich nicht verändern würde, sondern primär auf Gewinnkennzahlen wie zum Beispiel auf den Gewinn je Aktie, der sich bei einem Wegfall der Goodwill-Abschreibungen dramatisch nach oben bewegt."
[4] Rappaport (1998), S. 10: "Es geht nicht um das Ergebnis des nächsten Quartals. Der Cashflow muss die Kosten des im Unternehmen investierten Kapitals dauerhaft übersteigen."
[5] Küting (2001c), S. 10: "... und insbesondere die Schätzung der künftigen Cash Flows ... subjektive Ermessensentscheidungen in die Bilanzierung hinein trägt, was bilanzpolitische Spielräume eröffnet."

pelten Buchhaltung nur als statisch verstanden wird. Begriffe wie „dynamisch" oder gar „simulativ" passen kaum in diese Vorstellungswelt.

Die ganz überragende Erkenntnis der wissenschaftlichen Arbeit der Input/Output-Simulation[1] ist jedoch, dass der doppelten Buchhaltung das Tor zu dynamischem, simulativem Zukunftsdenken keineswegs verschlossen ist. Im Gegenteil, ihre mathematische Grundstruktur eines homogenen linearen Gleichungssystems erlaubt prinzipiell auch vollwertige dynamische Rechnungslegungen über beliebig zu simulierende zukünftige Zeitabschnitte. Wird ein das lineare Gleichungssystem auflösender Computeralgorithmus informationstechnologisch mit geeigneten "Simulationsadaptern" vernetzt, so entstehen nach Eingabe (Input) von beliebigen, unverknüpften Variablen - fast zeitlos - verknüpfte dreiteilige Jahresabschlüsse (Output) mit integrierter prospektiver Kapitalflussrechnung, Bilanz sowie Gewinn- und Verlustrechnung.[2] Die unverknüpften Input-Variablen sind nichts anderes als die in materielle Planungs- und Annahmewerte übersetzten internen Entscheidungs- und Planungsgrundlagen der Unternehmensführung.

Es leuchtet unmittelbar ein, dass materielle Entscheidungs- und Planungsgrößen nur global gedacht und konkretisiert werden können. Viele Einzelbuchungen des retrospektiven Rechnungswesen machen für die prospektive dynamische Rechnungslegung keinen Sinn. Diese stützt sich daher auf Kombinationen von Globalgrößen, wie Umsatz, Materialkosten, Zahl der Mitarbeiter, Personalkosten/Mitarbeiter-Jahr, sonstige betriebliche Erträge und Aufwendungen, Neu- bzw. Desinvestitionen, Eigen- und Fremdkapitalzuführungen, Eigen- und Fremdkapitalrückzahlungen, durchschnittliche Zinssätze im Hinblick auf Aktiva und auf Passiva, auch Abschreibungen und Rückstellungen. Diese können und müssen variabel kombiniert werden. Dynamische Rechnungslegung über die gedachte oder zu einem bestimmten Zeitpunkt fest geplante Unternehmenszukunft ist daher simulativ. Auch sind die Managementvorgaben (Input) laufend an die sich ständig wandelnde Um- und Innenwelt des Unternehmens anzupassen. Die Rechnungslegung (Output) wird dann durch Knopfdruck in regelmäßigen Abständen aktualisiert. Während im vergangenheitsbezogenen Rechnungswesen die kontinuierliche Anwendung der doppelten Buchhaltung zum Gewinn, zur Veränderung der Verschuldung und des Eigenkapitals führt, werden diese Größen mit dem dynamischen Rechenwerk der Input/Output-Simulation in einem Arbeitsgang aus simulativ "gebuchten" globalen Inputwerten exakt berechnet.

Simulative Unternehmensführung zeigt unmittelbar die Auswirkung gewählter Szenarioalternativen auf die zu erreichenden Zielwerte an. Beispielhaft seien folgende Optionen genannt: aggressive oder weniger aggressive Verkaufspolitik, Verringerung oder Ausweitung der Produktionstiefe, Neuinvestitionen in Verbindung mit Aufbau oder Abbau von Mitarbeitern, Zusammenlegung von Produk-

---

[1] Vgl. Dauner/Dauner-Lieb (1996a und 1996b).
[2] Vgl. ebenda.

tionsstätten zur Realisierung von Synergieeffekten, Desinvestitionen zur Entschuldung oder aus Gründen einer Portfolio-Straffung, konservative oder progressive Bilanzpolitik. Grundsätzlich können alle Entscheidungen, die in einer Unternehmensführung, auch länger- oder langfristig, zu treffen sind, zunächst simulativ durchgespielt werden. Die tatsächlichen Entscheidungen können dann in voller Kenntnis ihrer späteren Auswirkungen auf den Unternehmensprozess bzw. auf die prospektive Rechnungslegung getroffen werden. Die in Sachverhalt und Zeitablauf unbegrenzte Entscheidungsunterstützung ist in der Handhabung äußerst einfach, schnell, effektiv und kostengünstig.

Für die Konzeption einer simulativen Unternehmensführung stellt sich die wichtige Frage, ob man sich an ein juristisch tatsächlich vorhandenes Unternehmen mit Pflichtjahresabschluss halten muss oder ob auch frei festzulegende Berichtseinheiten einer vollständigen dynamischen Rechnungslegung zugänglich sind. Die Technik der Input/Output-Simulation erlaubt dies uneingeschränkt. Aus frei fixierten Vorgaben (Umsatz, Materialkosten, Zahl der Mitarbeiter etc.) entsteht jeweils eine in sich geschlossene Berichtseinheit[1] mit eigener prospektiver, integrierter Kapitalflussrechnung, Bilanz sowie Gewinn- und Verlustrechnung. Damit wird die Aufsplittung des Unternehmens in Berichtseinheiten entsprechend der Neuregelung der Goodwill-Abschreibung nach US-GAAP nicht, wie die Experten befürchten, eine äußerst zeit- und kostenaufwendige Tätigkeit[2], sondern nahezu problemlos. Anstatt geschätzter Cash-flows und deren Veränderungen[3], berechnet die Technik der Input/Output-Simulation für jede Berichtseinheit nach Eingabe der unverknüpften Planvorgaben den entsprechenden Kapitalfluss und die zugehörigen Cash-flows.

Die Shareholder Value-Methode als Instrument zur Wertsteigerungsanalyse zieht als Maßstab der Wertsteigerung den Discounted Cash-flow (DCF) heran.[4] Wird mit diesem Maßstab der Wert eines Unternehmens gemessen, so ergeben sich quantitative Vergleichsmöglichkeiten von Konzernen, Einzelunternehmen, und beliebig definierten Berichtseinheiten. Die Qualität einer Diskontierung von Cash-flows hängt von der Realitätsnähe der zugrundegelegten Cash-flows ab. Da es sich um Cash-flows der Zukunft handelt, müssen diese geschätzt, prognostiziert oder noch besser exakt berechnet werden. Durch alle Äußerungen der Anhänger des Shareholder Value-Ansatzes zieht sich daher wie ein roter Faden die Auffassung hindurch, dass er nur dann einen Sinn macht, wenn alternative Zukunftsszenarien

---

[1] Vgl. Pejic/Buschhüter (2001), S. 320, Fn. 2.
[2] Pejic/Buschhüter (2001), S. 111: "Heerscharen von Buchhaltern und Controllern werden über Monate hinweg mit der Abgrenzung der einzelnen Berichtseinheiten ausgelastet sein."
[3] Ebenda, S. 109: Nach US-GAAP ist für die Berechnung der fallweisen Goodwill-Abschreibung je Berichtseinheit verpflichtend vorgeschrieben: "1. Eine Schätzung zukünftiger Cashflows; 2. Eine Abschätzung möglicher Veränderungen bzgl. des zeitlichen Anfalls oder der Höhe der erwarteten Cash-Flows...".
[4] Vgl. Rappaport (1999), S. 26-27.

mit quantifizierbaren Cash-flows und variablen Kapitalstrukturen rechenbar entworfen werden können.[1]

Die simulative dynamische Rechnungslegung kann genau dies und zwar mit geringstem Zeit- und Kostenaufwand. Cash-flows ergeben sich automatisch aus der Addition der Einzelelemente der prospektiven, integrierten Kapitalflussrechnung, die konstitutiver Teil der jeweils simulierten Rechnungslegung ist. Variierende Fremdkapitalkosten gehen in Form von vorzugebenden Zinssätzen im Hinblick auf verzinsliche Aktiva und verzinsliche Passiva sowie Eigenkapitalkosten in Form von geplanten Dividendenausschüttungen in die Simulation der Zukunftsszenarios ein. Es spricht viel dafür, dass erst eine vollwertige dynamische Rechnungslegung der Shareholder Value-Methode eine solide Basis zur planerischen Szenariorechnung (Durchrechnung Strategien etc.) geben kann.

Damit eröffnet sich dem Topmanagement, den Leitern des Finanz- und Rechnungswesen, Controllings und insbesondere den Leitern von Berichtseinheiten neue Perspektiven. Die Entwicklung jeder Berichtseinheit kann in einem künstlichen "Business-Kosmos" in Varianten vorgedacht werden. Entscheidungsalternativen können in ihren jeweiligen Auswirkungen auf Gewinn- und Verlust, Cashflow und Finanzentwicklung unmittelbar und verzögerungslos gegenübergestellt werden. Da alle Input- und Output-Werte automatisch gespeichert sind, kann strukturiertes, vereinheitlicht dargestelltes Wissen über die geplante oder auch nur gedachte Zukunft einzelner Berichtseinheiten beliebig ausgetauscht und auch in einem dynamischen Konzernabschluss zusammengefasst werden. Mit Einsatz der dynamischen Rechnungslegung kann ein Unternehmen eine völlig neue Qualität von Knowledge Management und Business Intelligence durchsetzen.

3 Dynamische Rechnungslegung und Data Mining

Dynamische Rechnungslegung kann nur als simulative Rechnungslegung im Rahmen der Szenario-Technik verstanden werden. Für jedes geplante oder auch nur gedachte Szenario gibt es einen einzigen Unternehmensprozess, der mit einer einzigen Rechnungslegung in allen Einzelheiten festgehalten wird. Data Mining ist dann ein informationstechnologischer Vorgang, der in einer Vielzahl von denkbaren Szenarien und damit in einer Vielzahl von simulierten Unternehmensprozessen und vollwertigen Rechnungslegungen nach vorher festgesetzten Zielwerten sucht. Die Fragestellung lautet also nicht, welche Umsätze in einem bestimmten Land im nächsten Monat wahrscheinlich erzielt werden und warum. Sie lautet vielmehr, welche Kombination von Planvorgaben in der tatsächlichen Unternehmenssteuerung notwendig aber auch hinreichend sind, um bestimmte Zielwerte (z. B. Rentabilitätswerte aller Art) zu erreichen. Der automatisch arbeitende

---

[1] Vgl. Bühner (1994).

Data Mining-Algorithmus der Input/Output-Simulation sucht aus den erzeugten Rechnungslegungen über die Unternehmenszukunft jeweils diejenigen heraus, die die festgelegten Zielwerte erreichen. Da jede einzelne Rechnungslegung aus einer bestimmten Kombination von globalen Steuerungsgrößen hervorgeht, werden die Zielwerte eindeutig diesen Steuerungsgrößen zugeordnet.

Die Leistung des Zusammenspiels von Szenario-Technik mit Data Mining besteht gerade darin, dem Unternehmer die Entscheidung zwischen den verschiedenen theoretisch gangbaren Wegen zu erleichtern. Die Technik der Input/Output-Simulation erlaubt es, Erfahrungen vorab zu sammeln. Sie zeigt mögliche Fehlentwicklungen auf, lange bevor diese Fehlentwicklungen Wirklichkeit geworden sind. Kommende kostspielige Schieflagen können simulativ vorab erkannt werden. Einer unwiederbringlichen Vergeudung von Finanzressourcen kann durch rechtzeitige Entscheidungen im Rahmen von zukunftsgerichteter Business Intelligence gegengesteuert werden.

Geschäftsberichte und auch Quartalsberichte von Unternehmen erstrecken sich nur auf Elemente, die im Stadium des Abschlusses bereits der Vergangenheit angehören. Gewinnprognosen der Unternehmen selbst sind nicht nachprüfbar und somit nicht überzeugend. Die Entwicklung und Einführung eines dynamischen in die Zukunft gerichteten Rechenwerks wird daher immer dringlicher. Die Input/Output-Simulation liefert dieses in die Zukunft gerichtete Rechenwerk. Ihre Einsatzmöglichkeiten gehen weit über die der vorausschauenden Kapitalflussrechnung hinaus[1].

Würden Unternehmen veranlasst werden, quartalsweise zu aktualisierende, zukunftsgerichtete Rechnungslegungen über mehrere Jahre zu publizieren, würde sich die Börse ungleich rationaler entwickeln. Beliebige, mit der Simulations-Software ASRAP problemlos angefertigte Planstudien, beispielsweise für Intershop, T-Online, RWE und Deutsche Telekom[2], zeigen den Weg.

Mit dem KonTraG haben Wirtschaftsprüfer vom Gesetzgeber in die Zukunft reichende Verantwortlichkeiten zugewiesen bekommen. Die Prüfungsaufgaben erstrecken sich nicht mehr nur auf Elemente, die im Stadium der Überprüfung bereits der Vergangenheit angehören. Zusätzlich wird das "Controlling als eine Art gemeinsames Element der Informationsinteressen der Unternehmensorgane und der Aktionäre"[3] Inhalt dieser Überprüfung. Mit Einsatz des Rechenwerks der Input-Output-Simulation wird es möglich, die Zukunft des Unternehmens, so wie sie sich in den Planungs- und Entscheidungsgrundlagen des Managements widerspiegelt, in einer dynamischen Rechnungslegung verzögerungslos darzustellen.

---

[1] Vgl. Busse von Colbe (1966), S. 82, 114
[2] Vgl. unten Abschnitt 4 und www.asrap.com mit Planstudien und Fallbeispielen.
[3] Zöllner (2001), S. 70.

Auch die Ansätze der Managementmethode Balanced Scorecard (BSC)[1] werden aus der Grundthese abgeleitet, dass das traditionelle Rechnungswesenmodell nur für vergangene Ereignisse einsetzbar sei.[2] Diese Grundthese entspricht nicht dem veröffentlichten Stand der Forschung[3].

Mit Einsatz der dynamischen Rechnungslegung erhält die BSC einen völlig anderen Zuschnitt. Aus unverknüpften Input-Variablen werden verknüpfte Jahresabschlüsse über beliebig viele künftige Jahre erzeugt. Die unverknüpften Input-Variablen sind nichts anderes als die mit der BSC angesteuerten, in materielle Planungs- und Annahmewerte übersetzten zukünftigen Leistungen des Unternehmens. Im Gegensatz zu der Theorie der BSC, die „die finanzielle Perspektive, die Kundenperspektive, die interne Perspektive und die Innovationsperspektive als ausgewogen"[4] ansieht, ist in der dynamischen Rechnungslegung der Input-Output-Simulation die finanzielle Zukunftsperspektive eindeutig hierarchisch den drei anderen Perspektiven übergeordnet. In ihr müssen sich die anderen Perspektiven in historischer Folge restlos widerspiegeln.

Zwar soll die BSC, um einer Desillusionierung des Unternehmens aufgrund mangelnder sichtbarer Erfolge zuvorzukommen[5], stets ergebnisbezogen eingesetzt werden und auf finanzielle Ziele ausgerichtet sein.[6] Mit dem traditionellen Rechnungslegungsmodell, das sich nach Meinung der Entwickler der BSC unverrückbar an historischen Werten orientiert, ist das sicher nicht zu machen. Erst wenn die BSC-Aktivitäten restlos in die Input-Variablen der dynamischen Rechnungslegung übersetzt sind, und zwar an der richtigen Stelle und genau in denjenigen Planjahren, in denen diese Aktivitäten zu verbesserten Ergebnissen führen sollen, werden die finanziellen Auswirkungen der angesteuerten Veränderungen eindeutig nachprüfbar. Finanzergebnisse wie ROCE, EVA und viele andere werden als Ableitung aus der dynamischen Rechnungslegung automatisch ausgeworfen. Erst dann zeigt sich, ob der mit Einführung der BSC erforderlich

---

[1] Kaplan/Norton (1997), Balanced Scorcard.
[2] Ebenda, S. 7: "Die Kollision zwischen dem Zwang zur Schaffung von Wettbewerbsvorteilen und dem unverrückbaren Ziel eines an historischen Werten orientierten Rechnungswesenmodells hat eine Synthese hervorgebracht: die Balanced Scorecard. Sie enthält durchaus traditionelle finanzielle Kennzahlen. Doch diese finanziellen Kennzahlen reflektieren lediglich vergangene Ereignisse".
[3] Vgl. Dauner/Dauner-Lieb (1996a und 1996b).
[4] Kaplan/Norton (1997), S. 2: „Die Scorecard misst die Leistung des Unternehmens aus vier ausgewogenen Perspektiven: der finanziellen Perspektive, der Kundenperspektive, der internen Perspektive und der Innovationsperspektive"
[5] Ebenda, S. 145: „Das unvermeidliche Ergebnis ist eine Desillusionierung solcher Unternehmen durch den Mangel an sichtbaren Erfolgen der Veränderungsprogramme."
[6] Ebenda: „Eine BSC muss stets eine starke Betonung auf Ergebnisse, insbesondere auf Finanzergebnisse wie ROCE und EVA legen" und „Die Kausalkette aller Kennzahlen der Scorecard sollte mit finanziellen Zielen verknüpft sein."

werdende Aufwand gerechtfertigt ist. Erst mit Anwendung der Input/Output-Simulation erhält die BSC den Biss, den jeder im Unternehmen versteht.

4 Beispiel: Deutsche Telekom AG 2000-2004 (in 3 Strategien)

Jede ASRAP dynamische Rechnungslegung hat außer der üblichen konventionellen Darstellung in Bilanz und Gewinn- und Verlustrechnung zwei weitere grundlegende Darstellungsformen: Input und Output. Das Input enthält die vom Anwender eingegebenen *unverknüpften* Planvorgaben (Buchungswerte). Das Output enthält die aus diesen Vorgaben von der Software simulierte *verknüpfte* dynamische

Output ▼ Deutsche Telekom AG

Jahresüberschuß, Bilanzgewinn, Abschreibungen, EBIT, EBTIDA   Umsatz = 100%

		Telekom 2000 Jahresabs...	Telekom 2001 vorläufiger...	Telekom 2002 Strategie 3	Telekom 2003 Strategie 3	Telekom 2004 Strategie 3
R1 V.Umsatzerlöse	% MioEUR	15,42	20,18	12,50	12,50	12,50
R2 V.Rohertrag I/Umsatz	% %Punkte	-7,67	-0,49	-0,00	0,00	-0,00
R3 V.Mitarbeiter	% Mitarb.	3,55	17,05	2,08	2,04	2,00
		%	%	%	%	%
01 Umsatzerlöse		100,00	100,00	100,00	100,00	100,00
02 Operating Profit		54,53	39,64	47,23	47,36	47,55
03 Non Operating Profit		5,78	-2,44	0,00	0,00	0,00
04 V.Acc o. Comp. Income + V.Rückstellungen		-3,94	-3,05	-2,16	-2,16	-2,16
05 Abschreib. Sach- und Finanzanlagen		-32,15	-30,89	-31,44	-28,51	-25,79
06 Zinserträge - Zinsaufwendungen		-8,75	-8,40	-8,32	-7,56	-6,61
07 Jahresüberschuß vor Steuern		15,47	-5,14	5,32	9,13	12,99
08 Steuern-EEV		-0,78	-1,63	0,00	-0,51	-2,89
09 Jahresüberschuß nach Steuern		14,69	-6,77	5,32	8,62	10,10
10 Vortrag Gewinn/Verlust		-1,52	8,89	-9,12	-8,11	-7,21
11 Einstellung(-)/Entnahme(+) Rücklage		1,52	-8,83	-2,16	-5,81	-7,60
12 Gewinn(-)/Verlust(+) an Fremde		-0,22	-0,41	-0,36	-0,32	-0,29
13 Konzernüberschuss ermittelt durch Programm		14,48	-7,11	-6,32	-5,62	-5,00
14 Konzernüberschuss eingegeben/vorgegeben		14,48	-7,11	-6,32	-5,62	-5,00
15 Abschreibungen Sachanlagen		31,73	30,49	31,07	28,19	25,50
16 Abschreibungen Finanzanlagen		0,42	0,41	0,36	0,32	0,29
17 Abschreib. Sach- und Finanzanlagen		32,15	30,89	31,44	28,51	25,79
18 EBIT		24,22	3,25	13,64	16,69	19,60
19 EBITDA		56,37	34,15	45,07	45,21	45,39

2002-2004: Zielgetriebene Simulation EBITDA > 45% v. Umsatz

Abb. 1: Operating Profit (Cash), Jahresüberschuss, Bilanzergebnis, EBITDA

Rechnungslegung. Diese wird auf 14 Seiten voll transparent dargestellt. Abbildung 1 zeigt beispielhaft Output 3 (Strategie 3 in % v. Umsatz) der ASRAP dynamischen Rechnungslegung. EBIT und EBITDA werden automatisch ausgewiesen.

Das Problem „Black Box" existiert nicht. Die simulierten Werte werden sowohl absolut als auch in % vom Umsatz gezeigt. Umsatz, Rohertragsspanne, Mitarbeiter, Personalkosten/Mitarbeiter-Jahr, und Produktivitätswerte werden in ihrer Veränderung zum Vorjahr gezeigt. Kern des Output ist eine vom Umsatz ausgehende Kapitalflussrechnung. Ein System der üblichen Kennzahlen, die für jedes simulierte Jahr automatisch berechnet werden, führt zu einer dynamischen Unternehmensanalyse.

Die Vielfältigkeit der aus der ASRAP dynamischen Rechnungslegung zu gewinnenden (quantitativen) Einblicke in eine Berichtseinheit (Konzern, Unternehmen, Geschäftsfeld) geht weit über die konventionelle Rechnungslegung hinaus.

Die Deutsche Telekom AG wird beispielhaft schematisch in drei Strategien für die Jahre 2002-2004 simuliert. In Strategie 1 und 2 wird eine Umsatzsteigerung von 12,5 bzw. 17,5% (Preissteigerungen) angenommen. Strategie 3 beschreibt eine zielgetriebene Simulation mit EBITDA ≥ 45% v. Umsatz.

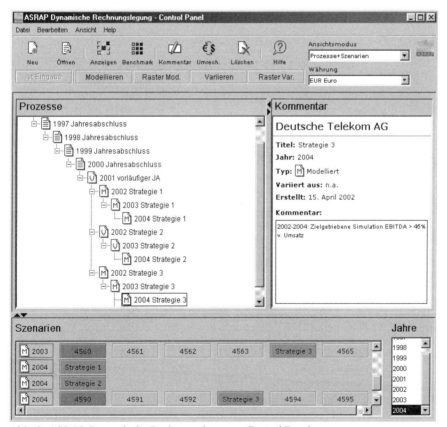

Abb. 2: ASRAP Dynamische Rechnungslegung – Control Panel

Die drei Strategien werden am Schluss in einem Vergleich für das Jahr 2004 gegenübergestellt.

Strategie 1: Status quo wird mit jährlich 12,5% Umsatzsteigerung fortgeschrieben.

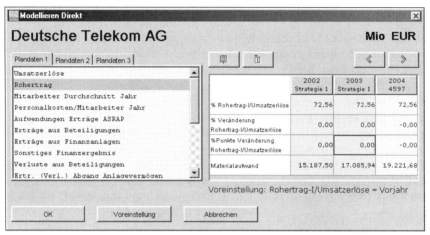

Abb. 3: Eingabedialog: Modellieren Direkt (Rohertragsspanne konstant)

Strategie 1: Fortschreibung des status quo					
Input (in Mrd. Euro)			2002	2003	2004
Umsatzwachstum			12,5%	12,5%	12,5%
Materialaufwand			15,19	17,09	19,22
Zunahme Mitarbeiter (Personen)			5000	5000	5000
Zugang Sachanlagen			20,00	20,00	20,00
Zugang Finanzanlagen			2,00	2,00	2,00
Ausschüttung			1,55	1,55	1,55
Abschreibungen			17,20	analytischer Wert	

Output (in Mrd. Euro)	2000	2001	2002	2003	2004
Operating Profit	22,32	19,50	22,73	26,40	30,58
Zinssaldo	-3,58	-4,13	-4,73	-4,98	-4,97
Jahresüberschuss vor Steuern	6,33	-2,53	-0,40	2,49	6,19
Ver. Verschuldung Kapitalfluss	16,89	13,15	5,96	2,57	-1,60
Verbindlichkeiten Kreditinstitute	9,01	14,16	20,12	22,69	21,09
Cash Flow aus Geschäftstätigkeit	19.39	15.26	17.79	21.18	25.35
Cash Flow aus Investitionstätigkeit	-37.78	-55.30	-22.00	-22.00	-22.00
Cash Flow aus Finanztätigkeit	19.11	40.04	4.21	0.82	-3.35
EBITDA-Marge (% vom Umsatz)	**56,37**	**34,15**	**38,90**	**40,24**	**41,49**
Return on Invested Capital	9,47%	1,55%	3,34%	5,26%	7,42%
Produktivität/Mitarbeiter-Jahr (T€)	150,4	125,8	138,7	152,9	168,6

Tab. 1: Auswahl der Input- und Outputwerte bei Strategie 1

Strategie 2: Status quo wird mit jährlich 17,5% Umsatzsteigerung fortgeschrieben.

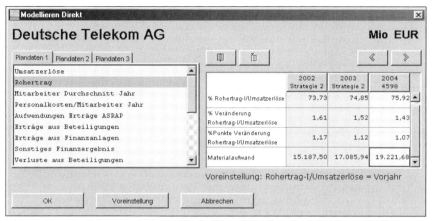

Abb. 4: Eingabedialog: Modellieren Direkt (Materialaufwand wie bei Strategie 1)

Strategie 2: Steigende Preise					
Input (in Mrd. Euro)			2002	2003	2004
Umsatzwachstum			17,50%	17,50%	17,50%
Materialaufwand			15,19	17,09	19,22
Zunahme Mitarbeiter (Personen)			5000	5000	5000
Zugang Sachanlagen			20,00	20,00	20,00
Zugang Finanzanlagen			2,00	2,00	2,00
Ausschüttung			1,55	1,55	1,55
Abschreibungen			17,20	analytischer Wert	
Output (in Mrd. Euro)	2000	2001	2002	2003	2004
Operating Profit	22,32	19,50	24,91	31,42	39,25
Zinssaldo	-3,58	-4,13	-4,65	-4,67	-4,44
Jahresüberschuss vor Steuern	6,33	-2,53	1,87	7,29	14,69
Veränd. Verschuldung Kapitalfluss	16,89	13,15	3,69	-1,54	-3,59
Verbindlichkeiten Kreditinstitute	9,01	14,16	17,86	16,32	12,72
Cash Flow aus Geschäftstätigkeit	19.39	15.26	20.06	25.29	27.34
Cash Flow aus Investitionstätigkeit	-37.78	-55.30	-22.00	-22.00	-22.00
Cash Flow aus Finanztätigkeit	19.11	40.04	1.94	-3.29	-5.34
EBITDA-Marge (% vom Umsatz)	56,37%	34,15%	41,02%	43,49%	46,41%
Return on Invested Capital	9,47%	1,55%	4,76%	8,10%	12,32%
Produktivität/Mitarbeiter-Jahr (T€)	150,4	125,8	147,6	173,0	202,6

Tab. 2: Auswahl der Input- und Outputwerte bei Strategie 2

Strategie 3: Zielgetriebene Simulation nach EBITDA ≥ 45% vom Umsatz. Status quo wird wie bei Strategie 1 mit 12,5% v. Umsatz fortgeschrieben.

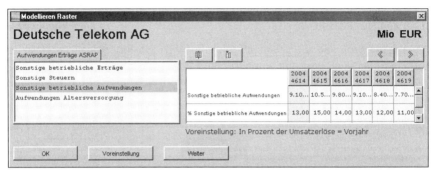

Abb. 5: Eingabedialog: Modellieren Raster (Sonstige betriebliche Aufwendun gen werden rasterförmig von 15% auf 11% vom Umsatz reduziert.)

Aus dem Grundszenario werden beliebig viele, in diesem Fall 5, von einander in den Sonstigen betrieblichen Aufwendungen abweichende Szenarien rasterförmig erzeugt. Mit der Funktion Data Mining sucht das System nach dem Szenario, das zu dem gewünschten EBITDA oder auch zu anderen Zielgrößen führt.

Abb. 6: Funktion: Data Mining (Zielsuche nach Szenario mit EBITDA ≥ 45%)

Das Auswahlmenü ist identisch aufgebaut wie das Output. Es hat 14 Seiten. Sämtliche Szenarien, die jeweils für ein Simulationsjahr erzeugt wurden, werden sowohl absolut wie prozentual angezeigt. Auf Output 3 wird die Zeile EBITDA angewählt. In das Feld „Minimal" wird der Zielwert 45 eingegeben. Um die höheren (in diesem Jahr) nicht angestrebten Werte auszublenden, wird in dem Feld „Maximal" 45,5 eingegeben. Es bleibt lediglich ein Szenario sichtbar. Mit Übernahme wird für 2004 das stehengebliebene Szenario, das zu einem EBITDA ≥ 45% v. Umsatz führt, an den Prozess 2000-2003 angehängt.

Strategie 3: Zielgetriebene Simulation EBITDA ≥ 45%

Input (in Mrd. Euro)			2002	2003	2004
Umsatzwachstum			12,50%	12,50%	12,50%
Materialaufwand			15,19	17,09	19,22
Zunahme Mitarbeiter (Personen)			5000	5000	5000
Zugang Sachanlagen			20,00	20,00	20,00
Zugang Finanzanlagen			2,00	2,00	2,00
Ausschüttung			11,55	1,55	1,55
Abschreibungen			17,20	analytischer Wert	
Sonstige betriebliche Erträge			*6000*	*6000*	*6000*
Sonstige betr. Aufwendungen (v. U.)	**Rastersimulation**		15%,14%,13%,12%,11%		

Output (in Mrd. Euro)	2000	2001	2002	2003	2004
Operating Profit	22,32	19,50	26,14	29,49	33,31
Zinssaldo	-3,58	-4,13	-4,60	-4,71	-4,63
Jahresüberschuss vor Steuern	6,33	-2,53	2,94	5,69	9,10
Veränd. Verschuldung Kapitalfluss	16,89	13,15	2,42	-0,48	-2,64
Verbindlichkeiten Kreditinstitute	9,01	14,16	16,58	16,10	13,46
Cash Flow aus Geschäftstätigkeit	19.39	15.26	21.33	24.23	26.39
Cash Flow aus Investitionstätigkeit	-37.78	-55.30	-22.00	-22.00	-22.00
Cash Flow aus Finanztätigkeit	19.11	40.04	0.67	-2.23	-4.39
EBITDA-Marge (% vom Umsatz)	56,37%	34,15%	45,07%	45,21%	45,39%
Return on Invested Capital	9,47%	1,55%	5,44%	7,13%	9,04%
Produktivität/Mitarbeiter-Jahr (T€)	150,4	125,8	152,6	165,3	179,3

Sonstige betr. Aufwendungen (v. U.)	**Ziel erreicht bei:**		*13%*	*13%*	*13%*

Tab. 3: Auswahl der Input und Outputwerte bei Strategie 3

Jährliche Umsatzzunahme, Materialaufwand und damit auch die Rohertragsspanne sind identisch mit denen von Strategie 1. Auch die sonstigen Vorgaben wie Zugang Sach- und Finanzanlagen, Ausschüttung, Abschreibungen usw. sind identisch mit denen von Strategie 1. Abweichend von Strategie 1 sind die Sonstigen betrieblichen Erträge für 2002-2004 auf 6000 Mio Euro (cash) gesetzt. Um einen EBITDA ≥ 45% zu erreichen, müssen die Sonstigen betrieblichen Aufwendungen (cash) in 2002 ≤ 13%, in 2003 ≤ 13%, in 2004 ≤ 13% vom Umsatz betragen. Die absoluten Werte gehen aus dem hier nicht gezeigten Output 1 hervor.

Mit der Funktion Benchmarking können beliebige Prozesse verglichen werden. Die Darstellungsform ist dieselbe wie bei Input und Output. Als Beispiel wird Output 12 mit dem Kapitalfluss gezeigt.

Kapitalflussrechnung, Cash-Flow-Ermittlung, Veränderung Flüssige-Mittel	Telekom 2004 Strategie 1	Telekom 2004 Strategie 2	Telekom 2004 Strategie 3
	Mio EUR	Mio EUR	Mio EUR
01 Umsatzerlöse	70.052,34	79.813,93	70.052,34
02 Verschuldung Anfang Jahr Bilanz	77.712,20	71.336,34	71.117,35
03 Operating Profit	30.577,60	39.247,95	33.308,49
04 Non Operating Profit	0,00	0,00	0,00
05 V. Working Capital	-260,01	-380,19	-260,01
06 Gewinn(-)/Verlust(+) an Fremde	-200,00	-200,00	-200,00
07 V.Anteile in Fremdbesitz	0,00	0,00	0,00
08 Kapitalzuführung	0,00	0,00	-0,00
09 Kapitalausschüttung	-1.550,00	-1.550,00	-1.550,00
10 Zugang Sachanlagen und imm. Vermögensg.	-20.000,00	-20.000,00	-20.000,00
11 Abgang Sachanlagen - Zuschreibungen	0,00	0,00	0,00
12 Zugang Finanzanlagen	-2.000,00	-2.000,00	-2.000,00
13 Abgang Finanzanlagen - Zuschreibungen	0,00	0,00	0,00
14 Zinserträge - Zinsaufwendungen	-4.969,42	-4.443,77	-4.633,07
15 Steuern-EEV	0,00	-7.083,18	-2.024,92
16 Verschuldung Ende Jahr Kapitalfluß	76.114,03	67.745,52	68.476,86
17 Verschuldung Ende Jahr Bilanz	76.114,03	67.745,52	68.476,86
18 V.Verschuldung Kapitalfluß	-1.598,17	-3.590,81	-2.640,49
19 Verschuldung Durchschnitt Jahr	76.913,12	69.540,93	69.797,11
20 Cash Flow aus Geschäftstätigkeit	25.348,17	27.340,81	26.390,49
21 Cash Flow aus Investionstätigkeit	-22.000,00	-22.000,00	-22.000,00
22 Cash Flow aus Finanztätigkeit	-3.348,17	-5.340,81	-4.390,49
23 V.flüssige Mittel Kapitalfluß	0,00	0,00	0,00
24 Brutto Cash Flow	25.608,18	27.721,01	26.650,50
25 Free Cash Flow	6.354,53	8.467,35	7.236,55

1: Fortschreibung status quo, 2: Steigende Preise, 3: Zielgetriebene Simulation EBITDA > 45% v. U.

Abb. 7: Output 12, Kapitalfluss (Ausschnitt)

Die Verschuldung Kapitalfluss am Ende eines Jahres ist gleich der Verschuldung Bilanz am Ende des Jahres. Die Reihenfolge der Positionen des Kapitalflusses entspricht praktischen Erwägungen. Sie könnte beliebig geändert werden. Kein Vorzeichen bedeutet einen Kapitalzufluss, ein negatives Vorzeichen einen Kapitalabfluss. Der Zinssaldo und die Steuern-EEV sind im Kapitalfluss (Output 12) und in der Gewinn- und Verlustrechnung (Output 3) identisch. Die Cash Flows aus Geschäftstätigkeit, Investitionstätigkeit und Finanztätigkeit entsprechen der üblichen Definition.

Das vollständige Benchmarking der ASRAP dynamischen Rechnungslegungen zeigt auf 14 Seiten alle gewünschten Einblicke in die Ergebnisse der Simulationen. Insbesondere ist auch das Benchmarking der hier aus Platzgründen nicht gezeigten Inputs interessant. Für die Steuerung eines Unternehmens (Berichtseinheit) ist es besonders hilfreich, da es die vom Anwender eingegebenen Planvorgaben vollständig dokumentiert. Mit der Funktion *Variieren* können diese Vorgaben bei Bedarf schrittweise geändert werden.

In Tabelle 4 sind beispielhaft wesentliche Simulationsergebnisse von Strategie 1, 2 und 3 gegenübergestellt. Strategie 2 mit steigenden Preisen schneidet am besten ab.

Vergleich der Strategien in 2004			
Output (in Mrd. Euro)	Strategie 1	Strategie 2	Strategie 3
Operating Profit	30,58	39,25	33,31
Zinssaldo	-4,97	-4,44	-4,63
Jahresüberschuss vor Steuern	6,19	14,69	9,10
Veränd. Verschuldung Kapitalfluss	-1,60	-3,59	-2,64
Verbindlichkeiten Kreditinstitute	21,09	12,72	13,46
Cash Flow aus Geschäftstätigkeit	25.35	27.34	26.39
Cash Flow aus Investitionstätigkeit	-22.00	-22.00	-22.00
Cash Flow aus Finanztätigkeit	-3.35	-5.34	-4.39
EBITDA-Marge (% vom Umsatz)	41,49%	46,41%	45,39%
Return on Invested Capital	7,42%	12,32%	9,04%
Produktivität/Mitarbeiter-Jahr (T€)	168,6	202,6	179,3

Tab. 4: Vergleich der Strategien in 2004

Schlussfolgerungen: Strategie 1 geht von einer normalen Entwicklung des Unternehmens aus. Strategie 2 ist schwierig und nicht sehr realistisch. Die Kunden werden Widerstand leisten. Strategie 3 setzt auf Einsparungen bei den Sonstigen betrieblichen Aufwendungen. Alle geplanten (angenommenen) Werttreiber werden in den drei Strategien lückenlos im richtigen Planjahr an der richtigen Stelle erfasst.[1] In der dynamischen Rechnungslegung gibt es keine „Werte- oder Bilanzlücke".[2]

---

[1] Vgl. Dauner/Lörcher (2001) und Dauner/Dauner/Lörcher (2002).

[2] Vgl. Küting (2001a), S.14: „Mit Blick auf die Bilanzierung als ein wesentliches Instrument der Kapitalmarktkommunikation wirft die Werte- oder Bilanzlücke Fragen grundsätzlicher Art auf. Denn je größer diese ist, umso mehr Werttreiber werden von der klassischen Bilanz nicht mehr erfasst und gehen damit an der traditionellen Rechnungslegung vorbei."

Corporate Intelligence und Balanced Scorecard

Rainer Michaeli und Thorsten Bill, DIE DENKFABRIK, Butzbach

Von der Wahl der richtigen Strategie und deren konsequenter Anpassung an die geänderten Rahmenbedingungen hängt die dauerhafte Erlangung von Wettbewerbsvorteilen ab. Häufig fehlt jedoch ein System aus Frühwarnindikatoren, welches rechtzeitig anzeigt, dass die aktuelle Strategie überarbeitet werden sollte. Für die Strategieformulierung ist es von zentraler Bedeutung nicht nur faktische, vergangenheitsorientierte Daten im Entscheidungsprozess zu berücksichtigen, sondern auch das Expertenwissen der verantwortlichen Mitarbeiter. Nur so wird ein Unternehmen befähigt, sich permanent an ein sich änderndes Umfeld anzupassen und dynamische Wettbewerbsstrategien entwickeln und umsetzen zu können. Das von den Autoren propagierte Verfahren wird exemplarisch an dem Fall eines deutschen, mittelständischen Händlers von Kfz-Ersatzteilen vorgestellt, für den sich in den letzten Jahren der Wettbewerb deutlich verschärft und die Wettbewerbsregeln stark gewandelt haben.

1 Der Corporate Intelligence-Zyklus

Ursprünglich stammt der Begriff „Intelligence" (Aufklärung) aus dem militärischen Sprachgebrauch. Ohne Wissen über den Feind kann kein Feldherr seine Truppen in die richtige Ausgangsposition manövrieren bzw. durch einen Überraschungsangriff einen Sieg erringen. In Analogie zu diesen Überlegungen benötigt auch ein Unternehmen Informationen über aktuelle und potenzielle Märkte, Wettbewerber, Kunden, Technologien etc., um die strategisch richtigen Entscheidungen zu treffen und zum optimalen Zeitpunkt umzusetzen.

Als „Competitive Intelligence" (CI) wird einerseits der systematische Prozess der Informationserhebung und -analyse bezeichnet, durch den dem Entscheider aus fragmentierten Informationen ein plastisches Verständnis für sein Umfeld generiert wird. Andererseits ist „Intelligence" als das benötigte Wissen über Markt und Wettbewerb, insbesondere auch über die zu erwartenden Konsequenzen für das eigene Unternehmen das Endresultat des Prozesses.

Um dynamische Wettbewerbsstrategien erfolgreich entwickeln und anwenden zu können, sind drei wesentliche Kompetenzen notwendig:

- kontinuierliches Monitoring und handlungsorientiertes Auswerten des Wettbewerbsumfeldes (Competitive Intelligence),

- hypothetische, explizite Formulierung von Wettbewerbsstrategien, die eine (quantitative) Überprüfbarkeit der Wirksamkeit der Strategieumsetzung ermöglichen,
- ergebnisorientierte Umsetzung der Strategien, inklusive einer strategischen Früherkennung der Zielerreichung.

Die Summe dieser Fähigkeiten können als Corporate Intelligence bezeichnet werden. Durch Corporate Intelligence kann ein Unternehmen unternehmerische Chancen für seinen Erfolg nutzen. In Analogie zu der Darwinschen Evolutionstheorie überlebt das anpassungsfähige Unternehmen und nicht unbedingt jedoch das größte, scheinbar stärkste Unternehmen.

Aufgrund des Zusammenwirkens von Dynamik, Komplexität und evolutionären Veränderungen (Hyperwettbewerb) ist die traditionelle Strategieplanung nur bedingt erfolgversprechend. Nicht das umfassende Detailwissen ist entscheidend, sondern die Fähigkeit, auch auf unvollständiger Informationsbasis entscheidungs- und damit handlungsfähig zu sein.

Der kontinuierliche, iterative Prozess der Anpassung eines Unternehmens an ein sich änderndes Wettbewerbsumfeld kann durch einen dreistufigen Zyklus beschrieben werden (siehe Abbildung 1).

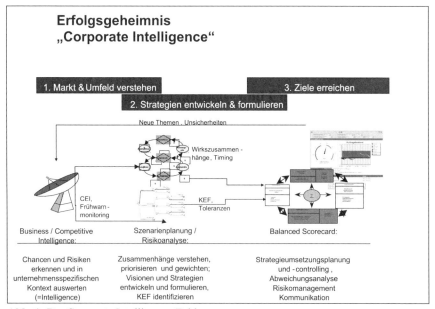

Abb. 1: Der Corporate Intelligence-Zyklus

2 Die Strategieentwicklung

Traditionelle Strategieansätze[1] beschreiben generische Positionierungsstrategien (Kostenführerschaft, Differenzierung, Fokussierung), die bestenfalls in Branchen ohne Innovationen und Diskontinuitäten geeignet sind, um grundsätzliche Aussagen über die Marktattraktivität und allgemeine Wettbewerbsvorteile zu treffen. Die größte Unzulänglichkeit dieser Ansätze liegt in der schwierigen Quantifizierbarkeit des Unternehmensumfeldes und der statischen, allgemeingültigen Betrachtungsweise von Märkten und Wettbewerbern. Insbesondere in Branchen, die stark von Änderungen des Konsumentenverhaltens, Konsolidierungen oder technologischen Innovationen beeinflusst werden, gelten jedoch andere Regeln für erfolgreiche Unternehmensstrategien. D'Aveni prägte für diese Art von Wettbewerb den Begriff Hyperwettbewerb.[2]

Die für die Strategieentwicklung benötigten Daten stammen einerseits aus Sekundärquellen (z. B. Printmedien, Datenbanken, Internet), andererseits aus Informationsnetzwerken von Mitarbeitern und externen Wissensträgern. Für die Recherchen des Ersatzteilhändlers kristallisierte sich beispielsweise schnell heraus, dass die überwiegende Mehrheit der Sekundärinformationen redundant und wenig beachtenswert waren. Auf den Aufbau einer Knowledge Base, die der Archivierung von unstrukturierten, volltextrecherchierbaren Dokumenten dient, wurde daher verzichtet. Lediglich Analysen der nominierten Gatekeeper (Bewertungen für fachspezifische Themen) und "Besuchsberichte" der eigenen Mitarbeiter wurden klassifiziert nach Chancen und Risiken in einer strukturierten Datenbank abgelegt. Ergebnisse der durchgeführten Analysen waren:

- abnehmender Gesamtmarkt in Stück auch in den nächsten fünf Jahren,
- konstanter Marktanteil,
- überdurchschnittliches Markenimage der exklusiven Produkte des Händlers,
- steigende Deckungsbeiträge bei sinkenden Stückzahlen.

Um aus der Vielzahl von möglichen Entwicklungen von Markt und Wettbewerb die für eine Strategieentwicklung relevanten Sachverhalte herauszufiltern, hat sich ein systemdynamischer Modellierungsansatz bewährt.[3] In Workshops werden Ursache/Wirkungsbeziehungen der wesentlichen Einflussfaktoren erarbeitet. Durch eine Szenarioanalyse können anschließend die wesentlichen Umfeldfaktoren gebündelt, gewichtet und ihre zukünftige Entwicklung beschrieben werden.

Neben den überwiegend vergangenheitsbezogenen Fakten wurde im Beispielfall anhand eines Szenario-Ansatzes das Wissen von Mitarbeitern und externen Ex-

---

[1] Vgl Porter (1980 und 1985).
[2] Vgl. D'Aveni (1994).
[3] Vgl. Senge (199).

perten über aktuelle und zukünftige Trends in der Branche ermittelt und eine „Business Theorie" in Form eines systemdynamischen Modells mit Ursache- und Wirkungsdiagrammen entwickelt. Die Vorgehensweise bis zur Identifizierung der Szenarien gestaltet sich dabei wie folgt:

1. In einem Workshop mit Mitarbeitern und Experten werden in einer strukturierten Brainstorming-Sitzung Einflussfaktoren für den Unterernehmenserfolg gesammelt und anschließend priorisiert.

2. Ausgehend von den Top-Einflussfaktoren wird ein erstes systemdynamisches Modell mit Ursache- und Wirkungsbeziehungen zwischen den einzelnen Einflussfaktoren entwickelt. Um im Entwicklungsprozess den Überblick zu behalten, kann das Modell nach Themen gegliedert werden (hier z. B. Marktentwicklung, interne Prozesse, Distributionskanäle, Lieferanten und Lagerwirtschaft). Das Ergebnis ist ein einfach verständliches und strukturiertes Modell, welches die „Business-Theorie" der beteiligten Experten beinhaltet.

3. Aufgrund der Arbeit mit den Ursache- und Wirkungsketten lassen sich nun Trends nicht nur einfach benennen, sondern die Wirkung der Trends kann anhand der Wirkungsketten grafisch nachvollzogen und diskutiert werden. Ein Trend ist im Grunde nur die Änderung einer Einflussgröße im systemdynamischen Modell, welche wiederum auf anderen Einflussgrößen wirkt und so weiter. Die Diskussion über Trends kann als Möglichkeit genutzt werden, das systemdynamische Modell zu verfeinern. Nachfolgend findet sich eine Auswahl der wichtigsten Trends, welche in dem Workshop identifiziert wurden:

- verschärfter Wettbewerbsdruck durch neue Kfz-Werkstattkonzepte, welche eine vertikale Integration des ansonsten 3 bis 4-stufigen Distributionsweges beinhalten,

- horizontale Konsolidierung der mehrstufigen Ersatzteildistributoren hin zu wenigen, mächtigen Großhändlern, die geringere Lagerweiten vorhalten,

- Anstieg des geforderten Servicelevels der Kfz-Reparaturwerkstätten,

- abnehmende Markenloyalität der Distributionspartner und Werkstätten,

- Globalisierung des Marktes, insbesondere durch neue asiatische Anbieter in Europa und den USA,

- neue Herausforderungen durch technologische Innovationen, die die Handelspartner, insbesondere die freien Werkstätten, gegenüber den Vertragshändlern benachteiligen.

4. Basierend auf diesen Trends und der Kenntnis der eigenen Stärken und Schwächen wurden zahlreiche Szenarien zusammen mit den zugehörigen Chancen und Risiken für den Kfz-Ersatzteilhändler identifiziert. Bei dieser Aktivität ist es nützlich, sich auf die wichtigsten Einflussfaktoren zu konzentrieren. Im Beispielfall wurden die Marktentwicklung und die technische Entwicklung als wichtigste Faktoren identifiziert und in einer Szenarienmatrix dargestellt (siehe Abbildung 2).

5. Nun gilt es, die Chancen und Risiken zu bewerten, indem die Auswirkungen verschiedener Szenarien auf die Ziele des Unternehmens untersucht werden. In einem ersten Durchgang ist ein rein qualitatives Skizzieren der Faktoren ausreichend. Besonderen Augenmerk erhalten hier die Trends und Einflussgrößen, welche die Auslöser bzw. die Ursachen für den Eintritt in dieses Szenario sind (siehe Tabelle 1). Hier müssen Schwellenwerte definiert werden, deren Überschreiten möglichst frühzeitig und robust das Vorliegen eines bestimmten Szenarios anzeigt.

Basierend auf den Chancen/Risiken-Betrachtungen kann nun pro Szenario eine entsprechende Strategie entwickelt werden, die eine Zielerreichung sicherstellen soll. Die den Strategien zugrundeliegenden Hypothesen werden hierbei explizit (mathematisch) durch „Wenn-dann"-Hypothesen formuliert. Durch diesen Ansatz lässt sich zum einen die Hypothese in das bereits vorhandene Modell integrieren, zum anderen werden Strategien transparent und überprüfbar, was die Grundvoraussetzung für ein späteres Umsetzungscontrolling darstellt.

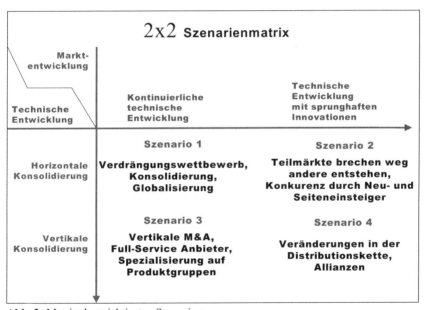

Abb. 2: Matrix der wichtigsten Szenarien

Beispielsweise wurden für die Lagerhaltungsstrategie in Szenario 1 (Status Quo) des Kfz-Ersatzteilhändlers die folgenden strategischen Aussagen formuliert:

Strategie:

- Erhöhung des Servicelevels um 3 Prozent durch Verbesserung der Absatzprognosen zur Erzielung eines erheblichen Wettbewerbsvorteils bei der Neukundenakquisition.

Hypothesen:

- WENN sich die Absatzprognosen um 50 Prozent verbessern, dann erhöht sich der Servicelevel von jetzt 95 auf mindestens 98 Prozent.
- WENN sich der Servicelevel der Zwischenlager um 5 Prozent steigern lässt, DANN wird sich der Anteil an Neukunden innerhalb von 6 Monaten verdreifachen, da die Loyalität der freien Kfz-Werkstätten signifikant ansteigt.

Indikatoren für die Szenarien

	Szenario 1	Szenario 2	Szenario 3	Szenario 4
Anzahl der eigenen Produktgruppen	wird größer	wird größer	steigt sprunghaft	
Durchschnittliche Anzahl Produkte pro Produktgruppe	wird größer	wird größer		
Haltbarkeit der neuen Produkte	ändert sich langsam	ändert sich schnell	ändert sich langsam	änmdert sich schnell
Marktanteil der Top 3 in Europa	wird größer			
Marktanteil der Top 5 in der Welt	wird größer			
Durchschnittlicher Deckungsbeitrag pro Auftrag	wird kleiner		wird größer	
Anteil der eigenen Produkte am Gesamtmarkt	stagnierend	ändert sich schnell	stagnierend	ändert sich schnell
Anteil des Umsatzes mit den Top5	wird größer			
Anteil des Umsatzes mit den Großhändlern			wird größer	
Anteil des Umsatzes mit neuen Produkten		wird größer		wird größer
Anteil des Umsatzes mit Großaufträgen	wird größer			
relevante Produktneuentwicklungen		Bewertung steigend		Bewertung steigend
Gesamtmarktentwicklung	fallend		fallend	

Tab. 1: Liste von Indikatoren für die wichtigsten Szenarien

Unter den Strategien zur Bewältigung der 4 Szenarien wurden hauptsächlich die Strategien zu Szenario 1, dem Status Quo, stark verfeinert und ausgearbeitet. Die anderen Strategien wurden nur grob ausgearbeitet um für die entsprechenden Szenarien Reaktionspotenziale und Bedingungen für den Strategiewechsel zu definieren. Zusammen ergibt sich damit eine Rahmenstrategie, welche im vorliegenden Fall möglichst robust gegenüber den möglichen Veränderungen der Einflussfaktoren „Marktentwicklung" und „Technische Entwicklung" sein sollte (siehe Abbildung 3).

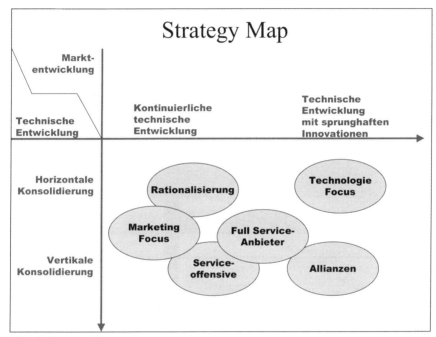

Abb. 3: Strategy Map

Für den Kfz-Ersatzteilhändler wurde eine Simulation mit den erfolgskritischen Faktoren "Distributionskette", "Lager" und "Wettbewerb" erstellt (siehe Abbildung 4).

Mittels dieses sogenannten War Gaming konnten robuste Strategien entwickelt werden, die bei den potenziell eintretenden Szenarien unter allen Umständen eine Gewinnstabilität verspricht.

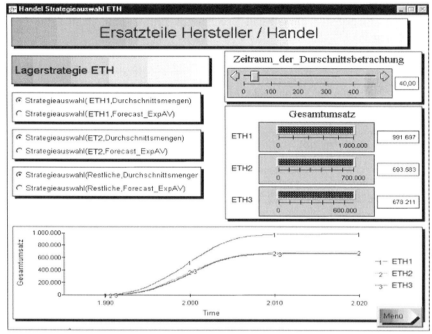

Abb. 4: Screenshot des Simulators

3 Die Strategieumsetzung mit der Balanced Scorecard

Seit der Veröffentlichung des ersten Artikels im Harvard Business Review 1992 findet das Konzept Balanced Scorecard in den USA starke Beachtung. Im Unterschied zu den klassischen Steuerungssystemen berücksichtigt die Balanced Scorecard nicht nur finanzielle Kennzahlen, sondern auch operationale Zielgrößen. Das Ziel ist eine Verknüpfung der Unternehmensstrategie mit messbaren Kennzahlen. Die Balanced Scorecard trägt, richtig umgesetzt, zur einheitlichen Zielausrichtung aller Handlungsträger im Unternehmen und zu einer Verknüpfung der Ressourcenallokation mit der Unternehmensstrategie bei. Ein weiterer wichtiger Punkt des Ansatzes ist der Prozess des strategischen Feedbacks. Durch die Messbarkeit aller Zielgrößen kann der Erfolg der durchgeführten strategischen Initiativen ermittelt werden.

Die Umsetzung der ausgewählten Strategie ist dank der in den ersten Schritten (Entwicklung der Vision, Strategien und Identifikation der kritischen Erfolgsfaktoren) geleisteten Vorarbeit relativ einfach. Folgende Aktivitäten sind nun noch notwendig:

- Ermittlung von Messgrößen (Früh- und Spätindikatoren) für die kritischen Erfolgsfaktoren, die eine Zielerreichung sicherstellen sollen;
- Festlegung der Ziel- und Schwellwerte (Ampelfarben) sowie der Meilensteine der Kennzahlen für die laufende Planungsperiode mit den Kennzahlenverantwortlichen;
- Definition der entsprechenden Prozesse für die Kennzahlenerfassung, Abweichungsanalyse, Maßnahmenplanung, das Reporting und strategische Reviews;
- Verknüpfung von Mitarbeiterbewertungen und Anreizsystemen mit der Zielerreichung und den Verantwortlichkeiten;
- Verabschiedung der entsprechenden Kennzahlen und Vorgehensweisen im Lenkungsausschuss.

Am Ende kommt man wieder bei Schritt 1 des Competitive Intelligence-Zyklusses an, der Erfassung und Auswertung von Signalen aus dem Wettbewerbumfeld. Neben der klassischen Balanced Scorecard zur Umsetzung der aktuellen Strategie mit ihren typischerweise 4 Perspektiven wurde in unserem Fall noch eine sogenannte Szenario Scorecard definiert, welche die Indikatoren für den Eintritt in die oben definierten Szenarien enthält (siehe Abbildung 5).

Überschreiten nun die Istwerte einer oder mehrerer Indikatoren eines Szenarios die entsprechenden Grenzwerte, dann gehen die entsprechenden Ampeln auf „gelb" und lösen somit beim verantwortlichen CI-Analysten eine Warnung aus, nach der er manuell eine Neubewertung der Messgröße durchführen muss und den entsprechenden Trend bestätigt oder nicht. Einige weiche Indikatoren, wie z. B. die Innovation neuer Produkte im Markt, werden nur als Sammlung von Einzelmeldungen erfasst und regelmäßig neubewertet.

Treten relevante Abweichungen bei mehreren Indikatoren eines Szenarios auf, so springt auch die Ampel für das Gesamtszenario auf „gelb" oder gar „rot". Nun ist ein Expertenteam einzuberufen, welches untersucht, in welchem Maß die Bedingungen für den Eintritt in das zugehörige Szenario gegeben sind, die Chancen und Risiken, welche mit dem Szenario verbunden sind, neubewertet, mögliche Auswirkungen auf die aktuelle Strategie untersucht und entscheidet, inwieweit ein Strategiewechsel durchzuführen ist. Hilfreich bei dieser Neubewertung ist unter anderem das oben beschriebene systemdynamische Modell, anhand dessen leicht überprüft werden kann, ob die sich festgestellten Trends verstärken oder ausgleichen.

In diesem Zusammenhang sollte auch das systemdynamische Modell überprüft werden, da es Hypothesen enthalten könnte, welche für die aktuelle Situation nicht mehr gültig sind. So galt im Szenario „Verdrängungswettbewerb" die Regel, dass ein 20prozentiger Rabatt bei Sonderaktionen zu 50 Prozent mehr Umsatz führt. Solche linearisierten Zusammenhänge sind aber nur jeweils für eine bestimmten Konstellation (Preis, Produkt, Wettbewerbsumfeld etc.) gültig. Im Szenario „Technologiesprung" ist davon auszugehen, dass diese Hypothese nicht mehr gilt.

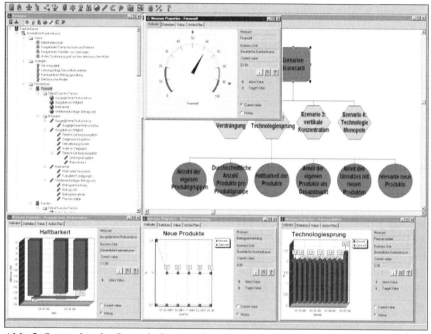

Abb. 5: Screenshot der Szenario Scorecard

Durch den „Corporate Intelligence"-Ansatz ist sichergestellt, dass alle relevanten Indikatoren im Rahmen des Competitive Intelligence Monitorings permanent überwacht werden können. Insbesondere die Durchgängigkeit von der Competitive-Analyse über die Strategieformulierung hin zur Strategieumsetzung mit der Balanced Scorecard führt zu einer Fokussierung und einer zielgerichteten Realisierung der gewählten Strategie.

Der beschriebene Weg der Strategiefindung und -formulierung setzt ein hohes Maß an Verständnis und Know-how für das Zusammenspiel von eigenen Aktionen und Reaktionen von Nachfrage und Wettbewerb voraus. Durch die Formalisierung des Wissens über den Markt in dem systemdynamischen Modell wird eine Kommunikations- und Entscheidungsplattform geschaffen, die es effizient ermöglicht, Risiken frühzeitig zu erkennen und Chancen zur richtigen Zeit zu nutzen. Die Konzentration auf die wesentlichen strategierelevanten Einflussfaktoren erlaubt es weiterhin, die unwesentlichen Signale des Wettbewerbsumfeldes herauszufiltern, die sonst allzu leicht zu operativer Hektik und unstrukturiertem Vorgehen führen. Dieses „Ignorance Management" steht im Gegensatz zum klassischen Knowledge Management, welches oft nur als möglichst große Ansammlung von Wissen missverstanden wird.

BI-Einsatz bei Krankenversicherern

Stephan Schilling, Comline AG, Dortmund

Die Neuaufteilung des Versicherungsmarktes ist in vollem Gange. Immer mehr Versicherte wechseln aus finanziellen Erwägungen in Betriebskrankenkassen, die deutlich mehr als 1 Million neue Mitglieder im Jahr gewinnen können. Neue Technologien entscheiden dabei über die Wettbewerbsfähigkeit der einzelnen Kassen. Insbesondere der Service für die Versicherten muß mit ihrer Hilfe entscheidend verbessert werden. Ziel ist, die Kunden durch optimalen Service an die Krankenkasse zu binden. Bei steigendem Kostendruck und hohen Personalkosten hilft vor allem der Einsatz von Business Intelligence-Systemen bei der Optimierung von Kundenservice und Kundenbindung.

1 Daten erfassen

Business Intelligence-Systeme (BI-Systeme) stellen dem Management Daten und Informationen aus unterschiedlichsten Quellen für die Analyse der Unternehmensperformance und die Vermeidung eines Information Overload zur Verfügung. Das Ziel von Business Intelligence ist, dass die richtige Information an der richtigen Stelle wahrgenommen werden kann. Damit wird die Gewinnung von Erkenntnissen über Ursache/Wirkungsbeziehungen ermöglicht. Der Nutzen von Business Intelligence liegt in der Aufdeckung von Markttrends, besserer Ressourcenallokation, Entdeckung von Kostenanomalien und im Produktivitätsgewinn für die Entscheider.

Kundenorientierte Krankenkassen leben von der Qualität und Geschwindigkeit, mit der sie kommunizieren und Informationen aufnehmen, bewerten und verarbeiten können. Patienten, Ärzte und Geschäftspartner schicken Briefe, Faxe und E-Mails oder treten direkt über das Internet mit den Kassen in Kontakt und erwarten eine zügige und qualifizierte Bearbeitung ihrer Anliegen. Die Herausforderung für wettbewerbsfähige Kassen ist, neue Lösungen zu finden, mit denen sie der wachsenden Flut und Vielfalt an Informationen Herr werden können und die ihnen helfen, das Mehr an Information als zusätzliche Chance zu nutzen.

Die Optimierung von Geschäftsprozessen, bei denen tagtäglich große Mengen an Informationen zu verarbeiten sind, und die Suche nach integrierten Verarbeitungslösungen sind deshalb die zentralen Themen. Kernproblem ist die Überwindung des Erfassungsengpasses, d. h. der aufwendigen manuellen Klassifizierung, Zuordnung und Erfassung der für die Kassen wichtigen Daten und Informationen.

Ein Engpass, der um so mehr ins Gewicht fällt, je mehr Informationen auf unterschiedlichen Wegen zum Versicherer gelangen.

Benötigt werden intelligente Lösungen und Systeme, die Dokumente automatisch lesen und verstehen und alle wichtigen Informationen und Inhalte sicher und zuverlässig dort zur Verfügung stellen, wo sie benötigt werden, also z. B. im DMS-, ERP- oder BI-System, in der zentralen EDV oder direkt am Arbeitsplatz des Mitarbeiters.

Business Intelligence-Systeme bieten Krankenversicherern die Chance, einen Wettbewerbsvorsprung zu erlangen. So berücksichtigen sie bei der Interessenten- und Mitgliederverwaltung die vertrieblichen und kassenspezifischen Anforderungen und Arbeitsabläufe. BI-Systeme binden die gesamten Geschäftsprozesse, inklusive der Beleglesung und der Archivierung in das Informationssystem der gesetzlichen Krankenversicherung ein. Die erforderliche Bearbeitungszeit für die Annahme und Verwaltung von Interessenten, vom Eingang der Anfrage bis zur Aufnahmebestätigung und Integration ins Kassensystem, reduzieren sich dabei deutlich.

Business Intelligence bedeutet somit verbesserten Service gegenüber den Mitgliedern durch kürzere Bearbeitungszeiten und schnellere Antwortzeiten. Sie ermöglicht produktive Prozesse, die mit optimaler Steuerung die erkannten Informationen am richtigen Platz verfügbar machen. Statt fehlerhafter zeitaufwendiger manueller Eingabe sind die Geschäftsprozesse von einfachen maschinellen Abläufen geprägt. Zusätzliche Informationen werden gewonnen, weil die Generierung von Managementdaten jetzt einfach und schnell zu realisieren ist.

2 Informationen extrahieren und verwalten

Im ersten Schritt extrahieren und kategorisieren BI-Systeme automatisch Informationen bzw. Wissen aus papiergebundenen und elektronisch vorhandenen Dokumenten für die weiteren Geschäftsprozesse. Entscheidend dabei ist, dass das Business Intelligence-System automatisch versteht, welche Information und welches Wissen sich in einem Dokument befinden, um sie den richtigen Geschäftsprozessen der Kassen zur Verfügung zu stellen. Dies geschieht durch regelbasierende bzw. statistische Verfahren. Diese sind in der Lage, Ähnlichkeiten von Dokumenten zu definieren und zu erkennen. Auch ihre Relevanzen zu bestimmten Themen werden erkannt und automatisch den vorhandenen Kategorien zugeordnet.

Bei papiergebundenen Dokumenten hilft der sogenannte Fingerprint, das Dokument den Dokumentarten zuzuordnen, die das System „gelernt" hat. Unterschieden wird in diesem Zusammenhang zwischen strukturierten Belegen, weniger strukturierten Belegen, wie beispielsweise Arbeitsunfähigkeitsbescheinigungen und unstrukturierten Dokumenten, wie Briefen oder E-Mails. Für diese Anforderungen bieten DMS-Spezialisten Lösungen für die automatische Erkennung an. Eingesetzt werden Verfahren der Bildverarbeitung, Strukturanalyse und Schriftenlesung (ICR/OCR) kombiniert mit modernen Methoden wissensbasierter, selbstlernender Systeme. Maximale Erkennungssicherheit bieten Standard Matching-Verfahren, die mit vorhandenem Wissen im Unternehmen „gefüttert" werden. Zusätzliche Stammdaten ergänzen die ausgelesenen Informationen mit dem vor-

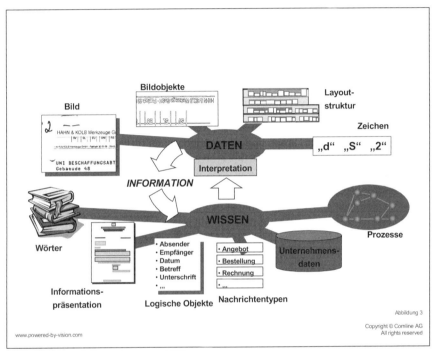

Abb. 1: Daten, Informationen und Wissen

handenen Unternehmenswissen. Der Kasse werden so automatisch neue Informationen für ihre Geschäftsprozesse generiert.

Die effiziente Mitgliederverwaltung bei steigenden Mitgliederzahlen steht im Mittelpunkt der Geschäftsprozesse moderner Krankenversicherungen. Mit der Erweiterung bestehender Basissysteme durch BI-Systeme werden Mitglieder effektiver verwaltet. Den Sachbearbeitern stehen eine Vielzahl neuer Funktionen zur Verfügung:

- Multichannel-Access unterstützt alle gängigen Kommunikationsmittel, wie Briefpost, Fax, Telefon bis hin zu EMail und Internet;
- Dokumentenmanagement und Archivierung erlauben eine durchgängige digitale Kontakthistorie;

- Workflow Management ermöglicht eine effiziente und kostengünstige Ablauforganisation;
- Statistiken liefern aggregierte Kennzahlen.

Business Intelligence bietet dem Sachbearbeiter größtmögliche Unterstützung bei der Durchführung seiner Arbeitsprozesse. Durch eine gezielte Benutzerführung, das Anbieten von Standardfunktionen und die Integration von Groupware-Produkten erreicht der Anwender eine hohe Effizienz bei der Erledigung seiner Aufgaben.

Für jeden Interessenten einer Krankenversicherung werden die relevanten persönlichen Daten inklusive Adresse, Marketinginformationen etc. erfaßt. Wird aus einem Interessent ein Mitglied, so werden die Interessentendaten, wie z. B. Arbeitgeber oder Familienangehörige, entsprechend ergänzt.

Um die papiergebundenen Mitgliedsanträge effizienter zu verwalten, werden sie intelligent ausgelesen. Durch die Integration von Beleglesesystemen wird ein hoher Automatisierungsgrad bei der Verarbeitung von Mitgliedsanträgen erreicht. Sogar im Internet erfaßte Anträge werden nach erfolgter fachlicher Prüfung weitergegeben.

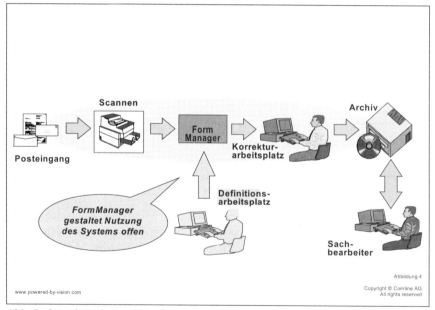

Abb. 2: Organisatorischer Ablauf

Der Zulauf neuer Mitglieder ist zur Zeit bei erfolgreichen Versicherern so groß, dass mit dem automatisierten Einlesen der handschriftlich ausgefüllten Mitgliedschaftsanträge ein erhebliches Produktivitätspotenzial bei den Mitarbeitern freigesetzt wird. Ihre Informationen fließen anschließend automatisch in die weiterführenden Systeme ein. Dabei werden die notwendigen Integritätsprüfungen bzgl. Vollständigkeit des Antrags bereits im Business Intelligence-System getätigt, um eine zügige Bearbeitung zu ermöglichen.

Entscheidend ist die Integration der generierten Informationen in die bestehenden Systeme. Das bedeutet, dass beispielsweise ein Verifying durch den Datenbankabgleich mit externen Datenbanken erfolgt oder Informationen aus diesen Datenbanken ergänzt werden. Die aus diesen Verfahren erkannten Informationen werden im Sinne der Integration an weiterführende Systeme wie Archiv-, DMS-, Workflow-, CMS- oder ERP-Systeme übermittelt, um dort entsprechende Prozesse anzustoßen. Das Business Intelligence-System sorgt für den Datenaustausch mit dem kassenspezifischen System ISKV.

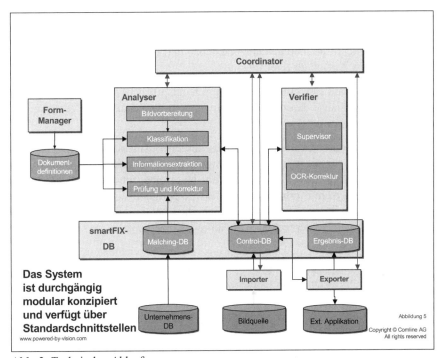

Abb. 3: Technischer Ablauf

Um ein einheitliches Kundenprofil für alle Anwender zu garantieren, liefern BI-Systeme Informationen für das Führen von Kontakthistorien. Arbeitgeberinformationen können ergänzt werden (z. B. Ansprechpartner). Auch die Sozialversicherungsmeldungen der Arbeitgeber werden automatisch ausgelesen und die Informationen dem führenden Informationssystem ISKV nach entsprechenden Plausibilitätsprüfungen übergeben. So entsteht die Basis für gezielte Marketingkampagnen, wie sie heute z. B. bereits von den Betriebskrankenkassen für Arbeitgeber durchgeführt werden.

3 Wissensbasis aufbauen

Zur Erkennung elektronischer Dokumente müssen die Business Intelligence-Systeme für die Generierung von Wissensbasen „trainiert" werden. Eine entsprechende Trainingsmenge wird dazu kategorisiert. Während der Lernphase werden weitere Dokumente automatisch in diese Kategorien eingeordnet.

Mit Hilfe der regelbasierten Verfahren können nun aus dem Dokumentenbestand ähnliche Dokumente bestimmt und recherchiert werden. Es wird vom System ebenfalls die Ähnlichkeitsrelevanz zu einem Dokument angegeben. Die Business Intelligence-Technologie verfolgt bei Recherchen alle Aktionen, um dieses Wissen für die weiteren Recherchen einzubeziehen und festzustellen, welche Informationen für einen Anwender relevant sind.

Dieses Wissen, dass sich ein Anwender durch entsprechende Recherche erarbeitet hat, kann automatisiert durch das System weiteren Anwendern zur Verfügung gestellt werden.

Mit Hilfe ihrer innovativen Applikationen sorgen Business Intelligence-Systeme auch in Zukunft für die Wettbewerbsfähigkeit der Krankenkassen. Insbesondere die Integration von CRM-Lösungen spielt dabei eine entscheidende Rolle. Bestehende CRM-Systeme erhalten die erfassten Mitgliedsdaten und -anträge aus dem Business Intelligence-System. Die Sicherheit bei der Übermittlung der Daten wird garantiert durch entsprechende Sicherheitskonzepte.

CRM-Systeme bieten heute bereits über das Internet Serviceleistungen für Interessenten, Mitglieder und Arbeitgeber an, deren Daten von den BI-Systemen zur Weiterverarbeitung genutzt werden:

- Ausfüllen von Mitgliedsanträgen,
- Adressänderungen,
- Download-Service (Auslandskrankenschein, Beitragstabellen etc.),
- zielgerichtete Darstellung von Produktinformationen.

Die erfassten Daten zu Interessenten, Mitgliedern und Arbeitgebern können vielfältig statistisch ausgewertet werden. Dabei werden Grundstatistiken angeboten und graphisch aufbereitet. Auch Export und Weiterverarbeitung sind denkbar. Die im Business Intelligence-System gewonnenen Daten werden mit zusätzlichen Vertriebskennzahlen basierend auf dem kompletten Datenbestand verknüpft. Mit diesen Scoring-Informationen optimieren die Kassen ihre Marketingaktivitäten.

BI-Systeme benötigen eine moderne und zukunftsorientierte Systemarchitektur als Basis. Zentrale Charakteristik ist eine verteilte objektorientierte Anwendungsarchitektur, die sowohl browserbasierte Multi-Tier Anwendungen als auch klassische Three-Tier Client/Server-Anwendungen unterstützt. Als Bindeglied zwischen den Anwendungsteilen kann dabei die Middleware CORBA genutzt werden, die eine weitgehend herstellerneutrale und plattformunabhängige, standardisierte Systemplattform zur Verteilung von Objekten in Netzwerken darstellt. Diese Architektur bietet die Vorteile:

- Bestehende Hardware wird weiter genutzt;
- Lösung ist je nach Anforderung skalierbar;
- Zugriff auf externe Dienste ist einfach integrierbar;
- Adaption an Standards ist gewährleistet.

Business Intelligence-Systeme können von den Krankenkassen bis hin zu einem Knowledge Management-System ausgebaut werden. Hierfür stellt man alle elektronisch vorliegenden Dokumente der BI-Lösung zur Verfügung; gleichgültig, ob es sich um gescannte Dokumente oder Dateien handelt, unabhängig davon, ob sie im Archivsystem, DMS, Filesystem, CD oder anderen Systemen liegen.

Auf Basis der gelernten Strukturen werden diese Informationen unterschiedlichen Ansichten von Hierarchien zugeordnet. Es werden Relevanz und Ähnlichkeitswerte für die Dokumente und Wörter gebildet. Die Sachbearbeiter erhalten eine breite Wissensbasis, auf der sie ihre Aufgaben einfach und schnell umsetzen. Das so vom System gelernte Wissen kann auch anderen Mitarbeitern der Kasse elektronisch zur Verfügung gestellt werden. Alle Suchaktionen eines Sachbearbeiters werden vom System protokolliert und intelligent bei weiteren Suchaktionen berücksichtigt.

Somit lassen sich auf Basis von papiergebundenen und elektronischen Dokumenten automatisiert Informationen und Wissen für die weitere Bearbeitung gewinnen. Nach der Übergabe des Wissen steht es für Recherchen auch allen zukünftigen Geschäftsprozessen zur Verfügung.

Moderne Business Intelligence-Systeme verbessern so den Kundenservice von Krankenversicherern erheblich. Arbeitsabläufe werden beschleunigt, Informationen über den Kunden stehen schnell zur Verfügung. Die Auskunftsbereitschaft wächst. Dies trägt nachweislich zur besseren Kundenbindung der Versicherten bei.

Die bereits mehrfach erfolgreich eingesetzte BI-Lösung von Comline für Krankenversicherer heißt e4/Intelligence. Comline betreut Großkunden in ganz Deutschland mit Beratungs- und Projektierungsleistungen für eBusiness und eDMS. Als herstellerneutrale Business Solutions Company erstellt Comline kundenspezifische Lösungen bis hin zum Application Service Providing für Banken,

Versicherungen (insbesondere Sozialversicherer), Kammern, Verbände sowie Transport und Touristik.

BI als Vertriebscontrolling-Instrument für Versicherungsunternehmen

Dirk U. Proff, Logica GmbH, Hamburg

Nach der Liberalisierung des Versicherungsmarktes drängen nicht nur ausländische Versicherer auf den deutschen Markt, sondern die Unternehmen sind nun auch frei in der Gestaltung zielgruppengerechter Tarife. Steigender Preisdruck und abnehmende Kundenbindung sind die Folge. Im Kampf um Marktanteile gilt es, die Datenbestände mit Hilfe des Business Intelligence-Einsatzes möglichst umfassend zu analysieren und die Entscheidungsgrundlagen für Kundenbindungs- und Kundengewinnungsstrategien zu schaffen.

1 Herausforderungen an die Versicherungswirtschaft

Der Versicherungsmarkt ist vor allem durch folgende Aspekte gekennzeichnet:

- verstärkte Internationalisierung,
- wachsende Bedeutung des Internets als Vertriebs-/Servicemedium,
- zunehmende technologisch bedingte Markttransparenz,
- kritischere und preisbewusstere Kunden,
- Forderung nach verbesserten Serviceleistungen und
- Kundenorientierung statt Produkt- bzw. Spartenorientierung.

Aufgrund der veränderten Marktsituation wird die konsequente Ausrichtung auf die Bedürfnisse der Kunden in den nächsten Jahren der wichtigste Wettbewerbsfaktor der Versicherungsbranche sein. Über 90 Prozent der Versicherungsunternehmen sehen laut IM&C in der Informationstechnologie ein wichtiges Instrument zur Sicherstellung einer effektiven Kundenorientierung. Speziell im Vertriebsbereich sind die zukünftigen Anforderungen an Informationssysteme besonders hoch, damit eine bessere Nutzung des Informationspotenzials der bereits vorhandenen Daten- und Informationsbestände erreicht und konsequent in Vertriebsaktionen umgesetzt werden kann. Mit einer Business Intelligence-Lösung (BI) im Bereich Vertriebscontrolling können Unternehmen der Versicherungsbranche sich im globalen Markt ihre Wettbewerbsposition sichern und weiter ausbauen.

So zählen Prämien- und Serviceunterschiede zu den häufigsten Ursachen für einen Versichererwechsel. Je weniger Verträge unterschiedlicher Sparten ein Versicherter bei einer Gesellschaft abgeschlossen hat, desto geringer ist seine Loyalität. Eine einheitliche Sicht auf den Kunden eröffnet Cross Selling-Potenziale und damit die Chance auf Umsatzsteigerungen.

Durch eine höhere Qualität der Datenbestände und deren systematische Analyse lassen sich weiterhin die Ursachen für Vertragskündigungen, Stornoquoten, Bonitätsdetails oder Kündigungsrisiken ermitteln und die Kunden besser klassifizieren und typisieren. Mittels gezielter Vertriebsmaßnahmen können auf Basis der gewonnenen Erkenntnisse die Kunden für höherwertige Produkte gewonnen werden (Up Selling).

2 Nutzenpotenziale einer Business Intelligence-Lösung

Als spezifische Anwendungsfelder für BI-Lösungen überwiegen nach IM&C bei Versicherungsunternehmen ganz klar das Vertriebscontrolling mit gut 30 Prozent und das Marketing mit etwa 25 Prozent. Dichtauf folgt die Markt- und Wettbewerbsanalyse mit rund 19 Prozent (siehe Abbildung 1).

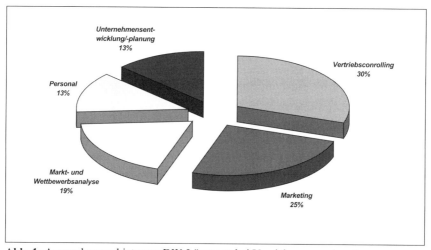

Abb. 1: Anwendungsgebiete von DW-Lösungen bei Versicherungsunternehmen
Quelle: IM&C Institut für Management & Consulting (1998)

Insbesondere die effiziente Steuerung des Vertriebs erfordert präzise Kenntnisse über die einzelnen Vertriebswege und Sparten. Dazu gehören aktuelle Informationen zu Versicherungsanträgen sowie zu Bestandsdaten im Hinblick auf die Anzahl von laufenden, stornierten und abgelaufenen Versicherungsverträgen. Für ein erfolgreiches Vertriebscontrolling sind somit spartenübergreifende und auch historische Daten erforderlich. Die Beantwortung der folgenden typischen Fragen setzt darüber hinaus eine multidimensionale Sicht auf die Daten voraus (siehe Abbildung 2):

- Welche Vertriebswege leisten den größten Erfolgsbeitrag in einer Kundengruppe mit einem bestimmten Produkt?
- Welche Produkte werden bei bestimmten Vertriebswegen im ersten Vertragsjahr besonders häufig storniert?
- Welche Kundengruppen eines bestimmten Vertriebsweges fragen vorgegebene Produkte besonders häufig nach?

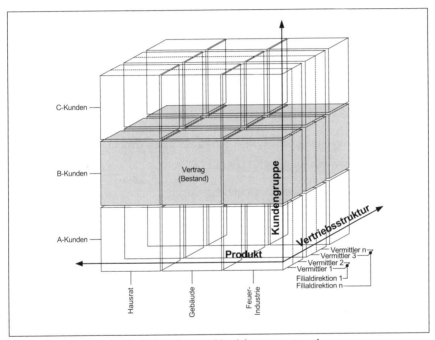

Abb. 2: Multidimensionale Sichtweise von Versicherungsunternehmen

Weiterhin auffallend ist nach der Marktstudie die Anforderung von Seiten der Versicherungsunternehmen, dass mit dem Einsatz eines Data Warehouses (DW) in erster Hinsicht kundenorientierte und wertschöpfende Prozesse unterstützt werden sollen. Bei Versicherungsunternehmen wurden bisher vorrangig Lösungen für das Berichtswesen und für die Analyse entwickelt. So lassen sich Kunden beispielsweise nach der Schadenhäufigkeitsquote, der Schadenquote und dem Schadenbedarfs wie folgt über alle Policen bewerten:

Schadenhäufigkeitsquote = Anzahl Schäden über alle Policen / Anzahl aller Policen) * 100 [%]
Schadenquote = ($\sum$ Schadenzahlungen über alle Policen / $\sum$ Prämien aller Policen) * 100 [%]
Schadenbedarf = ($\sum$ Schadenzahlungen je Risiko / Anzahl aller Policen je Risiko) [WE]

Laut IM&C haben die befragten Unternehmen ein starkes Interesse geäußert, durch einen Zukauf bzw. Einsatz themenbezogener und standardisierter, jedoch auch individuell erweiterbarer Datenmodelle zukünftig Kosten und Ressourcen bei der Entwicklung zu sparen. Diese Datenmodelle müssen sich dabei auf die Sachgebiete beziehen, in denen hauptsächlich strategische Entscheidungsprozesse stattfinden oder beeinflusst werden. Generell kann gesagt werden, dass die strategischen Ziele bei der Entwicklung einer Business Intelligence-Lösung für ein Versicherungsunternehmen in erster Linie sind:

- Bestandssicherung und Neukundengewinnung,
- Erlangung von Wettbewerbsvorteilen,
- Sicherstellung der Transparenz von Geschäftsprozessen durch Kennzahlen,
- schnelle Bereitstellung der entscheidungsrelevanten Unternehmensdaten,
- zeitnahe Analyse der Kunden- und Marktdaten und
- die Einführung von Intranet/Extranet-Lösungen.

Versicherungsunternehmen nutzen verschiedene Bestandsführungssysteme für die einzelnen Sparten in Form von historisch gewachsenen, heterogenen Datenbanksystemen auf verschiedenen Plattformen. Diese operativen Systeme sind nicht für Auswertungszwecke optimiert, sondern wurden auf eine konsistente und redundanzfreie Transaktionsverarbeitung ausgerichtet.

Zu den Schwierigkeiten der technischen Integration kommt die Problematik der fachlichen Anforderungen, unternehmensweit konsistente Aussagen über alle Sparten treffen zu können. Aufgrund der Spartenorientierung existiert keine systemübergreifende Verknüpfung der Datenbestände. Das bedeutet, dass ein Kunde, der mehrere Versicherungen hat, auch in mehreren Bestandssystemen redundant als Kunde gepflegt wird, allerdings oft mit nicht eindeutig ineinander überführbaren Schlüsselattributen. Eine horizontale Integration der verschiedenen Kundendaten einzelner Sparten in einem Data Warehouse ermöglicht dagegen eine einheitliche Sicht auf den Kunden.

Spartenübergreifende Kundendatenbanken sind eine wichtige Voraussetzung für eine erfolgreiche Business Intelligence-Lösung. Während der Kundenbestand bei den meisten Versicherungsunternehmen noch bekannt ist, sieht es bei Zu- und Abgängen von Kunden bereits ganz anders aus. Es fehlen häufig Informationen über die monatlichen Neukundenakquisitionen und die Vertragskündigungen. Kenntnisse über die Profitabilität und das Potenzial der Kunden (Kundenklassifizierung) fallen sogar noch deutlich geringer aus. Bei den Kündigungsgründen sieht es ähnlich aus, häufig wird gar nichts oder es werden nur die offensichtlichen Gründe erfasst. Dadurch können aber keine Stornopräventionsmaßnahmen (Stornoprophylaxe) ergriffen und der Kunde nicht durch zusätzliche Produkte an das Unternehmen gebunden werden.

Unterschiedliche Betrachtungsräume und Aggregationen sowie uneinheitliche Kennzahlendefinitionen führen zusätzlich dazu, dass für Versicherungsunternehmen komplexe ETL-Prozesse (Extraktion, Transformation, Laden) charakteristisch sind. Aufgrund des stark heterogenen und komplexen Umfeldes empfiehlt sich der Einsatz eines leistungsstarken ETL-Tools (siehe Abbildung 3).

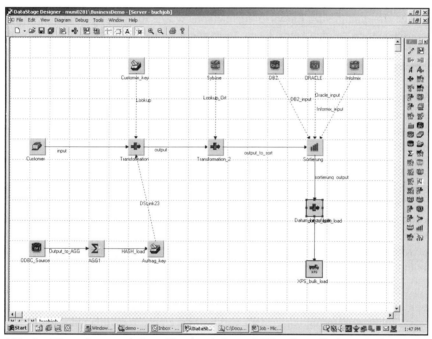

Abb. 3: Dimensionsverarbeitung Kunde mit Ascential DataStage (Ladeprozess)

Zum Aufbau einer Business Intelligence-Lösung müssen somit vorab bestimmte Rahmenbedingungen geschaffen werden. Voraussetzungen hierfür sind vor allem eine sorgfältige Vorbereitung und Bereinigung der Daten aus den Quellsystemen sowie eine einheitliche Begriffsdefinition. Die Höhe des Aufwands hängt unter anderem davon ab, wie alt die operativen Systeme sind, wie viele Altdaten zwecks Historisierung übernommen werden sollen und wie heterogen die Systemlandschaft ist. Aufgrund der hohen individuellen Anforderungen bei Versicherungsunternehmen ist der Aufwand für Customizing und somit die Gefahr einer Kostenexplosion bei Business Intelligence-Lösungen besonders groß.

3 Aufbau des Data Warehouses

Ein Data Warehouse stellt als separate und multidimensional strukturierte Datenbank die Basistechnologie einer erfolgreichen Business Intelligence-Lösung dar. Die Einführung eines Data Warehouses ist ein iterativer Prozess und unterscheidet sich vom traditionellen Vorgehensmodell für operative Systeme. Aufgrund der geforderten Flexibilität an ein Data Warehouse eignen sich klassische Phasenmodelle, wie das Wasserfall-Modell, nur bedingt für den Entwicklungsprozess. Die strenge Anwendung der Entwicklungsmethode würde fordern, dass eine Phase erst dann begonnen werden kann, wenn die vorhergehende vollständig abgeschlossen ist. In Data Warehouse-Projekten ist aber gerade das sehr schwierig, da die Anforderungen am Anfang selten vollständig bekannt sind und sich üblicherweise im Laufe der Zeit ändern. Durch die ständigen Änderungen der Anforderungen würde das Projekt nie zu Ende geführt werden können. Es ist daher sinnvoll, den gesamten Entwicklungsprozess in einzelne Schritte zu unterteilen, in denen arbeitsfähige Komponenten realisiert werden, die dann zu einer kompletten Lösung zusammengefügt werden.

Obwohl das „optimale" Data Warehouse nicht existiert, können einige grundlegende Kriterien aufgestellt werden, die im Rahmen eines Data Warehouse-Projekts beachtet werden müssen. Es besteht beispielsweise häufig ein Konflikt zwischen den unterschiedlichen Informationskulturen in den einzelnen Abteilungen oder Geschäftseinheiten eines Versicherungsunternehmens. Es muss aber die Bereitschaft vorhanden sein, die vorhandenen Technologien und Systeme in Frage zu stellen, um ein neues System einführen zu können.

Ein weiterer unternehmenspolitischer Konflikt liegt oft in der Informationsbereitschaft der Fachabteilungen. Nicht selten kommt es vor, dass sensible Informationen nicht zur Verfügung gestellt werden. Zu einer Projektplanung gehört deshalb das Einkalkulieren von möglichen Widerständen innerhalb der Organisation gegenüber dem neuen System, und zwar von Seiten der Anwender, der Fachabteilungen sowie der IT-Abteilung, dazu. Ein anderer kritischer Erfolgsfaktor ist die Zusammensetzung des Projektteams. Die Anforderungen an die Beteiligten sind sehr vielschichtig und die Einteilung der Ressourcen erfordert eine sehr genaue Planung. In einigen Phasen ist es deshalb ratsam, auf erfahrene Berater zurückzugreifen, die über umfangreiche Projekterfahrung und fundiertes Know-how über die Versicherungsbranche verfügen.

Bei der Planung eines Data Warehouse hat sich der Ansatz „Think big - start small" bewährt. Dabei wird das Data Warehouse Schritt für Schritt implementiert. Vorab sollte möglichst ein ein- oder mehrtägiger Strategie-Workshop durchgeführt werden, der die Rahmenbedingungen sowohl des Versicherungsunternehmens als auch des Projekts ermittelt und definiert. Dadurch können bereits zu einem sehr frühen Zeitpunkt Unklarheiten beseitigt und eine grobe Richtung aufgezeigt werden.

Danach können durch eine Vorstudie mit überschaubarem Aufwand die Möglichkeiten und der Nutzen eines Data Warehouses für das Unternehmen evaluiert werden. Dabei sollten neben der Definition von Projektzielen und der Beurteilung der Quelldaten auch bereits Angaben über das zu erwartende Datenvolumen und eine erste Kostenschätzung gemacht werden. Data Warehouse-Lösungen in Versicherungsunternehmen können beispielsweise aufgrund der Notwendigkeit der Historisierung, typischerweise bei Lebensversicherungen der Fall, sehr groß werden, so dass eine rechtzeitige Planung der Ressourcen für den Erfolg entscheidend sein kann. Eine Vorstudie sollte nicht länger als 30 Tage dauern und die fachlichen und technischen Anforderungen dokumentieren.

Der Aufbau eines Data Warehouse erfolgt üblicherweise in mehreren Zyklen, die jeweils mehrfach durchlaufen werden. Für den Erfolg des Projekts ist es besonders wichtig, dass gleich zu Anfang mindestens ein engagierter „Excecutive Sponsor", möglichst ein Mitglied der Unternehmensleitung, im Versicherungsunternehmen gefunden wird. Der Befürworter sollte jedenfalls mit genügend Entscheidungskompetenz ausgestattet sein, so dass die Veränderungsbestrebungen vorangetrieben werden können. Er sollte die Bedeutung des Data Warehouses für das Unternehmen herausstreichen und das Projekt aktiv unterstützen. Wichtig ist dabei vor allem, dass im Unternehmen das Bewusstsein für die Dringlichkeit des Wandels geschaffen wird. Als Initiatoren für Data Warehouse-Projekte haben zwar Geschäftsführer und Vorstände in den letzten Jahren vermehrt ihren Einfluss geltend gemacht, trotzdem trifft immer noch das IT-Management die meisten aller Data Warehouse-Entscheidungen.

Die Stellung des Initiators im Unternehmen prägt die Größe und die Eigenschaften eines Data Warehouse-Projekts. Als sogenannte „Sponsoren" kommen die Fachabteilungen, die Unternehmensleitung oder die IT-Leitung in Frage. Während bei den Fachabteilungen eine sehr konkrete Aufgabenstellung zu erwarten ist, können Projekte, die von der Unternehmensleitung initiiert, eher als übergreifende und allgemeinere Lösung charakterisiert werden.

Bei einer unternehmensweiten Lösung werden Daten aus einem breiten Spektrum von Quellen gesammelt und nach Gesichtspunkten des Unternehmens verdichtet. Abteilungsspezifische Lösungen sind thematisch auf die Anforderungen von Unternehmensbereichen fokussiert. Die Analysen gehen mehr in die Tiefe und bilden abteilungsspezifische Geschäftsregeln ab. Hier finden sich häufiger sogenannte Power User mit technischen Kenntnissen, die komplexe Fragen formulieren können und somit andere Business Intelligence-Tools benötigen, als auf der Unternehmensebene.

Steht der Sponsor fest, sollte so schnell wie möglich ein Pilotprojekt ausgewählt werden, das innerhalb weniger Monate fertiggestellt werden kann. Ziele des Pilotprojekts sind u. a.:

- eine Entscheidungsgrundlage herzustellen,
- die Machbarkeit nachzuweisen,
- Nutzeneffekte und technologische Möglichkeiten aufzuzeigen.

Entscheidend für eine schnelle Vorgehensweise bei dem Pilotprojekt ist, dass keine zeitraubende Suche nach Daten und Attributen stattfindet. Der Zeitplan für ein Pilotprojekt sollte auf jeden Fall unterhalb von 120 Tagen liegen. Das könnte beispielsweise zunächst ein relativ kleiner Datenbestand einer Abteilung oder eines Fachbereichs sein. Bei der Auswahl sollten vor allem sogenannte „Brennpunkte" im Unternehmen favorisiert werden, d. h. dort ansetzen, wo ein akutes Informationsdefizit besteht. Weiterhin sollte eine komplexe Aufgabenstellung vermieden werden, sondern es sollten die Daten ausgewählt werden, die am problem-losesten aus den operativen Systemen zu extrahieren sind. Dadurch können Erfolge bei relativ geringen Kosten kurzfristig erzielt und messbar gemacht werden.

Nach der erfolgreichen Verifizierung des Konzepts durch das Pilotprojekt erfolgt die konsequente Realisierung des geplanten Data Warehouses. Dabei werden nach und nach immer mehr Daten in das Data Warehouse übernommen, bis ein Zugriff auf alle relevanten Daten des Unternehmens möglich ist. Dieses schrittweise Vorgehen und das frühzeitige Integrieren der Anwender sichert darüber hinaus die Akzeptanz im Unternehmen.

Einen wichtigen Schritt beim Aufbau eines Data Warehouse stellt die Anforderungsanalyse dar. Sie liefert bereits wichtige Hinweise für die Wahl der Data Warehouse-Architektur. Dabei wird der Problembereich kritisch analysiert.

Versicherungsunternehmen besitzen typischerweise verschiedene Datenbanksysteme. Es muss nun festgestellt werden, wo und in welchem Format die benötigten Daten gespeichert sind. Bei der Frage, welche Daten aus den operativen Systemen in welchem Aggregationsgrad in das Data Warehouse übernommen werden sollen, wird häufig der Fall vorzufinden sein, dass die Anwender Zugriff auf alles haben möchten. Aus diesem Grunde sollte der Zweck der Informationen kritisch hinterfragt werden, insbesondere bei den Berichten, die schon seit vielen Jahren genutzt werden.

Auf der anderen Seite ist es für viele Fach- und IT-Abteilungen sehr schwierig, einen zusätzlichen Informationsgewinn zu erkennen, der durch die Integration weiterer Daten erreicht werden könnte. Zumindest zu diesem Zeitpunkt sollten erfahrene Berater mit Versicherungskenntnissen hinzugezogen werden. Sie bringen Ideen aus vergleichbaren Projekten ein und können somit Kosten und Personalressourcen reduzieren helfen.

- Typische Fragestellungen während der Anforderungsanalyse können u. a. sein:
- Welche Geschäftsprozesse sollen durch das Data Warehouse unterstützt werden?
- In welchem Problembereich ist der Handlungsbedarf am dringlichsten?
- Wo liegen akute Informationsdefizite vor?
- Welche manuellen Auswertungen und welche Berichte werden bereits regelmäßig erstellt?
- Welche Daten und Datenquellen werden in welcher Form für die bestehenden Auswertungen genutzt?
- Welche Daten stehen wo und in welcher Form zur Verfügung?
- Welche Kennzahlen werden zusätzlich benötigt?

Heterogenität, Inkonsistenzen und das Fehlen von Dokumentationen ist aufgrund der historisch gewachsenen Systemlandschaften bei Versicherungsunternehmen die Regel. Durch fortlaufende Meetings mit den betroffenen Mitarbeitern müssen die offenen Fragen sukzessive geklärt werden. Dabei wird der Problembereich, von einer abstrakten ausgehend bis hin zu einer sehr detaillierten Ebene erarbeitet. Bei einer Aufwandschätzung sollte unbedingt die Möglichkeit mit einkalkuliert werden, dass aus technischen oder organisatorischen Gründen ein direkter Zugriff auf die Datenquellen und Anwendungssysteme nicht möglich oder nicht erwünscht ist.

Im Unterschied zu Projekten für die Entwicklung von operativen Systemen sind die Systemanforderungen in einem Data Warehouse-Projekt zu Beginn schwer abschätzbar. Sehr häufig kommt es zu Änderungen der Anforderungen während des Projektverlaufs. Es sollte somit nicht versucht werden, am Anfang gleich eine 100-Prozent-Lösung zu realisieren.

4 Vertriebscontrolling für Versicherungsunternehmen

Als Reaktion auf die steigende Komplexität kommt der Versorgung der Unternehmensführung mit aktuellen und entscheidungsrelevanten Informationen zur Planung, Steuerung und Kontrolle wachsende Bedeutung zu. Gerade diese Informationen fehlen jedoch weitestgehend für den Vertriebsbereich. Vertriebsentscheidungen basieren häufig auf Erfahrungsgrundsätzen und Intuition. Die Unterstützung des Vertriebsmanagements durch ein leistungsfähiges Vertriebscontrolling ist jedoch unerlässlich.

Charakteristisch für Versicherungsunternehmen ist die Leistungserstellung nach Absatz des Produktes, wodurch der Vertrieb den Engpass im Produktionsprozess darstellt. Das Vertriebscontrolling hat daher die Aufgabe, Controlling-Instrumente speziell für die Bedürfnisse dieses kritischen Unternehmensbereichs bereitzustellen. Als Servicestelle soll es die Effizienz und Effektivität der Vertriebsführung steigern und die Anpassungsfähigkeit an sich verändernde Marktsituationen gewährleisten. Deshalb verfügt das Vertriebscontrolling für die Entwicklung, den Einsatz und die Pflege von Managementinstrumenten zur Planung, Steuerung und Kontrolle des Vertriebs über die Methodenkompetenz.

Die Zielsetzung des Vertriebscontrollings besteht in der Sicherstellung

- der Koordination der Vertriebsführung,
- der Vertriebsplanung,
- der Integration der Vertriebsplanung und -kontrolle und
- der Informationsversorgung.

Zur Sicherstellung der Koordination der Führung werden durch das Vertriebscontrolling systembildende Funktionen, beispielsweise durch Vorgabe neuer Prozessstrukturen, und systeminterne Funktionen, beispielsweise Ad hoc-Auswertungen zur Bereinigung kleinerer Störungen im Betriebsgeschehen, wahrgenommen. Im Rahmen der Vertriebsplanung werden die Absatz-, Personal- und Vertriebskostenplanung durchgeführt. Die Vertriebskontrolle beinhaltet die Phasen Ermittlung der Ist-Daten, Aufbereitung der Soll-Ist-Vergleiche, Ermittlung der Abweichungen, Durchführung der Abweichungsanalysen und Entwicklung der Korrekturmaßnahmen. Die Informationsversorgung umfasst marktbezogene Informationen, beispielsweise Trendbeobachtungen und Konkurrenzdaten, sowie unternehmensbezogene Informationen.

Als Empfänger der Informationen des Vertriebscontrollings kommen beispielsweise der Vertriebsbereich, das Management, die Marketingabteilung, die interne Revision und die Produktentwicklung in Frage. Kennzahlen ermöglichen es, diesen Entscheidungsträgern rasch zielgerichtete und aussagekräftige Informationen über quantitative Sachverhalte zu vermitteln (siehe Abbildung 4).

Dem Einsatz von Berichten in Kennzahlenform sind jedoch dort Grenzen gesetzt,

Kennzahl	Definition	Dimension der Auswertung					Vergleichsgrößen			Periodizität			
		Vertriebsweg	Produkt	Region	Kunde	Sonstige	Vormonat	VJ Monat	Kumuliert	Sonstige	Monatlich	Halbjährlich	Jährlich	Sonstige
Anz. eingelöster Verträge	Summe der eingelösten Verträge	,	,	,			,	,	,	•		,		
Zugang VN	Summe der VN der eingelösten Verträge	,	,	,			,	,				,		
Beiträge Neugeschäft	Summe der Beiträge der eingelösten Verträge	,	,	,			,	,	,	•		,		
VS Neugeschäft	Summe der VS der eingelösten Verträge	,	,	,			,	,	,	•		,		

Abb. 4: Auszug aus einer Vertriebskennzahlenmatrix

wo Basisdaten sowie Hindergrundinformationen fehlen oder unpräzise formuliert sind. Darüber hinaus besteht die Gefahr der Fehlinterpretation, wenn Einzelkennzahlen verwendet werden. Die quantitativen Informationen sollten daher immer um qualitative Aspekte ergänzt werden.

Um die für das Vertriebscontrolling geeigneten, unternehmensspezifischen Kennzahlen auszuwählen und zu ermitteln, ist es notwendig,

- die Rahmenbedingungen der Branche einzubeziehen,

- die eigene Unternehmenssituation (speziell Rechtsform, Größe und betriebene Sparten) zu berücksichtigen,

- die unternehmensspezifische Ausprägung des Controllings bzw. Vertriebscontrollings, wie hierarchische Einordnung, Organisation (zentral/dezentral, Stab/Linie), personelle Ausstattung, Zielsetzungen sowie Aufgaben zu dokumentieren und

- unternehmensweit einheitliche Begriffe sowohl für die Basisdaten als auch für die Kennzahlen zu definieren und zu verwenden.

Die folgenden Standardberichte im Bereich Vertriebscontrolling bieten den Entscheidungsträgern einen umfassenden Überblick über relevante Geschäftsvorfälle:

- Kundenstruktur- und Potenzialanalyse,

- Neugeschäfts-/Produktionsstatistik,

- Bestandsstatistik (Bestandsanalyse, Bestandsbewegungen),

- Stornostatistik/Stornoquote.

Durch den Einsatz von Business Intelligence als Vertriebscontrollinginstrument können Versicherungsunternehmen eine ergebnis- und ertragsorientierte Steuerung des Vertriebs und eine effiziente Kostensteuerung sicherstellen und dadurch ihre Profitabilität steigern. Bestandssicherung und Neugeschäftssteigerung lassen sich als Ziele jedoch nur verwirklichen, wenn Transparenz über Stornoentwicklung, Kundenprofitabilität, Marktpotenzial und Leistung der einzelnen Vertriebswege sichergestellt ist. Der entscheidende Wettbewerbsvorteil entsteht dann durch eine schnelle Bereitstellung relevanter Unternehmensdaten und der zeitnahen Analyse der Kunden- und Marktdaten.

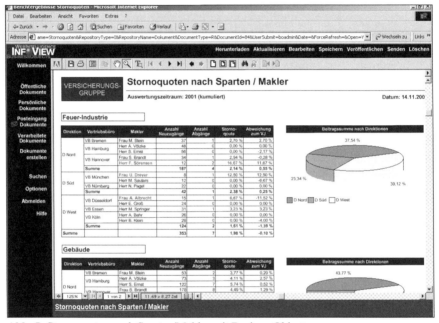

Abb. 5: Stornoquoten nach Sparten/Makler mit BusinessObjects

Die redaktionelle Komponente als kritischer Erfolgsfaktor eines MIS

Bernd Fröhlich, arcplan Information Services AG, Langenfeld

Managementinformationssysteme (MIS) liefern die Grundlage für Entscheidungen. Eine unternehmensinterne Redaktion ist ein wesentlicher Faktor für den Erfolg derartiger Systeme. Als zentrale Anlaufstelle entscheidet diese Institution über Inhalte, Strukturen und das Design einer Applikation sowie die Informationsverteilung. Von entscheidender Bedeutung ist in diesem Zusammenhang die Auswahl eines geeigneten Softwarewerkzeugs. Anhand von zwei Beispielen aus deutschen Großunternehmen wird die Vorgehensweise zur Erstellung eines MIS anschaulich dargestellt.

1 Das Redaktionsprinzip

Die Verfügbarkeit zeitnaher Informationen und die Fähigkeit, mit ihnen richtig umzugehen, wird im Zeitalter zunehmender Globalisierung, kürzer werdender Produktzyklen, individueller Kundenwünsche und steigendem Kostendruck zum entscheidenden Wettbewerbsfaktor. Nur wer Zugang zu Informationen hat und sie zu nutzen weiß, verändert die Welt.

Wenn man von der Information Supply Chain spricht, so ist damit genau dieser Zusammenhang gemeint. Die Information Supply Chain greift die Erkenntnis auf, dass man zur optimalen Gestaltung von Geschäftsprozessen und zum Verstehen von Kunden und Märkten aktuelle Informationen braucht. Sie gliedert sich in zwei unterschiedliche Teile. Im operativen Teil der Kette werden Strategien in Geschäftsprozesse umgesetzt. Diese führen zu Kundenkontakten und Aufträgen. Hierbei fallen zahlreiche Daten an. Im informativen Teil werden aus diesen Daten Informationen gewonnen, die wiederum zu neuen Aktionen und Strategien führen. Der Kreis hat sich geschlossen.

Bis vor wenigen Jahren wurde die Information Supply Chain softwareseitig vor allem bei den Geschäftsprozessen und der Sammlung kurzfristiger Kunden- und Auftragsdaten unterstützt. Von einer Closed Loop of Information Supply Chain (siehe Abbildung 1) konnte dagegen aus Softwaresicht noch keine Rede sein. Denn die Kette wurde in der Regel nach der Sammlung der operativen Daten unterbrochen.

In Data Warehouses konnten mit dem Fortschreiten der Technik auch größere Datenbestände über einen längeren Zeitraum multidimensional gespeichert und für

Auswertungszwecke zur Verfügung gestellt werden. Um den Informationskreislauf der Information Supply Chain zu erhalten, muss die Lücke zwischen den gesammelten Informationen und den Mitarbeitern, die die Informationen benötigen, geschlossen werden (siehe Abbildung 1).

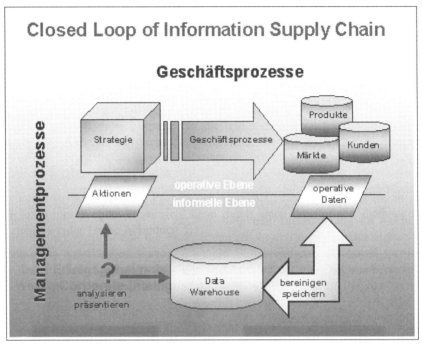

Abb. 1: Die Lücke in der Information Supply Chain

Langfristig erfolgreich sind nur diejenigen Unternehmen, denen es gelingt, alle wesentlichen im Unternehmen vorhandenen Informationen in eine Wertschöpfung umzusetzen. Beim Aufbau eines Informationssystems darf man sich nicht jedoch allein auf den technischen Aspekt beschränken. Viele Beispiele belegen, dass Informationssysteme zwar meist technisch funktionieren, von den Anwendern jedoch nicht angenommen werden und deshalb bereits nach kurzer Zeit scheitern. Für eine erfolgreiche Verbreitung ist es unbedingt erforderlich, dass die Anwender das System auch benutzen wollen (siehe Abbildung 2).

2 Anforderungen an das Informationsangebot

Eine große Anwenderzahl gewinnt man nur über ein Informationsangebot, das die Bedürfnisse der Anwender befriedigt. Bei der Analyse der Anwenderbedürfnisse stößt man auf eine Reihe von Kriterien, deren Einhaltung den Erfolg des Informationssystems bestimmt. Dabei unterscheidet man zwischen Kriterien für die äußere Form, in der sich das Informationsangebot dem Anwender präsentiert, und Kriterien für den Inhalt des Informationsangebotes. Anforderungen an die äußere Form des Informationsangebots sind:

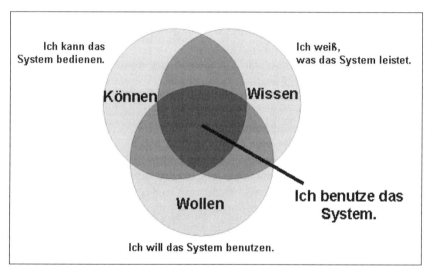

Abb. 2: Können-Wissen-Wollen im Einklang

- Das Informationsangebot ist einfach zu benutzen.
  Das System ist selbsterklärend und intuitiv ohne jedes Anwendertraining zu bedienen.

- Das Informationsangebot ist attraktiv aufbereitet.
  Das System verfügt über eine klar verständliche und einheitlich aufgebaute Navigation. Sein Layout ist übersichtlich, abwechslungsreich und darauf ausgelegt, verschiedene Darstellungsformen zu mischen.

- Das Informationsangebot ist inhaltlich strukturiert.
  Es gibt Inhaltsverzeichnisse und Übersichten. Fachgebiete und Themen sind leicht erkennbar.

- Das Informationsangebot kann schnell an Veränderungen in der Unternehmensstruktur angepasst werden.
  Der Anwender findet stets die aktuelle Unternehmensstruktur im System abgebildet.

- Das Informationsangebot steht den Anwendern unmittelbar zur Verfügung.
  Der Zugriff auf das System kann bei entsprechender Berechtigung zu jeder Zeit und an jedem Ort unter einfachen technischen Voraussetzungen erfolgen. Das Informationsangebot erscheint regelmäßig und zuverlässig.
- Das System bietet dem Anwender Reaktionsmöglichkeiten.
  Der Anwender kann Fragen an das System formulieren, nachhaken und Sachverhalte kommentieren.

Anforderungen an den Inhalt des Informationsangebots sind:

- Die Inhalte des Informationsangebots sind für die Zielgruppe bedeutsam.
  Das System kann Informationen zielgruppenorientiert bereitstellen.
- Das Informationsangebot ist stets aktuell.
  Der Informationszugriff erfolgt stets online. Das System informiert den Anwender über besondere Ereignisse automatisch.
- Das Informationsangebot kann aus unterschiedlichen Datenquellen stammen.
  Das Informationssystem hat Zugang zu allen wesentlichen Datenquellen im Unternehmen.
- Das Informationsangebot ist vollständig und umfassend.
  Das System informiert über alle wesentlichen Unternehmensbereiche und bildet die interne Strukturen korrekt ab.
- Das Informationsangebot kann mit Erläuterungen und Kommentaren ergänzt werden.
  Neben strukturierten Informationen kann das System auch unstrukturierte Informationen abbilden und diese in Beziehung zu anderen Informationen setzen.

Überprüft man die Kriterien im Hinblick auf ihre Erfüllbarkeit, so fällt auf, dass einige davon automatisierbar sind, während andere eine manuelle Bearbeitung erfordern. Viele Informationssysteme sind daran gescheitert, dass eine manuelle Bearbeitung unterblieb oder nur in unzureichendem Maße vorgenommen wurde. Die so entstandenen Systeme finden deshalb keine Akzeptanz bei den Anwendern.

3 Die redaktionelle Komponente

Eine geeignete Software muss die Aktualität und unmittelbare Verfügbarkeit des Informationsangebots gewährleisten und dem Anwender Reaktionsmöglichkeiten bieten. Eine zentrale Serverlösung mit Internet-Clients, die über einen dynamischen Zugriff auf wenigstens eine Datenquelle verfügt und dem Anwender Drill down-Funktionalität, interaktive Freiheitsgrade und einen Schreibzugriff zur Verfügung stellt, erfüllt diese Forderungen. Des weiteren muss eine attraktive Aufbereitung des Informationsangebotes bei Benutzung universeller Standards bis zu einem gewissen Grad automatisch erzielt werden können. Eine individuelle Gestaltung und höhere Ansprüche an das Layout machen allerdings eine manuelle Bearbeitung erforderlich. Noch eindeutiger wird die Notwendigkeit des manuellen Eingriffs im Hinblick auf die Auswahl der Datenquellen und die Integration von Informationen. Die redaktionelle Komponente bezieht sich auf die Aufgabe, Informationen aus unterschiedlichen Quellen zu sammeln, sie aufzubereiten und in einer verständlichen Form wieder zur Verfügung zu stellen (siehe Abbildung 3).

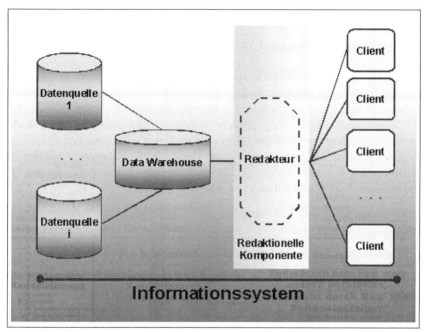

Abb. 3: Ein erfolgreiches Informationssystem ist ohne Redaktionelle Komponente nicht denkbar

Die Notwendigkeit der redaktionellen Bearbeitung stellt sich insbesondere bei der inhaltlichen Strukturierung des Informationssystems, bei der Anpassung an Änderungen im Unternehmensumfeld, bei der Konzeption einer einfachen Benutzerführung, bei der Festlegung der Inhalte des Informationsangebots und bei der Ergänzung durch Erläuterungen und Kommentare. Die Gestaltung eines Informationssystems bedarf also einer Redaktion und nutzt zusätzlich Automatismen dort, wo es sinnvoll ist. Bei der Auswahl von Softwarepaketen für die Erstellung von Informationssystemen ist demnach darauf zu achten, dass sie sowohl die redaktionelle Bearbeitung als auch die automatische Erstellung und einfache Verteilung über das Internet unterstützen.

Kaum eine Web Site wird ohne redaktionelle Bearbeitung ins Netz gestellt. Denn der Erfolg einer Home Page hängt davon ab, wie gut sie das Informationsbedürfnis der angesprochenen Zielgruppe trifft, wie attraktiv sie aufbereitet und wie einfach sie zu finden ist. Der Redakteur muss Kreativität besitzen, die Bedürfnisse der Anwender kennen und die eingesetzten Softwarewerkzeuge beherrschen.

Für die technische Umsetzung eines Unternehmensinformationssystems benötigt man eine Software, die dem Redakteur leistungsfähige Hilfsmittel für die manuelle Bearbeitung der Basisinformationen zur Verfügung stellt und automatisch standardisierte Aufgaben erledigt.

4 Portfolio Analyse-Tool von DGI

Als Immobilienfonds-Managerin der Deutschen Bank verwaltet die Deutsche Grundbesitz Investmentgesellschaft (DGI) Immobilien im Wert von mehr als fünf Milliarden Euro. Zur zielgerichteten Steuerung von Investmentfonds ist ein Portfolio Management- und Analysesystem notwendig, das sämtliche zur Entscheidungsunterstützung notwendigen Informationen bereitstellt. Chancen und Risiken müssen zeitnah transparent gemacht und Trends frühzeitig erkannt werden. Bei der DGI wurde vor dem Hintergrund dieser Erfordernisse mit dynaSight ein Portfolio Analyse Tool (PAT) entwickelt (siehe Abbildung 4).

Vor der Einführung des PAT kämpften die Fondsmanager mit folgenden Problemen:

- kein Zugriff auf eine durchgängige IT-Lösung möglich;
- Ermittlung von Kennzahlen bzw. Daten für Managemententscheidungen auf Basis von individuellen Berechnungen und Analysen mit Hilfe von Excel;
- zeitintensiver monatlicher Datenimport vom Host nach Access und Excel mit anschließender Verdichtung und Aufbereitung;
- kein direkter Vergleich der Monatsdaten machbar;
- Fehlen von Bewertungsstandards für Immobilien.

Die neue Anwendung sollte selbsterklärend sein, um eine hohe Akzeptanz und Nutzung zu gewährleisten und die Ausbildungskosten für die Nutzer niedrig zu halten. Eine anfängliche Bestandsaufnahme zeigte schnell, dass die vorhandene technische Basis den Anforderungen nicht mehr gerecht wurde.

Deshalb entschloss man sich, die gewachsene DV-Landschaft zu homogenisieren und die Daten und Anwendungen auf eine einheitliche Grundlage zu stellen. Die

Abb. 4: Startbild Navigation P.A.T

Vision war, mittels eines web-basierenden Portfolio Management-Systems die zur Entscheidungsunterstützung notwendigen Informationen stets aktuell mit höchstmöglichem Bedienungskomfort, sozusagen auf „Knopfdruck", zu erhalten (siehe Abbildung 5).

Nachdem sich Standardlösungen nach kurzer Prüfung als unbrauchbar erwiesen, beschloss die DGI, in möglichst kurzer Zeit eine eigene „80 bis 90 Prozent-Lösung" zu entwickeln. Mit Hilfe von dynaSight der arcplan AG erstellten Mitarbeiter der DGI als „Interne Redakteure" innerhalb kurzer Zeit ohne Programmieraufwand das exakt auf das Unternehmen zugeschnittene Informationssystem PAT.

Bereits nach wenigen Wochen waren die ersten Ergebnisse in den Modulen „Berichtswesen" und „Portfolioanalyse" sichtbar. Durch die komfortable Entwicklungsumgebung konnte das Projekt von der Fachabteilung Portfolio Management selbst bewältigt werden. Die IT-Abteilung konzentrierte sich auf die Bereitstellung der Hardware-Komponenten.

Mit wenigen Mausklicks ist nun beispielsweise im Modul „Bestandsanalyse" ein gezielter Drill down über beliebige Aggregationsebenen bis auf den einzelnen Mieter möglich, um sich beispielsweise über die angemietete Fläche oder den

Mietzins zu informieren. Noch detailliertere Informationen liefern standardisierte Objektprofile, die neben allen relevanten Kennzahlen auch Bildinformationen über das Objekt beinhalten.

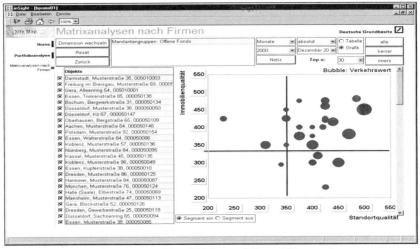

Abb. 5: Portfolioanalyse ausgewählter Objekte nach Immobilien- und Standortqualität

Eine zeitnahe Bewertung von Mieterrisiken ist eine wesentliche Analysefunktionalität des PAT. Bei drohendem Mieterausfall lässt sich der gesamte Datenbestand nach diesem Mieter durchsuchen Ein mögliches Ausfallrisiko wird innerhalb kurzer Zeit bis auf die Ebene des Einzelobjektes ermittelt (siehe Abbildung 6).

Neben Bestandsanalysen stehen folgende Funktionalitäten im Vordergrund:

- Kennzahlen der qualitativen Immobilienbewertung, wie z. B. Immobilienqualität, Immobilienrisiko, Standortqualität;
- Kennzahlen der quantitativen Immobilienbewertung, wie z. B. Mieterträge, Mietausfall, Bewirtschaftungskosten;
- Hochflexible Scoringanalyse, um Kennzahlen miteinander in Beziehung zu setzen und zielgerichtet auszuwerten.

Nach nur sechs Monaten konnte die DGI die ersten Module des Portfolio Analyse-Systems unternehmensweit auf dem eigenen Web-Server bereitstellen. Gegenwärtig steht die Lösung rund 50 Mitarbeitern zur Verfügung.

Ein Vielfaches dieser Zeit ist erforderlich, um annähernd gleiche Ergebnisse mit einer klassischen Programmierumgebung (z. B. C++) zu erreichen. In der Kategorie der Endanwenderwerkzeuge dagegen, zu denen beispielsweise Microsoft

Excel zählt, sind viele Produkte überhaupt nicht in der Lage, vergleichbare Systeme zu erzeugen.

Den weiteren Ausbau des PAT will man kurzfristig in zwei Varianten vorantreiben. Für die Analyse großer Immobilienportfolios soll basierend auf einem leistungsfähigen Oracle-Server und den dynaSight-Komponenten eine Intranet-Lösung aufgebaut werden. Ein schlankeres System soll auch die Analyse von kleinen und mittleren Immobilienportfolios unterstützen. Als Basis dienen dann eine Oracle Lite-Datenbank und die inSight-Komponenten als Frontend.

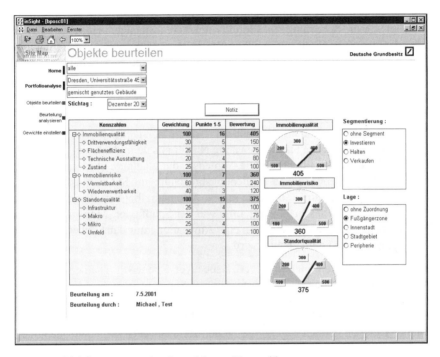

Abb. 6: Objektbewertung anhand gewichteter Kennzahlen

5 InSight-FT bei DaimlerChrysler

Eine etwas andere Vorgehensweise wurde bei dem Automobilhersteller DaimlerChrysler (DC) eingeschlagen. Um den Informationsbedarf zur Unterstützung strategischer Entscheidungen im Ressort Forschung & Technologie (F&T) von DC zu decken, beauftragten die DC-Verantwortlichen einen externen Designer mit dem Aufbau und mit der Gestaltung eines Nutzerkonzeptes nach möglichst ergonomischen Grundsätzen.

Das Ressort F&T unterstützt die einzelnen Bereiche bei der Strategieentwicklung und schafft die technologischen Grundlagen für neue Produkte und Prozesse. Dabei ist es von entscheidender Bedeutung, dass den Verantwortungsträgern zeitnah relevante Informationen und Kennzahlen zur Verfügung stehen.

In einem umständlichen Verfahren informierte sich in der Vergangenheit das Ressort-Management mittels manuell verdichteter Handouts aus unterschiedlichsten Datenquellen. Die Lektüre gestaltete sich aufwendig. Die Berichtsintervalle waren groß, was zu Aktualitätsmängel führte.

Im Rahmen der SAP R/3-Implementierung sollte auch dieses Problem gelöst werden. Ziel war die Schaffung eines intuitiv nutzbaren Managementinformationssystems, das den Zugriff auf ausgewählte R/3-Daten erlaubt und den unternehmensspezifischen Ansprüchen hinsichtlich Aktualität, Bedienerfreundlichkeit und Flexibilität sowohl inhaltlich als auch gestalterisch gerecht wird. Es sollte kein ausschließlich controlling-orientiertes Instrument, sondern ein einheitliches Informationssystem für den oberen Führungskreis geschaffen werden.

Zielgruppen der Anwendung „InSight-FT" waren Vorstände, Direktoren, die Leiter der Forschungslabore und ausgewählte Nutzer aus dem Planungs- und Controllingbereich (siehe Abbildung 7). Die Namensfindung gehörte ebenso wie eine begleitende, leicht verständliche Bedienungsbroschüre im Stil der Anwendung zu den Marketingmaßnahmen, die eine rasche Akzeptanz bei den Benutzern fördern sollte. Ein wesentliches Erfolgskriterium war der Spaßfaktor. Man war sich in der Entwicklungsmannschaft einig, dass eine Anwendung nur dann „überleben" kann, wenn sie häufig und gern genutzt wird.

InSight-FT informiert innerhalb von sieben verschiedenen Themenkreisen über alle wesentlichen Daten des Ressorts. Für alle Segmente werden Monats-, Jahres- und Mehrjahreszeiträume dargestellt. Übersichtsgrafiken zeigen die aktuellen Daten mit der Möglichkeit zur gezielten Detailabfrage mittels Drill down. Über verknüpfte Tabellen können zugehörige Zahlenwerte aus verschiedenen Datenquellen per Mausklick aufgerufen werden.

Neben Ergebnisberichten, Plan/Ist-Vergleichen der wesentlichen Parameter (siehe Abbildung 7) und Projektinformationen bietet InSight-FT eine Übersicht über alle nicht personenbezogenen Personaldaten. Grafiken geben unter anderem Auskunft zu Arbeitszeit, Alters- und Beschäftigungsstrukturdaten (siehe Abbildung 8).

Das Thema „Forschungsprogramm" informiert die Entscheider über alle Forschungsprojekte. Es ist festgehalten, für welche Kunden welches Projekt mit welcher Zielsetzung bearbeitet wird. Flächengrafiken verdeutlichen aus unterschiedlichen Perspektiven die reale Entwicklung einzelner Projekte gegenüber dem Plan.

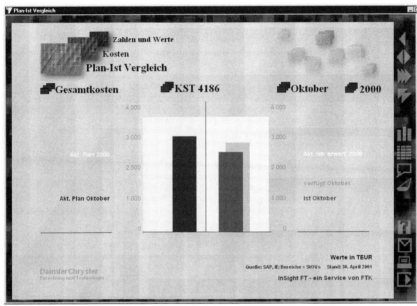

Abb. 7: Zeitraumbezogene Plan-Ist-Vergleich von Gesamtkosten bis auf die Ebene einzelner Kostenstellen

Alle bereichs- und standortübergreifenden Vorhaben können nun übersichtlich in Tabellenform aufgelistet werden. Eine Detailbeschreibung je Projekt beinhaltet alle Ziele, Zeitpläne sowie die erarbeiteten Ergebnisse, Kosten und die Finanzierung. Äußerst wichtig in diesem Zusammenhang war die Möglichkeit des gleichzeitigen Zugriffs auf unterschiedliche Datenquellen und die problemlose Zusammenführung der daraus extrahierten Daten. Hierdurch können Veränderungen sofort abgebildet werden.

Der Einsatz besonderer Signalgeber eröffnet der Controllingabteilung die Möglichkeit, erhebliche Abweichungen bereits vor der Informationsbereitstellung zu recherchieren und Fehler zu korrigieren oder erklärende Interpretationshinweise zu geben. Der Erfolg zeigt sich durch eine deutlich gesunkene Zahl von Anfragen nach Zahlen und Informationen an die Controllingabteilung.

Unter „Aktuelles" gibt als weitere Besonderheit des Sytems ein seit der Implementierung fortlaufender Bericht Auskunft über die Applikation InSight-FT. Hier werden alle Veränderungen, die betreffenden Ansprechpartner und neue Ideen vorgestellt. Sowohl Anwender als auch Administratoren können sich umfassend über aktuelle Entwicklungen informieren.

Seit der Implementierung sind die Informationen stets zeitnah verfügbar. Die Berichte erscheinen regelmäßig nach Monatsabschluss. Das Vertrauen in das System ist beständig gewachsen, da die Datenqualität erheblich gestiegen ist und für alle Nutzer einheitliche Angaben bereitstehen. Langwierige Diskussionen über Unstimmigkeiten entfallen. Die wesentlichen Inhalte stehen im Vordergrund und ermöglichen eine konsequente Entscheidungsunterstützung.

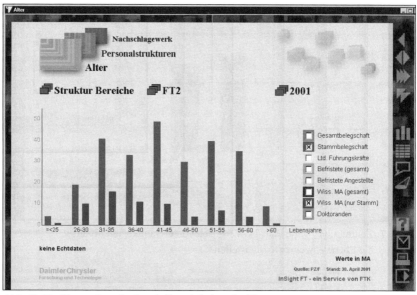

Abb. 8: Grafiken geben Auskunft über Arbeitszeit, Alters- und Beschäftigungsstrukturdaten

Die Flexibilität von inSight erlaubte eine Lösung, die den hohen Ansprüchen des Managements nicht nur in inhaltlicher, sondern auch in gestalterischer Hinsicht gerecht wurde. Künstlerische Berater entwarfen ein ressortspezifisches Design, das durch ausgewählte Farbzuordnungen und den Einsatz vielfältiger grafischer Elemente sowohl die intuitive Bedienung ermöglicht als auch ein weiteres Informationsangebot eröffnet (siehe Abbildung 9).

Jedem Hauptthema ist eine besondere Farbe und Struktur zugeordnet, die den Inhalt symbolisiert. Eine integrierte Navigationsansicht und die konsequente Beibehaltung der themenzugehörigen Farben zeigen dem Anwender zu jeder Zeit, wo er sich befindet. Links zu anderen Themengebieten ermöglichen den direkten Wechsel in andere Bereiche ohne Umweg über das Hauptmenü.

Nach anfänglicher kontroverser Diskussion über die Gestaltung der Applikation haben schließlich alle Anwender sehr positiv reagiert. Es zeigte sich, dass das gestalterische Konzept erheblich zur Attraktivität des Systems beiträgt und die Anwender das System aufgrund der redaktionellen Aufbereitung von Inhalt und Form regelmäßig und gerne nutzen.

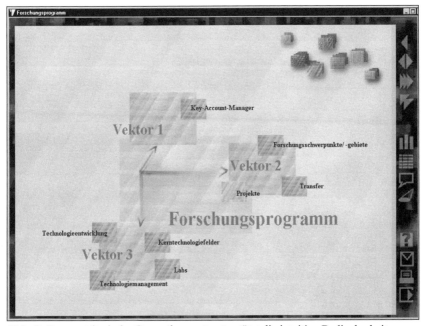

Abb. 9: Das gestalterische Gesamtkonzept unterstützt die intuitive Bedienbarkeit

Zwischenzeitlich sind nicht nur im Ressort F&T, sondern auch an verschiedenen Standorten des Konzerns Reportingsysteme mit inSight bzw. dynaSight aufgebaut worden. Die Lösungen decken das gesamte Spektrum von der operativen Ebene im Controlling über Planungssysteme bis hin zum Managementinformationssystem ab. Sie basieren auf unterschiedlichen Datenbasen, wie z. B. SAP R/3, MIS Alea oder Hyperion Essbase, und werden unternehmensweit von inzwischen nahezu 500 Anwendern genutzt. Im Zuge steigender Nutzerzahlen werden durch die Einführung von dynaSight die Systeme auch über das Intranet zugänglich gemacht werden. Daten können dann von den Berechtigten jederzeit unabhängig vor Ort abgerufen und präsentiert werden. So wird man dem Anspruch der Anwender nach sofort verfügbaren Informationen noch besser gerecht.

Kundenbeziehungsmanagement via Internet

Werner Huehnken, Medienwerft, Hamburg, Bodo Herlyn, Orenburg, Bad Homburg, Dirk Fleischhauer, Universität Lüneburg

Electronic Business oder kurz E-Business ist der Oberbegriff für die Unterstützung von Geschäftsprozessen durch Neue Medien. Seit etwa 1995 stehen mit dem Durchbruch des Internets eine Reihe von neuen, vergleichsweise günstigen und einfachen Technologien anwendungsreif zur Verfügung, die eine durchgängige elektronische Abbildung der Geschäftsprozesse über die gesamte Wertschöpfungskette eines Unternehmens ermöglichen. Dabei reduziert sich die sinnvolle Einbeziehung des Internets in Geschäftsprozesse keinesfalls nur auf den Vertrieb von Produkten. Das Web ist auch ein interessantes Medium für die Pflege von Kundenbeziehungen. Business Intelligence hilft hierbei, die bisherigen Kenntnisse über das Kaufverhalten mittels Käuferprofilen ins Internet zu übertragen und neue Zusammenhänge zu entdecken.

1 Beziehungsaufbau im Informationsmarkt

Was für den klassischen Handel gilt, hat auch im Internet Bestand. Der Aufbau sowie die Pflege von Beziehungen sind entscheidende Erfolgsfaktoren für die Kundenakquise und -bindung. Das Wissen von Tante Emma ersetzen heute Business Intelligence-Systeme, die Informationen sammeln, zusammenführen und auswerten. Im Vordergrund steht dabei, gezielte Kenntnisse über das Nutzungsverhalten und die Interessen von unterschiedlichen Käufergruppen zu gewinnen und den Adressaten maßgeschneiderte Angebote zu unterbreiten. Ein Erfolgsgarant von Onlineprojekten ist, das Internet nicht als einen isolierten Geschäftsbereich zu betrachten, sondern die via Web gewonnenen Erkenntnisse in die klassischen Systeme, wie Marketing und Vertrieb, zurückfließen zu lassen. Eine Hürde stellen jedoch die restriktiven Datenschutzbestimmungen in Deutschland dar, die im webbasierten 1 zu 1-Marketing zu berücksichtigen sind.

Der Schlüssel zu einer ganzheitlichen Kundensicht sind Knowledge-Datenbanken, wie z. B. Board Management Intelligence Toolkit (Board M.I.T.) von Orenburg, in der sich anonymisierte Kenntnisse über Kundenverhalten und Präferenzen ablegen und auswerten lassen. Für den Business-Anwender ist hierbei wichtig, dass sie diese Softwaretools ohne Programmierkenntnisse einsetzen und pflegen können.

Electronic Commerce ist ein Teilbereich des E-Business, in dem es im Wesentlichen um die Beziehung zu Kunden durch den Austausch von Waren, Dienstleistungen, Informationen und Geld über das Internet geht (siehe Abbildung 1). E-Commerce gilt vor allem aus wirtschaftlicher und unternehmerischer Sicht als der interessanteste und zur Zeit am meisten beachtete und kritisch beobachtete Bereich des E-Business, der zugleich die Vereinbarung und Abwicklung rechtsverbindlicher Geschäftstransaktionen enthält. Nicht zuletzt das Dot-Com-Fieber trug dazu bei, dass Unternehmen zu hohe Erwartungen an den E-Commerce hatten und so den Ansatz vernachlässigten, über eine komplexe E-Business-Plattform nachhaltige Kundenbeziehungen aufzubauen.

Der gezielte Einsatz von Business Intelligence im Internet hat mit E-Commerce und E-Business zwei attraktive Stoßrichtungen, die jeweils miteinander verbundene Ziele verfolgen. Die Aufgabenstellung bei E-Commerce-Projekten lautet, den Absatz von Produkten durch das gezielte Wissen über Kaufpräferenzen, Cross- und Up-Selling-Potenziale messbar zu steigern. Neben der Anbindung an Back Office-Systeme geht E-Business auch im Front-End einen Schritt weiter und bietet dem Kunden über den reinen Verkauf von Produkten beispielsweise einen auf seine Interessen optimierten Content an, blendet für ihn interessante Banner ein und optimiert die Navigation, indem früheres Benutzerverhalten gespeichert und gezielt ausgewertet wird.

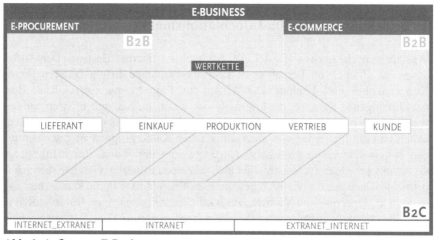

Abb. 1: Aufbau von E-Business

Den kommerziellen Stellenwert des Internets belegt eine aktuelle Studie der Boston Consulting Group, wonach 51 Prozent der Internetnutzer bereits online Güter oder Dienstleistungen erworben haben. Im Jahr 2000 gab der typische Online-Shopper rund US$ 460 verteilt auf zehn Käufe aus. Wie wichtig ein gelungener Internetauftritt ist, zeigt die Tatsache, dass 28 Prozent aller versuchten Einkäufe fehlschlugen. 43 Prozent der insgesamt 12.000 Befragten berichteten über mindestens einen missglückten Online-Einkauf.

Steigenden Zahlen bei den Internetnutzern und -shoppern stehen also bessere und immer ausgefeiltere Vermarktungsmethoden auf Händlerseite gegenüber. Dennoch herrscht in der Industrie Unzufriedenheit über die Umsatzzahlen im E-Commerce. Neben Schwachstellen im Fulfillment verhindern zumeist technische Probleme, Schwierigkeiten im Hinblick auf das angebotene Zahlungssystem sowie mangelnde Unterstützung bei der Suche des gewünschten Produktes den erfolgreichen Abschluss. Fest steht, dass das pure Duplizieren von Produkten oder Spiegeln von real existierenden Shops im Internet nicht gleichbedeutend mit Erfolg ist.

Angebot und Nachfrage haben sich durch das Medium Web stark verändert. Der Markt ist transparenter, der Wettbewerber ist nur einen Mausklick entfernt. Der damit einhergehenden sinkenden Loyalität der Kunden kann nur durch Kundenbindungsmaßnahmen begegnet werden. Unternehmen müssen deshalb lernen, die Bedürfnisse der Web-Kunden zu erforschen und die gewonnenen Erkenntnisse in ihre E-Business-Strategie einfließen zu lassen.

2 E-Intelligence

E-Intelligence ist die sinnvolle Integration des Internets in bereits bestehende Konzepte der Kundenansprache. Konkret bedeutet das, Informationen über Online-Transaktionen zu speichern und anhand analytischer Verfahren Interaktionen, wie etwa die Verweildauer eines Online-Nutzers auf einer Web-Site, schrittweise nachzuverfolgen, Muster und Trends im User-Verhalten zu erkennen und durch die Anreicherung mit weiteren Bestandsdaten ein genaues Verhaltensprofil der Kunden zu ermitteln.

Eines der zentralen Ziele von E-Intelligence ist es, auf der Grundlage von Log File-Daten Nutzungsprofile zu erstellen, diese mit verfeinerten Data Mining-Algorithmen zu analysieren und zu typisieren, um schließlich konkrete Maßnahmen abzuleiten. Dazu zählt etwa, den Inhalt einer Web-Site zu optimieren oder exakte Kundenprofile zu erstellen. E-Intelligence unterscheidet sich somit vom klassischen Customer Relationship Management (CRM) vor allem in der Datenquelle, da nicht in Datenbanken oder Data Warehouses abgelegte Informationen, sondern Log Files ausgewertet werden.

Die Qualität der Daten eines Unternehmens, ob sie nun aktuell im Netz gewonnen werden oder kundenbezogen bereits historisch vorhanden sind, ist von zentraler Bedeutung im Entscheidungsfindungsprozess. Hinter richtigen Entscheidungen stehen aktuelle Daten und Informationen sowie Analysen und Methoden. Je mehr Unternehmen über ihre Kunden wissen, desto zielgenauer sind die Möglichkeiten des One-to-One-Marketing einsetzbar. Eine Motivation der Präsenz im World Wide Web ist es, präzise Einblicke in die Kaufentscheidung der Kunden zu gewinnen. Für die Benutzerinteraktionen und Ergebnispräsentationen können die unterschiedlichen Web-Technologien verwendet werden, wobei diese einen bestimmenden Einfluss auf die Qualität, beispielsweise eines Decision Warehouse-Lösungsansatzes, hat (vgl. Abbildung. 2).

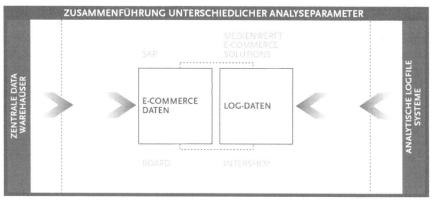

Abb. 2: Zusammenführung unterschiedlicher Analyseparameter

Auf der Bewertungsseite ist eine präzise Einschätzung der Kunden notwendig. Das Herausfiltern spezifischer Merkmale etwa, die aus Unternehmenssicht einen profitablen von einem unprofitablen Kunden unterscheiden, steht am Anfang des Selektionsprozesses. Hierzu bieten sich Methoden aus dem Bereich des Data Minings an, das Kunden nach spezifischen Charakteristika bewertet. Erst wenn Umsätze einzelnen Kunden zugeordnet werden können, lassen sich One-to-One-Maßnahmen realisieren.

Zwar sind Data Warehouses eine gute Grundlage für E-Intelligence, doch die kostspielige Implementierung und Pflege machen diese Form der zentralen Datenpflege nur für Großunternehmen erschwinglich. Mittelständische Betriebe aber auch Fachabteilungen von Großunternehmen gehen verstärkt dazu über, "kleinere Warehouses" in einzelnen Abteilungen aufzubauen. Sogenannte Data Marts stellen nicht die unternehmensweite Datenbasis dar, sondern lediglich den Bestand für einzelne Abteilungen. Mit Lösungen, wie dem Board M.I.T. von Orenburg, muss nicht die komplette Datenbasis eines Unternehmens sofort abgebildet werden, sondern nur die Daten, die für Fragestellungen des jeweiligen Bereichs oder der jeweiligen Abteilung benötigt werden. Jedoch sollte die Planung eines Data Marts immer auf der Basis eines Data Warehouses erfolgen, um Insellösungen zu vermeiden. Projekte für die aufbereitete Datenhaltung umfassen folgende Schritte:
1. Im ersten Schritt geht es primär darum, analytische Verfahren zur Zielkundenidentifizierung, zur Kundensegmentierung, zum Aufbau von Vorhersage- oder Scoring-Modellen zu implementieren (Knowledge Marketing).

2. In Phase 2 werden gezielte Produkt-/Markt-Kombinationen an unterschiedliche Zielgruppen über diverse Medien adressiert. Hierzu werden über eine Campaign-Management-Komponente Maßnahmen zur Penetration ausgewählter Marktsegmente gestartet (Entwicklung von Marketingplänen).
3. Auf der Basis erster gewonnener Erfahrungen werden gezielte Strategien der Neukundengewinnung oder der Kundenbindung ausgeführt und die Wirkung beobachtet bzw. durch flankierende Maßnahmen gesteuert/optimiert Interactive Marketing). Dabei kommt es zu einer interessebindenden Kommunikation mit dem Kunden, die über verschiedene parallele Kanäle geführt werden kann (Call Center, Sales Force Automation oder direktes Information Broadcasting aus dem Data Warehouse).
4. Der Prozess des kontinuierlichen Lernens (siehe Abbildung 3) erfordert abschliessend die Analyse der Rückmeldungen und die Anpassung der Angebotspakete oder Botschaften an die Zielgruppen. Iterativ und inkrementell wird so das erforderliche Wissen zur Generierung erfolgreicher Strategien vergrössert/verfeinert (Kaizen Marketing).

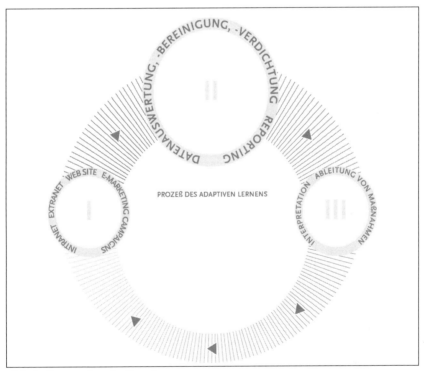

Abb. 3: Prozess des adaptiven Lernens

3 Datengewinnung über Log Files

Ein wesentlicher Vorteil des elektronischen Handels im Internet ergibt sich dadurch, dass das Kauf- bzw. Nutzungsverhalten der Kunden einfach protokolliert und anschließend analysiert werden kann. Diese Analyse liefert neben wertvollen entscheidungsrelevanten Informationen und aufschlussreichen Erkenntnissen über den Aufbau des Waren- bzw. Dienstleistungsangebotes auch optimierende Hinweise für die Gestaltung der E-Commerce-Plattform. Die Daten fallen als Nebenprodukt auf jedem Web-Server (HTTP-Logdateien) an und müssen nicht explizit erhoben werden.

Ein Logfile ist eine Datei, die die Abrufe der einzelnen HTML-Elemente eines Servers speichert. Dazu zählen die Einträge der Hits und diverse Zusatzinformationen. Das Logfile an sich gibt jedoch keinen Aufschluß über den individuellen Nutzer.

HTTP-Logfiles liefern Aussagen über die Aktivität und das Verhalten der Besucher auf einer Site und halten diese Informationen in einem kryptischen Code fest[1] Zur Analyse der Websites auf Basis der Logdateien im Netz werden zahlreiche Produkte angeboten, entweder als Gratisleistung von Unternehmen, die die jeweilige Site hosten, oder als kaufbares Softwareprodukt. Diese Analyse-Tools bieten von der Low End- bis zur High End-Lösung eine Reihe von unterschiedlich in die Tiefe gehenden Auswertungen, die z. B. Rückschlüsse auf das Userverhalten (vgl. Abbildung 4), die Produktannahme, die Sitegestaltung oder eingesetzte Online-Werbemittel zulassen. Danach lassen sich Analysen vornehmen und in folgenden Übersichten darstellen:

- Besucheranalyse

    Wie intensiv und wie lange halten sich Besucher auf den Seiten auf und wer sind diese Besucher? Hinterlässt der Besucher eine statische IP werden zusätzlich Informationen über ihn bzw. seine Firma sowie über verwendete Browser gesammelt.

- Seitenanalyse

    Die Aufschlüsselung nach Page Views, Visits, Verweildauer sowie Ein- und Ausstiegsseiten geben Hilfestellungen zur Optimierung von Inhalten und Strukturen und liefern Basisinformationen für die Einschätzung von Stärken und Schwächen, die in einer Analyse der Sitekonfiguration abbildbar sind.

---

[1] Beispiel eines Standard-Logfiles: 45.253.20.114 - - [31/May/2001:23:57:17 +0200] "GET /pages/_share/style.css HTTP/1.0" 304 - "-" "Mozilla/3.01 (compatible;)".

- Kampagnenanalyse

  Effektivität, Verwaltung und Beobachtung von eingesetzten Online-Werbemitteln und deren Wirtschaftlichkeit

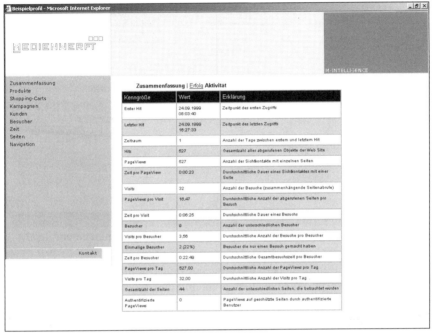

Abb. 4: Auswertung von Standard Logfiles

Aussagen über den wirtschaftlichen Erfolg einer Seite im engeren Sinne können anhand der Standard Log Files nicht unmittelbar getroffen werden. Somit bleibt aus kaufmännischer Sicht die Erwartung an die Aussagekraft jener digitalen Logdaten unbefriedigt. Notwendig wäre eine Erweiterung der Daten um die Informationen, die den Erfolg eines Online-Kaufangebotes und somit seine Wirtschaftlichkeit näher spezifizieren können.

Die einfachste und effizienteste Lösung, die Datendichte und qualitative Aussage deutlich zu verbessern, liegt in einer Modifizierung der Datei unter Verzicht auf Veränderungen an anderen Applikationen wie etwa Datenbanken oder PPS-Systemen, da dieser Ansatz aufwendig und damit zeit- und kostenintensiv wäre. Die Medienwerft-E-Commerce-Solutions etwa bieten die Möglichkeit, die Spezifikation eines Logs nach eigenen Bedürfnissen über ein in den Shop einklinkbares

Modul so zu verändern, zu modifizieren und zu erweitern, dass Informationen über den wirtschaftlichen Erfolg des Shops direkt ablesbar werden.

Auch wenn Unternehmen über ihre Präsenz im Netz bereits auf einfachem Wege eine Vielzahl von Daten gewinnen, müssen im Sinne der E-Intelligence spezifische Mehrinformationen, entscheidungsunterstützend für Produktmanager und Funktionsträger zusätzlich generiert werden. Dieses geschieht durch Erweiterung

Abb. 5: Zusammenführung unterschiedlicher Datenstrukturen in einem Report

der Logfiles um Informationen, die Angebot (auf der Site) und Nachfrage (auf Seiten der Sitebesucher) dokumentieren und mit den in den Standard Logs enthaltenen Bestandteilen zusammenführen (siehe Abbildung 5).

Die Zusammenführung der verschiedenen Logfiles erfolgt in einem zentralen Repository. Die grafische Darstellung der Ergebnisse bringt dabei Licht in die an sich kryptischen Informationen (siehe Abbildung 6).

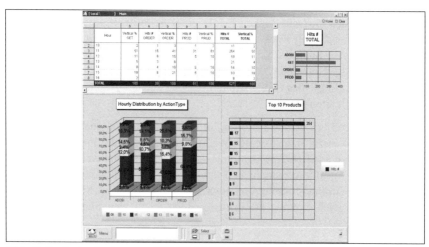

Abb. 6: Grafische Analyse aus BOARD M.I.T (Data Warehouse)

Die speziell protokollierten Standarddaten nebst angereicherten Zusatzinformationen, die über ein in den Shop einklinkbares Modul in die Logfiles einfließen, liefern einen aussagefähigen Überblick über den wirtschaftlichen Erfolg des Shops. Die Zusammenfassung (siehe Abbildung 7) berücksichtigt jetzt die erweiterten Logdateien. Die maßgeblichen Informationen, die für die unterschiedlichen Entscheidungsbereiche in einem Unternehmen zusätzlich zur Verfügung stehen, sind erkennbar. Unter „Zusammenfassung/Erfolg" lassen sich beispielsweise die für den Shopmanager relevanten Daten zur Einschätzung bzw. zum Verlauf von Umsatz, Rohertrag, Absatz, Produkten im Warenkorb (Cartinserts), prozentualem Verhältnis der Productviews zu den Cartinserts (View-to-cart), Gesamtzahl der aktuellen Rechnungspositionen (Checkout) sowie der Anzahl der Bestellungen abrufen und darstellen.

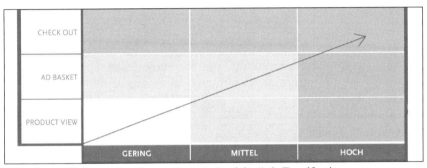

Abb. 7: 9-Felder Portfolio „Konversionsrate Produkte" als Trendfuntion

Unter „Produkte" wird die tatsächliche Performance der angebotenen Produkte sowie ganzer Produktkategorien ermittelt. Analysen mit Aussagekraft über Gesamtumsatz, Absatzstückzahl pro Artikel sowie Rohertrag sind weitere wichtige Bestandteile. In einer 9-Felder-Matrix findet eine „Ermittlung der Konversionsrate der Produkte" statt, in der die Wirkungsweise einzelner Produkte vergleichbar dargestellt wird. Dabei beschreibt die Angabe über den Wert der Konversionsrate den Verlauf von ProductView (Ansehen eines Produktes) über Produkte im Warenkorb (Ad Basket) bis hin zum Abschließen des Bestellvorganges (Checkout). Damit verdeutlicht sich der virtuelle Bestellweg und das Kaufverhalten in grafisch übersichtlicher Form (siehe Abbildung 8).

Durch das Feature Warenkorb sind die verschiedenen Produktkombinationen in ihrer bestellten bzw. geordneten Häufigkeit tabellarisch und grafisch visualisieren. Die Darstellung erfolgt als inverse Kombinationsrate, die aufzeigt, wie häufig ein bestimmtes Produkt in Kombination mit einem anderen Produkt bestellt wurde.

Eine weitere marketingrelevante Darstellungsart ist die des Portfolios (Boston Ma-

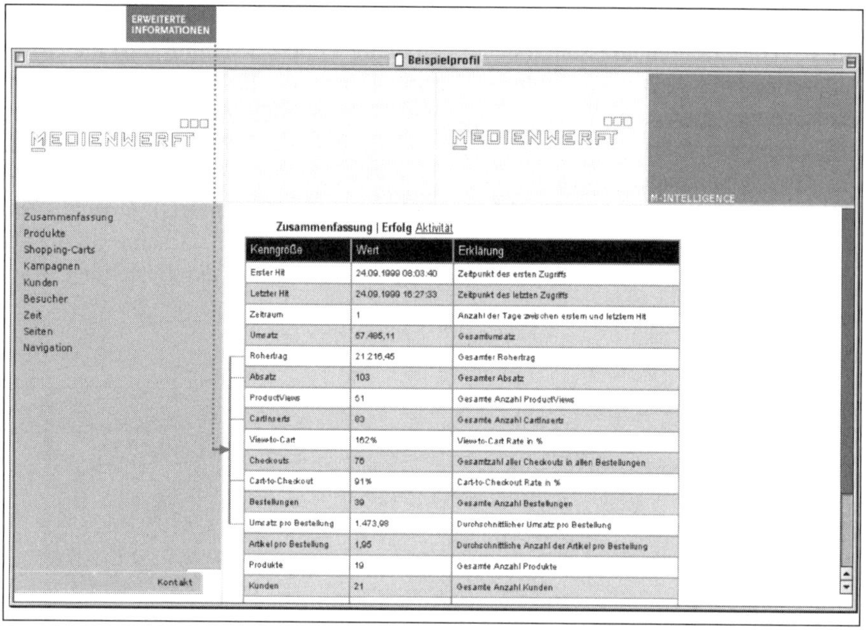

Abb. 8: Auswertungsbeispiel von erweiterten Logfiles

trix). Saisonale (wie in Abbildung 9 dargestellt)[1] sowie Basic Produktgruppen werden anhand von zwei Messgrößen untereinander vergleichbar gemacht. Die erste Messgröße hat als Basiswert die Produktviews, die zweite das Verkaufsvolumen. Für die Basis Produktviews ist die Einteilung auf der Ordinate das relative Wachstum zur Grundgesamtheit eines Produktes bzw. einer Produktkategorie und auf der Abszisse der relative Anteil der Produktviews an der Grundgesamtheit. Für die Basis Erfolg wird auf der Ordinate der Boston Matrix das relative Wachstum zur Grundgesamtheit und auf der Abszisse der relative Anteil an der Grundgesamtheit abgetragen.

Das Internet unterliegt im Hinblick auf Interessebindung und -haltung einem steten Wechsel. Produkte können sich in kurzer Zeit vom absoluten Renner zum Ladenhüter entwickeln. Die Analyse des Lebenszyklus zeigt auf, welche Produkte in welcher Kategorie welches Interesse erzeugen (siehe Abbildung 10). Beispielsweise lassen sich die Phasen des Interesses nach saisonal bezogenem, anfänglich werblich unterstütztem „Pushing" grafisch darstellen. Sie liefern signifikante Aussagen für die Entscheidungsprozesse auf Seiten des Unternehmens.

---

[1] A. D. V.: S-1, S-2 sind temporal vorhergegangene Bezugsgrößen, W-1 steht für eine Warengruppe als Vergleichsvariable.

Im April mit ins Programm aufgenommen wurden Artikel im Mai in einem Newsletter als Produkt des Monats hervorgehoben. Der Verlauf spiegelt das Interesse der Online User und wird in den Pageviews festgehalten. Nachfolgend wurde zu-

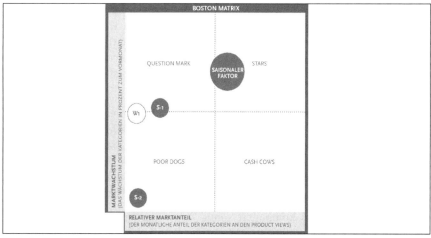

Abb. 9: Boston Matrix mit Daten saisonaler Bezugsgrößen

sätzlich durch Teaser auf der Homepage gepusht. Mit der Folge einer deutlichen Erhöhung der erzielten Pageviews (oberer Kurvenverlauf) gegenüber den durchschnittlichen Werten in der Produktkategorie (untere Kurve). Nach Verringerung des Werbedrucks erfahren die Angebote eine schnelle Sättigung des Interesses und verschwinden ohne weitere werbliche Unterstützung gänzlich.

Ein weiterer Erfolgsaspekt jedes Onlineshops ist die Wahrscheinlichkeit, mit der

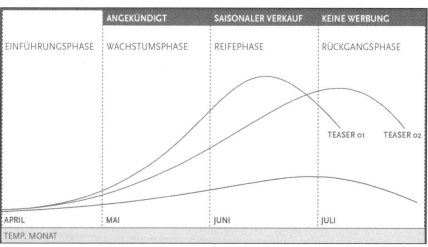

Abb. 10: Lebenszyklusanalyse

es gelingt, aus einfachen Besuchern zunächst Interessenten und nach einer Intensivierung der medialen Beziehung aus Interessenten Kunden zu machen (siehe Abbildung 11). Um hier zu einer aussagefähigen Darstellung zu kommen, wird der mathematische Zusammenhang zwischen den Eigenschaften eines Besuchers, Kunden oder Interessenten in der Abhängigkeit der Besuchsfrequenz (auf der Determinante) zu den Pageviews (Abszisse) abgebildet. Im Koordinatensystem ist damit eine Einteilung in neun Felder möglich, die die Wertigkeit und den multimedialen Wert eines Onlineshops wiedergeben. Bei der Berechnung dieses Wertes liegt eine Trendrechnung mit einer Angleichung der Regressionsfunktion vor. Das Optimum liegt bei 1.

Um diese Berechnungen nicht jeden Monat neu zu starten und somit Ressourcen einzusparen, empfiehlt sich die Implementierung in einem Marketing Warehouse (MWH). Wobei sich ein MWH von einem reinen DWH dadurch unterscheidet, dass Daten im Vorfeld selektiert und die Berechnungen und Grafiken speziell auf marketingrelevante Produkte und Portfolios beschränkt werden. Das Ziel ist eine erhöhte Performance im Abgleich von Online- und Offline-Daten.

Intelligentes E-Business kombiniert somit Daten aus unterschiedlichen Quellen und führt sie in einem intelligenten Marketing Warehouse zusammen. Durch eine individuelle, anpassungsfreundliche Struktur ist es in der Lage, auch enorme Datenbestände zu analysieren. Über ein spezielles Web-Tool lassen sich sämtliche relevanten Informationen browserbasiert abrufen. Mitarbeiter können durch den Web Server Informationen via Web Browser orts- und zeitunabhängig abrufen.

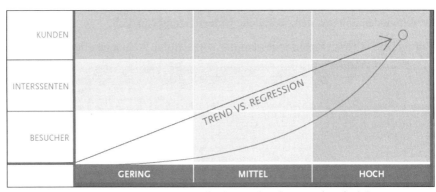

Abb. 11: Konversionsrate Kunde dargestellt als Trend und Regressionsfunktion

BI + CRM = Emotionale Intelligenz

Uwe Kalyta, NCR Teradata Division, Augsburg

In Massenmärkten werden Unternehmen zusehends beziehungsunfähig. Immer seltener sind sie in der Lage, ihre Produkte und Services an den individuellen Bedürfnissen der Kunden auszurichten. Zugleich wächst in Käufermärkten und bei der Vermarktung von Me too-Produkten die Bedeutung des Lifetime Value von Kundenbeziehungen als Wettbewerbsfaktor. Emotionale Intelligenz ist gefragt. Customer Relationship Management (CRM) und Data Warehousing als dessen notwendige Basis bestimmen zunehmend die Geschäftsstrategien. Der Kunde steht im Zentrum sämtlicher unternehmerischer Aktivitäten. Im Data Warehouse, dem digitalen Gedächtnis von Unternehmen, werden hierfür sämtliche Daten gesammelt und aufbereitet. Es entsteht eine einheitliche Sicht auf alle Unternehmensdaten. Zur emotionalen Intelligenz zählt auch der verantwortungsvolle Umgang mit Kundendaten. Eine Privacy-Strategie zum Schutz vertraulicher Daten ist daher integraler Bestandteil von CRM-Prozessen.

1 Emotionale Intelligenz fußt auf Daten

Kaufleute wissen von jeher, dass ein guter Verkäufer die Eigenheiten seiner Klientel verstehen muss, damit er ihr Angebote machen kann, die ihren Wünschen ent- und deshalb Erfolg versprechen. Für den Händler an der Ecke bleibt die funktionierende Beziehung zu seinen Kunden das zentrale Mittel der Kundenbindung. Er richtet sein Angebot individuell an den jeweiligen Bedürfnissen aus. Die Kunden danken es ihm und kommen wieder. Nichts anderes meint CRM: Eine Strategie, die sich an den individuellen Bedürfnissen von Kunden ausrichtet, um auf diese Weise neue Kunden zu gewinnen, die Kundenloyalität zu steigern und die Profitabilität zu erhöhen.

Der Transfer vom kundenorientierten Verhalten des Kaufmanns alter Prägung zur technologiebasierten Massenvermarktung scheint aber häufig nicht zu funktionieren. Bei einer Umfrage antworteten beispielsweise drei von fünf Teilnehmern auf die Frage, wie viele der Werbeangebote aus dem vergangenen Monat für sie relevant waren, mit „keines" und 34 Prozent mit „kaum welche".[1]

In fast allen Unternehmen wachsen Datenbestände mit Kundeninformationen ins Unermessliche. Doch allen Datenbergen zum Trotz nimmt das Wissen um den Kunden und dementsprechend die Fähigkeit ab, Angebote an den Bedürfnissen der Verbraucher auszurichten. Unternehmen werden zusehends „beziehungsunfä-

---

[1] Vgl. BMRB Financial (1999), S. 5ff.

hig". So verlieren US-Firmen durchschnittlich die Hälfte ihrer Kunden innerhalb von fünf Jahren, die Hälfte ihrer Mitarbeiter innerhalb von vier Jahren und die Hälfte ihrer Investoren innerhalb eines Jahres. Wer sich so schnell seiner Geschäftspartner entledigt, beraubt sich seiner wirtschaftlichen Basis.

Insbesondere die Akquisition von Neukunden ist mit hohen Kosten für Werbung, Beratung, Verwaltung und Provisionen verbunden. Schließlich brauchen Kundenbeziehungen Zeit, sich zu amortisieren. Mancherorts ist daher bereits vom Lifetime Value als neuer Messgröße die Rede, der den Wert einer Kundenbeziehung während ihrer gesamten Dauer in Zahlen fasst.

Vitale Kundenbeziehungen und One-to-One-Dialogmarketing können entscheidende Wettbewerbsvorteile schaffen. Bei der US-Fluggesellschaft Delta Airlines beispielsweise ging die Kundenabwanderung um eindrucksvolle sechs Prozent zurück, seitdem sich das Unternehmen für Mängel wie Verspätungen oder Überbuchungen, bei den betroffenen Kunden mit persönlichen Briefen entschuldigt.[1]

Wer in der Anonymität der heutigen Geschäftswelt und des Cyberspace nicht austauschbar sein will, braucht klare Strategien und Wissen über seine Kunden. Doch für die meisten dieser Unternehmen ist der Kunde ein unbekanntes Wesen. „Eine tragfähige – und damit profitable Kundenbeziehung kann unter diesen Umständen nicht entstehen."[2]

Wer aus großen Datenbeständen durchgängige Kundenbeziehungen aufbauen will, braucht dafür sogenannte „Relationship Technologies". Mit der Teradata-Datenbank von NCR und analytischen Anwendungen für Customer Relationship Management werden Kundendaten für Unternehmen nutzbar gemacht, um das Wachstum von Unternehmen zu unterstützen. Angefangen beim Aufbau eines Datenmodells muss dabei die ganze IT-Architektur die Fokussierung auf den Umgang mit dem Kunden reflektieren und das Unternehmen in die Lage versetzen, ein einheitliches Bild für jeden einzelnen Kunden zu entwickeln.

Die überwiegende Zahl der Unternehmen bedient ihre Kunden heute auf verschiedenen Wegen, wie z. B. via Internet, Call Center und Filialen. Wird das hier zusammengetragene Wissen nicht vernetzt, entstehen Wissenslücken, die für die Beziehung zum Kunden gefährlich sein können. Weiß beispielsweise der Call Center Agent nicht, was ein Kunde über das Internet geordert hat, ist der Kunde irritiert. Erst wenn die gesammelten Informationen zu jeder Zeit sowohl vom Call-Center Agent als auch vom Filialmitarbeiter und bei der Transaktionsabwicklung im Internet abrufbar sind, können die Dienstleistungen funktionieren. Dazu wird ein strategisches Zentrum benötigt: das Data Warehouse, in dem alle Informationen, die während einer Kundenbeziehung anfallen, gesammelt und abrufbereit gehalten werden. Mit einem Teradata Data Warehouse erweitert das ganze Unternehmen

---

[1] Vgl. o. V. (1998), S. 60.
[2] Vgl. Hurd (2000), S. B23.

kontinuierlich sein Wissen. Ständig werden Daten über das Verhalten der Kunden gesammelt und in entscheidungsrelevante Informationen umgewandelt.

2 Aufbau des Data Warehouses

Das Data Warehouse ist der Datenpool des Unternehmens. Hier fließen sämtliche entscheidungsrelevanten internen und externen Quelldaten ein. Aus vielen partiellen Eindrücken entsteht so eine „single version of the truth", d. h. die ganz- und einheitliche Betrachtung der Kundenbeziehung.

Bei der Analyse und Modellierung wird aus Datensätzen Wissen gewonnen. Es können beispielsweise Kundenprofile für Controlling, Risk Management, Marketing oder Vertrieb generiert werden. Operative Systeme bedienen Lagerhaltung, Bestellwesen oder Personalmanagement. Analytische Data Warehouse-Lösungen, sogenannte Decision-Support-Systeme, liefern hingegen Kriterien für strategische und taktische Entscheidungen im Unternehmen. Ziel des Teradata Data Warehouses ist eine rumdum erfolgreiche Unternehmensführung. Deshalb sollten auch sämtliche entscheidungsrelevanten Daten hier zusammenfließen.

Neue Kunden, neue Produkte oder neue Märkte erfordern neue Entscheidungen. Die Datenbasis muss dementsprechend erweitert und verändert werden. Alle Teradata Data Warehouses basieren deshalb auf hochperformanten, skalierbaren Datenbanktechnologien. Dies ermöglicht, gegenüber konventionellen OLTP-Datenbank- und Statistiksystemen nicht nur Fragen der Art „Was geschah" zu beantworten, sondern ebenso die Lösung analytischer Fragen wie „Warum geschah es?" sowie der prognostischen Frage „Was wird geschehen" (siehe Abbildung 1).

In Abbildung 2 ist die Architektur eines NCR Teradata Warehouses dargestellt. Sie verdeutlicht das Zusammenspiel verschiedener Komponenten, wie zentraler Datenbank-Engine, Data Marts, OLAP-Würfel und statistischen bzw. Auswertungstools. Dieses Modell zeigt das logische Schema eines vollständigen Data Warehouses. Unabhängig von den ausgewählten Produkten oder Werkzeugen pro Ebene ist die Ebene an sich wichtig für eine vollständige Implementierung. Alle Einzelanwendungen müssen dabei uneingeschränkten Zugriff auf den unternehmensweiten Datenspeicher oder auf daraus abgeleitete, inhaltlich abhängige Data Marts haben. Ansonsten wird das Data Warehouse in seiner Anwendung so stark beschränkt, dass der Wert für den Endanwender drastisch sinkt.

Wie in jeder Kosten/Nutzen-Betrachtung zahlt es sich auch beim Aufbau eines Data Warehouses aus, mittel- und langfristig wirksame Faktoren zu berücksichtigen, um der Unternehmung auf lange Sicht Rentabilität und Investitionsschutz zu garantieren. Nachfolgende Punkte sind bei der Wahl eines Data Warehouse-Anbieters zu beachten:

- Sind die Produkte ausgereift?
- Gibt es ansprechende Kundenreferenzen?
- Welche Zeitspanne ist bis zur Umsetzung der Lösung erforderlich?
- Wer bietet die niedrigsten „Total Costs of Ownership"?
- Wird eine vollständige Unterstützung der Infrastruktur geboten?
- Zeichnet sich das Produkt durch eine hohe Skalierbarkeit aus?
- Kann parallel eine Vielzahl von Anwendern das System nutzen?
- Können komplexe und ad hoc gestellte Fragen effektiv bearbeitet werden?
- Arbeiten Data Load Utilities schnell und störungssicher?
- Wird eine nahtlose Mainframe Integration angeboten?

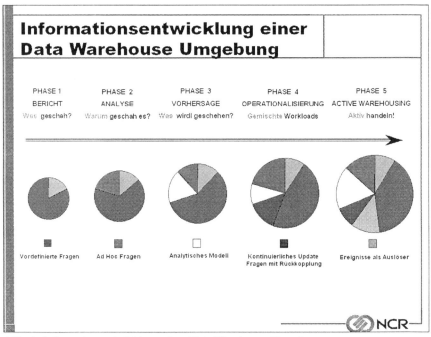

Abb. 1: Informationsentwicklung einer Data Warehouse-Umgebung

Eine Studie von IDC[1] belegt einen durchschnittlichen Return on Investment (ROI) von mehr als 400 Prozent über drei Jahre in bezug auf den Aufbau eines Data Warehouses.

Bereits in der Planungsphase ist es angesichts der Größenordnung der Investition unumgänglich, sich konsequent am ROI auszurichten. „Think big – start small!" ist deshalb häufig das Motto. Die Kosten für Anwendungsentwicklung, Systemintegration, laufende Unterstützung und Wartung sind oftmals schwer einzuschätzen und dementsprechend werden die Total Costs of Ownership (TCO) schnell unterschätzt. Entscheidend für geringe TCO sind folgende Punkte:

- Automatische Hash-Verteilung statt manuelle Partitionierung der Daten,
- dynamisches Disk-Management anstelle manueller Zuordnung von Tabellen/ Indizes zu Tablespaces/DB Spaces,
- automatische Rekonfiguration nach Knotenausfall und Systemerweiterung.

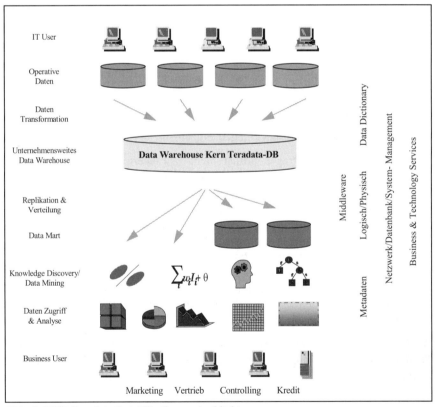

Abb. 2: NCR Teradata Data Warehouse-Architektur

3 Einsatzmöglichkeiten von Business Intelligence

Je nach Branche und Ausgangssituation werden Business Intelligence und CRM in ganz unterschiedlichen Bereichen eingesetzt. Während sich beispielsweise die Royal Bank of Canada in einem von global agierenden Konzernen geprägten Umfeld bewegt, beeinflussen staatliche Regulierungen und Interessengruppen den Markt der Betriebskrankenkasse im zweiten Beispiel.

Die internationale Bankenwelt bewegt sich in einem extrem wettbewerbsintensiven Umfeld. Kunden erwarten, dass man sie kennt und ihren Bedürfnissen zuvorkommt. Gesetzliche Regelungen und technologische Entwicklungen tun ein Weiteres, um den Druck zu erhöhen. Erfolg wird zur Frage der Beziehung. Wer seine Wettbewerbsvorteile halten will, braucht umfassendes Kundenwissen, das sich gleichermaßen aus allen Vertriebskanälen speist.

Die Royal Bank of Canada (RBC)[1], das erste global agierende Finanzdienstleistungsunternehmen des Landes, begann bereits Anfang der 90er Jahre mit Data Warehouses Profitabilitätsprofile von Kunden zu erstellen. Durch Einsatz des Teradata Value Analyzers wurde die Effizienz des Data Warehouses weiter erhöht. Der Teradata Value Analyzer basiert auf einem verhaltensorientierten Modell. Transaktionsdaten von Kunden werden genutzt, um die Wirtschaftlichkeit ihrer Konten zu bewerten. Damit ein Konto entweder einem Produkt, einem Kunden oder einem Vertriebskanal zugeordnet werden kann, aggregieren sogenannte "Identifikatoren" die ökonomischen Kennzahlen. Aus einzelnen Datensätzen entsteht ein Gesamtbild von der Profitabilität eines Kunden. Und dieses Bild wird fortlaufend den aktuellen Entwicklungen angepasst.

Profitabilitätsmessungen tragen primär nichts zur Wertschöpfung bei. Erst die Konsequenzen, die aus einem verbesserten Kundenverständnis gezogen werden, bringen den Zusatznutzen. Der Teradata Value Analyzer wurde beispielsweise eingesetzt, um die Segmentierung des Kundenportfolios zu optimieren. Insgesamt neun Millionen Retail-Kunden wurden neu vermessen. Je nach Einstellungen, Verhaltensweisen, derzeitiger und potenzieller Profitabilität ordnete man sie verschiedenen Segmenten zu. Für jedes Segment wurde eine eigene Strategie entwickelt, die wiederum in Teil- und Ministrategien mündete, bis man schließlich beim One-to-One-Marketing angekommen war. 100.000 zusätzliche Kunden mit einem durchschnittlichen Mehrumsatz von 100 Dollar pro Kunde soll dieses Instrument der Bank gebracht haben.

Als CRM auf das Automatengeschäft ausgeweitet wurde, entdeckte man, dass 86 Prozent der Retail-Kunden in einem ehedem als wenig profitabel eingestuften Segment wichtige Kunden waren. Diese Klientel wurde daraufhin mit dem Value

---

[1] Vgl. Computerwoche (2001).

Analyzer neu bewertet, höher segmentiert und erhielt neue Angebote. Nach Schätzungen der Bank erhöhte sie ihren Umsatz damit um rund 21 Mio. Dollar.

CRM ist keine isolierte Initiative, sondern integraler Bestandteil des Tagesgeschäfts. Die Bank handelt täglich mit Beziehungen und schafft sich damit neuen Handlungsspielraum. Permanent werden Kundendaten und Profile aktualisiert. Verändert sich die Lebenssituation eines Kunden, kann die Bank sofort reagieren. Der langfristige Kundenwert, ihr Lifetime Value, wird mit der historischen Evaluierung von Kundenbeziehungen transparent. Beispielsweise fand die Royal Bank of Canada heraus, dass sich Studentenkredite durchaus rechnen. Unterstützt man dieses Kundensegment in unprofitablen Zeiten, wird es einem später gelohnt. Mittlerweile hat die RBC vollständig den Paradigmenwechsel von der Marktanteils- zur Kundenwertberechnung vollzogen, die letztlich für den Geschäftserfolg aussagekräftiger ist.

Im zweiten Beispiel greift der Staat massiv in die Geschäftspolitik ein. So geben das Gesundheitsreformgesetz von 1989 und das Gesundheitsstrukturgesetz von 1993 vor, dass alle Abrechnungsdaten elektronisch erfasst und verarbeitet werden. Die Daten bilden die Grundlage für Wirtschaftlichkeitsprüfungen.[1] Dadurch kommt auf den Bundesverband der Betriebskrankenkassen (BKK Bundesverband) mit rund 370 eigenständigen Betriebskrankenkassen und neun Landesverbänden sowie mehr als 10 Millionen Versicherten eine Aufgabe von wahrhaft titanischen Ausmaßen zu. Pro Jahr stellen mehr als 280.000 Leistungserbringer bei der BKK rund zwei Milliarden Einzelrechnungen.

Um die Informationen für die gesetzlich vorgeschriebenen Wirtschaftlichkeitsprüfungen rationell und zentral zusammenstellen zu können, entschloss man sich zur Einführung eines NCR Teradata Data Warehouses. Dort wurden die Daten zusammengeführt und aggregiert, so dass auch die geeigneten Schlüsse für ein effizientes Versorgungsmanagement gezogen werden können. Zusätzlich erhält der Bundesverband für seine Vertragsverhandlungen die notwendigen Informationen über den Gesamtumfang der Leistungen. Die BKK wurde mit dem Data Warehousing in die Lage versetzt, aus alltäglichen Geschäftsvorgängen Informationen für die strategische Planung zu ziehen. Eine optimierte Ablauforganisation und ein effizienteres Kundenmanagement sind die Folge.

Schon allein durch den Wegfall der aufwendigen Abfrage- und Auswertungsprogramme amortisiert sich die Investition. Die Betriebskrankenkassen erreichen eine neue Qualität beim Kosten- und Versorgungsmanagement. Die Auswertungsmöglichkeiten bei BKK InfoNet sind jetzt wesentlich flexibler und lassen sich in drei Gruppen einteilen. Automatisch werden gesetzlich vorgeschriebene und vertraglich vereinbarte Auflistungen erstellt, etwa Auswertungen zum Arznei- und Heilmittelbudget oder die Arzneikostenstatistik. Eine zweite Gruppe von Auswertungen kann einfach durch Eingabe von Parameterwerten, z. B. Kassennummer,

---

[1] Vgl. IT-Management (1999).

Arztnummer oder Versichertennummer, gestartet werden. Die dritte Gruppe bilden diejenigen Auswertungen, die in beliebiger Weise vom Anwender vorgegeben und über die benutzerseitige Abfragesprache GQL vorgenommen werden.[1] Ein wichtiger technologischer Schritt, um die Kostenexplosion im Gesundheitswesen künftig in den Griff zu bekommen.

4 Beziehung als Strategie

Die Loyalität des Verbrauchers zu Marken und Produkten wird zusehends schwächer. Das Internet, bei dem die Konkurrenz immer nur einen Mausklick entfernt ist und im Grunde völlige Markttransparenz herrscht, hat diesen eminenten Wettbewerb in seiner Reinform zum Vorschein gebracht. Je höher der Konkurrenzdruck und je austauschbarer die Produkte, desto wichtiger wird ein gutes Verhältnis zum Kunden, das auf einer exakten Wahrnehmung seiner Bedürfnisse und ihrer zeitnahen Befriedigung beruht. Unternehmen brauchen daher wieder mehr emotionale Intelligenz, wie sie Tante Emma in ihrem Laden idealtypisch auszeichnete. Nichts anderes bietet ein ausgereiftes Customer Relationship Management. Es macht Unternehmen „beziehungsfähig". Mit einer geschlossenen CRM-Lösung wird dem richtigen Kunden zur richtigen Zeit über den richtigen Vertriebskanal das richtige Angebot unterbreitet. Im Optimalfall reicht der Einsatz über den ganzen Lebenszyklus einer Kundenbeziehung, hilft bei der Akquisition, fördert die Kundenbindung und steigert die Kundenprofitabilität.

CRM ist ein Geschäftsprinzip. Und das nicht nur auf dem Papier, sondern vor allem in der internen, zentralen Datenbank. Im Mittelpunkt sämtlicher unternehmerischer Aktivitäten steht der Kunde. Angebote werden auf seine Wünsche zugeschnitten. Services und Produkte nach seinen Bedürfnissen entwickelt bzw. erbracht. Aufgrund seiner Spezialisierung bietet das Unternehmen eine einzigartige Leistung an. Der Kunde kann nur unter Wertverzicht die Beziehung beenden. Wettbewerbsvorteile werden insbesondere bei einer hohen Marktmacht der Nachfrager und einer weit fortgeschrittenen technologischen Infrastruktur erzielt.

CRM will durch kontinuierliche Kommunikation das Verhalten der Kunden beeinflussen und ist damit ein zyklischer Prozess.[2] Das gesamte Unternehmen wandelt sich in eine lernende Organisation. Informationen werden gesammelt, aufbereitet und fließen dann in den Dialog mit dem Kunden ein. Sämtliche Transaktionen, die ein Kunde tätigt sorgen für einen reichhaltigen Pool an Informationen über seine Präferenzen. Durch Verknüpfung mit externen Daten, zum Beispiel demographischen Erhebungen, entsteht ein trennscharfes Profil. Auf dieser Basis kann ein

---

[1] Vgl. ebenda.
[2] Vgl. Swift (2001).

Unternehmen den Dialog mit dem Kunden aufnehmen und neue Transaktionen und Informationen generieren.

Customer Relationship Management muss als Teil des Business-Plans in allen Managementebenen implementiert und in die gesamte Unternehmensstrategie eingepasst werden. Sämtliche Prozesse des Unternehmens sind darauf ausgerichtet. Zielvorgaben für die Arbeit mit dem Kunden gelten für alle Mitarbeiter. Dazu muss selbstverständlich ein einheitlicher Informationspool zur Verfügung stehen, der es jedem Mitarbeiter an der entsprechenden Stelle ermöglicht, den gezielten und erwarteten Dialog mit dem Kunden zu führen. Auf diese Weise zeigt man nach außen ein umfassendes Kundenverständnis und ein einheitliches Bild vom Unternehmen. Intern sorgt man damit für eine höhere Motivation und eine bessere Einbindung der Mitarbeiter.

Die meisten strategischen CRM-Initiativen scheitern, weil die Ergebnisse aus der Analyse des Kundenverhaltens bei der Interaktion mit dem Kunden nicht berücksichtigt werden. Deshalb sollte man bei der Installation von Data Warehouse-Anwendungen darauf achten, dass jeder Kundenkontakt zum Element des One-to-One-Dialogs mit dem Kunden gemacht wird. Der amerikanische Einzelhandelsriese Wal-Mart beispielsweise erfasst in seinem Teradata Data Warehouse sämtliche Transaktionen an den Ladenkassen der einzelnen Supermärkte. Sie werden umgehend ausgewertet und die Informationen über das Internet mit Produzenten und Lieferanten ausgetauscht. So können Angebot und Lagerhaltung optimiert und immer genauer auf die Kundenbedürfnisse ausgerichtet werden. Jede Wal-Mart Niederlassung entspricht dadurch exakt den Bedürfnissen der Menschen des jeweiligen Stadtteils.

Bei der Kommunikation mit dem Kunden steht heute der Dialog im Mittelpunkt. Veränderungen beim Kunden verändern die Kommunikationsstrategie. Data Warehousing muss deshalb reaktionsschnell sein und Interaktivität ermöglichen. Ein Beispiel hierfür gibt die Bank of Australia. Die Data Warehouse-Applikation wurde derart erstellt, dass sie anhand vordefinierter „Ereignisse" bei Transaktionen des Kunden das Marketing in Aktion setzt. Wird von einem Kunden beispielsweise eine außergewöhnlich hohe Summe auf ein Konto überwiesen, erhält er daraufhin ein passendes Anlageangebot, mit dem er eine höhere Rendite erzielen kann.

5 Schutz vor Datenmissbrauch

Vertrauenswürdigkeit und Verschwiegenheit bilden die Basis für CRM. Denn mit dem wachsenden Wissen um die Kunden steigt die Gefahr des Datenmissbrauchs. Wer sein Geschäft nicht ernsthaft schädigen will, sollte auch hier emotionale Intelligenz walten lassen.

Kunden geben Informationen preis, wenn sie davon profitieren. Für ein maßgeschneidertes Angebot lassen sie sich Geheimnisse entlocken. Laut einer Untersuchung amerikanischer Marktforscher[1] waren immerhin 56 Prozent der befragten Deutschen und sogar 80 Prozent der amerikanischen Teilnehmer bereit, persönliche Informationen preiszugeben, wenn sie dafür individuellere Services erhielten. Sind Verbraucher aber unsicher, wie ein Unternehmen mit sensiblen Daten, wie der Kreditkartennummer oder Einkommensverhältnissen umgeht, dann werden sie verschwiegen. Die Menschen sorgen sich um den Schutz ihrer Daten. So sind es bei den Deutschen überwältigende 84 Prozent, die "beim Surfen viel an den Schutz ihrer persönlichen Daten denken", und bei den Amerikanern zwei Drittel (67 Prozent) der Befragten. Mehr als zwei Drittel der Deutschen bauen beim Datenschutz auf den Gesetzgeber und etwa derselbe Prozentsatz spricht sich bei den Amerikanern für Selbstregulierung aus. Immerhin waren bei der Umfrage 44 Prozent der Deutschen und vergleichbare 40 Prozent der Amerikaner besorgt darüber, dass Unternehmen zuviel über sie wüssten. Doch gerade im E-Business gilt, dass wer das Vertrauen seiner Kunden gewinnen will, die Privatsphäre respektieren muss. Denn letztlich trifft auf den Einkauf im Netz die gleiche Grundregel zu wie auf den Einkauf an der Ladentheke: Das Unternehmen und sein Name müssen vertrauenswürdig sein. Und dafür braucht es Beweise. Zwar lesen nur magere 19 Prozent der Amerikaner und 28 aller Deutschen den Datenschutzhinweis auf Websites. Auffällig ist jedoch, dass 75 Prozent der Befragungsteilnehmer der Meinung sind, dass Mitteilungen über den Datenschutz von Unternehmen das Vertrauen der Verbraucher steigern.

Wer ein ökonomisches Interesse an Kundendaten hat, sollte deshalb ebenso großes Interesse am Datenschutz zeigen. Die Schadensumme übersteigt sonst schnell erhoffte Einsparungen. Datenschützer und Bürgerrechtler wehren sich zusehends gegen den Missbrauch persönlicher Daten. Und von staatlicher Seite steigen die Anforderungen. Im Bundesdatenschutzgesetz sind ausgeweitete Informationspflichten der Unternehmer und Informationsrechte der Bürger festgeschrieben. Innerhalb der Europäischen Union ist der Schutz von Daten und Privatsphäre Gegenstand formeller Gesetzgebung (Richtlinie 95/46/EC). Alle 15 Mitgliedstaaten implementieren diese Richtlinie über die jeweilige nationale Datenschutzgesetzgebung. Sie gilt für jedes Unternehmen, das in Europa Geschäfte betreibt. Nicht zuletzt kommt darin auch die legitime Einstellung der Bevölkerung zum Ausdruck. Schon allein aus diesen Gründen ist es dringend geboten, Sicherheitshinweise auf der Homepage mit einer technischen Privacy-Strategie zu untermauern.

Für das Data Warehousing bietet der Privacy Protector von NCR Teradata eine umfassende Lösung zum Schutz der Privatsphäre von Verbrauchern. Die Produkte und Services, die auf CRM-Lösungen von NCR und der Datenbank Teradata fußen, schaffen die Voraussetzung für einen verantwortungsvollen Umgang mit

---

[1] Eines der Ergebnisse einer im Auftrag von NCR im März 2001 bei annähernd 300 deutschen und amerikanischen Internet-Nutzern durchgeführten Befragung.

Kundendaten und tragen auf diese Weise dazu bei, die Beziehungen zwischen Kunde und Unternehmen langfristig zu verbessern. Da es sich bei einer technischen Privacy-Strategie um eine hochanspruchsvolle Angelegenheit mit politischen, sozialen, und natürlich technischen Aspekten handelt, sollte der Lösungsanbieter auch diese Dimensionen abdecken können. Die Strategie zum Datenschutz muss dann folgende Elemente umfassen:

- Der Kunde wird über die Speicherung von Daten unterrichtet (Notice).

- Jederzeit muss die Wahl getroffen werden können, ob Daten überhaupt gespeichert werden dürfen (Choice).

- Das Unternehmen gewährt dem Surfer individuellen Zugang zu den über ihn gespeicherten Informationen (Access).

- Die Daten müssen vor dem Zugriff Unbefugter geschützt sein (Security).

Werden diese Bedingungen erfüllt, dann sind Konflikte mit dem Verbraucherschutz kaum zu befürchten. Und das Unternehmen kann seine technische Privacy-Strategie als Grundlage für die Kommunikationsstrategie nutzen.

Literaturverzeichnis

Ackerschott, H. (2001): Wissensmanagement für Marketing und Vertrieb - Kompetenz steigern und Märkte erobern, Wiesbaden 2001

Aebi, R. (2000): Kundenorientiertes Knowledge Management - Erfolg durch Wissen über Markt und Unternehmen, Addison-Wesley 2000

Aichele, C. (1997): Kennzahlenbasierte Geschäftsprozessanalyse, Gabler Verlag 1997

Aichele, C. (1999): Performance Measurement based process modeling, in: Conference Volume of the International Conference Process Modelling, Cottbus, 2/1999, S. 132-140 Springer Verlag, Berlin et al. 1999

Aichele, C. (2000): Kennzahlenbasiertes Unternehmenscontrolling, in: Dangelmeier, W. /Felser, W. (Hrsg.): Das reagible Unternehmen, 2. Paderborner Frühjahrstagung vom Fraunhofer-Anwendungszentrum für Logistikorientierte Betriebswirtschaft, Paderborn, S. 7-20, Verlag Paderborn, 4/2000

Aichele, C./Kirsch, J. (1995): Geschäftsprozeßanalyse auf Basis von Kennzahlensystemen, in: Management & Computer, 3. Jg., 2/1995, S. 123-132

Allweyer, Th. (1998): Modellbasiertes Wissensmanagement. In: Information Management, 1, 37-45

Althoff, K. -D./Bomarius, F./Tautz, C. (1998): Using case-based reasoning technology to build learning organizations, in: Proceedings of the the Workshop on Organizational Memories at the European Conference on Artificial Intelligence '98, Brighton, August 1998

Arent, J./Nørbjerg, J./Pedersen, M. H. (2000): Creating Organizational Knowledge in Software Process Improvement, in: Althoff, K .-D./Müller, W. (Hrsg.): Proceedings of the Second Int. Workshop on Learning Software Organizations, Oulu, June 2000, S. 81 - 92

Babiak, U. (1999): Effektive Suche im Internet: Suchstrategien, Methoden, Quellen, 3. Auflage, Köln 1999

Bach V./Vogler, P./Österle, H. (1999) (Hrsg.): Business Knowledge Management: Praxiserfahrungen mit Intranet-basierten Lösungen, Berlin, Heidelberg 1999

Bach, V. (2000): Business Knowledge Management: Wertschöpfung durch Wissensportale, in: Bach, V./Österle, H./Vogler, P. (Hrsg.): Business Knowledge Management in der Praxis: Prozessorientierte Lösungen zwischen Knowledge Portal und Kompetenzmanagement, Berlin et al. 2000, S. 51 - 119

Baeza-Yates, R./Ribeiro-Net, R. (1999): Modern Information Retrieval, Addison-Wesley & ACM Press, New York 1999

Bager, J./Becker, J./Munz, R. (1997): Zentrallager Data Warehouse - zentrale Sammelstelle für Informationen, in: c't, 3/97

Bange C./Mertens H./Dahnken O./Schinzer H. (2000): Planungswerkzeuge, 14 Software-Produkte im Verlgeich, Eine Studie des Business Application Reseach Centers (BARC), Oxygon Verlag, Feldkirchen 2000

Bange C./Volpp N. (2000): Turbo für die Planung, is report 08/2000 S. 10-12, Oxygon-Verlag, Feldkirchen 2000

Bange, C./Mertens, H./Keller, P. (2001): Schlagworte mit langer Lebenszeit: OLAP und Business Intelligence, Teil 1, in: is-report 7/2001, S.12-19

Basili, V. R. (1993): The Experience Factory and its relationship to other improvement paradigms, in: Sommerville, I./Paul, M. (Hrsg.): Proceedings of the 4th European Software Engineering Conference, Lecture Notes in Computer Science Nr. 717, Heidelberg 1993, S. 68 - 83

Basili, V. R. et al. (1992): The Software Engineering Laboratory – An Operational Software Experience Factory, in: Proceedings of the 14th Int. Conference on Software Engineering (ICSE), Melbourne, Mai 1992, S. 370 - 381

Basili, V. R./Caldiera, G. (1995): Improve Software Quality by Reusing Knowledge and Experience, in: Sloan Management Review, 3/95, S. 55 - 64

Basili, V. R./Caldiera, G./Rombach, H. D. (1994): Experience Factory, in: Marciniak, J. J. (Hrsg.): Encyclopedia of Software Engineering, New York 1994, S. 469 - 476

Bauer, A./Günzel, H. (2001): Data Warehouse Systeme - Architektur, Entwicklung, Anwendung, Heidelberg 2001

Bea, F. X. (2000): Wissensmanagement, in: Wirtschaftswissenschaftliches Studium (WiSt), 7/00, S. 362 - 367

Becker, D. H./Proff, D. U. (2001): Data Warehousing - Ausgewählte Business Intelligence-Lösungen für die Versicherungswirtschaft, in: Behme, W./Mucksch, H. (Hrsg.): Data Warehousegestützte Anwendungen, Wiesbaden 2001

Becker, H. (1999): Produktivitätssteigerungen durch Workflow-Management: Kombination organisatorischer und technischer Maßnahmen zur Prozessgestaltung, Köln 1999

Becker, J./Vossen, G. (1996): Geschäftsprozessmodellierung und Workflow-Management: Eine Einführung, in: Vossen, G./Becker, J. (Hrsg.): Geschäftsprozessmodellierung und Workflow-Management, Bonn, Albany 1996, S. 17 – 26

Bedrup, H. (1995): Background for Performance Management, in: Rolstadas, A. (Hrsg.): Performance Management, London 1995

Benz, J. (2001): Die Zahlenknechte begehren auf, is report 02/2001 S. 50, Oxygon-Verlag, Feldkirchen 2001

Bhend, M. (1999a): Das Data Warehouse - Architektur und Entstehungsprozess, in: Database Marketing, 1/99, S. 5 - 9

Bhend, M. (1999b): Building a Data Warehouse in 100 days, in: Journal of Data Warehousing, Vol. 4, 3/99, S. 16 - 24

Birk, A./Hartkopf, S./Müller, W. (2001): Strategien für das Wissensmanagement in Software-Organisationen, in: Proceedings SQM 2001, Bonn, 4. April 2001

Birk, A./Kempkens, R./Rombach, D./Ruhe, G. (1998): Systematic Improvement of Software Engineering Processes, in: Proceedings Frühjahrstagung Wirtschaftsinformatik 1998 (WI '98), Hamburg, 26. - 27. Februar 1998

Birk, A./Tautz, C. (1998): Knowledge Management of Software Engineering Lessons Learned, in: Proceedings of the Tenth Conference on Software Engineering and Knowledge Engineering, San Francisco Bay/CA, Knowledge Systems Institute, Skokie/Ill., Juni 1998

Bischoff, R./Bleile, C./Graalfs, J. (1991): Der Einsatz Neuronaler Netze zur betriebswirtschaftlichen Kennzahlenanalyse, in: Wirtschaftsinformatik, 5/91

Bissantz, N. (1996): CLUSMIN – Ein Beitrag zur Analyse von Daten des Ergebniscontrollings mit Datenmustererkennung (Data Mining), in: Dal Cin, M./Ertl, T./Feldmann, K. et al: Arbeitsbericht des Instituts für Mathematische Maschinen und Datenverarbeitung (Informatik), Universität Erlangen Nürnberg, Bd. 29, Nr. 7, 1996

Bissantz, N./Hagedorn, J. (1993): Data Mining (Datenmustererkennung), in: Wirtschaftsinformatik, 5/93, S. 481 - 487

Blessing, D./Bach, V. (2000): Wissensmanagement in Beratungsunternehmen - Gestaltungsmöglichkeiten und Fallbeispiele, in: Zeitschrift Führung + Organisation, 5/00, S. 268 - 276

Block, C. H. (1999): Internet, Intranet, Extranet für Manager, Landsberg/Lech 1999

BMRB Financial (1999): CRM in Europe - A survey of consumer attitudes to modern marketing, 4/99

Boehrer, D. (1997): Data Warehouse und Data Mining, Bern 1997

Bogaschewsky, R./Kracke, U. (1999): Internet – Intranets – Extranets: Strategische Waffen für die Beschaffung, Gernsbach 1999

Böhmann, T./Krcmar, H. (1999): Werkzeuge für das Wissensmanagement, in: Antoni, C. H./Sommerlatte, T. (Hrsg.): Spezialreport Wissensmanagement: Wie deutsche Firmen ihr Wissen profitabel machen, 2. Auflage, Düsseldorf 1999, S. 82 – 91

Bomarius, F./Althoff, K. -D./Müller, W. (1998): Knowledge Management for Learning Software Organizations. Software Process - Improvement & Practice 4, 1998, S. 89 - 93

Botta, V. (1997): Kennzahlensysteme als Führungsinstrumente - Planung, Steuerung und Kontrolle der Rentabilität in Unternehmen, Erich Schmitt Verlag, 5. neu überarbeitete Auflage, Berlin et al. 1997

Bredemaier, K./Schlegel, H. (1991): Die Kunst der Visualisierung – Erfolg durch zeitgemäße Präsentation, Wiesbaden 1991

Brenner, W./Zarnekow, R./Wittig, H. (1998): Intelligente Softwareagenten: Grundlagen und Anwendungen, Berlin et al. 1998

Brosius, G. (2001): Data Warehouse und OLAP mit Microsoft - Exemplarische Lösungen mit Excel, Access und *SQL Server* 2000, Bonn 2001

Brössler, P. (1999): Knowledge Management at a Software House - A Progress Report, in: Bomarius, F. (Hrsg.): Proceedings of the Workshop on Learning Software Organizations, June 16th, Kaiserslautern 1999, S. 77 - 83

Bruse, H. (1978): Die Prognosefähigkeit von Kennzahlen bei verschiedenen Maßen für das Unternehmenswachstum, in: Zeitschrift für Betriebswirtschaft, 48. Jg., 2/1978, S. 138 - 152

Büchner, H. et al. (2001): Web Content Management: Websites professionell betreiben, Bonn 2001

Bühner, R. (1994) (Hrsg.): Der Shareholder-Value-Report - Erfahrungen, Ergebnisse, Entwicklungen, Landsberg/Lech 1994

Bukowitz, R. W./Williams, L. R. (2001): Financial Times Managementpraxis: Wissensmanagement. Effizientes Knowledge-Management aufbauen und integrieren, Prentice Hall 2001

Bullinger, H.-J. et al. (1998): Wissensmanagement - Anspruch und Wirklichkeit: Ergebnisse einer Unternehmensstudie in Deutschland, in: information management, 1/98, S. 7 - 23

Bullinger, H.-J./Koll, P. (1993): Führungsinformationssysteme - Ergebnisse einer Anwender- und Marktstudie, Frauenhofer Institut für Arbeitswissenschaft und Organisation (IAO), Baden-Baden 1993

Bullinger, H.-J./Prieto, J. (1998): Wissensmanagement: Paradigma des intellektuellen Wachstums – Ergebnisse einer Unternehmensstudie in Deutschland, in: Pawlowsky, P. (Hrsg.): Wissensmanagement, Wiesbaden 1998, S. 87 – 118

Busse von Colbe, W. (1966): Aufbau und Informationsgehalt von Kapitalflussrechnungen, ZfB 1966, S. 82, 114

Camp, R. C. (1994): Benchmarking, Hanser Verlag, München, Wien 1994

Campbell, I. (1999): Unternehmensportale stecken noch in den Kinderschuhen, in: Computerwoche, Nr. 35, 1999, S. 69-72.

Capurro, R. (2000a): Nonaka, I./Takeuchi, H.: Die Organisation des Wissens – eine Zusammenfassung, online erschienen unter http://www.capurro.de/-paradigmen/nonaka.html, Stand Mai 2000

Capurro, R. (2000b): Wissensmanagement und darüber hinaus. Der Ansatz von I. Nonaka und H. Takeuchi, online erschienen unter http://v.hbi-stuttgart.de/-~capurro/nonaka.htm, Stand Mai 2000, veränderte Fassung des Aufsatzes: Capurro, R.: Wissensmanagement in Theorie und Praxis. In: Bibliothek. Forschung und Praxis (1998) 22, Nr. 3, S. 346-355.

Capurro, R. (2000c): Lässt sich Wissen managen?, online erschienen unter http://www.capurro.de/wm.htm, Stand September 2000.

Chamoni, P. (1993): Analytische Informationssysteme, in: Chamoni, P., Gluchowski, P.: Analytische Informationssysteme, Berlin 1998

Chamoni, P./Gluchowsi, P. (1998): OLAP, in: Muksch, H./Behme, W.: Das Data Warehouse-Konzept, 3. Aufl., Wiesbaden 1998, S. 401-444.

Chamoni, P./Zeschau, D. (1994): Management Support Systems und Data Warehousing in: Chuster, L.: Die Unternehmung im internationalen Wettbewerb, in: Schuster, L.(Hrsg.): Die Unternehmung im internationalen Wettbewerb, Berlin 1994

Codd, E.F./Codd, S. B./Salley, C. T. (1993): Providing OLAP to User-Analysts. In: An IT-Mandate, Codd & Associates, 1993

Creeth, R./Pendse, N. (1995): The OLAP-Report, Succeeding with On-Line Analytical Processing, Business Intelligence, Wimbledon 1995

Dauner, F./Dauner, W./Lörcher, M. (2002): Blick nach vorn bei der Rechnungslegung, in: Handelsblatt v. 27.2.2002, S. R 5

Dauner, F./Lörcher, M. (2001): Zusätzliche Erträge und Wertsteigerungen, in: Handelsblatt v. 23.5.2001, S. R 8

Dauner, W./Dauner-Lieb, B. (1996a): Die Input-Output-Simulation von Unternehmensprozessen, in: BFuP, 2/1996, S. 233 - 251

Dauner, W./Dauner-Lieb, B. (1996b): Prospektive Kapitalflussrechnung - ein Schlüssel zu Bilanzanalyse und Simulativer Unternehmensführung, in: DStR 39 – 40/96, S.1541 - 1544 u. 1578 - 1584.

Davenport, T./Probst, G. (2002): Knowledge Management Case Book. Siemens Best Practises, Publicis MCD Verlag 2002

Davenport, T./Prusak, L. (1999): Wenn Ihr Unternehmen wüsste, was es alles weiß... - Das Praxisbuch zum Wissensmanagement, 2. Aufl., Landsberg/Lech 1999

David, R. (2000): DMS – ein wichtiges Fundament des Wissensmanagements, in: Wissensmanagement, Heft 4/2000, S. 37 - 40

Delto, A. (1998): Kundeninformationen professionell nutzen mit Customer Relationship Management, in: Hannig, U. (Hrsg.): Managementinformationssysteme in Marketing und Vertrieb, Stuttgart 1998, S. 83-92

Diez W. (2001): Alle Instrumente im Blick, Autohaus 04/2001 S. 20–22, Auto Business Verlag Ottobrunn 2001

Dirlewanger, W. (1994): Messung und Bewertung der DV-Leistung auf Basis der Norm DIN 66273, Heidelberg 1994

Dittmar, C. (2000): Vom Data zum Knowledge Warehouse - Wissen sichtbar machen, in: Computerwoche extra, Beilage zur Computerwoche, 16.06.00, S. 14 – 17

Döring-Katerkamp, U./Tojan, J. (2001): www.ifem.org/etablierungwm

Düsing, R. (1999): Knowledge Discovery in Databases and Data Mining, in: Gluchowski, P./Chamoni, P. (Hrsg.): Analytische Informationssysteme, Berlin et al. 1999, S. 345 - 353

Edvinsson, L./Brünig, G. (2000): Aktivposten Wissenskapital: Unsichtbare Werte bilanzierbar machen, Wiesbaden 2000

Engels, E. J. (1995): OLAP-Neue Analysesystematik für die Datenbasis, in: Controlling, Heft 2, 1995, S. 98-105.

Ennsfellner, K. C. (1993): Absatzcontrolling in Versicherungsunternehmen, Wien 1993

Eppele K. (2001): Mehr Zeit fürs eigentliche Geschäft, kfz-betrieb 47/2001 S. 23, Vogel Verlag, Würzburg 2001

Eulgem, S. (1997): Die Nutzung des unternehmensinternen Wissens - Ein Beitrag aus der Perspektive der Wirtschaftsinformatik, Frankfurt a. M. et al. 1998

Fayyad, U. M./Piatetsky-Shapiro, G./Smyth, P./Uthuru-samy R. (1996) (Hrsg.): Advances in Knowledge Discovery and Data Mining, Menlo Park, Cambridge 1996

Felbert, D. v. (1998): Wissensmanagement in der unternehmerischen Praxis, in: Pawlowsky, P. (Hrsg.): Wissensmanagement, Wiesbaden 1998, S. 119 - 141

Findeisen, D. (1998): Besser, schneller und sehr viel transparenter - Einsatz von DSS in der strategischen Unternehmensplanung, in: IS Report, 6/1998, S. 38-41

Findeisen, D. (1998): Performancetest für OLAP-Werkzeuge - Details zu Probanden und Methoden, in: Datenbank Fokus, 1/98, S. 16-27

Findeisen, D. (1998): Performancetest für OLAP-Werkzeuge (2), in: Datenbank Fokus, 2/98, S. 24-30

Findeisen, D. (1998): Performancetest für OLAP-Werkzeuge (3), in: Datenbank Fokus, 4/98, S. 39-49

Findeisen, D. (1998): Performancetest für OLAP-Werkzeuge (4), in: Datenbank Fokus, 5/98, S. 32-39

Findeisen, D. (1999): Erwartungen erfüllt? IT Fokus 08/1999 S. 32-34 und 67-70, IT Verlag Höhenkirchen 1999

Findeisen, D./Thörner, D. (1997): Adieu Stabstelle, in: Direkt Marketing, 7/97, S. 6-9

Findeisen, D./Thörner, D. (1998): Semantische Variantenbildung bei OLAP, in: Datenbank Fokus, 6/1998, S. 45-48

Findeisen, D./Thörner, D. (1998): Semantische Variantenbildung bei OLAP, in: Datenbank Fokus 6/1998 Gabriel, R./Gluchowski, P. (1997): Modellierungstechniken für multidimensionale Datenstrukturen, in: HMD – Theorie und Praxis der Wirtschaftsinformatik, 195/1997, S. 18 - 37

Föcker, E. (2001): Werkzeuge des Wissensmanagements, in: Wissensmanagement, Heft 2/2001, S. 10 - 13

Forst, A. (1999): Dokumente speichern, indizieren und wiederfinden, in: Wissensmanagement, Heft 2/1999, S. 23 - 28

Frank, U./Schauer, H. (2001): Software für das Wissensmanagement, in: Das Wirtschaftsstudium, 6/01, S. 718 - 726

Gartner Group (1999): Conference Presentation "Electronic Workplace '99, Rome 15 - 16th. February 1999

Gartner Group (1999): Gartner Group, Research Note August 3, 1999, Strategic Planning, SPA-08-5311.

Gehle, M./Mülder, W. (2001): Wissensmanagement in der Praxis, Köln/Frechen 2001

Gentsch, P. (1999): Wissen managen mit innovativer Informationstechnologie. Gabler, Wiesbaden 1999

Gerick, T. (2000): Sinnsuche Retrieval - Methoden, Trends, Produkte, in: iX 12/00, S. 124 - 130

Gerick, T. (2000): Topic Maps – der neue Standard für intelligentes Knowledge Retrieval, in: Wissensmanagement, Heft 2/2000, S. 8 - 12

Gerick, T. (2001): Wissen der dritten Dimension – Information Access durch Visualisierung, in: Wissensmanagement 3/2000, S. 25 - 28

Gilmozzi, S. (1995): OLAP-in anderen Dimensionen, in: Controller-Magazin, 6/95, S. 375-377.

Gluchowski, P. (2000): Den Surfern auf der Spur - Sinnvolle Analyse von Web Log-Daten, in: Computerwoche extra, Beilage zur Computerwoche, 16.06.00, S. 12 – 13

Gluchowski, P./Gabriel, R./Chamoni, P. (1997): Management Support Systeme - Computergestützte Informationssysteme für Führungskräfte und Entscheidungsträger, Berlin et al. 1997

Gothe, M./Gentsch, P. (2000): Business Intelligence – aus Informationen Wettbewerbsvorteile gewinnen, München 2000

Graf, W. (2000): VW AG unterstützt VW- und Audi-Händler beim Controlling, Computerwoche 35/2000 S. 61, Computerwoche Verlag München 2000

Gray, J. (1993): The benchmark handbook for database and transaction processing systems, 2. Aufl., San Mateo 1993

Grobelnik, M./Mladenic, D./Milic-Frayling, M. (2000): Text Mining as Integration of Several Related Research Areas: Report on KDD, 2000 Workshop on Text-Mining, Boston, USA, 2000

Grothe, M. (1999): Aufbau von Business Intelligence, in: Kostenrechnungspraxis, 3/99, S. 175 - 184

Grothe, M./Gentsch, P. (2000): Business Intelligence - Aus Informationen Wettbewerbsvorteile gewinnen, Bonn 2000

Grupp, B. (1999): Das DV Pflichtenheft zur optimalen Softwarebeschaffung, Bonn 1999

Gulbin, J./Seyfried, M./Strack-Zimmermann, H. (1999): Dokumenten-Management: Vom Imaging zum Business-Dokument, 2. Auflage, Berlin et al. 1999

Güldenberg, S. (1998): Wissensmanagement und Wissenscontrolling in lernenden Organisationen: ein systemtheoretischer Ansatz, 2. Auflage, Wiesbaden 1998

Günther, T./Scheipers T. (1993): Insolvenzursachen - Zum Stand der empirischen Ursachenforschung, in: Deutsches Steuerrecht, 12/93, S. 447 - 453

Hackathorn, R. D. (1999): Web Farming for the Data Warehouse - Exploiting Business Intelligence and Knowledge Management, San Francisco 1999

Hahn, A. (2000): OLAP hoch im Kurs beim Endanwender, in: IT Fokus, 8/2000, S. 59- 60

Hahn, A. (2002): Quo Vadis Business Intelligence?, in: is report 4/2002, S. 31-33

Hahne, M. (1998): Logische Datenmodellierung für das Data Warehouse – Bestandteile und Varianten des Star-Schemas, in: Chamoni, P./Gluchowski, P., Analytische Informationssysteme, Heidelberg 1998

Hannig, U. (1994): Die Renaissance der Managementinformationssysteme, in: Controller Magazin, 3/94, S. 151 - 153

Hannig, U. (1995): Das Paradoxon des Überflusses an Information, in: PC Magazin, 21/95, S. 41

Hannig, U. (1995): Informationssysteme für das Management wieder gefragter, in: Blick durch die Wirtschaft, 129/95, S. 1

Hannig, U. (1996) (Hrsg.): Data Warehouse und Managementinformationssysteme, Stuttgart 1996

Hannig, U. (1996): Bedienerfreundlichkeit und Flexibilität, in: Blick durch die Wirtschaft, 156/96, S. 9

Hannig, U. (1996): Königsweg zur Information, in: Business Computing, 4/96, S. 42 - 44

Hannig, U. (1996): Unterstützung für die Entscheider, in: PC Magazin, 34/96, S. 22 - 24

Hannig, U. (1997) (Hrsg.): Managementinformationssysteme in Marketing und Vertrieb, Stuttgart 1997

Hannig, U. (1997): Das Ende des Marketing aus dem Bauch, in: Blick durch die Wirtschaft, 150/97, S. 11

Hannig, U. (1997): Erfolg durch Informationsvorsprung, in: IS-Report, 7/97, S. 39

Hannig, U. (1997): MIS in Marketing und Vertrieb, in: IS-Report, 7/97, S. 36 - 38

Hannig, U. (1997): MIS-Einsatz in Marketing und Vertrieb, in: Datenbank Fokus, 9/97, S. 32 - 34

Hannig, U. (1999): Beschaffungsprozess von IT-Tools nur selten rational, in: IS-Report 5/1999, S. 4

Hannig, U. (2000): Business Intelligence als fester Teil der Unternehmensstrategie, in: Computerwoche vom 15.09.00, 37/00, S. 9 - 10

Hannig, U. (2000): Data Warehousing und MIS 2000 - Studie des Instituts für Managementinformationssysteme e. V., Ludwigshafen 2000 (www.imis.de)

Hannig, U. (2000): Institut für Knowledge Management (IKM) gegründet – Wissen sammeln, sortieren und weitergeben, in: Web-based Integrated Technology, 4/2000, S. 5

Hannig, U. (2001): Denn sie wissen nicht, was sie tun sollen, in: it industrielle Informationstechnik, 9/2001, S. 16-17

Hannig, U./Alexander, S. (2000): Business Intelligence ist fester Teil der Unternehmensstrategie, in: Computerwoche, 37/2000, Seite 9 - 10

Hannig, U./Hahn, A. (2001): Der deutsche Markt für Wissensmanagement, in: wissensmanagement - Das Magazin für Führungskräfte, 6/2001, S. 12-14

Hannig, U./Hahn, A./Humm, A. (2001): Der deutsche Markt für Knowledge Management - Anbieterbefragung 2001, Studie des Instituts für Managementinformationssysteme e. V., Ludwigshafen 2001

Hannig, U./Lehmann, A. (2000): Der deutsche Markt für Knowledge Management, unveröffentlichte Studie des Instituts für Managementinformationssysteme e. V., Ludwigshafen 2000

Hannig, U./Schwab, W. (1996): Data Warehouse und Managementinformationssysteme, in: Hannig, U. (Hrsg.): Data Warehouse und Managementinformationssysteme, Stuttgart 1996, S. 1 - 12

Hannig, U./Schwab, W./Findeisen, D. (1998): Entwicklung eines Managementinformationssystems - Rapid Warehousing mit dem SAS-System, Stuttgart 1998

Hansalik, M./Meissl, A./Richter, J. (2001): Information – der 4. Produktionsfaktor, ABWL Proseminar Managemenstinformationssysteme

Hansen, M. T./Nohria, N./Tierney, T. (1999): What's your strategy for managing knowledge?, in: Harvard Business Review, 3 - 4/99, S. 106 - 116

Hansen, W. R. (1995): Das Data Warehouse, Lösungen zur Selbstbedienung für Anwender, in: Bullinger, H.-J. (Hrsg.), IAO-Forum: Data Warehouse und seine Anwendungen, Data Mining, OLAP und Führungsinformationssysteme in der betrieblichen Einsatz, Stuttgart 1995, S. 33-48

Harvard Business Press (1996): The Loyalty Effect, Boston, Massachusetts 1996

Hasenkamp, U./Roßbach, P. (1998): Wissensmanagement, in: Das Wirtschaftsstudium, 8-9/98, S. 956 - 963

Heilmann, H. (1999): Wissensmanagement – ein neues Paradigma? HMD Praxis der Wirtschaftsinformatik 36, 7-23

Heinrich, L./Roithmayr, F. (1998): Wirtschaftsinformatik-Lexikon, Oldenbourg 1998

Heisig, P. (1998): Erfahrungen sichern und Wissen transferieren: Wissensmanagement im Projektmanagement. Projektmanagement, 9. Jahrgang, (4), 3-10

Heisig, P. (2000): Benchmarking Knowledge Management und wissensorientierte Gestaltung von Geschäftsprozessen, in: Bühner, R. (Hrsg.): Organistation. Schlank – Schnell – Flexibel, Landsberg/Lech 2000, 1 - 38

Heller, P. (2001): Vom Dokumentenmanagement zum Wissensmanagement – Wie groß ist der Schritt?, in: Wissensmanagement, Heft 1/2001, S. 24 - 26

Herbst, D. (2000): Erfolgsfaktor Wissensmanagement, Berlin 2000

Hewitt, P. (1995): The Information Society - Ten Propositions for Business, Anderson Consulting 1995

Hichert R./Moritz U. (1995): Informationen für Manager - von der Datenfülle zum praxisnahen Management-Informationssystem, in: Hichert, R./Moritz, M (Hrsg.): Managementinformationssysteme, 2. Aufl. Berlin et al. 1995.

Hichert, R. (1992): Managementinformationssysteme, Berlin 1992.

Hilburn, T. B./Hirmanpour, I./Khajenoori, S./Turner, R./Qasem, A. (1999): A Software Engineering Body of Knowledge, Technical Report CMU/SEI-99-TR-004, Software Engineering Institut, Pittsburgh 1999

Hinterberger, G. (2000): Personalabteilung auf Sendung, in: CoPers, 1/00, S. 25 – 32

Hippner, H./Wilde, K. D. (2001): Marketing im Wandel - Von der Marktforschung zum Wissensmanagement im Marketing, in: Handbuch Data Mining im Marketing, Wiesbaden 2001

Höhn, F. (1995): Effektivität durch den Einsatz des OLAP-Servers Express, in: IT-Management, 3-4/1995, S. 40-42., 1995.

Holthuis, J. (1997): Modellierung multidimensionaler Daten – Modellierungsaspekte und Strukturkomponenten (European Business School), Oestrich-Winkel 1997

Holthuis, J./Muksch, H/Reiser, M. (1995): Das Data Warehouse-Konzept - Ein Ansatz zur Informationsbereitstellung für Managementunterstützung, in: Arbeitsbericht des Lehrstuhls für Informationsmanagement und Datenbanken, European Business School, Oestrich-Winkel 1995

Hospel, H. (2001): Down the Rabbit Hole, Executive Update Online, http://www.gwsae.org/ExecutiveUpdate/2001/March/down.htm

Houdek, F. (1997): Software Quality Improvement by using an Experience Factory, in Abran, A./Dumke, R./Lehner, F. (Hrsg.): Software Metrics – Research and Practice in Software Measurement, Deutscher Universitätsverlag, Wiesbaden, 1997, S. 167 - 182

Houdek, F./Kempter, H. (1997): Quality Patterns - An approach to packaging Software Engineering Experience, in: Proceedings of the 1997 Symposium on Software Reusability (SSR'97), May 1997, Software Engineering Notes, Vol. 22, Nr. 3, ACM Press, S. 81 - 88

Houdek, F./Schneider, K./Wieser, E. (1998): Establishing Experience Factories at DaimlerChrysler - An Experience Report, in: Proceedings of the 20th International Conference on Software Engineering, ICSE 20, Kyoto 1998

Huber, H. (2000): Knowledge Retrieval und Topic Maps – Projekt- und Erfahrungsdatenbanken in der Praxis, Konferenz-Reader, KnowTech 2000, Leipzig 5. - 8.9.2000

Humphrey, W. S. (1989): Managing the Software Process, Addison-Wesley 1989

Hurd, M. (2000): Ein Data Warehouse als Beziehungskiste, in: Frankfurter Allgemeine Zeitung, v. 22.02.2000, S. 23

Ihm, E. (1999): Wissen zugänglich machen – CBT als Knowledge Management, in: IIR (Hrsg.), Seminarunterlagen zur Konferenz „Kostenersparnis und Prozessoptimierung durch Knowledge Management", Bad Homburg, 01. bis 04. März 1999

IM&C (2001): IM&C Institut für Management & Consulting - Data Warehouse: Anforderungen der Banken, Bausparkassen und Versicherungen, Marktstudie, Februar 1998

Imhof, C./Loftis, L./Geiger, J. G. (2001): Building the Customer-Centric Enterprise, New York et al. 2001

Inmon, W. H. (1992): Building the Data Warehouse, New York 1992

Inmon, W. H./Hackathorn, R. D. (1994): Using the Data Warehouse, New York/ Chichester/Brisbane 1994

Inmon, W. H./Kelley, C. (1994): The 12 Rules of Data Warehouse for a Client/ Server-World, in: Data Management Review, 5/94

Jansen, C./Thiesse, F./Bach, V. (2000): Wissensportale aus Systemsicht, in: Bach, V./Österle, H./Vogler, P. (Hrsg.): Business Knowledge Management in der Praxis: Prozessorientierte Lösungen zwischen Knowledge Portal und Kompetenzmanagement, Berlin et al. 2000, S. 121 - 189

Jung, H. H. (1998): OLAP-Tools, in: Database Marketing 2/98

Jung, R./Winter R. (2000): Data Warehousing - Nutzungsaspekte, Referenzarchitektur und Vorgehensmodell, in: Jung, R./Winter R. (Hrsg.): Data Warehousing Strategie, Berlin et al. 2000, S. 3 - 20

Junker, M. (2001): Heuristisches Lernen von Regeln für die Textkategorisierung, Dissertation am Fachbereich Informatik der Universität Kaiserslautern, Kaiserslautern 2001

Kaiser, T. M./Beck, D./Österle, H. (1999): Wissensmanagement bei der LGT Bank in Liechtenstein, in: Bach, V./Vogler, P./Österle, H. (Hrsg.): Business Knowledge Management: Praxiserfahrungen mit Intranet-basierten Lösungen, Berlin et al. 1999, S. 179 – 206

Kalyta, U. (1999): Der Kunde: Nie war er so wertvoll wie heute, in: geldinstitute v. Dezember 1999, S. 47

Kalyta, U. (1999): Kleines House ganz groß, in: IT-Business Magazin v. Juli 1999, S. 12

Kampffmeyer, U. (2001): Trends im Markt für Document Related Technologies (2), in: Wissensmanagement, Heft 1/2001, S. 28 - 32

Kaplan, R. S./Norton, D. P. (1992): The Balanced Scorecard - Measures that drive Performance, in: Harvard Business Review, January-February 1992, S. 71-79

Kaplan, R. S./Norton, D. P. (1997): Balanced Scorecard - Strategien erfolgreich umsetzen, aus dem Amerikanischen von Péter Horváth, Stuttgart 1997

Karagiannis, D./Telesko, R. (2001): Wissensmanagement: Konzepte der künstlichen Intelligenz und des Softcomputing, München, Wien 2001

Karst, K./Segler, T. (1996): Management jenseits der Postmoderne, Wiesbaden 1996.

Kermally, S. (2002): Das E- Wissen Praxisbuch. Was Sie über Knowledge Management im Internet wissen müssen, Weinheim 2002

Kienbaum J./Schröder, A. (1997): Benchmarking in der Praxis, in: Kienbaum, J.(Hrsg.): Benchmarking Personal- Von den besten lernen, Stuttgart 1997, S. 3 – 17.

Klingebiel, N. (1999): Performance Measurement, Wiesbaden 1999.

Koch, O./Zielke, F. (1996): Workflow-Management: prozessorientiertes Arbeiten mit der Unternehmens-DV, Haar bei München 1996

Koop, H.-J. et al. (2001): Erfolgsfaktor Content Management: Vom Web Content bis zum Knowledge Management, Wiesbaden 2001

Kottmann, G. (1998): Kundenbindung, Eine Frage der relevanten Beziehungen, HM1 Schriftenreihe, München 1998

Krahl, D./Windheuser, U./Zick, F. K. (1998): Data Mining - Einsatz in der Praxis, Bonn 1998

Krallmann, H. (2000): Wettbewerbsvorteile durch Wissensmanagement: Methodik und Anwendungen des Knowledge Management, Stuttgart 2000

Krallmann, H./Boekhoff, H./Bogdany, C. v. (1996): Multiagentensysteme für die technologische Unterstützung der lernenden Organisation, in: Bullinger, H.-J.: Lernende Organisationen: Konzepte, Methoden und Erfahrungsberichte, Stuttgart 1996, S. 175 – 198

Kurz, A. (1999): Data Warehousing – Enabling Technology, Bonn 1999

Küting, K. (2001a): Bilanzierung hinkt der Marktbewertung hinterher, in: Handelsblatt v. 26.4.2001, S. 14

Küting, K. (2001b): Die deutsche Rechnungslegung wird dynamischer, in: FAZ v. 19.3.2001, S. 32

Küting, K. (2001c): Weniger Transparenz bei Unternehmensbilanzen, in: Handelsblatt v. 5.7.2001, S. 10

Lehner, F. (2000): Organisational Memory: Konzepte und Systeme für das organisatorische Lernen und das Wissensmanagement, München, Wien 2000

Leiner, S. (1998): Decision Support auf Basis integrierter Vertriebsinformationssysteme, in: Hannig, U. (Hrsg.): Managementinformationssysteme in Marketing und Vertrieb, Stuttgart 1998, S. 115-122

Lemke, F./Müller, J.-A. (1997): Self-Organising Data Mining for a Portfolio Trading System, in: Journal for Computational Intelligence in Finance 3/97), S. 12 – 26

Lemke, F./Müller, J.-A. (1998): Data Mining in der Finanzanalyse, in: Bischoff et al. (Hrsg.): Von der Informationsflut zum Information Brokering, Braunschweig 1998, S. 17 - 37

Liautaud, B. (2001): E- Business Intelligence – So verwandeln Sie Informationen in Wissen und Wissen in Profit, Landsberg/Lech 2001

Lischka, A. (2000): Dialogkommunikation im Relationship Marketing – Kosten-Nutzen-Analyse zur Steuerung von Interaktionsprozessen, Wiesbaden 2000

Logan, D. (2000): Topic Maps - Emerging Knowledge Management Technology, Gartner Group Research Note, 27 June 2000

M. Grothe/ H. Hebben (1999): OLAP-Eine Datenbanktechnologie speziell für Controller-Schrittliste zum Aufbau eines Datenwürfels, in: Controller-Magazin 3/1999, S. 231-234

Mainzer, K. (1999): Computernetze und virtuelle Realität: Leben in der Wissensgesellschaft, Berlin et al. 1999

Mangold, R. (1999): Inter-, Extra- und Intranet, in: Antoni, C. H. / Sommerlatte, T. (Hrsg.): Spezialreport Wissensmanagement: Wie deutsche Firmen ihr Wissen profitabel machen, 2. Auflage, Düsseldorf 1999, S. 92 - 96

Manning, C. D./Schütze, H. (1999): Foundations of Statistical Natural Language Processing, MIT Press, Cambridge, USA 1999

Marzian, S./Wäscher, D. (1998): Von der Vertriebskunst zur Vertriebsproduktion, in: controller magazin, 3/98, S. 214 - 216

Mellis, W./Herzwurm, G./Stelzer, D. (1996): TQM der Software-Entwicklung - Mit Prozeßverbesserung, Kundenorientierung und Change Management zu erfolgreicher Software, Braunschweig 1996

Mellis, W./Stelzer, D. (1999): Das Rätsel des prozeßorientierten Software-Qualitätsmanagements, in: Wirtschaftsinformatik 41, 1999, 1, S. 31 - 39

Merforth, A. (2001): Suchmaschine gesucht, in: Groupware Magazin, Heft 04/ 2001, S. 60 - 62

Mertins, K./Heisig, P./Vorbeck, J. (2001) (Hrsg.): Knowledge Management - Best Practices in Europe, Berlin, Heidelberg 2001

META Group (2000): Data Warehouse Marketing Trends/Opportunities - An In-Depth Analysis of Key Market Trends, www.metagroup.de, 2000

Meyer, J. A. (1999): Visualisierung von Informationen, Wiesbaden 1999

Möhrlen, R./Kokot, F. (1999): SAP R/3 Einführung, Prentice Hall 1999

Muksch, H./ Behme, W. (1998): Das Data Warehouse Konzept; 3. Auflage, Wiesbaden 1995

Müller, B. F./Stolp, P. (1999): Workflow-Management in der industriellen Praxis: vom Buzzword zum High-Tech-Instrument, Berlin et al. 1999

Müller, J. –A. (1998): Automatic Model Generation, in: SAMS, 1-2/98, S. 1 - 38

Müller, J. –A. (1999A): Vorhersagen mit der Analogiemethode, HTW Dresden Berichte und Informationen 2/99 und 1/00, S. 101 - 110

Müller, J. –A./Lemke, F. (1999): Self-Organizing Modelling for a Portfolio Trading System, in: SAMS 2/99, S. 367 - 383

Müller, J. –A./Lemke, F. (2000): Self-Organising Data Mining, Extracting Knowledge from Data, Dresden, Berlin 2000

Müller, J. –A./Lemke, F./Ivachnenko, A. G. (1998): GMDH algorithms for complex systems modelling, in: Mathematical and Computer Modelling of Dynamical Systems, 4/98, S. 275 - 315

Müller, J.-A. (1990): Aufgaben und Probleme der wissensbasierten Modellbildung, in: Wissensbasierte Systeme in der Betriebswirtschaft, Berlin 1990

Müller, J.-A. (1992): Computer aided modeling and its application in economy and ecology, in: Computational Systems analysis 1992, Amsterdam 1992

Müller, R. (2000): Test-Verfahren etablieren sich. in: IT Fokus 7/2000, S. 68-71

Naujoks, F. (2001): Marketing-Tool entwickeln sich langsam, in: Computerwoche Nr. 18 vom 4. Mai 2001, S. 68-69

NetWorks Technology Marketing (2001): Knowledge Management – Verbreitung und Akzeptanz, Mannheim 2001

Neumann, R. (2000): Die Organisation als Ordnung des Wissens: Wissensmanagement im Spannungsfeld von Anspruch und Realisierbarkeit, Wiesbaden 2000

Nick, M./Althoff, K.-D. (2000): Systematic evaluation and maintenance of experience bases, in: Minor, M. (Hrsg): ECAI Workshop Notes: Flexible Strategies for Maintaining Knowledge Containers, Berlin 2000

Nonaka, I./Takeuchi, H. (1995): The Knowledge Creating Company: How Japanese Companies Create the Dynamics of Innovation, New York: Oxford University Press 1995.

Nonaka, I./Takeuchi, H. (1997): Die Organisation des Wissens - Wie japanische Unternehmen eine brachliegende Ressource nutzbar machen, Frankfurt, New York 1997

Nonaka, I./Takeuchi, H. (1998): A Theory of the Firms Knowledge Creation Dynamics, in: The Dynamic Firm, Oxford 1998

Norman, D.A. (1993): Things that make us smart: defending human attributes in the age of the machine, Cambridge, Mass. 1993

North, K. (2000): Wissensorientierte Unternehmensführung - Wertschöpfung durch Wissen, Wiesbaden 2000

North, K./Golka, M. (2001): Wissensmanagement in der Automobilindustrie, Wiesbaden 2001

O. V. (1998): Data Warehousing ist Geheimsache, in: Handelsblatt, v. 21.10.1998, S. 60

O. V. (1998): Scalable Data Warehouse Methodology, in: NCR (edt.), Dayton 1998

O. V. (2000): How much information? (Studie vom Oktober 2000 der Berkeley's School of Information Management and Systems), Berkeley 10/00, www.sims.berkeley.edu/how-much-info

O. V. (2001): Der deutsche Markt für Knowledge Management, in: www.ciomagazin.de, Online-Artikel vom 22.11.2001

O. V. (2001): Friedhof der Daten, in: Wirtschaftswoche v. 09.08.2001, 33/01, S. 72ff.

Ohlhausen, P./Rüger, M./Grote, P. (2000): Wissensmanagement heute – Untersuchungsergebnisse bei deutschen Unternehmen, in: Wissensmanagement, Heft 3/2000, S. 55 – 58

Palass, B./ Servatius, H.-G. (2001): WissensWert: Mit Knowledge- Management erfolgreich im E- Business, Stuttgart 2001

Pawlowsky, P. (1998): Integratives Wissensmanagement, in: Pawlowsky, P. (Hrsg.): Wissensmanagement, Wiesbaden 1998, S. 9 - 45

Pejic, P./Buschhüter, M. (2001): Ende der planmäßigen Goodwill-Abschreibung? - Überblick über den Standardentwurf des FASB: Business Combinations and Intangible Assets - Accounting for Goodwill, in: KoR, Zeitschrift für kapitalmarktorientierte Rechnungslegung, 3/01, S. 107 - 112

Pellenz, B. (2001): Bilanzexperten kritisieren neue US-Goodwill-Regeln, in: Handelsblatt v. 3.7.2001, S. 16

Peters, T./Schomburg, E. (1998): Unternehmensweites Kennzahlensystem in der keramischen Industrie, in: Kostenrechnungspraxis 5/1998, S. 303-309

Petrasch, R. (1998): Einführung in das Software-Qualitätsmanagement: Software-Qualität, Software-Qualitätsmanagement, Normen und Standards, ISO 9000 ff., V-Modell, Umsetzungsbeispiele für Verfahrensanweisungen, Berlin 1998

Pfiffner, M. (1999): Wissen wirksam machen: wie Kopfarbeiter produktiv werden, 2. Auflage, Bern et al. 1999

Pieske, R. (1995): Benchmarking in der Praxis, Landsberg/Lech 1995

Pietsch, T. (1999): Bewetung von Kommunikations- und Informationssystemen – Ein Vergleich betriebswirtschaftlicher Verfahren, Berlin 1999

Polanyi, M. (1966): The Tacit Dimension, New York 1966

Pons, O./Vila, M. A./Kacprzyk, J. (1999): Knowledge Management in Fuzzy Databases (Studies in Fuzziness and Soft Computing Vol. 39), Heidelberg 1999

Potempa, T. et al. (1998): Informationen finden im Internet: Leitfaden für die gezielte Online-Recherche, München, Wien 1998

Probst, G./Eppler, M. J. (1998): Persönliches Wissensmanagement in der Unternehmensführung - Ziele, Strategien, Instrumente, in: Zeitschrift Führung + Organisation (zfo), 3/98, S. 147 - 151

Probst, G./Raub, S./Romhardt, K. (1999): Wissen managen: wie Unternehmen ihre wertvollste Ressource optimal nutzen, 3. Aufl., Frankfurt am Main 1999

Proff, D. U. (1998): Strategien und Trends im Data Warehousing, Marktstudie, Juli 1998

Rappaport, A. (1998): Interview mit Dialog & Wandel, Magazin für moderne Unternehmensführung, 3/1998, S. 10

Rappaport, A. (1999): Shareholder Value - Ein Handbuch für Manager und Investoren, übers. von Wolfgang Klien, 2. Auflage, Stuttgart 1999

Rath, H. H. (1999): Knowledge Management - Mozart oder Kugel: Mit Topic Maps intelligente Informationsnetze aufbauen, in: iX, 12/99, S. 149

Reese Hedberg, S. (1995): The Data Gold Rush, Byte 20/10, 1995, S. 83ff.

Rehäuser, J./Krcmar, H. (1996): Wissensmanagement im Unternehmen, in: Schreyögg, G./Conrad, P. (Hrsg.): Managementforschung 6: Wissensmanagement, Berlin, New York 1996, S. 1 - 40

Reichmann, T. (1993): Controlling mit Kennzahlen und Managementberichten, 3. Auflage, Dortmund 1993

Reinmann-Rothmeier, G./Mandl, H. (2000): Wissensmanagement im Unternehmen – Eine Herausforderung für die Repräsentation, Kommunikation, Schöpfung und Nutzung von Wissen, in: Maar, C./Obrist, H. U./Pöppel, E.: Weltwissen Wissenswelt: Das globale Netz von Text und Bild, Köln 2000, S. 271 – 282

Reiterer, H. (1994): User Interface Evaluation and Design-Research Results of the Project Evaluation of Dialogue Systems (EVADIS) and User Interface Design Assistance (IDA), Oldenbourg 1994

Rieger, B. (1990): Executive Information Systems (EIS): Rechnergestützte Aufbereitung von Führungsinformationen, in: Krallmann, H. (Hrsg.): Innovative Anwendungen der Informations- und Kommunikationstechnologien in den 90er Jahren, München, Wien 1990, S. 103-125.

Rieger, B. (1996): OLAP-Stand der Forschung und Entwicklung, in: Online '96: Congressband VIII, Data Warehousing, OLAP, Führungsinformationssysteme, Velbert 1996

Riggert, W. (2000): Betriebliche Informationskonzepte: Von Hypertext zu Groupware, 2. Auflage, Braunschweig, Wiesbaden 2000

Rocchio, J. J. (1971): Relevance Feedback in Information Retrieval, in: The Smart System - Experiments in Automatic Document Processing, S. 313 - 323, Englewood Cliffs/N. J. 1971

Ryll, C. (2001): Portale – Zugangspforten zum Web: Content und Portal kombiniert, in: IT Fokus, Heft 3/2001, S. 62 – 65

Schätzler, D./Eilingsfeld, F. (1997): Intranets: Firmeninterne Informationssysteme mit Internet-Technologie, Heidelberg 1997

Scheb, A. (2001): Die Zukunft spricht JAVA, in: IT Fokus 3/2001, S.74-75

Scheer, A.-W./Rolles, R./Wagner, D. (2001): Die zukünftige Rolle des Workflow Managements beim ganzheitlichen Geschäftsprozessmanagement, in: Hermann, T. et al. (Hrsg.): Verbesserung von Geschäftsprozessen mit flexiblen Workflow-Management-Systemen, Heidelberg 2001, S. 155 - 168

Schiava, M. della/Rees, W. H. (1999): Was Wissensmanagement bringt, Wien, Hamburg 1999

Schinzer, H./ Bange, C./Mertens, H. (1999): Data Warehouse und Data Mining – Marktführende Produkte im Vergleich, München 1999

Schinzer, H./Bange, C. (1999): Werkzeuge zum Aufbau analytischer Informationssysteme, in: Chamoni, P./Gluchowski, P.: Analytische Informationssysteme, Berlin et al. 1999

Schinzer, H./Bange, C./Mertens, H (2000): Studie: OLAP und Business Intelligence – 12 Software-Produkte im Vergleich, Feldkirchen 2000

Schmidt, M. (2001): Content Management – ein Muss für personalisiertes E-Business: Besserer Geschäftserfolg im Netz, in: IT Fokus, Heft 3/2001, S. 70 - 73

Schmidt, M. (2001): Persönliche Portale bestimmen den Profit: Individuelle Startseite, in: IT Fokus, Heft 3/2001, S. 33 - 39

Schmidt, M. P. (2000): Knowledge Communities - Mit virtuellen Wissensmärkten Wissen in Unternehmen effektiv nutzen, Addison-Wesley 2000

Schneemann K. (1999): Controlling im KFZ-Betrieb, Vogel Buchverlag Würzburg 1999

Schumann, C.-A. (2001): Knowledge Management, in: Riemann, W.O. (Hrsg.): Wirtschaftsinformatik, Oldenbourg 2001

Schüppel, J. (1996): Wissensmanagement - Organisatorisches Lernen im Spannungsfeld von Wissens- und Lernbarrieren, Wiesbaden 1996

Schütt, P. (2000): Wissensmanagement: Mehrwert durch Wissen, Nutzenpotenziale ermitteln, den Wissenstransfer organisieren, Niedernhausen/Ts. 2000

Schütt, P. (2001): Wissen managen heißt auch Communities managen, in: Wissensmanagement 3/01, S. 8 - 12

Soukup, C. (2001): Wissensmanagement - Wissen zwischen Steuerung und Selbstorganisation, Wiesbaden 2001

Spallek, P. (2001): Wissensmanagement im Intranet - 4 Jahre Best Practice, in: Tagungsband Int. Kongressmesse Knowledge Management 2001 (IKM2001), 19. Juni 2001, Ludwigshafen

Spura, A. (2000): Anwendungsfelder intelligenter Agenten im E-Business, Diplomarbeit an der FH Zwickau, Zwickau 2000

Steinmüller, W. (1993): Informationstechnologie und Gesellschaft: Einführung in die Angewandte Informatik, Darmstadt 1993

Sweeney A./Bustard, D. (1997): Software Process Improvement - Making it Happen in Practice, in: Software Quality Journal, 6/97, S. 265 - 273

Swift, R. (2001): Accelerating Customer Relationships, Upper Saddle River, NJ 2001

Teufel, S. et al. (1995): Computerunterstützung für die Gruppenarbeit, Bonn 1995

Thiesse, F./Bach, V. (1999): Tools und Architekturen für Business Knowledge Management, in: Bach, V./Vogler, P./Österle, H. (Hrsg.): Business Knowledge Management: Praxiserfahrungen mit Intranet-basierten Lösungen, Berlin et al. 1999, S. 85 - 115

Tiemeyer, E. (1996): Erfolgsfaktor Führungsinformation – Ausschöpfung strategischer Potentiale durch informationstechnische Unterstützung, in: Zeitschrift für Unternehmensentwicklung und Industrial Engineering 3/1996, S.108-115

Töpfer, A. (1990): Insolvenzursachen/Turn-around/Erfolgsfaktoren - Über existenzbedrohende Stolpersteine zum Unternehmenserfolg, in: Zeitschrift für Führung und Organisation, 5/90, S. 323 - 329

Trittmann, R./Brössler, P. (2001): Effizienter Wissenstransfer in der Softwareentwicklung - Der sd&m-Ansatz, in: Eppler, M./Sukowski, O. (Hrsg.): Fallstudien zum Wissensmanagement - Lösungen aus der Praxis, St. Gallen 2001, S. 163 –188

Tufte, E. R. (1998): Visual Explanations, 3. Auflage, Cheshire 1998

USU (2001): Topic Maps, http://www.usu.de/produkte/knowledgemanagement/topicmap.html, abgerufen am 6.9.2001

von Below, C. (1999): Wissen preisgeben: Die Angst der Experten vor dem Machtverlust, in: Antoni; C. H./Sommerlatte, T.: Report Wissensmanagement: Wie deutsche Unternehmen ihr Wissen profitabel machen, Düsseldorf: Symposion Publishing 1999.

von Krogh G./Ichijo, K./Nonaka, I. (2000): Enabling Knowledge Creation, Oxford University Press 2000

Vopel, O. (2001): Lehrjahre einer Wissensorganisation – das Beispiel Ernst & Young, in: Wissensmanagement, 3/2001, S. 4 - 7

Wagner, Michael P. (1995): Groupware und neues Management: Einsatz geeigneter Softwaresysteme für flexiblere Organisationen, Braunschweig, Wiesbaden 1995

Weber, J./Grothe, M./Schäffer, U. (1999): Advanced Controlling Band 13, Business Inteligence, Vallendar 1999

Weber, J./Whilauer, B. (2000): Marktorientierte Instrumente des Controllings, Advanced Controlling, Band 15, Vallendar 2000

Wetzel, M. (1997): Informationsbedarfsanalyse für das Database Marketing, in: Link, J./Brändli, D./Schleuning, C./Hehl, R. E. (Hrsg.): Handbuch Database Marketing, Ettlingen 1997, S. 39 - 57

Whipple, L. C. (1997): OLAPing at the Shores of Analysis, in: Database Advisor 2/1997, S. 48-52, 1997

Whitehorn, M./Whitehorn M. (1999): Business intelligence - The IBM solution, London 1999

Wiehl, H. (1999): Wissen ja –Management nein, in: Information Week, 22/99, S. 18 – 21

Wieken, J. H. (1999): Der Weg zum Data Warehouse, München 1999

Yang, S./Wong, A. (1975): A vector-space model for information retrieval, in: Communications of the ACM, 18/75, S. 613-620

Yang, Y./Liu, X. (1999): A re-examination of text categorization methods, in: Proceedings of ACM SIGIR Conference on Research and Development in Information Retrieval, Berkeley, USA 1999

Zand, D. E. (1983): Wissen, Führen, Überzeugen: wie man Wissen in Führung umsetzt, Heidelberg 1983

Zöllner, W. (2001): Aktienrechtliche Binnenkommunikation im Unternehmen, in: Noack, U./Spindler, G., (Hrsg.): Unternehmensrecht und Internet - Neue Medien im Aktien-, Börsen-, Steuer- und Arbeitsrecht, 2001

Zucker, B./Schmitz, C. (2000): Wissen gewinnt: Innovative Unternehmensentwicklung durch Wissensmanagement, 2. Auflage, Düsseldorf, Berlin 2000

Glossar

4GL

Fourth Generation Language. Programmiersprache der vierten Generation. Einfachere Handhabung gegenüber älteren Programmiersprachen (z. B. COBOL).

ABAP (Advanced Business Application Programming)

Entwicklungssprache für SAP.

ActiveX-Steuerungselemente

Technologie der Firma Microsoft, um Windows-Programme über das Web zu betreiben. Diese Technologie wird in vielen OLAP Web-Lösungen angeboten. Aus Sicherheitsgründen wird ActiveX oftmals nur bis zur Stufe der Intranets angewendet.

Ad hoc-Reporting

Erstellung von Berichten auf unmittelbare Anforderung durch den Anwender, wenn ein Informationsbedarf gegeben ist (Gegenteil von Standard-Reporting).

Agent

Software, die Anfragen automatisiert erzeugt und Antworten entgegennimmt und auswertet. Bei der Anwendung eines Clients (Client-Applikation) ist der Agent für Informationsfindung, -aufbereitung und -tausch zuständig. Das kann auch eine Software sein, die andere Websites durchsucht, überprüft oder Aktionen auslöst (Wertpapiere (ver)kauft, Preise erforscht, überprüft) etc.

Ampelfunktion

Optische Hinweisfunktion, die z. B. die Zielabweichung von Werten mittels Ampelfarben kennzeichnet. Dabei kann rot für schlecht, gelb für mittel und grün für gut stehen.

API (Application Programming Interface)

Standard für Schnittstellen zwischen verschiedenen Computerprogrammen. Im OLAP Bereich existieren eine Vielzahl unterschiedlicher API's. Der am häufigsten angewandte Standard ist der OLAP API von Microsoft.

APL (A Programming Language)

Die erste, 1962 veröffentlichte, multidimensionale Computersprache. Wird in neuen Systemen kaum noch verwendet.

Applet

In einer HTML-Seite eingebundener Programmcode, der auf dem Client ausgeführt wird, um die Webfunktionalität zu erhöhen.

Approval

Bezeichnet den Vorgang innerhalb des Workflow, bei dem ein neu erstellter oder bearbeiteter Content an eine verantwortliche Person zur Abnahme weitergeleitet wird. Diese kann darauf hin den Content ins Netz stellen oder zur Überarbeitung zurückgeben.

ASP (Active Server Pages)

Die ASP sind integraler Bestandteil der Active-Plattform von Microsoft. Die Active-Plattform basiert auf einer Anzahl von Sprachen, Standards und Services, die dazu benutzt werden können, um entweder Active-Desktop (Client-Seite) oder Active-Server (Server-Seite) Applikationen zu erstellen.

ASP (Application Service Provider)

ASPs bieten ihren Kunden die Nutzung von Applikationen über das Internet an. Diese werden dabei auf Servern des ASP zur Verfügung gestellt und gewartet. Der Vorteil für den Kunden besteht darin, Administration und Pflege der Software outsourcen zu können.

Assetmanagement

Zentrale Komponente jedes Web Content Management Systems ist das Assetmanagement, welches für die Verwaltung aller digitalen Assets verantwortlich ist. Getrennt von der letztendlichen Darstellung auf der Website werden Texte, Bilder, Sounds, Videos uvm., idealerweise medienneutral, erfasst und gespeichert.

Authentifikation

Nachweis der Identität gegenüber einem Kommunikationspartner.

Authorisation

Art und Umfang, wie ein User auf Ressourcen zugreifen darf.

B2B (Business-to-Business)

Eine B2B-Lösung bezeichnet eine auf Geschäftskunden ausgerichtete E-Business-Strategie. Häufig kommen hierbei Websites zum Einsatz, die nur registrierten Benutzern nach erfolgtem Login Zugriff auf (häufig personalisierte) Informationen bieten (Extranets). Die Promotion-Maßnahmen für B2B-Websites unterscheiden sich stark von denen für B2C-Angebote: Hier kommt es sehr viel stärker auf den persönlichen Kontakt an.

B2C (Business-to-Consumer)

Eine B2C-Lösung bezeichnet eine auf Privatkunden ausgerichtete E-Business-Strategie. Da das Privatkundengeschäft sehr viel mehr als der Geschäftskundenbereich von anonymer Laufkundschaft bestimmt wird, kommen hier in aller Regel öffentliche Web-Angebote im Internet zum Einsatz, für die entsprechende Website-Promotion betrieben wird.

B2E (Business-to-Employee)

Eine B2E-Lösung bezeichnet eine auf Mitarbeiter ausgerichtete E-Business-Strategie. In der Regel handelt es sich dabei um Intranets, auf die nur die Mitarbeiter innerhalb des Unternehmens Zugriff haben.

Balanced Scorecard, u. a. S. 162

Der BSC-Ansatz wurde von Kaplan/Norton entwickelt und stellt den Vorschlag eines Managementsystems dar, mit welchem die Unzulänglichkeiten klassischer Kennzahlensysteme beseitigt und eine umsetzungsorientierte, an der Unternehmensstrategie ausgerichtete Steuerung ermöglicht werden soll. Die Grundidee ist, dass die finanziellen Zielsetzungen mit den Leistungsperspektiven hinsichtlich der Kunden, der internen Prozesse sowie des Lernens strategie- und visionsfokussiert verbunden werden. Die Leistung einer Organisation im ganzen wird damit als Gleichgewicht (Balance) zwischen den vier Perspektiven auf einer übersichtlichen Anzeigetafel (Scorecard) abgebildet – daher der Name Balanced Scorecard.

BAPI (Business Application Programming Interface)

Schnittstelle der SAP AG, die externen Programmen eine einwandfreie Kommunikation mit SAP-Modulen ermöglicht.

Benchmarking, u. a. S. 161

BLOB (Binary Large Object)

Im Datenbankjargon sind BLOBs größere Datenblöcke (2MB+), die an einen Datensatz angehängt werden können, z. B. Videofilme, Musikaufnahmen, etc.

Bookmark (dt.: Lesezeichen)

Auch Favoriten genannt. Sie werden benutzt, um Seiten auf WWW- und FTP-Servern wiederzufinden. Bookmarks werden im Browser angelegt und verbinden eine URL mit einer Kurzbeschreibung der Seite.

Briefing Books

Graphische Entwicklungsumgebungen mit denen Tabellen, Graphiken, Textfelder, etc., oder auch externe Informationsquellen (siehe OLE) für Analysen zusammengestellt werden können.

Business Information Portal (BIP), u. a. S. 40

Business Intelligence (BI), u. a. S. 32

Unter Business Intelligence versteht man den Zugriff auf und die Analyse von in einem Data Warehouse oder einem Data Mart gespeicherten Daten durch die Anwender.

BI Portal

Bereitstellung der BI-Funktionalitäten über eine personalisierte Benutzeroberfläche.

BIT (Business Intelligence Tools)

Werkzeuge zur komplexen Analyse und Auswertung von Daten analytischer Informationssysteme.

Business Object Management (BOM), u. a. S. 162

Business Process Improvement

Gemäßigte BPR-Variante zur schrittweisen Verbesserung der bestehenden Geschäftsprozesse.

Business Process Redesign

Radikale Variante des BPR. Infragestellung aller bestehenden Geschäftsprozesse zwecks völliger Neugestaltung.

Business TV, u. a. S. 203

Business Process Reengineering (BPR)

Eine fundamentale Neustrukturierung der Geschäftsprozesse innerhalb einer Organisation ausgerichtet am Kundennutzen.

Cache

Temporärer Zwischenspeicher im Rechner (CPU/Prozessor, RAM oder auf der Festplatte), der redundante Zugriffe auf wiederholt benötigte Daten (mehrfaches Lesen) deutlich beschleunigt

CAS (Computer Aided Selling)

Unter einem CAS-System wird die informationstechnologische Unterstützung von Planungs- und Abwicklungsaufgaben im Rahmen anfallender Verkaufsprozesse verstanden. Für diesen im deutschsprachigen Raum verwendeten Begriff wird im Angelsächsischen der Begriff SFA (Sales Force Automation) synonym angewandt.

Cell

Datenpunkt, der durch eine Merkmalsausprägung je Dimension eindeutig charakterisieret wird. In multidimensionalen Datenstrukturen ist der Großteil aller Zellen leer.

CGI scripts (Common Gateway Interface)

Dies sind Programme (scripts), welche abgearbeitet werden (i. d. R. Daten lesen und/oder errechnen), damit die CGI-Schnittstelle dem Webserver und dieser wiederum dem User einen dynamischen Inhalt bieten kann.

Change Agents, u. a. S. 62

Changed-data Capture

Prozess der Identifizierung und des Zugriffs auf relationale Datenbanken, bei dem ausschließlich veränderte Datensätze erfasst werden. Changed-data Capture ist eine Schlüsseltechnik beim Verwalten eines Data Warehouse.

Chief Knowledge Officer (CKO), u. a. S. 31

Clickstream Untersuchungen, u. a. S. 36

Client

Einzelner Computer der mittels eines Netzwerkes an einen Server angeschlossen ist.

Clusteranalyse

Ein multivariates Analyseverfahren, welches Segmente identifiziert, die nach innen relativ homogen und nach außen relativ heterogen sind.

Collaborative Commerce, u. a. S. 171

Collaborative Filtering, u. a. S. 111

Content

Bezeichnet den Inhalt einer Website. Content sind Beiträge, Informationen etc., die über das Web abgerufen werden können.

Content Information, u. a. S. 43

Content Management System

Softwaresystem für das Administrieren von Webinhalten mit Unterstützung des Erstellungsprozesses basierend auf der Trennung von Inhalten und Struktur.

Content Provider

Diensteanbieter, die eigene und fremde Inhalte zur Nutzung bereithalten. Für eigene sind sie nach den allgemeinen Gesetzen verantwortlich sowie für fremde Inhalte, soweit sie diese kennen und deren Nutzung verhindern können (§ 5/I u. II IUKDG).

Content Syndication

Content Syndication bezeichnet den Austausch und Handel von Inhalten für das Publizieren im Web. Werden bei Content Sharing Inhalte getauscht, tritt bei Content Syndication ein Content Provider als Händler von Content auf.

CRM (Customer Relationship Management), u. a. S. 166

CRM beschreibt das moderne Verständnis der Anbieter-Kunden-Beziehung als ein Miteinander. Durch den Wandel vom Verkäufer- zum Käufermarkt in vielen Branchen werden häufig Waren nicht mehr einfach verkauft, sondern vom Kunden aktiv gekauft. CRM versucht daher, das Verhältnis der Geschäftspartner untereinander zum gegenseitigen Nutzen zu optimieren.

Data Dictionary

Die gespeicherten Metadaten enthalten Informationen (Inhalt, Form, Herkunft) über die gespeicherten Datenfelder.

Data Mart

Das Data Mart ist als Ausschnitt der unternehmensweiten Datenbasis (siehe Data Warehouse) zu sehen. Abgebildet werden z. B. bestimmte Produktgruppen, Regionen oder Funktionsbereiche.

Data Migration

Data Migration bezeichnet den Prozess des physischen Übertragens von Daten. Hiermit ist zum einen das Übertragen aus unterschiedlichen Datenquellen in eine zentrale Datenbasis sowie aber auch der Übertrag von einer Plattform in eine andere gemeint.

Data Mining, u. a. S. 35

Laut Eric Brethenoux (Gartner Group) ist Data Mining der Prozess des Entdeckens bedeutsamer neuer Zusammenhänge, Muster und Trends durch die Analyse großer Datensätze mittels Mustererkennung sowie statistischer und mathematischer Verfahren. Ziele des Data Minings sind aussagekräftigeren Prognosen, differenzierte Segmentierungen, Klassifizierungen und Bewertungen von Kunden, Kundengruppen oder Märkten.

Data Scrubbing

Technik zur Verbesserung der Datenqualität durch den Einsatz von Software Tools.

Data Warehouse

Ein Data Warehouse ist das zentrale Datenlager eines Unternehmens, welches aus den operativen Systemen und unternehmensexternen Quellen gespeist wird. Die Auswertung der Daten erfolgt mittels Business Intelligence Tools.

Datenbank Design

Aufbau und Organisation der Datenbank (Anordnung von Daten in Tabellen).

Datenextraktion

siehe ETL

Datenmigration

siehe Data Migration

Datenmodell

Aufbau und Struktur der Datenorganisation. Darunter versteht man die Abbildung und Anordnung der Daten in einer lösungsorientierten Form.

Datenqualität

Der Begriff bezeichnet die integrierte, konsistente, redundanz- und widerspruchsfreie Datenhaltung. Dies ist der Fall, wenn der Normalisierungsprozess abgeschlossen ist und die Daten in einer normalisierten Form vorliegen.

Datentransformation

siehe ETL

DBMS (Database Management System)

Datenbank-Managementsystem. Software, mit der Informationen organisiert, gespeichert und abgerufen werden können. Jedes DBMS hat eine Datenbank zur Datenhaltung und Speicherung und eine API, um Aktionen auf den Daten durchzuführen (lesen, schreiben, ändern, löschen ...).

DDE (Direct Data Exchange)

Microsoft Technologie zum Datenaustausch, wobei die Daten in einem residenten Clipboard zwischengespeichert werden.

Defragmentierung

Reorganisation von Daten zur Freigabe von Festplattenspeicher und zur Erhöhung der Geschwindigkeit beim Zugriff auf die Festplatte.

DENIC (Deutsches Network Information Center)

Das DENIC, inzwischen in Frankfurt am Main beheimatet, verwaltet für die Internet-Domain .de die Vergabe der Unterdomains, koordiniert die Verteilung der Internetnummern und betreibt den Primary Nameserver. Domain-Namen müssen bei Denic beantragt werden, seit 1996 ist dies nur noch über einen professionellen ISP (Internetprovider) möglich.

Desktop OLAP

Einfache OLAP-Werkzeuge (*siehe OLAP*), die eine lokale Analyse multidimensionaler Datensätze, welche auf einen Client heruntergeladen wurden, ermöglichen.

Dimensionen

Hiermit sind die unterschiedlichen Sichtweisen auf Geschäftsdaten gemeint, wie z. B. Zeit, Region oder Produkt.

Diskussionsforen, u. a. S. 61

DLL (Dynamic Linked Library)

Integration verschiedener Programme ineinander.

DMS (Document Management System), u. a. S. 46

System zur Organisation einer intelligenten Archivierung, Verwaltung, Indexierung und Rechercheunterstützung von Dokumenten.

Drill Down/ Roll Down

Mittels dieser Funktion ist der Anwender in der Lage die Daten einer Dimension detaillierter zu betrachten, indem er eine oder mehrere Verdichtungsebenen tiefer geht. (z. B. Umsatzentwicklung Europa zu Umsatzentwicklung Frankreich)

Drill Through

Technik durch die es dem Benutzer ermöglicht wird, von einer Datenquelle in eine vorgelagerte zu wechseln. Meist werden hierzu Filter benutzt.

Drill Up/ Roll Up

Das Gegenteil des Drill Down/ Roll Down. Hierzu werden die Daten aggregiert. (z. B. Umsatzentwicklung Frankreich zu Umsatzentwicklung Europa)

DSS (Decision Support Systems)

Entscheidungsunterstützungssysteme, welche Abfrage- und Reportinglösungen für multidimensionale Datenbanken zur Verfügung stellen.

EAI (Enterprise Application Integration)

Integration aller in einem Unternehmen vorhandenen Applikationen.

E-Business, u. a. S. 383

EDI (Electronic Data Interchange)

Oberbegriff für den Datenaustausch in elektronischer Form. Standardisiertes Format für den Austausch von Geschäftsinformationen (z. B. Bestellungen) über Netzwerke. In letzter Zeit wird EDI via XML immer geläufiger.

E-Intelligence, u. a. S. 385

E-Learning, u. a. S. 203

Enterprise Integration-Konzept (EI-Konzept), u. a. S. 49

EIS (Executive Information Systems)

Anwendungen zur Analyse und Präsentation von Daten zu Managementzwecken. EIS sind gekennzeichnet durch eine einfache Handhabung und durch geringe Analysemöglichkeiten.

Emotionale Intelligence, u. a. S. 402

Enterprise Analysis

Durch die gezielte Analyse der Unternehmensdaten mit Hilfe von Business Intelligence, werden die entscheidenden Faktoren und Entwicklungen erkannt, die den Unternehmenserfolg bzw. –misserfolg bestimmen.

Enterprise Portal, u. a. S. 62

Entity (Entität)

Objekt, auf welches sich die Daten beziehen, die in Dateien oder Datenbanken gespeichert sind.

ERP (Enterprise Ressource Planning)

Softwaresysteme, die hauptsächlich die Abwicklung der internen betrieblichen Abläufe unterstützen. R/3 der SAP fällt als betriebswirtschaftliche Standardsoftware in diese Kategorie von Software-Systemen.

ETL (Extraction, Transformation and Loading)

Aktivitäten um ein Data Warehouse und OLAP-Anwendungen mit konsistenten, integrierten und eventuell zusammengefassten Daten zu versorgen. Unter Extraktion versteht man das Bestimmen/ Herausfiltern der relevanten Datensätze aus Vorsystemen. Danach werden die extrahierten Daten in ein einheitliches Format überführt (Transformation) und in das Data Warehouse geladen (Loading).

Experience Factory, u. a. S. 194

Explizites Wissen, u. a. S. 172

Extranet

Als Extranet wird ein geschlossenes Computernetz auf der Basis der Internet-Technologie bezeichnet, in dem registrierte Benutzer nach dem Login spezifische Informationen abrufen können. Extranets sind im Gegensatz zu Intranets auch von außerhalb erreichbar, erlauben aber im Vergleich zum öffentlichen Internet nur registrierten Benutzern den Zugang. Damit sind geschlossene Informationsangebote auf einem öffentlichen Webserver eine häufig genutzte Form der Extranets. Dieses Konzept wird häufig in der B2B-Kommunikation eingesetzt. *(siehe auch Intranet)*

Fallbasiertes Schließen, u. a. S. 138

FASMI (Fast Analysis of Shared multidimensional Information)

Zusammenfassende Klassifizierung der OLAP-Technologie von Nigel Pendse. Fast: Die Antwortzeit für Anfragen an die OLAP-Datenbank darf im Durchschnitt nicht über 5 Sekunden liegen. Für sehr komplexe Abfragen ist im Einzelfall eine Antwortzeit bis zu 20 Sekunden tragbar. Analysis: Ein OLAP-Produkt muss dem Anwender mittels einer einfach zu bedienenden Oberfläche alle Hilfsmittel zur Durchführung seiner Analysen zur Verfügung stellen. Shared: Im Regelfall greifen mehrere Personengruppen auf eine OLAP-Datenbank zu, die jeweils nur ihre eigenen Daten einsehen dürfen. Multidimensional: Das Schlüsselkriterium für ein OLAP-Produkt ist natürlich die Unterstützung mehrdimensionaler Datenbestände. Information: Ein OLAP-Produkt muß in der Lage sein, alle für aussagekräftige Analysen notwendigen Daten in die OLAP-Datenbank zu importieren, unabhängig vom Datenformat und –umfang. Die FASMI-Klassifikation ist eine Alternative zu den 12 von E. F. Codd erstellten Regeln.

Fat Client

Innerhalb einer Client/Server-Umgebung übernimmt der Standard-PC als Client im Netzwerk Verarbeitungsaufgaben, diese Konfiguration wird auch als Fat-Client bezeichnet. Durch seine Ausstattung hinsichtlich Hauptspeicher, Festplatte und CPU ist es möglich bei einem Ausfall des Servers noch Aufgaben zu bearbeiten wobei die Ergebnisse via Bildschirm oder Drucker dargestellt werden können. Im Gegensatz zum Thin-Client, dessen Funktion vom Server abhängig ist.

Feedback Loop, u. a. S. 122

Firewall

Eine Firewall regelt die Kommunikationsmöglichkeiten zwischen Netzwerken. Sie ist eine Sicherheitsbarriere, die z. B. eingesetzt wird, um ein lokales Unternehmensnetzwerk vor dem Zugriff aus dem Internet zu schützen. Sie kann auch den Zugriff vom Unternehmensnetzwerk auf das Internet eingrenzen. Mögliche Varianten sind Paketfilter-Firewall und Application-Proxy Firewall.

Frame (dt.: Rahmen)

Konzept zur Unterteilung einer HTML-Seite in mehrere „Fenster", in denen dann eigene HTML-Seiten dargestellt werden.

Front End

Als Front End bezeichnet man den Teil einer Anwendung, welche der Benutzer auf seinem Client für den Zugriff auf die Applikation verwendet.

Granularität

Stufe der Vorverdichtung der Daten.

Groupware

Informations- und Kommunikationssystem, das die Teamarbeit bei strukturierten Abläufen unterstützt und verwaltet. (*siehe Workflow Management*)

Gruppenkalender, u. a. S. 61

GUI (Graphical User Interface)

Grafische Benutzeroberflächen wie Windows oder Macintosh.

HOLAP (Hybrid OLAP)

Technik des OLAP, mit welchem sowohl Daten multidimensionaler Herkunft als auch Daten relationaler Art multidimensional analysiert werden können.

HTML (Hyper Text Markup Language)

Programmiersprache zum Erstellen von Web Sites. In HTML werden Datenpakete definiert, die von HTML-Browsern (Netscape Navigator, Internet Explorer) angezeigt werden können.

http (Hypertext Transfer Protocol)

Standard zur Übertragung von HTML-Dokumenten im Internet.

HTTPS (Hypertext Transfer Protocol Security)

Protokoll für verschlüsselte http-Übertragungen.

Hypercube

OLAP-Technologie, welche alle Daten in einem multidimensionalen Würfel speichert.

Hyperlink

Querverweis in HTML-Dokumenten, die zur vernetzten Struktur des World Wide Web beitragen und die Navigation zwischen den einzelnen Dokumenten per Mausklick innerhalb eines Browsers ermöglichen. Hyperlinks bilden die Basis für die nicht-lineare Organisation und elektronische Wiedergabe von Informationen, die in zusammenhängenden Kontexten miteinander verknüpft sind.

Hypertextorganisation, u. a. S. 176

Implizites Wissen, u. a. S. 172

Indizierung, u. a. S. 133

Information Retrieval, u. a. S. 62

Internet (Abkürzung für „International Network")

Das Internet ist ein Zusammenschluss einiger tausend Netzwerke, aus dem akademischen, staatlichen, kommerziellen und privaten Bereich. Es ist ein TCP/IP basiertes, weltweites Netz von Netzen, das aus dem Arpanet entstand. Inzwischen mit vielen Millionen Teilnehmern weltweit. Das Internet bietet u. a. die Dienste World Wide Web, E-Mail, Gopher, FTP, Usenet und Telnet. Die Möglichkeit der Verbindung der einzelnen Rechner reicht von gewöhnlichen Telefonleitungen über Standleitungen mit hoher Bandbreite via Glasfaserverbindungen bis hin zu Satellitenverbindungen. Durch das TCP/IP-Verfahren wird ein plattform-unabhängiger Datenaustausch ermöglicht, so dass z. B. ein Apple-Computer mit dem Großrechner einer Universität problemlos Daten austauschen kann. Das Internet ist also eine Transportinfrastruktur zum Transportieren von Datenpaketen und eine Handvoll nutzbarer Dienste.

Intranet

Als Intranet wird ein geschlossenes Computernetz auf der Basis der Internet-Technologie bezeichnet, das nur innerhalb eines Unternehmens für die Mitarbeiter verfügbar ist. Intranets sind im Gegensatz zu Extranets von außen nicht erreichbar und erlauben nur Mitgliedern der Organisation den Zugriff. Dieses Konzept wird in der Regel in der B2E-Kommunikation eingesetzt. Siehe auch Internet, Extranet.

IP (Internet-Protokoll)

Als Teil von TCP/IP bekannt. Sorgt vor allem dafür, dass Datagramme von Routern über das Netz an ihr Ziel transportiert werden.

IP-Adresse

Eine 32 Bit-Zahl, die für jeden Computer im Internet einmalig ist (Ausnahme: Localhost). Die IP-Adresse, auch Punkt-Adresse genannt, ist die Zuordnung zur MAC-Adresse eines Rechners in Computersprache.

IT (Information Technology)

Bereich der EDV, der sich mit dem Prozess der Informationsgewinnung, der Analyse und der Präsentation der Daten zur Unternehmenssteuerung beschäftigt.

Java

Plattformunabhängige, objektorientierte Programmiersprache, die von Sun Microsystems 1995 eingeführt wurde und neue Formen der Interaktivität im Web ermöglicht. Sie eignet sich vor allem zur Programmierung kleiner Anwendungen (so genannten Applets), die auf Webseiten eingesetzt werden und die Funktionalität von Web-Angeboten erweitern. Die wichtigsten Browser enthalten eine Java Virtual Machine und können so in HTML-Dokumente eingebettete Applets ausführen.

JavaScript

JavaScript ist eine einfache Programmiersprache, die i. d. R. im Browser auf dem lokalen Client-Rechner ausgeführt wird. Sie ermöglicht Interaktionen in HTML-Seiten. JavaScript ist standardisiert und wird von jedem heute gängigen Browser unterstützt.

JDBC (Java Database Connectivity)

Treiber, mit dem eine Datenbank-Software eine Schnittstelle für Java-Programme oder Applets zur Verfügung stellt.

JSP

Abkürzung für Java Server Pages. JSP ist eine auf Java basierende Alternative zu ASP und dient dem Erstellen von dynamischen Seiten.

Kennzahlensystem, u. a. S. 162

Knowledge Chain, u. a. S. 173

KDD (Knowledge Discovery in Database), u a. S. 35

Prozess der Identifikation und Verifikation von neuen, gültigen und nutzbaren Mustern in Datenbanken.

Knowledge Management (KM), u. a. S. 27

Wissensmanagement ist ein System von Aktivitäten zur Nutzung des einer Organisation zugänglichen Wissens durch deren Mitglieder.

Knowledge Supply Chain, u. a. S. 38

LAN (Local Area Network)

Lokales Netzwerk, verbindet beispielsweise PCís, Server bzw. Drucker.

LDAP (Lightweight Directory Access Protocol)

Mit LDAP werden Zugriffe auf standardisierte Verzeichnisdienste realisiert, mit denen sich u. a. Personen auf der ganzen Welt finden können, vorausgesetzt, sie haben sich bei dem Dienst registriert oder wurden registriert.

Lifetime Value, u. a. S. 396

Linux

UNIX-Ähnliches Betriebssystem für alle Plattformen, welches unter GNU (GNU is not Unix) Public License, bzw. OpenSource entwickelt wird, inklusive Sourcecode zum Download frei verfügbar ist und sich insbesondere im Serverbereich großer Beliebtheit erfreut da es bei maximaler Skalierbarkeit eine hohe Stabilität und Performance bietet.

Loading

siehe ETL

Marketing Warehouse (MWH), u. a. S. 394

MAIS (Marketing Information Systems)

Marketinginformationssysteme sind eine spezielle Unterart der MIS / EIS. Sie werden in den Bereichen Marketing und Vertrieb eingesetzt, um die benötigten Informationen für deren Entscheider zu liefern.

MDAPI (Multidimensional Application Programming Interface)

Vom OLAP Council entwickelter Schnittstellen-Standard, der sich jedoch nicht durchsetzen konnte.

MDX (Multidimensional Express Language)

Multidimensionales Gegenstück zur Programmiersprache SQL zur Definition von multidimensionalen Daten innerhalb Microsoft's OLE DB for OLAP API.

Metadaten, u. a. S. 92

Im Data Dictionary gespeicherte Daten über Daten (z.B. erlaubte Wertebereiche, Dateiformat). Dient Dokumentationszwecken und ist Grundlage der Datenbankadministration.

Minicube

Teil eines Hypercubes mit wenigen Dimensionen. Mehrere Minicubes bilden einen Hypercube.

MIS

Ein Managementinformationssystem stellt dem Entscheider die benötigten Informationen zum richtigen Zeitpunkt in der gewünschten Form online zur Verfügung. In der Regel setzt ein MIS auf einem Data Warehouse auf.

MOLAP (Multidimensionales OLAP)

Hier werden die Daten erst konsolidiert und dann in eine multidimensionale Form gebracht. Der Vorteil liegt hierbei in einer besseren Performance komlexer Analysen bei relativ kleinen Datenbeständen.

Mosaic Display, u. a. S. 238

MPP (Massively Parallel Processing)

Hardware-Architektur, die einen extrem hohen Leistungsgrad unter Verwendung einer Vielzahl von einfach aufgebauten, über einen eigenen Speicher verfügenden Prozessoren gewährleistet.

Multidimensional

Datenstruktur mit drei oder mehr Dimensionen.

Multidimensionales Knowledge Management (MKM), u. a. S. 44

Non-volatile

In einem Data Warehouse enthaltene Daten müssen laut den entsprechenden Regeln unveränderbar sein. Sie werden lediglich beim Updaten bzw. Füllen und nicht im laufenden Betrieb verändert.

ODAPI (Open DataBase API)

Borland Standard für den Zugriff auf Datenbanken.

ODBC (Open DataBase Connectivity)

Methode, die den Zugriff auf Datenbanken erlaubt. Dabei ist es irrelevant mit welchem Programm oder Betriebssystem dabei gearbeitet wird.

OLAP (Online Analytical Processing)

Kategorie von Anwendungen und Techniken für die Sammlung, Steuerung, Bearbeitung und Präsentation multidimensionaler Daten zur Datenanalyse und Auswertung im Management-Bereich.

OLAP Council

Zusammenschluss mehrerer Anbieter von OLAP-Produkten zur Entwicklung eines einheitlichen OLAP-Standards.

OLE (Object Linking and Embedding)

Microsoft Technologie, die es ermöglicht aus einer Anwendung heraus Funktionen einer anderen Anwendung zu benutzen, ohne diese Funktionen in der benutzten Anwendung direkt zu implementieren.

OLE DB for OLAP

Microsoft Schnittstellenstandart zu Olap-Systemen.

OLTP

On Line Transaction Processing. Datenbankstruktur zur Unterstützung von operativen Aufgaben. Hauptzweck des OLTP ist die Verwaltung und Speicherung von großen Datenmengen. Zur Analyse und Auswertung von Datenbeständen eher ungeeignet.

OODBMS

Objektorientiertes Datenbanksystem mit optimierten Schnittstellen zu objektorientierten Programmiersprachen.

Operational Datastore

Einfach strukturierte Kopien operationaler Datenbanken mit oder ohne Zeitstempel, welche oftmals als Grundlage für die DW-Population dienen.

Parametrisierter Report

Standardbericht, der beim Aufruf die Eingabe von Parametern zum individuellen Filtern der Daten verlangt. Es können verschiedene Auswertungsaspekte mit nur einem Berichtsdokument abgedeckt werden.

PDF (Portable Dokument Format)

Dokumentenformat von Adobe, welches mit dem weitverbreiteten Adobe Acrobat Reader bearbeitet werden kann. PDF gilt als das Verteilungsformat des WWW.

Performance Measurement, u. a. S. 162

Perl (Practical Extraction and Report Language)

Programmiersprache, in der viele CGI-Scripts geschrieben werden.

Personalisierung

Mehrwertiges Kundenbindungsinstrument, bei dem in der Regel informationelle Vorteile durch individuelle Anpassung von Angeboten und Informationen auf der Basis eines persönlichen Nutzerprofils versprochen werden. Kann auch zur Aufwandsminimierung für den Kunden führen.

PHP

PHP Hypertext Preprocessor ist eine serverseitige, in HTML eingebettete Skriptsprache, um dynamische Webseiten zusammenzustellen. Der PHP-Quelltext wird im HTML-Dokument in einer Perl- und C-ähnlichen Syntax eingebaut. Zur Laufzeit (= wenn jemand die Seite aufruft), interpretiert der PHP-Prozess diesen Quelltext und baut die entsprechende Seite mit dynamischen auf, z. B. mit Ergebnissen einer Datenbankabfrage. Im Gegensatz zum server-seitigen Scripting „Active server Pages (ASP) von Microsoft ist PHP weitgehend plattformunabhängig und somit unter verschiedenen Webservern ohne Änderung portierbarer.

Pivoting

siehe Rotation

Portal

Unter einer Portal-Website versteht man eine Website, die ein »Eingangstor zum Internet«, einen ersten Anlaufpunkt für das Surfen im World Wide Web, darstellen will. Was die Homepage für eine Website ist, sollen Portale für das Internet sein. Allerdings zeigen neuere Untersuchungen, dass die wenigsten allgemeinen Portale profitabel arbeiten. Der Trend geht daher zu B2B sowie themenbezogenen Portalen. Im Online-Marketingmix stellt die Kooperation mit einer Portalsite für einen Webanbieter eine großartige Möglichkeit dar, seine Seiten einem großen Publikum zu präsentieren. Allerdings ist die Chance, eine Partnerschaft mit einem Portal einzugehen, recht gering und in der Regel mit hohen Kosten verbunden.

Push-Dienste, u. a. S. 62

Q&R (Query and Reporting)

Zugriffsmöglichkeit auf relationale Datenbanken mit Hilfe einer Abfragesprache wie SQL (oder auch einem Tool welches die geforderten Abfragen bereits formuliert) und Ausgabe der Antwort in Tabellenform.

RDBMS

Relationales Datenbankmanagement-System. System zur Speicherung, Verarbeitung und Verwaltung relationaler Datenbestände. Daten werden in Tabellen und Spalten vorgehalten. Hauptanwendungsgebiet für RDBMS sind OLTP und Data Warehouses.

Recommender Systeme, u. a. S. 111

Relationale Datenbank

Eine Datenbank, bei der es keine vorher festgelegte Verknüpfungsstruktur gibt. So lassen sich während des laufenden Betriebs neue Verknüpfungen zwischen Tabellen (etwa Kunden und Rechnungen über die Kundennummer) festlegen.

Reporting

Erstellung von Berichten.

Repository

Zentrale Ablage für den gemeinsamen Zugriff auf einheitliche Definitionen bzw. Anwendungskomponenten.

Request Server

Bezeichnung für einen Server, von dem eine Abfrage ausgeht.

ROLAP (Relationales OLAP)

Bei diesem Verfahren wird direkt auf die zugrundeliegende relationale Datenbank zugegriffen. Über eine Benutzeroberfläche werden normale SQL Abfragen generiert. Durch den direkten Zugriff auf große Datenmengen ist unter Umständen mit einer Einbuße bei der Zugriffszeit zu rechnen.

Rotation

„Drehen" der Daten. Dadurch verändert sich die Sicht auf die Daten, so dass die Daten unter verschiedenen Blickwinkeln bearbeitet und analysiert werden können. (*siehe Slice and Dice*)

Search Retrieval, u. a. S. 62

Semantik, u. a. S. 125

Semantisches Netz, u. a. S. 119

SFA (Sales Force Automation)

siehe CAS

SGML (Structured Generalized Markup Language)

Bezeichnung für eine formale Sprache zur formatierten Darstellung von Dokumenten beliebiger Art. Ursprünglich ein Ansatz aus der theoretischen Informatik, hat sich das SGML-Konzept im Internet-Bereich in Form der HTML-Sprache in der Praxis durchgesetzt und bewährt.

Slice and Dice

Techniken, die es dem Benutzer ermöglichen aus einer multidimensionalen Datenmenge einzelne Schichten herauszuschneiden („slice") und isoliert zu betrachten, sowie den gesamten Datenwürfel zu kippen („dice"). (*siehe Rotation*)

SMP (Symmetrical Multi Processing)

Hardwarearchitektur, mit der durch Verteilung der Rechenlast auf mehrere identische Prozessoren unter Verwendung eines gemeinsamen Speichers eine hohe Rechenleistung erzielt wird.

Snowflake – Schema

Erweitertes Star-Schema, bei dem versucht wird die einzelnen Dimensionen so weit wie möglich zu standardisieren. Die zeichnerische Darstellung des Datendesigns hat Ähnlichkeit mit einer Schneeflocke („Snowflake").

Soft Factors, u. a. S. 161

Spreadsheet

Tabellenkalkulationsprogramm. Dient Business Intelligence-Anwendungen oftmals als Front End.

SQL (Structured Query Language)

SQL ist eine universelle Abfragesprache für Datenbanken, die vor allem bei Großanwendungen/ Mehrbenutzersystemen zum Einsatz kommen.

Standard Reporting

Bereitstellen von Informationen mittels vorgefertigter, standardisierter Berichte. Der Vorteil liegt in einem einheitlichen Layout, sowie der Zeitersparnis, da nicht jeder Benutzer eigene Berichte definieren muss.

Star Schema

Aus Fakten- und Dimensionstabellen bestehende Datenbankstruktur, bei welcher die Faktentabellen im Mittelpunkt stehen. Den Faktentabellen werden Dimensionstabellen durch Primärschlüssel eindeutig zugeordnet. Die zeichnerische Darstellung dieser Datenstruktur erinnert an einen Stern („Star").

Strategische Unternehmensführung, u. a. S. 259

Supply Chain Management, u. a. S. 166

Management aller Unternehmensprozesse, Infrastrukturen, IT-Systemen sowie der Organisation bezogen auf alle die Beschaffungskette des Unternehmens beeinflussende und stützenden Faktoren.

Tag (dt.: Marke, Etikett)

Formatierungsmarke in (Hyper-) Textdokumenten nach dem SGML-Standard. Tags enthalten alle Informationen, wie der Text dargestellt werden soll, beispielsweise als Überschrift, Liste oder Hyperlink. Eines der einfachsten Beispiele ist das „bold"-Tag, das dem Browser aufträgt, einen Textabschnitt in Fettschrift (bold) darzustellen.

TCO (Total Cost of Ownership)

Gesamtbetriebskosten verteilter EDV-Anwendungen. Hierzu gehören Beschaffungskosten, Administrationskosten, Kosten der Wartung und die im Endbenutzer-Bereich anfallenden Kosten.

TCP (Transmission Control Protocol)

Neben IP das zentrale Protokoll in der Internet Protokoll Suite. Es stellt den Applikationen einen verbindungsorientierten, zuverlässigen Dienst in Form eines Datenstroms zur Verfügung.

TCP/IP

Ein ganzes Bündel von Netzwerkprotokollen, die im Internet verwendet werden, um dem Benutzer eine Reihe von Diensten zur Verfügung zu stellen. Darauf setzen z. B. Protokolle für remote login (Telnet), file transfer (FTP) und Mail (SMTP) auf. Weil die Protokolle TCP und IP eine zentrale Rolle im Internet haben, wird häufig vom weltweiten TCP/IP-Netz, TCP/IP-Clients usw. gesprochen. TCP zerlegt die zu sendenden Daten in kleine Pakete und fügt einen Code zur Fehlererkennung bei (Prüfsummen), um die Zuverlässigkeit der Datenübertragung zu erhöhen. Damit der Empfänger die Datenpakete in der richtigen Reihenfolge wieder zusammensetzen kann, erhält jedes Paket eine laufende Nummer. Damit die Pakete wissen wohin sie sollen, werden sie in ein IP-Paket gesteckt, das mit den IP-Adressen von Absender und Empfänger versehen wird.

Teamrooms, u. a. S. 61

Term, u. a. S. 155

Text Mining, u .a. S. 35

Thin Client

Client-Server-Konzept, bei dem der Server die Aufgaben „erledigt", die er vom Client gesendet bekommt und diese nach der Verarbeitung dem Client wieder zur Verfügung stellt. Der Vorteil dieser Konzeption liegt in der Minimalausstattung der Clients, da die Berechnungen auf dem Server erfolgen.

Time-variant

Nach W. H. Inmon sollen Daten eines Data Warehouses zeitunabhängig (nonvolatil) sein. Dies setzt voraus, dass in einem Data Warehouse auch historische Daten über längere Zeiträume vorgehalten werden, dabei müssen die Daten mit einem Zeitstempel versehen werden.

Topic Maps, u. a. S. 35, 121

Traffic Lightning

siehe Ampelfunktion

URL (Universal Resource Locator)

Einheitliche und eindeutige Form, um Ressourcen im Netz zu benennen. Eine URL ist eine Internet-Adresse im World Wide Web. Der generelle Aufbau einer URL-Adresse ist Protokolltyp://Internet-Server/Verzeichnis.

Vektorraummodell, u. a. S. 157

Versionierung

Funktionalität zur vollständigen Dokumentation und zum Nachhalten der Entstehungsgeschichte von Contents bei mehrstufigen Arbeitsprozessen. So kann man zu einer älteren Version zurückkehren oder diese abgleichen oder Änderungen verfolgen etc.

VIS (Vertriebsinformationssystem)

Marketinginformationssysteme sind eine spezielle Unterart der MIS / EIS. Sie werden im Bereich Vertrieb und Marketing eingesetzt, um die benötigten Informationen für deren Entscheider bereit zu stellen.

Virtual Team Collaboration (VTC), u. a. S. 181

Visualisierung

Darstellung von Informationen in einem anschaulichem Format, die dem Betrachter eine schnelle und einfache Auswertung möglich macht.

Volltextsuche, u. a. S. 118

WAN (Wide Area Network)

Zwei oder mehrere vernetzte LANS.

WAP (Wireless Application Protocol)

Protokoll, das die Übertragung und Darstellung von speziellen Internet-Inhalten auf Geräten mit eingeschränkter Darstellung, wie Handys oder PDAs, definiert. Sprache ist WML, eine reduzierter HTML-Extraktion. Grafiken werden im Format WBMP (Wireless Bitmap) dargestellt.

Warehouse Population

siehe ETL

Web Content Management System (WCMS)

Speziell auf das WWW bezogen: ein Web-CMS (WCMS) ist ein Softwaresystem zum Verwalten, Suchen und dynamischen Darstellen von Inhalten für das WWW. WCMS trennen dabei – wie ein CMS auch – Inhalte (z. B. Bild oder Text) von der Form (Schriftart, -grad, Formatierung, Positionierung etc.). Komplexe Web-Auftritte benötigen oft ein WCMS.

Web-Farming, u. a. S. 40

Wissen, u. a. S. 28

Wissenskreislauf, u. a. S. 173

Wissensmatrix, u. a. S. 91

WML (Wireless Markup Language)

WML-Seiten sind von ihren Layout-Möglichkeiten gegenüber HTML sehr stark eingeschränkt, da sie für den Gebrauch auf mobilen Endgeräten wie z.B. Handys mit sehr kleinen Displays ausgelegt sind.

Workflow Management, u. a. S. 62

Informations- und Kommunikationssystem, das die Teamarbeit mit festgelegten Regeln (und Methoden) bei strukturierten und arbeitsteiligen Abläufen unterstützt.

XML (eXtensible Markup Language)

Diese wurde entwickelt, da HTML als Seitenbeschreibungssprache nicht flexibel erweitert werden konnte. XML ermöglicht es, ein Dokument so zu strukturieren, wie es für die jeweilige Anwendung am sinnvollsten ist. Mit Hilfe einer Applikation oder einer XSL-Datei können XML-Dateien z. B. zur Darstellung auf einem Browser interpretiert werden.

Anbieterverzeichnis

Die folgende Aufstellung beinhaltet Firmen, die sich mit den Themen Knowledge Management und Business Intelligence beschäftigen bzw. Produkte oder Dienstleistungen aus diesen Themengebieten anbieten.

Sie erhebt keinen Anspruch auf Vollständigkeit und Richtigkeit.

Accenture GmbH	Otto-Volger-Straße 15
	65843 Sulzbach
	www.accenture.de
A.T. Kearney GmbH	Charlottenstrasse 57
	10117 Berlin
	www.atkearny.com
Acta Technology GmbH	Lyoner Straße 15
	60528 Frankfurt am Main
	www.acta.com
ACTUATE (Deutschland) GmbH	Lyoner Straße 34
	60528 Frankfurt am Main
	www.actuate.de
Advanced Visual Systems GmbH	Frankfurter Strasse 58
	65520 Bad Camberg
	www.avs.com
AIDOS Software AG	Schloßstraße 107/108
	12163 Berlin
	www.aidossoftware.de
alfabet meta-modeling AG	Leibniz Strasse 53
	10629 Berlin
	www.alfabet.de

altavier GmbH	Akazienallee 4
	14050 Berlin
	www.altavier.de
American Management Systems	Pilotystrasse 4
	80538 München
	www.ams.com
Aonix GmbH	Durlacher Allee 95
	76137 Karlsruhe
	www.aonix.de
Applix GmbH	Boschetsrieder Strasse 67
	81379 München
	www.applix.com
arcplan Information Services GmbH	Elisabeth-Selbert-Strasse 5
	40764 Langenfeld
	www.arcplan.de
Ascential Software GmbH	Landsberger Strasse 302
	80687 München
	www.ascentialsoftware.com
ASCI Consulting GmbH	Ostendstraße 1 – 14
	12459 Berlin
	www.asci-consulting.de
ASIMUS Datensysteme AG	Wetterkreuz 27
	91057 Erlangen
	www.asimus.de
asOne Archivierungssysteme AG	Ziegelstrasse 71 – 75
	33609 Bielefeld
	www.asone.de

ASRAP Software GmbH	Grubenfeld 8
	51467 Bergisch Gladbach
	www.asrap.com
ATOSS Software AG	Am Moosfeld 3
	81801 München
	www.atoss.de
Audicon GmbH	Am Wallgraben 100
	70565 Stuttgart
	www.audicon.net
AUTODIGIT Software AG	Berner Strasse 81
	60437 Frankfurt am Main
	www.autodigit.de
Autonomy Deutschland	Platz der Einheit 1
	60327 Frankfurt am Main
	www.autonomy.com
Avinci Region Südwest GmbH	Bahnhofstrasse 21
	71101 Schönaich
	www.avinci.de
Baan Deutschland GmbH	Zettachring 4
	70567 Stuttgart
	www.baan.com
Batos AG	Braunsberger Feld 10
	51429 Bergisch Gladbach
	www.batos.de
begin GmbH	Hessbrühlstrasse 15
	70565 Stuttgart
	www.begin-group.com

BETA Systems Software AG	Alt-Moabit 97 a
	10559 Berlin
	www.betasystems.com
better office GmbH	Rosenstraße 42-43
	26122 Oldenburg
	www.better-office.com
Bissantz & Company GmbH	Nordring 98a
	90409 Nürnberg
	www.bissantz.de
bit-frame GmbH	Hohes Gestade 16
	72622 Nürtingen
	www.bit-frame.de
BOC Information Technologies Consulting GmbH	Voßstrasse 22
	10117 Berlin
	www.boc-eu.com
Bonndata GmbH	Rochusstrasse 12
	53123 Bonn
	www.bonndata.de
BOV AG	Alfredstrasse 279
	45133 Essen
	www.bov.de
Brio Technology GmbH	Moosacher Strasse 56 A
	80809 München
	www.brio.com
Business Objects Deutschland GmbH	Kölner Strasse 259
	51149 Köln
	www.businessobjects.com

bwv IT solutions AG	Bionstrasse 7 CH-9015 St. Gallen www.bwvits.ch
C_sar Consulting, solutions and results AG	Otto-Volger-Strasse 7 c 65843 Sulzbach www.csar-ag.com
CA Computer Associates GmbH	Marienburgstrasse 35 64297 Darmstadt www.ca.com
Captiva Software GmbH	Günterstalstrasse 17 79102 Freiburg www.captivasoftware.de
Cartesis GmbH	Lyoner Strasse 15 60528 Frankfurt am Main www.cartesis.de
CENIT AG Systemhaus	Industriestrasse 52-54 70565 Stuttgart www.cenit.de
Chemie.DE Information Service GmbH	Seydelstrasse 28 10117 Berlin www.chemie.de
chorus GmbH	Forstenrieder Allee 70 81476 München www.chorus.de
CID Computer GmbH	Lichtenberger Strasse 19 71720 Oberstenfeld www.cid-computer.de

CMC GmbH	Industriestrasse 26
	65760 Eschborn
	www.cmc.de
CMG PECOM GmbH	Kölner Strasse 6
	65760 Eschborn
	www.cmg.de
Codec GmbH	An Lyskirchen 14
	50676 Köln
	www.codec.de
Codia Software GmbH	Spiek 10
	49716 Meppen
	www.codia-software.de
Coextant Systems International GmbH	Schönbergstrasse 45
	73760 Ostfildern-Kemnat
	www.coextant.de
Cognos GmbH	Lyoner Strasse 24 - 26
	60528 Frankfurt am Main
	www.cognos.de
COI GmbH	Erlanger Strasse 62
	91074 Herzogenaurach
	www.coi.de
COMLINE AG	Hauert 8
	44227 Dortmund
	www.comline.de
Comma Soft AG	Pützchens Chaussee 202
	53229 Bonn
	www.comma-soft.com

Conet Consulting AG	Theodor-Heuss-Allee 19
	53773 Hennef
	www.conet.de
Consilia Unternehmensberatung GmbH	Neuburger Strasse 101
	94036 Passau
	www.consilia.de
Convera Technologies International Ltd.	Höglwörther Strasse 1
	81379 München
	www.convera.com
CP Corporate Plannig AG	Große Elbstrasse 27 – 61
	22767 Hamburg
	www.corporate-planning.com
CRR Datensysteme GmbH	Hans-Böckler-Strasse 62a
	40764 Langenfeld
	www.crr.de
Crystal Decisions IMG GmbH	Frankfurter Strasse 21 – 25
	65760 Eschborn
	www.crystaldecisions.net
CSC Ploenzke AG	Am Hahnwald 1
	65399 Kiedrich
	www.cscploenzke.com
Cubeware GmbH	Oberaustrasse 14
	83026 Rosenheim
	www.cubeware.de
Cubus AG	Am Joachimsberg 10 – 12
	71083 Herrenberg
	www.cubus.com

d.velop AG	Schildarpstrasse 6 – 8
	48712 Gescher
	www.d-velop.de
Data Informatic GmbH	Helene-Wessel-Bogen 21
	80939 München
	www.data-informatic.de
Datasave AG Informationssysteme	Hellgrundweg 111
	22525 Hamburg
	www.datasave.de
DataSec Datensicherheitssysteme GmbH	Welterstrasse 57
	57072 Siegen
	www.dokuweb.com
Datawatch GmbH	Kaiser-Wilhelm-Ring 27 - 29
	51147 Köln
	www.datawatch.com
dbu-Unternehmensberatung GmbH	Robert-Bosch-Strasse 12 a
	76275 Ettlingen
	www.dbu.com
dc soft GmbH	Machtlfinger Strasse 21
	81379 München
	www.dcsoft.de
DEM GmbH	Biggestrasse 16
	57462 Olpe
	www.dem-gmbh.de
Die Denkfabrik GmbH	Korngasse 9
	35510 Butzbach
	www.denkfabrik.de

Diebold Deutschland GmbH	Frankfurter Strasse 27
	65760 Eschborn
	www.diebold.de
Digisys Digitale Systeme GmbH	Lange Strasse 17a
	32791 Lage
	www.digisys.de
Dittrich & Partner Consulting GmbH	Kieler Strasse 17
	42697 Solingen
	www.dpc.de
DM Dokumenten-Management GmbH	Dornierstrasse 4
	82178 Puchheim
	www.dokumenten-managment.de
DMD Systeme und Consulting GmbH	Georg-Büchner-Weg 3
	33335 Gütersloh
	www.dmd-sc.de
Documentum GmbH	Inselkammerstrasse 2
	82008 Unterhaching
	germany.documentum.com
DocuWare AG	Therese-Giese-Platz 2
	82110 Germering
	www.docunet.de
Dr. Herterich & Consultants GmbH	Landwehrplatz 6 – 7
	66111 Saarbrücken
	www.drdoc.de
Dr. Pfaff GmbH	Heinrich-Kley-Strasse 2
	80807 München
	www.drdoc.de

Easy Software AG	Am Hauptbahnhof 4
	45468 Mülheim
	www.easy.de
Ebner, Stolz & Partner GmbH	Kronenstrasse 30
	70174 Stuttgart
	www.ebnerstolz.de
econet AG	Kaiser-Ludwig-Platz 5
	80336 München
	www.econet.de
EinsteiNET GmbH	Ridlerstrasse 37
	80339 München
	www.einsteinet.de
elKom EDV-Komplettlösungen und Beratung GmbH	Möhringer Strasse 27
	78532 Tuttlingen
	www.elkom-solutions.de
Ernst & Young AG, "Data Engineering Services"	Am Wehrhahn 50
	40211 Düsseldorf
	www.ernst-young.de
Fair Isaac, INFORMA Unternehmensberatung GmbH	Freiburger Strasse 7
	75179 Pforzheim
	www.informa.de
FileNet GmbH	Dietrich-Bonhoeffer-Strasse 4
	61350 Bad Homburg
	www.filenet.de
Forwiss Bayrisches Forschungszentrum	Am Weichselgarten 9
	91058 Erlangen
	www.forwiss.de

Fraunhofer Gesellschaft	Leonrodstrasse 54
	80636 München
	www.fhg.de
Gauss Interprise AG	Himmelstrasse 12 – 16
	22299 Hamburg
	www.gauss-interprise.com
gedas deutschland GmbH	Pascalstrasse 11
	10587 Berlin
	www.gedas.de
geomer GmbH	Redtenbacherstrasse 5
	69126 Heidelberg
	www.geomer.de
GFT Systems GmbH	Ehrenbergstrasse 11
	98693 Ilmenau
	www.gft-systems.de
Great Plains Deutschland GmbH & Co. KG	Industriestrasse 10
	82256 Fürstenfeldbruck
	www.greatplains.de
HCR Henker Consulting	Hegwiesenstrasse 10
	72764 Reutlingen
	www.henker-con.de
HLP GmbH	Hauptstrasse 129
	65760 Eschborn
	www.hlp.de
HLS Laffrenzen Software GmbH	Cuxhavener Strasse 426
	21148 Hamburg
	www.hls.de

HMS Softwareentwicklung und angewandte Statistik GmbH	Rohrbacherstrasse 26
	69115 Heidelberg
	www.hms-heidelberg.de
Horváth & Partner GmbH	Tübinger Strasse 15
	70178 Stuttgart
	www.horvath-partner.com
Hummingbird Fulcrum Technoligies GmbH	Landsberger Strasse 6
	80339 München
	www.hummingbird.com
Hyperion Solutions Deutschland GmbH	Villa Manskopf
	Flughafenstraße 4
	60528 Frankfurt am Main
	www.hyperion.de
Hyperwave AG	Humboldtstrasse 10
	85609 München-Dornbach
	www.hyperwave.de
ibc - Springer & Thurner GmbH	Prinzregentenstrasse 120
	81677 München
	www.springer-thurner.de
IBM Deutschland GmbH	Pascalstrasse 100
	70569 Stuttgart
	www.ibm.de
ibo Software GmbH	Im Westpark 8
	35435 Wettenberg
	www.ibo.de
IDS Scheer AG	Altenkesseler Strasse 17/C2
	66115 Saarbrücken
	www.ids-scheer.de

IMC AG	Altenkesseler Strasse 17/B2
	66115 Saarbrücken
	www.im-c.de
IMOS Consulting GmbH	Beethovenstrasse 7
	76133 Karlsruhe
	www.imos-consulting.com
INFOLOG GmbH	Nibelungenstrasse 65
	51147 Köln
	www.infolog.de
Infor business solution AG	Hauerstrasse 12
	66299 Friedrichsthal
	www.infor.de
Information Builders (Deutschland) GmbH	Frankfurter Ring 15
	80807 München
	www.informationbuilders.de
Information Factory AG	Nordostpark 16
	90411 Nürnberg
	www.information-factory.com
innovations GmbH	Ziegelei 7
	88090 Immenstaad
	www.innovations.de
INOSOFT AG	Im Rudert 15-17
	35043 Marburg
	www.inosoft.de
intelligent views GmbH	Julius-Reiber-Strasse 17
	64293 Darmstadt
	www.i-views.de

IQDoQ GmbH	Theodor-Heuss-Strasse 59
	61118 Bad Vilbel
	www.iqdoq.de
IQfour GmbH	Durlacher Allee 47
	76131 Karlsruhe
	www.iqfour.com
ISR Information Products AG	Lange Strasse 61
	38100 Braunschweig
	www.isr.de
IXOS Software GmbH	Bretonischer Ring 12
	85630 Grasbrunn
	www.ixos.de
J.D. Edwards Deutschland GmbH	Business Center Mörfelden
	Waldeckerstrasse 5-7
	64546 Mörfelden b. Frankfurt am Main
	www.jdedwards.de
JP International Industrial Consulting	Hohenzollernstrasse 19
	46395 Bocholt
	www.jp-h-consult.de
K+H Software Kantioler KG	Industriestrasse 2
	82110 Germering
	www.kh-software.de
Kasten Consulting GmbH	Münchner Strasse 9-11
	85540 Haar b. München
	www.kasten.de
Kleindienst Datentechnik AG	Brixener Strasse 8
	86165 Augsburg
	www.kld.de

knowledgepark AG	Martin-Greif-Strasse 1
	80336 München
	www.knowledgepark-ag.de
KPMG Consulting AG	Kurfürstendamm 207-208
	10719 Berlin
	www.kpmg.de
kühn & weyh Software GmbH	Linnéstrasse 1-3
	79110 Freiburg
	www.kwsoft.de
LEY GmbH	Venloer Strasse 83-85
	50259 Pulheim
	www.ley.de
Logic Data GmbH	Ziegelstrasse 21
	74420 Oberrot
	www.logicdata.de
Logica GmbH	Osterbekstrasse 90 b
	22083 Hamburg
	www.logica-pdv.de
Lynx network GmbH	Johanniskirchplatz 6
	33615 Bielefeld
	www.lynx.de
m2 consulting GmbH	Hufelandhaus
	Hegelplatz 1
	10117 Berlin
	www.m2-consulting.de
m²c Prof. Perlitz & Partner	L 13, 9
	68161 Mannheim
	www.m2c.de

Magic Software Enterprises Germany	Lise-Meitner-Strasse 3
	85737 Ismaning bei München
	www.magicsoftware.de
Management Engineers GmbH	Am Seestern 8
	40547 Düsseldorf
	www.management-engineers.de
Management Informationspartner GmbH	Landsberger Strasse 398
	81241 München
	www.mip.de
MATERNA GmbH	Voßkuhle 37
	44141 Dortmund
	www.materna.de
McKinsey & Company	Königsallee 60 c
	40027 Düsseldorf
	www.mckinsey.de
Medienwerft GmbH	Große Freiheit 70
	22767 Hamburg
	www.medienwerft.de
Meta4 Software GmbH	Gutenbergstrasse 10
	85737 Ismaning
	www.meta4.de
MFB AG	Fritz-Reichle-Ring 28
	78315 Radolfzell
	www.mfb-ag.de
Microsoft Deutschland GmbH	Edisonstrasse 1
	85716 Unterschleißheim
	www.microsoft.de

MicroStrategy Deutschland GmbH	Kölner Strasse 263
	51149 Köln
	www.microstrategy.at
MIK AG	S 6, 20
	68161 Mannheim
	www.mik.de
MIS AG	Landwehrstrasse 50
	64293 Darmstadt
	www.mis-ag.de
MOD Consulting GmbH	Rendsburger Strasse 24
	30659 Hannover
	www.mod-consulting.de
Mummert + Partner Unternehmensberatung AG	Hans-Henny-Jahnn Weg 9
	22085 Hamburg
	www.mummert.de
Navicon GmbH	Heinrichstrasse 9
	60327 Frankfurt am Main
	www.navicon.de
NCR GmbH	Ulmer Strasse 160
Teradata Division	86156 Augsburg
	www.teradata.de
Océ Document Technologies	Max-Stromeyer-Strasse 116
	78467 Konstanz
	www.odt-oce.com
Olbricht, Seehaus & Co Consulting GmbH	Tattersallstrasse 15 – 17
	68165 Mannheim
	www.osco.de

Open Text GmbH	An der Trift 65
	63303 Dreieich
	www.opentext.com
Optimal System-Beratung GmbH	Dennewartstrasse 27
	52068 Aachen
	www.optimal.de
Oracle Deutschland GmbH	Riesstrasse 25
	80992 München
	www.oracle.de
Orenburg (Deutschland) GmbH	Fabrikstrasse 5
	79539 Lörrach
	www.orenburg.de
ORIGIN Deutschland GmbH	Curiestrasse 5
	70563 Stuttgart
	www.origin-it.com
orisa Software GmbH	Otto-Lilienthal-Strasse 36
	71034 Böblingen
	www.orisa.de
Pallas Soft AG	Bischof-von-Henle-Strasse 2a
	93051 Regensburg
	www.pallassoft.de
PC-Ware AG	Blochstrasse 1
	04329 Leipzig
	www.pc-ware.de
PIRONET NDH AG	Josef-Lammerting-Allee 1
	50933 Köln
	www.pironet-ndh.com

Pixelpark AG	Rotherstrasse 8
	10245 Berlin
	www.pixelpark.de
PLATO AG	Breite Strasse 6-8
	23552 Lübeck
	www.plato-ag.com
PointOut GmbH	Dillwächterstrasse 1
	80686 München
	www.pointout.de
PowerWork AG	Edisonstrasse 1
	87437 Kempten
	www.powerwork.de
PricewaterhouseCoopers GmbH	Lurgiallee 5
	60439 Frankfurt
	www.pwc.de
proALPHA Software AG	Auf dem Immel 8
	67685 Weilerbach
	www.proalpha.de
PROJECT CONSULT GmbH	Oderfelder Strasse 17
	20149 Hamburg
	www.project-consult.com
Promatis AG	Badhausweg 5
	76307 Karlsbad
	www.promatis.de
Prudential Systems Software GmbH	Annaberger Strasse 240
	09125 Chemnitz
	www.prudsys.de

PST Software & Consulting GmbH Hans-Pinsel-Strasse 10 a
85540 Haar b. München
www.pst.de

Pylon AG Ludwig-Erhard-Strasse 18
20459 Hamburg
www.pylon.de

RCT GmbH Richard-Reitzner-Allee 1
85540 Haar b. München
www.rct.de

Roland Berger Strategy Consultants Arabellastrasse 33
81925 München
www.rolandberger.de

saardata GmbH Hafenstrasse 25
66111 Saarbrücken
www.saardata.de

Sagent Technology GmbH Münchner Strasse 11
85540 Haar b. München
wwww.sagent.de

SAP AG Neurottstrasse 16
69190 Walldorf
www.sap.de

Saperion AG Gradestrasse 36
12347 Berlin
www.saperion.de

Saracus Consulting AG Hafenweg 46
48155 Münster
www.saracus.com

SAS Institute GmbH	In der Neckarhelle 162
	69118 Heidelberg
	www.sas.de
Saubach, Blüm & Co. Unternehmensberatung GmbH	Gleißentalstrasse 5 a
	82041 Deisenhofen
	www.cashflow.de
Schema GmbH	Andernacher Strasse 18
	90411 Nürnberg
	www.schema.de
sd & m GmbH & Co. KG	Thomas-Dehler-Strasse 27
	81737 München
	www.sdm.de
SEMA Group GmbH	Kaltenbornweg 3
	50679 Köln
	www.sema.de
SER Systems AG	Innovationspark Rahms
	53577 Neustadt/Wied
	www.ser.de
SerCon GmbH	Industriestr. 30-34
	65760 Eschborn
	www.sercon.de
ShowCase Deutschland GmbH	Mergenthalerallee 79-81
	65760 Eschborn
	www.showcase.de
SI Software Innovations GmbH	Im Altenschemel 21
	67435 Neustadt
	www.si-software.de

SNP Schneider-Neureither & Partner AG	Dossenheimer Landstrasse 100
	69121 Heidelberg
	www.snp-net.de
Softlab GmbH	Zamdorfer Strasse 120
	81677 München
	www.softlab.de
Softmatic AG	Heidbergstrasse 100
	22846 Norderstedt
	www.softmatic.com
Software AG	Uhlandstrasse 12
	64297 Darmstadt
	www.software-ag.de
Software4You Planungssysteme GmbH	Fraunhoferstrasse 18 b
	82152 Martinsried
	www.software4you.com
Soptim GmbH	Grüner Weg 22 – 24
	52070 Aachen
	www.soptim.de
SPSS GmbH	Rosenheimer Strasse 30
	81669 München
	www.spss.de
Staffware GmbH	Otto-Volger-Strasse 5a
	65843 Sulzbach
	www.staffware.de
STAS GmbH	Carl-Bosch-Strasse 12
	68799 Reilingen
	www.stas.e

STP Informationstechnologie AG	Südendstrasse 42
	76135 Karlsruhe
	www.stp-online.de
Sun Microsystems GmbH	Brandenburger Strasse 2
	40880 Ratingen
	www.sun.de
Syseca GmbH	Auf den Tongruben 3
	53721 Siegburg
	www.syseca.de
System-Analyse Weissenbacher AG	Waldmünchener Strasse 12
	81549 München
	www.sawag.com
Systor GmbH & Co. KG	Darmstädter Landstrasse 184
	60598 Frankfurt
	www.systor.com
TDS AG	Mergenthalerallee 27
	65760 Eschborn
	www.tds.de
Thinking Networks GMI mbH - Gesellschaft für Mathematik und Informatik mbH	Markt 45 – 47
	52062 Aachen
	www.gmi-mbh.de
TOLOS GmbH	Mainzer Landstrasse 176
	60327 Frankfurt
	www.tolos-gmbh.de
T-Systems ITS GmbH	Frankfurter Strasse 27
	65760 Eschborn
	www.t-systems.de

T-Systems Nova GmbH	Otto-Röhm-Strasse 71c
	64293 Darmstadt
	www.t-nova.de
T-Systems Multimedia Solutions GmbH	Riesaer Strasse 5
	01129 Dresden
	www.mms-dresden.de
Unilog Integrata Unternehmensberatung AG	Am Gänsberg 6
	65207 Wiesbaden
	www.integrata.de
update.com GmbH	Frankfurter Strasse 151 b
	63303 Dreieich-Sprendlingen
	www.update.com
USU AG	Spitalhof
	71696 Möglingen
	www.usu.de
windream GmbH	Wasserstrasse 219
	44799 Bochum
	www.windream.com

Kundenbindung
in der digitalen Welt?

A. Berres, H.-J. Bullinger (Hrsg.)
E-Business - Handbuch für Entscheider
Praxiserfahrungen, Strategien, Handlungsempfehlungen

Wer es versteht, die Möglichkeiten des E-Business effizient zu nutzen und in die Unternehmensstrategie zu integrieren, wird auch auf umkämpften Märkten erfolgreich sein.

2., vollst. neu bearb. Aufl. 2002. VIII, 860 S. 176 Abb., 29 Tab. Geb. € **99,95**; sFr 155,- ISBN 3-540-43263-9

A. Förster, P. Kreuz
Offensives Marketing im E-Business
Loyale Kunden gewinnen - CRM-Potenziale nutzen

Die vier Schlüsselprinzipien zum dauerhaften Markterfolg:
- ▶ Attract
- ▶ Convert
- ▶ Serve
- ▶ Retain

2002. XI, 276 S. 97 Abb. Geb. € **44,95**; sFr 69,50 ISBN 3-540-43164-0

J. Link (Hrsg.)
Customer Relationship Management
Erfolgreiche Kundenbeziehungen durch integrierte Informationssysteme

Um dem Kunden zahlreiche Kommunikationskanäle und hohe Reaktionsgeschwindigkeit bieten zu können, muß ein hoher Integrationsgrad innerhalb und zwischen Front-Office-Bereich und Back-Office-Bereich realisiert werden.

2001. VIII, 325 S. 84 Abb., 9 Tab. Geb. € **44,95**; sFr 69,50 ISBN 3-540-42444-X

P. Vervest, A. Dunn
Erfolgreich beim Kunden in der digitalen Welt

Das vorliegende Buch bietet eine Anleitung für eine erfolgreiche Nutzung der Chancen der neuen digitalen Technologien.

2002. XX, 222 S. 36 Abb. Geb. € **34,95**; sFr 54,50 ISBN 3-540-42073-8

www.springer.de/management-de

Springer · Kundenservice
Haberstr. 7 · 69126 Heidelberg
Tel.: (0 62 21) 345 - 217/-218
Fax: (0 62 21) 345 - 229
e-mail: orders@springer.de

Die €-Preise für Bücher sind gültig in Deutschland und enthalten 7% MwSt.
Preisänderungen und Irrtümer vorbehalten. d&p · BA 42902

Erfolgreich im Internet

A. Muther
Electronic Customer Care
Die Anbieter-Kunden-Beziehung im Informationszeitalter

Unter dem Begriff Customer Relationship Management (CRM) bieten boomende Firmen Lösungen zur Optimierung der Kundenprozesse an. Das Buch abstrahiert die Kundenbeziehung anhand des Customer Buying Cycles und schafft so einen neutralen Orientierungsrahmen für CRM-Projekte. Die dritte Auflage nimmt neue Themen wie e-Marktplätze in die Betrachtungen auf und bietet einen aktuellen Überblick über führende CRM-Anbieter.

3., überarb. Aufl. 2001. XIII, 155 S. 51 Abb., 13 Tab. Geb. € **39,95**; sFr 62,-
ISBN 3-540-41332-4

S. Puchert
Rechtssicherheit im Internet
Grundlagen für Einkäufer und Entscheider

Das Buch befasst sich schwerpunktmäßig mit den Sicherheitsaspekten der elektronischen Beschaffung. Es geht insbesondere auf juristische, IV-technische und organisatorische Sicherheitsanforderungen ein. Praxisbeispiele zeigen auf, wie E-Commerce - speziell für den Einkauf - sicher abgewickelt werden kann.

2001. VII, 214 S. 12 Abb. Geb. € **44,95**; sFr 69,50   ISBN 3-540-67609-0

P. Vervest, A. Dunn
Erfolgreich beim Kunden in der digitalen Welt

Das vorliegende Buch bietet eine Anleitung für eine erfolgreiche Nutzung der Chancen dieser neuen digitalen Technologien. Es beschreibt die Vorteile der Technologie, die Sie als Anwender, Führungskraft, Stratege, Marketing-Spezialist oder Vertriebschef für sich und Ihr Unternehmen nutzen können. Solche erfolgreichen Unternehmen praktizieren die Philosophie der *Total Action*. Alle Aktivitäten innerhalb dieser Unternehmen begründen für ihre Kunden einen direkten Mehrwert.

2002. XX, 218 S. 36 Abb. Geb. € **34,95**; sFr 54,50   ISBN 3-540-42073-8

Besuchen Sie uns im Internet unter:

www.springer.de/ecommerce

Springer · Kundenservice
Haberstr. 7 · 69126 Heidelberg
Tel.: (0 62 21) 345 - 217/-218
Fax: (0 62 21) 345 - 229
e-mail: orders@springer.de

Die €-Preise für Bücher sind gültig in Deutschland und enthalten 7% MwSt.
Preisänderungen und Irrtümer vorbehalten. d&p · BA 42791/1

Springer